Mobilités, réseaux et interculturalités

Nouveaux défis pour la recherche scientifique et la pratique professionnelle

Espaces interculturels

Collection dirigée par Emmanuel Jovelin et Claudio Bolzman

La conjoncture mondiale dans laquelle nous vivons rend la question des contacts et des relations entre les cultures plus actuelle que jamais. « Espaces interculturels », collection de l'Association pour la Recherche Interculturelle (ARIC), créée depuis 1995, vise à prendre place dans la confrontation d'idées et des débats actuels, en privilégiant les perspectives pluridisciplinaires. Elle publie des travaux de qualité présentant des descriptions et analyses de recherches interculturelles, des articulations entre recherche et pratique, des réflexions théoriques, des synthèses, des monographies et des actes des congrès et colloques de l'ARIC.

La collection publie des travaux traitant des thèmes suivants : Les phénomènes liés aux contacts entre les groupes socio-culturels ; les conditions d'existence des sociétés multiculturelles ; l'articulation entre les différents niveaux d'approche, et également de la confrontation internationale des points de vue, des théories et des pratiques ; les contacts entre personnes ou entre groupes sociaux se réclamant de cultures différentes et processus de changements individuels et collectifs résultant de ces contacts au sein d'une société ou d'un Etat, ou entre sociétés et Etats etc.

Comité de lecture

Sous la direction de
Elaine COSTA-FERNANDEZ, Patrick DENOUX
et Odette LESCARRET

MOBILITES, RESEAUX ET INTERCULTURALITES

Nouveaux défis pour la recherche scientifique et la pratique professionnelle

Préface de Benoît Virole
Postface de Julien Teyssier

L'Harmattan

Ouvrages des mêmes auteurs

Costa-Fernandez, E. & Donard, V. (2016). *O Psicólogo frente ao desafio tecnológico. Novas identidades, nos campos, novas práticas*. Recife, Brésil : Editora Universitária UFPE.

Costa-Fernandez, E. & Regnault, E. (2016). *Interculturel aujourd'hui. Perspectives et enjeux*. Paris, France : L'Harmattan.

Karkun, A. & **Costa-Fernandez, E**. (2014). *Développement social et interculturalité : un regard croisé*. Paris, France : L'Harmattan.

Costa-Fernandez, E. & **Lescarret O**. (2012). *De la diversité linguistique aux pratiques interculturelles*. Paris, France : L'Harmattan.

Bertrand, D. & **Costa-Fernandez, E**. (2012). *La prise en charge et l'accompagnement de l'enfant victime de violence sexuelle*. Rabat, Maroc : Amane.

Denoux, P., Dubet, F., Wieworka, M. & Lapeyronnie, D. (2003*). L'identité culturelle et le politique*. Toulouse, France : Grep.

Guilloux, J-M. & **Denoux P**. (2014). *L'intelligence est dans le pré*. Paris, France : Bourrin.

Denoux P. (2014). *La peur au ventre, cultures et comportements face aux crises alimentaires*. Paris, France : Lattès.

Roland-Levy, C., **Denoux, P**., Voyer, B., Boski, P., Gabrenya, W. Kristin, A. & Lemoine, R-J (2016). *Unity, Diversity and Culture*. Melbourne, Florida USA: International Association for Cross-Cultural Psychology. E-book sur www.iaccp.org.

Lescarret, O., & Prêteur, Y. (1987). *Psychologue de•l'enfance : formations, pratiques, emplois*. Toulouse, France : Etche.

Cantau, J-M, Carrade, J-B, **Lescarret, O**. & Nougué, Y. (1994). *Freud : versions françaises*. Toulouse, France : PUM.

Lescarret, O. & de Léonardis, M. (1996). *Séparation des sexes et compétences*. Paris, France : L'Harmattan.

Lescarret, O., Lê, K. & Ricaud, H. (2000). *Enfances, Cultures, Educations (Vol. I et II)*. Hanoi, Vietnam : Thê Gioi. Parution en langues française, anglaise, vietnamienne.

Hajji, N. & **Lescarret, O**. (2015). *Les mouvements sociaux à l'épreuve de l'interculturel*. Paris, France : L'Harmattan.

5-7, rue de l'École-Polytechnique ; 75005 Paris

http://www.editions-harmattan.fr

ISBN : 978-2-343-12691-3

EAN : 9782343126913

Présentation des auteurs

AH-PET Margaret, Psychologue clinicienne interculturelle, Responsable de consultations psychothérapies transculturelles, Enseignante à l'Université de la Réunion, UCO et CNAM, Doctorante en Psychologie à l'Université Bourgogne Franche Comté, LPPM EA4452, Experte auprès des Tribunaux. magahpet.these@gmail.com

AIALA DE MELLO Renata, Doctorat au Programme de Post-graduation en linguistique à l'Université Fédérale de Minas Gerais, Brésil (2006), Professeur titulaire de l'Université Fédérale de Bahia, Brésil. demello.renata@gmail.com

ALVES COSTA GARRINO Rosana, Doctorat en psychologie clinique au Laboratoire de Psychologie Clinique, Université René Descartes, Paris, France. Psychologue au service de psychiatrie de l'Université Fédérale de São Paulo, Brésil. rosanacostagarino@gmail.com

APARICIO Miriam, Professeur des universités, Universidad Nacional de Cuyo (HDR en éducation et HDR en psychologie en France), Consejo Nacional de Investigaciones Científicas y Técnicas (Conseil national pour la recherche scientifique), Docteur en éducation en Argentine (1995) et à la Sorbonne (2005). miriamapar@yahoo.com

ARMANI GALLI Joice, Doctorat de Lettres à l'Université Fédérale do Rio Grande do Sul, Brésil (2004), Enseignante-chercheure à l'Université Fédérale de Pernambuco, Brésil, Membre permanente du LENUFLE, Editeure de la revue 'Ao Pé da Letra', Coordinatrice du FOS/FOU BRAFITEC/FsF. armani.galli@via-rs.net

BOITO María Eugenia, Doctorat de Sciences Sociales à l'Université de Buenos Aires, Master en Communication et Culture contemporaine au Centre des Etudes Avancées, Licence en Travail Social et en Communication Sociale à l'Universidad Nacional de Córdoba, Chercheure adjointe au CONICET, Professeure associée responsable du module « Cultura Popular y Cultura Masiva » de la 5ème année de Communication Sociale, Ecole des Sciences d'Information, Universidad Nacional de Córdoba.

BRANDIBAS Jacques, Psychologue français à La Réunion depuis 1983, enseigne à l'Université de La Réunion depuis 2001. Ancien expert judiciaire. Il est à l'origine de la création de la seule consultation de soin et de recherche clinique dans le domaine de l'ethnopsychiatrie dans la Région Océan Indien, consultation fondée en 1996 qui envisage le soin à partir des conceptions traditionnelles du désordre dans un contexte de créolisation. La consultation est également spécialisée dans la prise en charge transculturelle des enfants et des familles de migrants, plus particulièrement malgaches et comoriens. ADFOI La Réunion. jacques.brandibas@outlook.com

BRUYNINCKX Marielle, Doctorat en Sciences psychopédagogiques, Professeure ordinaire à la Faculté de Psychologie et des Sciences de l'Education de l'Université de Mons (Belgique). Elle y dirige le Service de Développement humain et traitement des données. Elle est notamment titulaire des cours de « Développement et diversité » et de « Diversités et genres », Université de Mons, Faculté de Psychologie et des Sciences de l'Éducation, Service de Développement humain et traitement des données. Marielle.Bruyninckx@umons.ac.be

CAUCHIE Dimitri, Doctorat en Sciences psychologiques et de l'éducation, Faculté de Psychologie et des Sciences de l'Education, Université de Mons. Titre de la thèse : Contribution à la valorisation de la diversité ethnoculturelle au sein de l'école mauricienne en faveur d'un développement humain plus équitable. Premier Assistant au Service de Développement humain et traitement des données. Dimitri.Cauchie@umons.ac.be

CHAHRAOUI Khadija, Professeure classe exceptionnelle en Psychopathologie clinique, Directrice du Laboratoire de Psychopathologie et Psychopathologie Médicale (EA 4452), Vice-Doyenne de l'UFR Sciences Humaines, Université Bourgogne Franche Comté, France, Responsable de consultations psychotraumatismes, Service de Psychiatrie Adultes, CHU Dijon, Responsable scientifique, coordinatrice de l'Espace Psychothérapique du CH de la Chartreuse et de la consultation transculturelle du psychotraumatisme. khadija.Chahraoui@u-bourgogne.fr

COSTA-FERNANDEZ Elaine Magalhães, Doctorat en Psychologie Interculturelle à l'Université Toulouse Jean-Jaurès, Enseignante-chercheure au Programme de Post-graduation en Psychologie de l'Université Fédérale de Pernambuco (UFPE), Chercheure associée au Laboratoire Cliniques psychopathologique et interculturelle (LCPI), Université Toulouse Jean-Jaurès. elainef@free.fr

COYER Gilbert, Maître de conférences en psychologie interculturelle, Université Paris 13, Laboratoire UTRPP, EA 4403. gilbert.coyer@univ-paris13.fr

DA SILVA TUBOITI Nair Cristina, Master recherche en Psychologie, Universidade Católica de Brasília, Brésil (2012), Enseignante au Secrétariat de l'Etat de l'Education Distrito Fédéral, Brésil. ncstuboiti@gmail.com

DA SILVEIRA DARTIU Xavier, Graduation en médecine à l'Université Fédérale de São Paulo (1978), mestrado (1991) et doctorat (1997) en Psychiatrie à l'Université Fédérale de São Paulo, Professeur Privat-Docent de l'Université Fédérale de São Paulo, Consultant du Ministère de la santé, Enseignant-chercheur au groupe Cochrane au Brésil, Membre de l'American Psychiatry Association, de l'International Association for Analytical Psychology, Chercheur collaborateur à l'Université de Californie (UCLA). dartiu@terra.com.br

DEMORGON Jacques, Professeur de Philosophie (Mauriac, Maisons Lafitte, 1963-1970), Maître de conférences de sociologie (Bordeaux, Reims, 1970-1996), Philosophe, Sociologue et Ecrivain. E-mail: j.demorgon@wanadoo.fr

DENOUX Patrick, Professeur de Psychologie Interculturelle, Directeur de l'axe « Interculturation psychique et contact culturel » du Laboratoire Cliniques Pathologique et Interculturelle (LCPI, EA 4591), Université Toulouse Jean Jaurès, France. denoux@univ-tlse2.fr

FERRANDI Raymonde, Diplôme de psychopathologie Aix-Marseille, DESS Formation de formateurs et consultation psychosociologique et Doctorat en sciences de l'Education, Paris X. Institution de travail : Association proposant une écoute à des personnes en précarité et des formations en rapport. Consultation privée. raymonde.ferrandi@wanadoo.fr

GULIAN Thomas, Doctorat en science politique de l'Université de Montréal (2009) et Maîtrise en sciences sociales (spécialisation anthropologie) de l'École des Hautes Etudes en Sciences Sociales (France, 2000), Directeur de l'Institut de recherche sur l'intégration professionnelle des immigrants (Collège de Maisonneuve). tgulian@cmaisonneuve.qc.ca

HOFFMANN Christian, Professeur de psychopathologie clinique à l'Université de Paris 7 Denis Diderot, Psychanalyste. Thèmes de recherche : Construction des subjectivités et la question du sujet. hoffmann.ch@wanadoo.fr

LESCARRET Odette, Professeure Emérite en Psychologie de l'Université de Nîmes (France), Laboratoire Psychologie de la Socialisation - Développement, Travail (PS-DT) EA 1697, Université Toulouse Jean Jaurès (France), Docteur Honoris Causa de l'Université Nationale du Vietnam à Hanoi. odette.lescarret@wanadoo.fr

MARQUES LAURENDON Candy, Estelle, Doctorat en Psychologie, Université d'Angers (France), Prrix ARIC 2015, Post-doctorat en Psychologie au Programme de Post-graduation en Psychologie Cognitive de l'Université Fédérale de Pernambuco (UFPE). nacyd@hotmail.fr

MATIAS FLEURI Reinaldo, Doctorat en Sciences de l'éducation à l'Universidade Estadual de Campinas, São Paulo, Brésil (1988), Post-doctorat à l'Universidade Degli Studi di Perugia, Italie (1996), à l'Universidade de São Paulo (2004) et à l'Universidade Federal Fluminense, Rio de Janeiro, Brésil (2010), Enseignant invité senior (CAPES) pelo Instituto Federal Catarinense depuis septembre 2012, Professeur titulaire de l'Universidade Federal de Santa Catarina (UFSC). rfleuri@gmail.com

MBELE Charles Romain, Professeur d'Histoire de la Philosophie africaine ancienne, moderne et contemporaine, Département de Philosophie, Ecole normale supérieure de l'Université de Yaoundé 1, Cameroun. mbelendzie@ymail.com

MONNIER Lucie, Titulaire d'un Master en Sciences psychologiques, Ancienne chercheure attachée au Service de Développement humain et traitement des données de la Faculté de Psychologie et des Sciences de l'Education de l'Université de Mons (Belgique), thème de recherche : le parcours et le vécu des exilés chiliens de longue durée. Lucie.Monnier@alumni.umons.ac.be

OSTIGUY Danic, Chercheur à l'Institut de Recherche sur l'Intégration Professionnelle des immigrants, Business professeur au Collège de Maisonneuve à Montréal, Québec. dostiguy@cmaisonneuve.qc.ca

PAGEL Dario, Doctorat et Post-doctorat en Lettres Phonétique générale et expérimentale de l'Université des Sciences Humaines de Strasbourg, France (1981), Professeur de Langue, phonétique et didactique du français langue étrangère de l'Université Fédérale de Sergipe, Brésil. pageldario@yahoo.fr

RAHIOUI Hassan, Psychiatre et addictologue, Praticien hospitalier à l'Hôpital Henri Ey, Paris 13e, Praticien attaché à la consultation d'addictologie de l'Hôpital Paul-Brousse à Villejuif. h.rahioui@gpspv.fr

SABÓIA Dayana, Master recherche en Psychologie au Programme de post-graduation en Psychologie de l'Université Fédérale de Pernambuco (UFPE). dayanarsab@gmail.com

SCARPINO Pascual, Etudiante en Licence de Travail Social, Facultad de Ciencias Sociales, UNC. scarpinopascual@gmail.com

SCHLOBACH Monica, Doctorante en anthropologie à l'Université de Montréal, membre de l'International Research Training Group (IRTG), Chercheure à l'Institut de Recherche sur l'intégration professionnelle des immigrants (IRIPI), collège de Maisonneuve, Montréal. mschlobach@cmaisonneuve.qc.ca

TEYSSIER Julien, Doctorat et Maître de conférences en Psychologie interculturelle, UFR de Psychologie, Université Toulouse Jean Jaurès, Membre permanent de l'axe « Interculturation psychique et contact culturel » du LCPI (EA 4591). Thèse : « La personnalité interculturelle. Socialisation, enculturation et interculturation ». jteyssie@univ-tlse2.fr

TORRES BARROS LAMEIRAS Maria Stela, Doctorat en lettres et linguistique de l'Universidade Federal de Alagoas, Brésil (2006), Enseignante chercheure à l'Université Fédérale de Alagoas, Brésil. stelameiras@gmail.com

TOUBIANA Eric, Psychothérapeute Paris, Psychanalyste/superviseur, Maître de conférences Coordinateur D.U. Addictions, Université Paris Diderot, Paris 7. eric.toubiana@gmail.com

TRIBOUT Guillaume, Master en Sciences psychologiques, Ancien chercheur attaché au Service de Développement humain et traitement des données de la Faculté de Psychologie et des Sciences de l'Education de l'Université de Mons (Belgique). Thème de recherche : l'intégration et la transmission culturelle au sein de familles vietnamiennes immigrées.
Guillaume.Tribout@alumni.umons.ac.be

VIROLE Benoît, Psychanalyste, psychologue, Doctorat en Psychopathologie et en sciences du langage, Spécialiste des questions associées à la cyberpsychologie et à l'utilisation des jeux vidéo en psychothérapie, thérapie avec des enfants autistes. www.benoitvirole.com / www.benoit.virole@wanadoo.fr

XYPAS Constantin, Doctorat en Sciences de l'éducation de l'Université de Caen, Basse Normandie, France (1978), HDR en Sciences de l'Education de l'Université Paris 8, France (1999), Docteur Honoris Causa de l'Université Trois Rivières Québec/Canada, Enseignant chercheur honraire de l'Université Catholique de l'Ouest/France, Professeur invité à l'Université de l'Etat do Rio Grande du Nord-Brésil. constantin.xypas@gmail.com

XYPAS Rosiane, Doctorat en analyse statistique appliquée en lecture orale à l'Université de Nantes, France (2009), Enseignante chercheure en Français, langue étrangère au Master professionnel de l'Université Fédérale de Pernambuco (UFPE), Coordinatrice du groupe d'études sur l'acquisition de la langue et de la littérature française GEFALL, Membre de la CLEFS-AMSUD. rosiane.xypas@gmail.com

ZOUAOUI Moussa, Maître de Conférences à l'Université de Sétif (Algérie). « Interculturalité et perspectives de mondialisation : le cas de l'Algérie ». Zouaoui_m@yahoo.fr

SOMMAIRE

Deuxième partie

Réseaux et interculturalités

Troisième partie

Communications et interculturalités

Préface

La globalisation des échanges mondiaux, la mobilité croissante des individus au-delà des frontières nationales, le déploiement des migrations tant économiques que politiques, et le développement des techniques numériques, souvent uniformes et abrasives des différences, entraînent de façon inédite une remise en cause de l'autonomie des cultures humaines. Tout individu appartenant à une culture originaire, comportant l'usage d'une langue, avec son articulation syntaxique de la pensée, sa découpe signifiante du réel, sa soumission aux lois d'un système de parenté, à des us et coutumes, à des manières de table et de se vêtir, à des traditions, des religions, des droits et devoirs, est amené aujourd'hui à vivre avec d'autres êtres humains originaires d'une culture différente. Ce fait, autrefois extraordinaire (par exemple, la présentation des Amérindiens aux cours européennes au XVIIIème siècle), puis régulier mais circonscrit par la géographie et les circonstances historiques (la colonisation, l'émigration post coloniale…) est devenu général, inévitable, tendanciellement exponentiel, multiforme et essentiellement problématique.

Une bonne façon de se représenter brièvement cette problématique est d'avoir recours à la schématisation des ensembles. Deux cultures (deux ensembles) *A* et *B* se rencontrent. Les dynamiques issues de cette rencontre sont en nombre réduit. Soit *A* inclus *(*assimile) *B* (ou inversement), en totalité, ou en partie. Soit *A et B* restent disjoints, en coexistence ou en confrontation. Soit enfin, *A et B* sont interconnectés par un nouvel ensemble *C* comportant des éléments de A comme des éléments B, plus des éléments originaux. Dans ce dernier scénario, l'interculturalité est *productrice* de culture. Elle est le processus émergent d'une nouvelle culture. Ce nouvel espace *C* (une nouvelle culture, un nouvel ensemble interculturel) peut prendre une ampleur telle qu'il enveloppe *in fine* A et B. Quand on applique ce schématisme à l'une des dimensions de la culture, par exemple aux relations entre les langues, on observe que ces différents scénarios peuvent tous se produire, de la disparition d'une langue, à son assimilation, à des constructions de sabirs, de pidgins, voire d'interlangues comme l'est un certain type d'usage technique de l'anglais.

Ce schématisme peut-il être exporté dans les autres dimensions de la culture ? Dans les relations de parenté, le droit coutumier, les règles de filiation, de parenté ? Cela n'est pas sûr car certaines de ces dimensions sont des supports de structures anthropologiques et semblent réfractaires à des transformations, à des habillages superficiels, *a fortiori* à des assimilations. Ainsi, toutes les religions ne se sécularisent pas de la même façon, des règles d'échanges matrimoniaux peuvent s'avérer résistantes, des stratégies de dissimulation peuvent se déployer, mais inversement de nouvelles façons d'intégration peuvent se produire. Par exemple, l'oralité, si importante pour la transmission dans certaines cultures, peut utiliser les nouvelles communications numériques et faire ainsi émerger un nouveau véhicule mémoriel... bref, la diversité des situations interculturelles et des manières individuelles ou collectives de les vivre, relativise la portée des schématismes théoriques globaux et nous force à devoir d'abord observer avant de conceptualiser. Mais rien n'est plus difficile que l'observation, lorsque l'observateur lui-même est pétri par sa culture originaire. D'où la nécessité absolue de la multiplication des points de vue émanant d'observateurs appartenant à des cultures diverses, placés dans des contextes sociétaux variés et utilisant des méthodologies appropriées.

Cet ouvrage, réunissant les travaux d'auteurs issus de cultures différentes et appartenant à des champs disciplinaires distincts, – autre nécessité absolue pour aborder la complexité du phénomène – couvre un très large espace d'observations concrètes de situations interculturelles comme l'atteste le très riche sommaire.

Ainsi, par la diversité de ses apports sur l'unité d'un phénomène, il est une référence de premier plan pour une élaboration de l'interculturalité qui ne se satisfasse pas de préconceptions théoriques, plus ou moins idéologisées, mais qui part des faits observés pour remonter au sens.

Benoît Virole

Introduction

La première partie de l'ouvrage intitulée « **Mobilités et interculturalités** » est composée de sept chapitres consacrés aux rapports entre mobilité et interculturalité. Après avoir redessiné le contexte de la mondialisation, les auteurs se focalisent sur les effets de la mobilité professionnelle, de l'exil, de la mobilité sociale, de la mobilité choisie et de la mobilité urbaine.

Dans un survol des lignes de fracture de la conscience africaine, confrontée au système marchand planétaire, Charles Romain MBELE, Professeur de philosophie africaine ancienne, moderne et contemporaine, lance une réflexion critique sur les enjeux culturels de la mondialisation. Alors que les nouvelles formes de *cosmopolis* basées sur l'universalisation du marché qui, de fait, marchandise l'universalité, bouleversent les questions culturelles et interculturelles, l'auteur porte, sans ménagements pour les pensées occidentale et africaine, son regard acéré sur les travers des *subalternes, cultural, postcolonial studies*. Il avance une analyse fouillée des impossibilités de la diversité culturelle face à l'homogénéisation abstraite qu'oppose le capital, pourtant assortie de la fragmentation *ad hoc* nécessaire au marché. Passant en revue un large éventail argumentaire, il décrit un malaise dans la civilisation humaine, ironise sur l'utilité de la théorie rhizomique comme logo capitaliste, décortique la nouvelle ontologie de l'interconnectivité et s'interroge sur la décomposition linguistique. Il propose au terme quelques voies pour lutter contre la déculturation.

Un des effets de la mondialisation est, sans conteste, la mobilité professionnelle qu'étudie Monica SCHLOBACH, anthropologue, en s'intéressant, chez des Brésiliens ayant migré à Montréal, aux choix des individus et des familles, aux ressources engagées, aux stratégies et actions entreprises. Sur la base de récits de vie et d'observations participantes, elle examine le processus d'incorporation professionnelle en quatre moments : l'accès au marché du travail, l'insertion et la mobilité dans l'entreprise, le changement d'emploi et la complémentarité entre emploi et formation. L'immigration est pensée par l'auteure comme une pratique sociale et analysée comme l'expérience d'un migrant entre rationalité et réflexivité. Sur la base de premiers résultats, elle montre que la reconnaissance des qualifications et de l'expérience acquise à l'étranger et la transférabilité de ces mêmes compétences sont jugées, évaluées, expérimentées par les migrants à partir des modèles d'appartenance et de référence du pays de départ. Se trouve mise en évidence la contradiction entre la représentation véhiculée par les agents des organismes d'emploi et par les chercheurs, d'une migration professionnelle comme déclassement, et la représentation portée par les migrants eux-mêmes, celle d'une réussite.

Une autre expression de la mobilité générée par la mondialisation est l'exil, notamment celui de longue durée des réfugiés chiliens en Belgique sur lequel se sont penchés Dimitri CAUCHIE, Marielle BRUYNINCKX et Lucie MONNIER, chercheurs en psychologie et éducation. Reposant sur huit études de cas réalisées au moyen d'un questionnaire anamnestique et d'entretiens semi-dirigés, cette recherche a été menée avec des réfugiés rencontrés à plusieurs reprises et se centre sur la question du retour. Les auteurs étudient les mécanismes mis en place par ces réfugiés pour surmonter le traumatisme de cette migration si particulière car sous contrainte, consécutive à des persécutions, sans préparation, sans espoir de retour et qui signe l'échec d'un projet politique. Ils explorent la perception du Chili, de la Belgique, le choix de nationalité dans son rapport avec le sentiment d'appartenance, la question du retour, les déterminants et conséquences de la résilience. Ayant dû construire douloureusement le détachement du pays d'origine, le retour, au moment de la retraite, leur est devenu difficile à concevoir. Au terme, le double attachement que manifestent les sujets aux pays d'accueil et d'origine se traduit en un positionnement "entre-deux", fortement dépendant du sentiment d'avoir ou non été accueilli.

Dans le prolongement du questionnement précédent sur l'exil, la Professeure Marielle BRUYNINCKX et Dimitri CAUCHIE cette fois associés à Guillaume TRIBOUT, lui aussi chercheur en psychologie et éducation, s'intéressent aux trajectoires de 10 exilés de la diaspora vietnamienne en Belgique francophone, à leur intégration et à la transmission culturelle. Les questionnaires anamnestiques et entretiens semi-directifs ont permis de relever une grande diversité des parcours migratoires caractérisés par une forte adaptation au pays d'accueil, s'appuyant d'une part sur l'éducation et d'autre part sur les valeurs familiales issues du confucianisme. La conséquence en est que, au fil des générations, se développe une certaine déculturation notamment linguistique et culturelle, jouant un rôle négatif pour la cohésion interne de la communauté.

Cependant, comment se combinent mobilité géographique et mobilité socioprofessionnelle pour des populations immigrées ou issues de la migration ? L'ensemble de recherches sur l'anomie, le déracinement et la crise d'identité que propose Miriam APARICIO Professeure de psychologie et éducation, se compose de deux études principales (méthodologie quantitative-qualitative) dont la première, réalisée auprès de 350 jeunes, pointe dans ses résultats entre autres l'émergence de l'inconsistance des statuts et l'existence d'un "syndrome de réalisation" impactant l'identité des jeunes issus de l'émigration. La seconde, comparant trois groupes issus de quartiers défavorisés (Chiliens et Boliviens immigrés, Argentins) constate que ce "syndrome de réalisation" atteint également les Argentins désavantagés n'ayant pas subi de choc culturel. L'auteur enrichit son propos avec deux autres recherches, menées au cours des dernières décennies à Mendoza, Argentine. La première (qualitative) étudie la relation entre l'anomie et l'inconsistance de statut (ethnique éducatif). A partir d'un échantillon d'un millier de personnes, la seconde portant sur les possibilités d'emploi, établit le lien entre inconsistance, anomie et identités.

Quelles sont les conséquences psychologiques de la mobilité étudiante internationale, une des rares mobilités que nous puissions qualifier *stricto sensu* de " volontaire " donc posant directement la question des facteurs de la prise de décision ? Au Brésil, reconnu comme actif dans le processus d'internationalisation de l'enseignement supérieur, Dayana SABÓIA, chercheure et Elaine Magalhães COSTA-FERNANDEZ enseignante-chercheure de Psychologie interculturelle, un des fers de lance de la discipline sur le continent, se sont penchées sur cette question. Dans une approche qualitative du discours de 11 cas d'étudiants étrangers à l'Université Fédérale de Pernambouco, elles analysent et illustrent avec précision les stratégies identitaires visant à restaurer le sens et la valeur de soi qu'ils adoptent face aux risques causés par la rupture du contexte culturel : les stratégies identitaires d'évitement des conflits de cohérence simple et de cohérence complexe (conservation, hyperadaptation), les stratégies visant le rétablissement du sentiment de valeur et d'estime de soi, qu'elles soient dépendantes (identité négative avec intériorisation du jugement négatif) ou déplacées (identité par distinction) et même les identités réactionnelles (de défense, polémique et de principe). Les auteures montrent tout l'intérêt pour la compréhension de la mobilité estudiantine internationale, de l'analyse du processus d'interculturation dans ses incidences économique, sociale, politique, pédagogique et sanitaire.

La transplantation de modèles de mobilité urbaine d'un pays à un autre conduit-elle au même résultat dans les deux cas ? Renata AIALA DE MELLO Professeure de lettres à l'université de Bahia entreprend la comparaison de nature et d'utilisation des systèmes de vélos en libre-service dans deux villes de taille comparable : Paris et à sa suite Belo Horizonte. Après examen de différents critères relatifs à la fois aux différents types d'organisation, aux comportements des utilisateurs, au contexte social, l'auteur arrive à la conclusion que la transplantation de ce système à Belo Horizonte, certes n'aboutit pas aux mêmes résultats, mais surtout a permis d'instaurer un partenariat entre les autorités et la société civile. Pourrait alors se poser la question des effets du changement produit par la transplantation de ces systèmes de mobilité urbaine.

La deuxième partie de l'ouvrage intitulée « **Réseaux et interculturalités** » est composée de sept chapitres qui portent des regards multiples sur les réalités de réseau en relation avec les questions interculturelles.

Là encore cette partie est inaugurée par une vision d'ensemble à travers laquelle Jacques DEMORGON, philosophe, nous invite à un parcours historique sur les trois grands réseaux de l'humanité, à savoir, celui des régulations des conduites humaines avec les interculturalités qui s'y déploient, celui des grandes activités, matrices d'unification, parmi lesquelles l'économie, les religions, le politique, les NTIC et finalement celui des formes organisationnelles des sociétés contemporaines produites par leur mise en œuvre. Ces trois grands réseaux ambivalents s'inventent en s'opposant, se succèdent. De son point de vue partagé, l'interculturel est générateur de culture, ce qui signifie qu'il est parallèlement produit et producteur de l'histoire, pris dans le dilemme des temps actuels : celui de la mondialisation et de la mondialité. Il conclut un texte riche en références attirant l'attention du lecteur sur le déni de l'interculturel qui se niche dans l'illusion identitaire. Pour l'auteur, l'aptitude à s'affranchir de ses limites, rend l'être humain unique. La « capabilité humaine » serait donc cette ouverture à l'infini du monde, des autres, de soi-même, c'est le droit de pouvoir mettre en œuvre la puissance d'agir dont chacun a besoin pour devenir l'auteur de sa vie.

Quel rôle peuvent jouer les réseaux dans la mise en exergue de la capabilité des nouveaux arrivants ? Monica SCHLOBACH, Danic OSTIGUY et Thomas GULIAN, trois chercheurs de Montréal questionnent la (non) reconnaissance des compétences des nouveaux arrivants au Québec. Cette recherche-action, menée entre mai 2013 et décembre 2015 auprès d'employeurs et de conseillers en emploi, visait l'évaluation des pratiques et le développement d'outils de transfert des expériences professionnelles pré-migratoires. Les résultats obtenus montrent des similitudes et des écarts entre employeurs et conseillers en emploi en termes de compréhension des exigences du marché du travail. Les auteurs traitent aussi des défis et barrières ressentis par les candidats nouveaux arrivants au Québec, ainsi que du rôle de l'approche interculturelle pour réduire les écarts. Les entrevues menées auprès des employeurs révèlent l'importance, pour eux, des réseaux dans le choix des candidats et le processus d'embauche. Pour la majorité des employeurs interviewés, un bon réseau est un réseau proche qui apparaît le plus capable de leur fournir de bons candidats à l'embauche et ce, de manière régulière.

Comment identifier un bon réseau sans s'interroger sur la construction de sens qui s'y opère et sur le processus qui transforme un évènement en information diffusée ? Maria Stela TORRES BARROS LAMEIRAS, enseignante-chercheure en lettres et linguistique au Brésil, nous propose quelques réflexions à partir d'une recherche qui vise à identifier des mouvements discursifs, la circulation du sens : événements du monde et événements discursifs. La méthodologie se base sur une Analyse du Discours (AD), telle qu'elle fut théorisée en France, en tenant compte de son historicité, avec toutes les implications que cela comporte en termes de relations entre le sujet, la langue et le langage. Il s'agit dans la mise en réseaux de l'espace des médias, d'étudier plus particulièrement la relation entre les *événements du monde* et les *événements discursifs*, depuis ce qui fonde l'information jusqu'à sa mise en circulation au moyen des différentes voies utilisées par la presse, notamment la presse écrite. Sa démarche s'ouvre à une approche transdisciplinaire et interculturelle.

Changeant de discipline et de continent et conviant le lecteur à s'interroger sur les thérapies traditionnelles, dont le moins qu'on puisse dire est qu'elles impliquent les réseaux coutumiers, Margaret AH-PET, Jacques BRANDIBAS et Khadija CHAHRAOUI, trois cliniciens de l'île de la Réunion, présentent la pratique des tradithérapeutes réunionnais. Les auteurs commencent par le contexte plus général du développement historique, culturel et économique dans lequel ils sont apparus et dans lequel ils se sont développés. Selon eux, le recours à des techniques de soin mettant en jeu la dimension surnaturelle et ethniquement référée sera proposé quand l'infortune (maladie, trouble de l'esprit, perte de chance, etc.) survient et qu'elle résiste aux pratiques actuelles occidentales nettement plus individualisées. Dans cette approche, la question du mal est centrale. Le soin consiste souvent à rechercher l'identité de l'esprit possesseur qu'il s'agit, au moyen de rituels spécifiques, soit d'expulser, soit d'en consacrer la présence. Le chapitre a pour objet une recherche sur la personne de ceux qui font profession de soigner dans un cadre traditionnel. Des questions passionnantes comme la transmission du Don, les épreuves initiatiques et l'existence de profils psychologiques particuliers de ces tradipraticiens nous sont présentées avec pertinence et lucidité.

La question brûlante que pose l'entrée dans un réseau terroriste ne peut pas laisser indifférents tous ceux qui s'intéressent aux questions interculturelles. Raymonde FERRANDI, psychanalyste, interroge le rôle dans une perspective interculturelle des mouvements de radicalisation et des attentats. L'auteur examine les processus de symbolisation et ce qu'ils peuvent indiquer d'une supposée « régression » ou « absence de civilisation ». Du point de vue méthodologique, sont appliqués au social les outils de la cure analytique, à savoir l'association libre et l'attention flottante. Il en ressort que les phénomènes actuels de radicalisation violente relèveraient du malaise dans la symbolisation, conséquence de l'hypermodernité, plutôt que d'une régression vers la barbarie ou encore de modèles extérieurs violents. Dans ce contexte, la démarche interculturelle semble plus que jamais nécessaire pour saisir la réalité des cultures et des phénomènes de contact, au-delà des prises de position idéologiques.

Les réseaux doivent également être considérés à la fois comme base et expression de l'interculturalité. A ce titre, Odette LESCARRET, Professeure émérite en Psychologie, partage avec nous sa longue et riche expérience de création d'un réseau interculturel pour une psychologie clinique en Asie du Sud-est. Très renseignée sur ce peuple et son histoire, l'auteure analyse le contexte politique de la demande officielle des Autorités Vietnamiennes adressée aux psychologues français et les enjeux de la mise en place d'un véritable réseau international, d'emblée interculturel, structuré par une éthique commune de la subjectivité humaine et soutenant la co-construction d'une psychologie ancrée dans les cultures de l'Asie du Sud-Est. Ses propos, d'une rare lucidité, dénoncent les dérives individualistes et libérales des courants dominants de la psychologie tout en soulignant l'intérêt d'une distance éclairée par rapport au passé du peuple vietnamien.

Finalement, María Eugenia BOITO et Pascual SCARPINO, deux chercheurs argentins, présentent leurs réflexions sur l'interculturalité et les relations de genres dans les pratiques politiques et socioculturelles des femmes en Amérique

Latine. Ce texte, le seul en langue espagnole, a été présenté lors du symposium « Interculturalité, Diversité et Relations de genres ». Si, d'une part, cette thématique nous invite à une réflexion sur la spécificité des relations de genre : l'identité et l'inégalité de genre, l'autonomie et / ou la subordination, elle propose d'autre part une pensée contextualisée, historique et corporelle, qui tient compte des contradictions, des limites et des résultats des expériences latino-américaines. Ce chapitre nous interroge sur les ponts envisageables entre la Perspective interculturelle et les études actuelles, post-identitaires, sur les genres.

La troisième partie de l'ouvrage, intitulée **« Communications et interculturalités »**, réunit des écrits qui remettent au travail la question vive de l'interculturalité, à travers des présentations et analyses de situations mettant en jeu ces nouvelles formes de communications.

L'irruption des nouvelles technologies de communication ne relève pas seulement du champ de la technologie mais génère une confrontation entre cultures virtuelles et cultures contemporaines. Dans une vision synthétique, Patrick DENOUX, Professeur de Psychologie Interculturelle à l'Université Toulouse Jean Jaurès, France, explique, en prenant appui sur le domaine des jeux vidéo, l'impact sur le psychisme de l'effraction qu'y opèrent les mondes virtuels. Il analyse des schèmes (hypersensibilité au champ, mécanique action/réaction...) en termes d'incidences psychoculturelles du contact avec les cultures technologiques. Avec justesse, il déploie ainsi la spécificité et la pluralité de nouvelles formes d'identités sous la dictature de l'adaptation, mettant à jour les tiraillements et conflits d'appartenance identitaire. S'appuyant sur le processus d'interculturation entre culture contemporaine et culture numérique, il analyse la quête, à travers le virtuel, d'une confrontation défaillante à la mort dans l'expérience des sujets qui, dans leurs pratiques ludiques ou ordaliques, balancent entre fausse mort virtuelle et vraie mort virtualisée.

Par ailleurs, l'importance prise par la religion dans la communication mondialisée et sa convergence avec les valeurs contemporaines (immédiateté, pragmatisme, consumérisme, priorisation de la communication, destructivité, mythe du héros) questionnent Gilbert COYER, Maître de conférences à l'Université Paris 13, interroge la progression actuelle du religieux dans ses liens dialectiques avec non seulement les communications nouvelles introduites par la mondialisation et ses multiples contextes géopolitiques contemporains, mais aussi avec les valeurs contradictoires de l'hypermodernité. Selon l'auteur, les problématiques vécues dans une migration mondialisée, entre rationalité et croyance, poussent à l'émergence d'une société sans mémoire, sans héritage, sans mise en sens, sans filiation. Partant de l'exemple de la famille, dont les codes de communication varient selon les cultures, il aborde tout autant les processus interculturatifs possibles, que les conditions de leurs échecs.

Sous l'effet des nouvelles technologies, comment se rejouent diversité culturelle, interculturel et transculturel dans la mondialisation ? Moussa ZOUAOUI, Maître de conférences à l'Université de Sétif, Algérie, commence par souligner les effets dévastateurs d'une culture de l'omniprésence des Nouvelles Technologies de la Communication, en particulier pour les cultures traditionnelles et communautaires, en raison du déracinement qu'elles induisent, des profonds bouleversements et de l'homogénéisation qu'elles génèrent. Puis, il offre une ouverture alternative montrant comment une forme de persistance culturelle permet de nouvelles interculturalités basées sur la créativité et la dimension humaine. Les nouvelles technologies de l'information et de la communication pourraient conduire à l'apparition d'une seule civilisation consubstantielle à toutes les autres.

Un des terrains électifs de la problématique "Communications et interculturalités" reste l'éducation, avec en priorité la question des langues. Joice ARMANI GALLI, enseignant-chercheur de l'Université Fédérale de Pernambuco, Brésil, analyse les représentations culturelles dans l'enseignement-apprentissage du français et montre en quoi la langue est un signe d'altérité dans le programme BRAFITEC (BRAsil France Ingénieurs TEChnologie) qui prépare à la mobilité professionnelle ; l'analyse des besoins amène en effet à placer l'interculturel comme l'un des objectifs prioritaires, et les exercices interactifs gèrent une véritable communication au sein des groupes d'apprentissage. L'auteur réintroduit fortement la dimension culturelle et interculturelle dans l'apprentissage des langues.

L'usage et l'utilité des langues sont questionnés par Dario PAGEL Professeur de Langue, phonétique et didactique du français langue étrangère de l'Université Fédérale de Sergipe, Brésil. Il approfondit le statut des langues étrangères et montre qu'il est en interaction avec les politiques publiques du plurilinguisme au Brésil. Si l'histoire indique que le monde du commerce et des techniques privilégie l'anglais et celui des sciences humaines et des arts, le français, les récents accords commerciaux orientent aussi vers l'espagnol, et également l'allemand. Cependant les études montrent que la maîtrise des langues étrangères a toujours été le fait de l'élite et de la classe dominante.

Par ailleurs, le "désir de langue" semble être aussi une composante incontournable du rapport à d'autres univers linguistiques, nécessitant l'examen de son environnement émotionnel. Rosiane XYPAS et Constantin XYPAS, respectivement enseignante-chercheuse en Français langue étrangère à l'Université Fédérale de Pernambuco (UFPE), et enseignant-chercheur honoraire en Sciences de l'éducation de l'Université Catholique de l'Ouest, France, Professeur invité à l'Université de l'Etat du Rio Grande du Nord-Brésil, présentent pour leur part les subtilités psycho-interculturelles du rapport à la langue française d'auteurs bilingues ; en s'appuyant sur 3 biographies langagières et selon une perspective constructiviste, ils soulignent le rôle du désir d'apprendre le français, et celui des enjeux émotionnels d'intégrer une communauté linguistique et la communauté nationale correspondante.

Que faire de la pluriculturalité des classes de l'école publique brésilienne ? Candy Estelle MARQUES LAURENDON et Nair Cristina DA SILVA TUBOITI respectivement en Post-doctorat de Psychologie cognitive à l'Université Fédérale de Pernambuco (UFPE) - Prix ARIC 2015 - et Enseignante au Secrétariat d'Etat de l'Education pour le District Fédéral, Brésil, ont étudié les incidences de la diversité socioculturelle sur l'alphabétisation post-constructiviste dans les écoles publiques brésiliennes. Sur la base d'entretiens et d'observations, elles montrent comment l'approche interculturelle de l'enseignant post-constructiviste permet à celui-ci d'endosser un rôle de médiateur culturel et de construire des pratiques pédagogiques interculturelles. Valorisant la diversité culturelle devenue outil d'apprentissage, l'approche interculturelle de l'enseignant post-constructiviste fait reposer les activités pédagogiques et didactiques sur la constitution d'un groupe-classe interculturel.

Les nouvelles technologies renouvellent les pratiques sanitaires, par les opportunités concrètes qu'elles offrent aux praticiens. Rosana ALVES COSTA GARRINO, psychologue au service de psychiatrie de l'Université Fédérale de São Paulo, Brésil, docteur en psychologie clinique de Université Paris 5, France, avec en co-auteurs Dartiu Xavier DA SILVEIRA psychiatre, Professeur privat-docent de l'Université Fédérale de São Paulo, Brésil, Christian HOFFMAN Professeur de psychopathologie clinique à l'université de Paris 7 Diderot, psychanalyste, Hassan RAHIOUI, psychiatre et addictologue à l'Hôpital Henri Ey, Paris et à la consultation d'addictologie de l'Hôpital Paul-Brousse à Villejuif, France et Eric TOUBIANA, Maître de conférences à l'Université Paris 7, psychothérapeute/psychanalyste/superviseur, terminent en analysant l'intérêt pour l'interculturalité de l'usage des Nouvelles Technologies dans les pratiques en santé mentale, en se centrant sur la réalisation de workshops en santé publique par visioconférences entre l'Université Paris Diderot et l'Université Fédérale de São Paulo. Dépassant la complexité de la thématique et de la pluridisciplinarité des intervenants, ils soulignent la richesse des débats ayant permis de développer un travail consistant de coopération interculturelle de part et d'autre de l'Atlantique, les expériences brésiliennes et françaises se nourrissant mutuellement, et les prolongements académiques étant déjà en mouvement.

Les organisateurs

Première partie

Mobilités et interculturalités

Chapitre 1

Mondialisation et diversité culturelle. Une perspective africaine.

Charles Romain Mbele

En souvenir de Zumbi de Palmares dans le Pernambouque et d'Abdias do Nascimento

Mon propos tourne autour d'une dizaine d'axes. J'insisterai sur le moment culturel de la mondialisation, notamment sur le réseau catégoriel sur lequel il s'appuie en Afrique ; je montrerai que ce moment induit un problème interculturel, parce que l'homogénéité abstraite de la valeur d'échange enferme les identités sur elles-mêmes : le fait de *toujours avoir plus que sa part* - ce que les Grecs ont appelé la pléonexie - entraîne des crispations sociales et économiques qui prennent une forme identitaire fondée sur l'idée d'une irréductibilité et d'une incommunicabilité des cultures.

1. Une question ancienne de la conscience africaine

La conscience africaine moderne réfléchit sur la diversité culturelle et le marché mondial, universel, depuis fort longtemps.

Depuis le vingtième siècle, l'effort de l'esprit africain tente de saisir - pour le dire avec Platon - *« ce qui est commun à toutes choses [...] le fait d'exister ou non, la ressemblance et la dissemblance, le même et l'autre, et aussi l'unité et le reste des nombres »* (Platon, 2008, 185).

C'est cette réflexion qui a porté le mouvement de la négritude, notamment l'appel d'Aimé Césaire à faire entrer les peuples africains dans l'histoire universelle. Pour le penseur martiniquais, ils doivent avoir *l'initiative historique* dans chaque aspect de leur existence, car son exercice est source de création culturelle, et donc de diversification et de particularisation (Césaire, 1956).

De façon plus ambiguë certes, mais c'est cette réflexion qui mobilise Sédar Senghor (1964) lorsqu'il parle de *ce que l'homme noir* doit apporter à la civilisation de l'universel, au rendez-vous du donner et du recevoir.

On peut encore citer Alioune Diop qui a travaillé pour une *présence de la culture africaine* dans le monde ; l'homme de lettres et de culture sénégalais a, à ce titre, organisé des congrès panafricains, créé une maison d'édition et une revue du nom de *Présence Africaine.* Fabien Eboussi Boulaga (2010) a consacré à la figure attachante d'Alioune Diop un bel hommage intitulé *L'intellectuel commun.*

Dans le monde anglophone, Kwamé Nkrumah veut aboutir à une synthèse dynamique des traditions africaine, euro-chrétienne et islamique[1] : la pluralité et la diversité des valeurs culturelles qui ont moulé la conscience africaine depuis des siècles doivent être placées, selon le philosophe ghanéen, sous le fondement de la liberté et de l'égalité comme possibilité du développement, et savoir la maîtrise technique et scientifique de la nature.

2. Un affrontement de perspectives dans la localité africaine

Mais depuis les années 80 du vingtième siècle, la démesure globale pour l'accumulation du capital qui y retentit signe l'affrontement de deux thèses.

La position optimiste sur la globalisation valorise les compétences linguistiques apportées à tous - notamment aux peuples en développement, aux minorités culturelles marginalisées, aux couches subalternes - par la mobilité, les flux divers, les réseaux de communication et d'information numériques. Seraient en gésine en ceux-ci une culture planétaire, cosmopolite, une société civile globale voire une cyberdémocratie.

Aussi, contre toute identité unique ou stable, vante-t-on désormais une manière fluide, mobile, hybride, métisse d'être au monde (Eboussi Boulaga, 2004 ; Bourahima, 2001 ; Bidima, 1993).

La thèse pessimiste et critique parle en termes de déracinement, d'homogénéisation. Il s'élève dans celle-ci le sourd et profond besoin d'un fondement stable d'une existence fondée sur la valeur d'usage contre le règne tyrannique de l'argent. Ici s'affirme l'opposition à une mondialisation qui veut imposer l'uniformité (des besoins, des désirs, des croyances et des objets), à travers la valorisation de la valeur d'échange. Or il se trouve que la valeur d'usage a permis la diversité des cultures issue du lien des peuples à leur lieu de vie : la satisfaction des besoins essentiels qui en est échue a permis qu'émerge la culture en tant que *manifestation spirituelle de l'homme dans le monde* , témoignage de *« l'infinie créativité du genre humain, […] source d'identité, […] à l'origine de l'extrême diversité des individus, des peuples et des nations, […] mais cette diversité s'affirme sans jamais nier l'identité générique de l'homme, car la différence des races, des cultures, des religions, des formations économiques et sociales ne contredit pas l'idée de l'homme dans son universalité […] »* (Nkolo Foé, 2008, 180-181).

Aussi cette position pessimiste sur une mondialisation portée par la seule valeur d'échange estime-t-elle d'une part que l'univers des médias électroniques ne peut intégrer globalement les cultures. Leur absence de transparence et leur ordre monopolistique sont en effet soumis aux pressions politiques et entreprenariales, tout comme à une vision du monde qui exalte l'individualisme, le culte de la

[1] Ce qui montre - à rebours de l'unanimisme dont le philosophe béninois Paulin Hountondji accuse Kwame Nkrumah - que même la pensée libérale qui privilégie la pluralité des valeurs comme une richesse pour les individus peut se réclamer du consciencisme philosophique !

réussite individuelle, la concurrence généralisée, le consumérisme, la mise en berne de la réflexion et de la pensée critique.

Plus essentiel d'autre part, ces flux communicationnels qui partent des centres capitalistes vers le monde entier au moyen de la globalisation de quelques langues appauvrissent la pluralité culturelle et linguistique, aplatissent les univers symboliques sous le corset de la valeur d'échange, vecteur de créolisation linguistique et culturelle.

Est ainsi en jeu la langue, comme lieu de la diversité humaine, celle de communautés ouvertes les unes aux autres, en tant que subjectivités en dialogue réel, et non pas seulement virtuel.

Le problème ainsi posé signifie le besoin d'affronter des questions proprement ontologiques, morales, existentielles et politiques, c'est-à-dire des questions de choix qui aboutissent à celles de la particularité et de la particularisation, donc de la diversité humaine, culturelle au sein de l'écoumène, de l'humanité.

Cela signifie donc aussi prendre sous un angle réflexif et critique les notions, les concepts, les visions du monde qui empêchent la rencontre et les conflits culturels : je pense aux notions comme le métissage culturel, l'hybridité ou l'hybridation qui sont des métaphores qui viennent du monde de la biologie ; je pense aussi à la notion de mobilité, au moment où des individus et des peuples veulent un ancrage dans un lieu.

3. Des questions angoissées

Dans cet ordre d'idées, la première question qui vient à l'esprit est : *Qui sommes-nous* ? Une telle question renvoie à notre identité, voire à notre communauté présente ou à venir - en tant que communauté promise. Cette question est souvent articulée comme une réponse à une menace qui oppose *eux* et *nous*, et où se dit l'autochtonie contre l'allochtonie ou l'allogénie, *l'identité nationale*, le fait d'être de *souche* ou de *laine* - le fait d'être né du *sol* en un mot, et donc ayant plus de droit que les *nouveaux venus* (*settlers*).

Cette question - en cette phase de la mondialisation, et des crises culturelles et politiques qu'elle génère dans le sens de l'enfermement civilisationnel - taraude donc nombre de sociétés, notamment les sociétés africaines. Et la langue y est en première ligne : il n'y a qu'à voir l'insistance que mettent les pays d'immigration d'Europe pour que les nouveaux migrants maîtrisent les langues du cru.

La seconde question est celle-ci : *Où allons-nous ?* C'est la question de la fin que nous poursuivons. Cette *fin dans le monde* peut recevoir plusieurs autres déclinaisons ou formulations : *Que sommes-nous ? Où nous trouvons-nous ? Que faisons-nous ? Avec qui vivons-nous où travaillons-nous ?* L'idée ici - plus ouverte - est la suivante : bien que nous partions d'un lieu précis, nous pouvons partager, échanger, emprunter, lutter, résister ensemble - au-delà d'une communauté substantielle ou statique -, en posant la reconnaissance de la complexité des héritages et des appartenances linguistiques ou autres.

Le *nous* n'est donc pas une substance qu'on porterait comme une peau indélébile, irréductible, incommunicable : il doit être pensé comme étant traversé par de profondes divisions, des luttes internes, des intérêts divergents qui montrent que l'identification reste toujours problématique, parce qu'*imaginée*, pour parler comme Anderson (1983).

Elle est donc hétérogène dans la mesure où elle est liée aux buts poursuivis. En effet, même une communauté de langue montre une grande labilité : des personnes aujourd'hui tendres peuvent se révéler cruelles demain. Aussi, au sein d'une même communauté linguistique, peut-on voir à l'œuvre - assez rapidement - des comportements opposés, par exemple des humanistes qui deviennent de vils barbares. Ainsi en a-t-il été au Rwanda où on parle la même langue, où, en dehors des Twa dont la religion est le culte des ancêtres, on est chrétien ; il se trouve toutefois qu'un génocide y a été accompli, comme le résultat tragique des *fruits empoisonnés* de l'ajustement structurel qui a créé une telle rareté que la dignité et l'humanité de l'autre - liées à une différence culturelle et de perception tenant au mode de travail - n'ont plus été reconnues et acceptées.

4. Enjeux du moment culturel de la mondialisation

Il y a donc un moment culturel de la mondialisation. Dire *moment culturel de la mondialisation* renvoie d'abord à Jameson (1984) qui a parlé de la *logique culturelle du capitalisme tardif*, le capitalisme tardif désignant le néolibéralisme structuré autour de la forme-marchandise (Foé, 2012). Pour Jameson, dans la philosophie postmoderne se donne à voir *« l'interrelation de la culture et de l'économique [qui] constitue une interaction et une rétroaction en boucles réciproques et continues »* (*ibid*, 52). Jameson parle en termes de « *postmodern hyperspace*, d'*hyperespace postmoderne* » (*ibidem*, 92). Ce dernier renvoie à l'idée du géographe américain Harvey *d'une compression du temps et de l'espace*, qui est en rapport avec les flux transnationaux de biens et de mobilité humaine. Il reste que la spatialisation tourne le dos à l'histoire, tout en aplatissant le monde sur quelques éléments culturels homogènes et transnationalisés.

Je pense d'autre part aux conséquences culturelles de la mondialisation dont parle Arjun Appaduraï comme une modernité désormais incertaine d'elle-même (Appaduraï, 2015) mais dont une ressource essentielle serait l'imagination.

Une telle incertitude vient du fait que ce qui caractérise la mondialité néolibérale, c'est la survalorisation dogmatique de l'échange généralisé, hantée par la perte de la différence consécutive à l'unification de l'agir humain autour des exigences économiques. Préparée idéologiquement depuis le XVIIIe siècle par des physiocrates comme François Quesnay partisans du libre jeu de la machine économique, du laisser-faire, du laisser-passer, son caractère réside dans une opération épistémologique radicale qui a pour nom la catallaxie - du grec *katalatein* qui signifie *échanger*. Le changement de perspective qu'apporte la catallaxie se traduit par la place donnée à la commutation des biens et à un droit de propriété qui se distend et s'assouplit pour faciliter la fluidité des échanges selon l'ordre supposé spontané du marché.

Exposant cette dérive, Caye (2005) voit dans la théorie de l'École de Chicago conduite en particulier par Ludwig Von Mises et F. Hayek la pointe de la marchandisation de la civilisation européenne au cœur de la construction européenne actuelle : l'agir humain n'y fait plus la distinction entre les domaines de l'activité - politique, art, éducation - (Longo, 2001) et la rationalité économique. Il en est ainsi parce que celle-ci renverse les deux présupposés de la science économique classique que sont la spécialité et la rationalité : *« En effet, pour la catallactique, il n'existe en soi aucun acte patrimonial qui relèverait d'une rationalité propre […] ; tous les actes […] ont nécessairement des effets économiques […]. La logique économique domine tous les secteurs de l'agir humain ; l'économie devient une théorie de l'échange généralisé […]. Mais, en contrepartie de sa généralisation au service de l'unification de l'agir humain, la logique économique se satisfait pleinement du déclin de sa rationalité et de la perte de sa formalité théorique. La catallactique et plus généralement encore les sociétés marchandes sont donc fondées à la fois sur un déclin de la rationalité et sur une indifférenciation des activités morales et sociales : déclin de la raison et perte de la différence étant ici étroitement corrélés. Or, cette corrélation constitue un obstacle puissant à l'exercice de la philosophie qui repose sur les principes inverses de rationalité et de différenciation »* (Caye, 2005, 286-287).

Si la rationalité catallactique - par sa dimension *pan*-économique - implique ou suppose le déclin de la philosophie, vise à l'aplatissement de la diversité et de la différence culturelle (Tort & Desalmand, 1978), on peut constater que les philosophies africaines de la mondialisation participent de ce processus en laminant le rôle de l'activité critique et réflexive de la pensée conceptuelle qui veut dépasser les cas particuliers pour saisir le général et l'universel dans l'humain.

Si notre moment culturel peut être défini par la tension philosophique de l'universel et du particulier, du même et de l'autre, de l'un et du multiple, de l'unité et de la diversité, le processus catallactique pousse à l'hégémonie de l'unité homogénéisatrice au détriment de la diversité.

Or, selon le philosophe camerounais Marcien Towa, *« la diversité culturelle présente une portée philosophique considérable jusqu'ici fort peu remarquée ; elle montre, non pas la division de l'homme, mais bien plutôt son identité générique. L'humanité n'est pas génériquement identique malgré la diversité culturelle, mais précisément en raison de la multiplicité des cultures. La prolifération des cultures, des langues, des systèmes sociaux, des religions atteste la fécondité de la créativité humaine. Une même population 'racialement' et biologiquement homogène peut créer des formes culturelles les plus disparates, parler de multiples langues, pratiquer de multiples religions, etc. Inversement, une seule et même culture peut être vécue et développée par des groupes ou des individus 'racialement' hétérogènes. Une langue d'un peuple noir peut être parlée par des Blancs et des Jaunes, une religion d'un peuple blanc peut être pratiquée et développée par des Noirs et des Jaunes. Ce qui montre que les différences 'raciales' sont inessentielles et qu'elles ne déterminent pas les différences culturelles ni ne sauraient dresser des barrières infranchissables entre les cultures. Il s'agit là d'un phénomène remarquable car en dehors de l'homme aucune autre espèce, aucune autre race animale ne saurait adopter le comportement d'une autre en restant biologiquement elle-même »* (Towa, 2012, 202). Marcien Towa s'oppose vigoureusement à ceux qui soutiennent l'idée selon laquelle l'uniformité culturelle montrerait plus immédiatement et d'une façon plus éclatante l'identité générique de l'homme ; assurément si tous les hommes, toujours et partout avaient la même culture, parlaient la même langue, avaient les mêmes institutions, la même religion, etc., ils manifesteraient certes par là leur parfaite identité. À ses yeux toutefois, une telle identité ne serait pas humaine, mais animale, car elle nous ramènerait à la rigidité et à la fixité de l'instinct ; l'unité serait bien démontrée, mais nous tomberions aussi au-dessous de l'homme : *« La multiplicité des langues, des religions, des genres de vie, non fondée sur une multiplicité biologique correspondante prouve que l'homme toujours et partout s'adapte et crée selon les exigences de l'environnement physique et humain et des circonstances historiques. La diversité culturelle ne montre pas seulement que l'homme est partout fondamentalement le même, mais aussi en quoi consiste cette identité : elle est créativité illimitée. L'homme est l'être qui, sur la base d'un même fonds psychobiologique héréditaire, crée une infinité de formes culturelles, une infinité de parlers, d'institutions, de procédés, de croyances, etc. La base psychobiologique universelle est culturellement neutre ; nous voulons dire par là qu'elle ne prédétermine aucune culture particulière, et c'est pourquoi elle peut les produire toutes. En raison de son aptitude à élaborer toutes les formes culturelles, sans être prédéterminée à produire aucune en particulier, on peut parler de son omnivalence ou de son équipotentialité culturelle »* (Towa, 2012, 203).

Contre une telle perspective, il se trouve hélas que la mondialité néolibérale veut se donner essentiellement comme une *cosmopolis* fondée sur l'universalisation du marché et de sa productivité. Aussi, dans la sphère culturelle, produit-elle une discursivité sur l'originalité et la différence par rapport à la civilisation occidentale qui, depuis le 20e siècle, a produit diverses doctrines ayant pour souci de les défendre : négritude, personnalité africaine, africanité, authenticité, indigénisation au sein des églises et, de façon bruyante aujourd'hui, discours de la pensée postcoloniale hantée par le besoin d'une désoccidentalisation du monde, etc. En Afrique, la *cosmopolis* est perçue aujourd'hui comme hier comme un particulier qui s'universalise du fait de la puissance de l'*abstrait technique* mis au service des certitudes les plus traditionnelles, c'est-à-dire arbitraires, non universelles : le pouvoir, la force. L'*universel particularisé* ou *approprié* est occidental, *« car comment pourrait être universel ce qui [...] est absent des discours des centaines de millions d'Africains [...] S'agit-il donc de l'universel propre des nations développées ? Mais alors serait-ce encore l'universel ? Nous serions plutôt en face d'un particulier chanceux et triomphant, qui se pose abusivement en terme d'universalité. A moins que l'on ne nous renvoie à l' 'universel pur, trônant dans le ciel platonicien' »* (Meinrad P. Hebga, 1982, 35). Aussi, un tel universel est-il accusé de vouloir seulement parler - et continuer à parler - français, anglais, allemand, italien, anglo-américain etc., selon une aire de la civilisation qui va du *Rio Grande* à l'*Oder Neisse*. Pour le discours postcolonial par exemple, un tel universel se donne *ad aeternam* une figure impériale qui s'absolutise.

Tel fut déjà aussi - dès le milieu des années 70 - le discours du philosophe camerounais Eboussi Boulaga (1977, 108) *: « La singularité générale s'étant réduite aux* *bases matérielles de la technique (vie, travail, langages), ce sont désormais les seules valeurs discernables, dans leur subordination à la production. Mais l'universalité de la production et/ou l'expansion de l'universalisation sont barrées en leurs exigences et en leurs dynamismes par des particularismes qui la traversent pour eux-mêmes, par l'alliance de particularismes se réservant l'avance ou le monopole technique comme moyen de s'affirmer pour eux-mêmes. Mais l'universel abstrait particularisé n'est ni une particularité historique, ni la 'substance éthique' d'une communauté vivante ni un universel concret de sens. La contradiction détruit la particularité concrète et l'universalisation de la raison abstraite ».*

J'observe toutefois que le discours de Meinrad Pierre Hebga (1982), tout comme celui d'Eboussi Boulaga (1977) qui annoncent le postcolonialisme subsaharien actuel, est souvent mystifié ou mystificateur. D'une part parce que cette discursivité aux accents de sauvegarde de l'identité africaine confond toute la civilisation occidentale à sa face sombre, celle de l'impérialisme économico-politique et culturel. D'autre part, parce que les critiques de l'universel abstrait de la technique et de l'économie, sont ceux-là même qui adhèrent à l'universel chrétien, islamique, confucéen ou néo-confucéen, etc., mais surtout à l'universalité de la libre entreprise ; et ce, en opposition aux traditions africaines qu'il s'agit de marginaliser ou de supprimer comme singularités culturelles au sein de l'espace public et de l'histoire universelle. C'est ce qui explique la critique récente des Lumières, de l'universalisme dans le discours dit *postcolonial*, qui vient de l'Inde et des diasporas du Sud dans le monde occidental à travers les *subaltern, cultural, postcolonial studies*. Ces nouvelles sciences sociales tendent à rejeter le bébé - la rationalité, la critique, le doute, l'examen des dogmes, les droits universels, l'*habeas corpus*, l'humanisme, la séparation de l'Eglise et de l'Etat, la laïcité, l'égalité des hommes et des sexes, etc. - avec l'eau du bain : la pensée dite binaire ou duale, le double langage d'un européocentrisme qui proclame l'égalité et pratique l'esclavage, invoque la démocratie en cautionnant l'arbitraire, promeut les droits de l'homme en imposant la domination.

Contre une telle perspective, notre tâche réelle doit être de créer - non une *voie africaine* ou une *essence africaine* où inscrire une *âme africaine* - un cadre réceptif à l'universalité des principes que l'Occident s'applique à lui-même, c'est-à-dire la capacité *« de pénétrer jusqu'[à son] véritable centre, jusqu'à [sa] forme caractéristique »* (Wissmann, 1998, 212). Pénétrer jusqu'au centre véritable de la civilisation occidentale ou jusqu'à la forme caractéristique de toute civilisation, c'est déjà la thèse qu'a défendue au XIXe siècle Frederick Douglass dans *Ce que votre 4 juillet signifie pour un esclave* (1852).

Assurément - affirme F. Douglass - en tant qu'hommes nous sommes exclus des grands principes fondateurs de liberté politique et de justice naturelle tels qu'ils sont inscrits dans la *Déclaration d'indépendance* américaine. Mais il n'est pas question de rejeter ces principes universels car ce sont des *principes salvateurs* auxquels il faut tenir en toutes occasions, en tous lieux, contre tous les ennemis, à n'importe quel prix. Le propos de Douglass est bien plutôt qu'il faut les faire respecter, les universaliser en extension et en profondeur[2].

Disciple revendiqué de Douglass et de son besoin que les Noirs pensent philosophiquement leurs problèmes - en termes *d'auto-affirmation et d'auto-développement* où l'Université a une place fondamentale (William Edward Burghardt Du Bois, 2004) [3], un demi-siècle plus tard en 1903, W. E. B. Du Bois s'inscrit dans la même volonté d'accéder au *monde spirituel* occidental - celui qui est *hors du Voile* - afin d'en universaliser en profondeur et en extension les principes à partir de l'acte qui déchire le Voile, pour ne pas oublier les *âmes - souls* – du monde culturel noir : « *Quittant alors le monde de l'homme blanc, j'ai pénétré dans le monde du Voile ; j'ai soulevé celui-ci pour que vous puissiez entrevoir ses replis les plus secrets - la signification de sa religion, la passion de sa douleur humaine, le combat de ses grandes âmes [...]* » (Du Bois, 2004, 18-19). Quelques pages plus loin, il insiste sur le besoin de dépasser la contradiction raciale - mais sans oublier l'insertion dans la grande culture africaine ancestrale, en particulier la religion, la poésie et la musique - pour retrouver les idéaux des Pères fondateurs de la République américaine : « *La fraternité humaine passe par l'idéal unifiant de race [...] en conformité avec les idéaux sublimes de la République américaine. De cette façon, un jour, sur le sol américain, deux races, deux mondes pourront s'offrir mutuellement ces caractères dont ils manquent cruellement aujourd'hui. Nous, les plus sombres, nous ne venons pas les mains complètement vides, même aujourd'hui : il n'y a pas à l'heure actuelle d'interprètes plus justes de ce pur esprit d'humanité qui émane de la déclaration d'Indépendance que les Noirs américains [...]. Le problème noir n'est rien qu'un test concret des principes fondateurs de la grande république ; la lutte spirituelle engagée par les fils des affranchis est le travail d'âmes dont le fardeau excède les forces ; mais elles le portent au nom d'une race historique, au nom de la terre des pères de leurs pères, et au nom des possibilités qui s'offrent à l'humanité* (Du Bois, 2004, 53)[4].

---

[2] Frederick Douglass, « Ce que votre 4 juillet signifie pour un esclave », *in* : *Mémoires d'un esclave, op. cit.*, 131 sq. Cette traduction est incomplète ; elle est amputée de ses parties significatives en langue anglaise, cf. Philip S. Fioner (ed.), « The Meaning of July Fourth for the Negro », *in : The Life and Writings of Frederick Douglass*, volume II, *Pre-Civil War Decade* (1850-1860), NY, International Publishers, 1950 : « *The freedom gained is yours ; and you, therefore, may properly celebrate this anniversary [...]. I have said that the Declaration of Independence is the ringbolt to the chain of your nations' destiny; so, indeed, I regard it. The principles contained in that instrument are saving principles. Stand by those principles, be true to them on all occasions, in all places, against all foes, and at whatever cost* ».

[3] William Edward Burghardt Du Bois, *Les Âmes du peuple noir*, traduction, annotation et postface de Magali Bessone, Paris, éditions ENS/Rue d'Ulm, coll. « Versions françaises », 2004, p. 53. Sur l'université, cf. p. 84-87 : « *L'université ne doit jamais poursuivre qu'un seul objectif - permettre, non pas de gagner son pain, mais de connaître la fin et le sens de cette vie que nourrit le pain [...]. Enseignez aux travailleurs à travailler et aux penseurs à penser ; faites des charpentiers des charpentiers et des philosophes des philosophes[...]. On ne forme pas des hommes isolés mais un groupe vivant d'hommes - en fait un groupe à l'intérieur d'un groupe. Le produit final de notre formation ne doit pas être un psychologue ou un maçon, mais un homme. Et pour faire des hommes, nous avons besoin d'idéaux, larges, purs, et des buts qui puissent donner un sens à la vie [...] ; le penseur doit penser en vue de la vérité [...]* »

[4] A la p. 62 de son ouvrage, Du Bois cite les « *paroles sublimes des Pères fondateurs* » à ne pas oublier et pour lesquelles il faut lutter « *par tous les moyens civilisés et non-violents possibles* » : « *Nous tenons pour*

Assurément la raison - un certain type de l'universel - s'objective dans des structures particulières d'un marché qui tend à rendre superflu tout ce qui ne satisfait pas la valeur d'échange (Ricœur, 1961)[5]. Une telle perspective annihile par là même les possibilités de la diversité culturelle combattue par l'homogénéité abstraite du capital.

5. L'impossibilisation des possibles du moment culturel de la mondialisation

Aussi aboutit-elle à des impossibilités pratiques. Le philosophe français Tosel (2000) parle avec raison de *l'impossibilisation des possibles* : *« L'humanité aujourd'hui, à l'époque de l'économie-monde capitaliste, n'est pas tant définie comme ensemble de possibilités entravées que comme ensemble d'impossibilités pratiques liées à la contrainte d'une productivité déliée de tout souci du bien commun. La possibilité d'une production infinie du capital, obtenue par l'exploitation de la productivité du travail, devenue un impératif inconditionnel, se renverse en production d'une masse croissante de travailleurs séparés des conditions d'exercice de leurs libertés, d'exclus du procès d'exploitation du travail, exilés du monde dans le monde des dénués de tout, des pauvres absolus, des 'sans papiers', 'sans travail', 'sans domicile' »* (Tosel, 2000, 23).

Est ainsi théorisée la figure de l'exclusion structurale permanente, celle d'une individualité humaine définie de manière privative et cumulative. Dès lors, penser comme le font certains en Afrique, l'absence d'ancrages, c'est penser un possible pour *happy few*, nomades, hybrides, mobiles, à l'aise nulle part et partout. C'est-à-dire le monde qui satisfait les mobiles de la mondialisation capitaliste, mais qui ne signifient rien pour les immobiles qui ne voient pas l'ombre d'une promotion sociale à l'horizon. Voici comment le philosophe Balibar (2002) voit le possible désormais si fascinant pour les nomades postmodernes qui peut s'appliquer à la localité africaine : *« Nous ne serions plus enfermés dans aucun rôle, nous ne serions définis par aucune identité particulière, mais nous ne cesserions d'en changer, et à la limite, nous serions un autre individu, absolument parlant, chaque fois que nous formerions des liens de plaisir ou d'utilité avec tous les gens que nous rencontrons. Et puisque, de plus en plus, nous allons rencontrer des partenaires qui seront eux-mêmes de plus en plus différents, qui viendront du monde entier, qui auront toutes les couleurs et toutes les cultures, nous aurons nous aussi toutes les cultures, à défaut d'avoir toutes les couleurs »* (Balibar, 2002, 117-118).

En fait, si la mobilité est bonne pour quelques-uns, l'ancrage en un lieu, dans une activité, un travail est souhaité par ceux qui sont chassés de leur terre par l'accaparement des terres, des conflits, les guerres et les persécutions, mais aussi

---

évidentes par elles-mêmes les vérités suivantes : tous les hommes sont créés égaux ; ils sont dotés par le Créateur de certains droits inaliénables ; parmi ces droits se trouvent la vie, la liberté et la poursuite du bonheur ».

[5] Sur cette question on lira avec profit, Paul Ricœur, « Civilisation universelle et cultures nationales » [1961], *in : Histoire et Vérité*, Paris, Édition du Seuil, coll. « Essais », 2001 ; et Marcien Towa, *Valeurs culturelles et Développement*, suivi de *La Preuve par le comportement*, Obala, Ama-Cenc, 2001. Je me permets de renvoyer à : Charles Romain Mbele (1994) « Rencontre et conflits : examen d'une perspective africaine », *in :* B. Krewer et J. Blomart (Eds). *Perspectives de l'interculturel.* Paris : L'Harmattan.

pour ceux à qui l'absence de travail ne donne ni ancrage ni lieu où ils pourraient se reconnaître. Or, les immobiles actuels et tous les sédentaires sont ceux dont le capitalisme n'a plus besoin ou qu'il met en réserve[6] - en élevant des murs, des barrières et des fortifications barbelées, des centres de rétention[7]. Il leur est interdit de bouger au moment même où est sacrée la mobilité dans le travail et dans le monde. Rivés à l'horizon étroit du local ou enfermés dans la précarité, leurs *racines* et leurs *origines* culturalisées vont et doivent témoigner contre eux. C'est ce processus-là qui est théorisé par les philosophies subsahariennes de la mondialisation : pour elles, les dominants d'Afrique doivent réaliser leur concept en exploitant leurs dominés : ils doivent *« les contraindre à demeurer dans un espace domestique où pourra s'accentuer la domination »* (Bayard, 1985, 257).

Il y a donc ici un frein donné à la mobilité à toute forme d'*exit option* ou d'escapisme, à toute fuite par les dominés, par la religion, la drogue, l'émigration, etc., des formes d'exploitation. Ceux qui ne peuvent pas entrer dans le processus de l'accumulation du capital seront abandonnés à la maladie, aux guerres, à la faim, aux pillages et aux viols. En somme, dès lors que certains ne sont plus chez eux dans ce monde ou sont devenus des surplus, des êtres *superflus*, l'ordre politique n'a à se soucier ni de leur existence ni de leur participation à la chose publique. Une idéologie de la cruauté s'affirme alors de façon crue : on peut froidement les exterminer parce qu'inutiles, c'est-à-dire inexploitables, non corvéables, en particulier à travers ces violences guerrières sur fond d'idéologies de l'autochtonie, de l'idée du peuple originel (*Urvolk*) ou de la pureté de la parole originelle du Prophète des croyants qui ne sont en réalité que les masques des intérêts des majors du pétrole, du diamant, du bois, du cacao, du coltan, etc.

Il reste toutefois que l'universel ne peut être réduit au seul capitalisme. De même la civilisation industrielle - et notamment l'état d'esprit qu'elle présuppose - ne peut être identifiée à la culture occidentale, sinon les cultures orthodoxes, confucéennes ou néo-confucéennes, hindouistes, africaines, etc., ne pourraient accéder à la maîtrise du mode de travail industriel. Le dire ou le sous-entendre, c'est biologiser l'*esprit objectif*, car lorsque l'Occident s'est approprié les éléments culturels des Arabes, des Chinois, des Indiens, il ne s'est ni arabisé, ni sinisé, ni indianisé - malgré le vœu dans ce dernier cas des frères Schlegel en Allemagne. C'est un abus voire une facilité de langage ou une forme de l'autolâtrie occidentale que de dire que le processus d'universalisation des civilisations industrielles signifie *occidentalisation des cultures*. Cette fin supposée de la diversité culturelle est

---

[6] L'objectif de J.-F. Bayart et d'Achille Mbembe n'est-il pas de sédentariser la force de travail locale dans un espace domestique en lui interdisant toute *exit option* : elle pourra ainsi être mieux surexploitée.

[7] Pour une analyse de la négation du *droit fondamental des humains à se déplacer* - droit, soit dit en passant, qui a servi à combattre le système soviétique déniant un espace public international d'échanges dans un monde commun -, lire Marie-Claire Caloz-Tschopp, *Les Étrangers aux frontières de l'Europe et le spectre des camps,* Paris, La Dispute, 2004. Cf. de la même, *Les Sans-États dans la philosophie de Hannah Arendt. Les humains superflus, le droit d'avoir des droits et la citoyenneté,* Payot, Lausanne, 2000.

démentie par les oppositions culturelles que ravive la mondialité actuelle tendant à la fragmentation humaine.

6. De la diversité et de la pluralité linguistiques

De fait, la sacralisation de la valeur d'échange liquéfie, fluidifie tout ce qui est contraire au processus mondial de l'accumulation capitaliste. De ce point de vue, la mondialisation se veut occidentalisation des cultures. Celle-ci s'exprimerait soit sous la forme de l'imposition linguistique soit sous la forme de la disparition ou de la mort des langues qui - parce que non enseignées précocement à l'école ou apprises à la maison - ne permettent ni de lire le journal, ni d'écouter la radio, ni de suivre des émissions de télé. S'éteint alors la double fonction d'une langue : une - pragmatique - qui permet de communiquer, d'échanger, de *commercer* ; une autre qui en fait est un reflet du monde pour apprendre en y entrant le système culturel d'une population.

Au moment où le capitalisme en tant que processus empirique veut devenir la condition de possibilité ou le *transcendantal* de toute norme culturelle, on assiste, à rebours, à la relativisation de la culture occidentale identifiée au capitalisme ultralibéral comme un universel particularisé qui exclut violemment les autres univers culturels qui ne lui sont pas congruents. D'autres particularités culturelles - qu'elles prennent la forme de langues ou de groupes humains - exigent alors leur reconnaissance au sein du grand continuum anthropologique, en excipant de la *différence culturelle*, de *l'identité*, du *soi propre*, généralement absolutisés.

Dans les sociétés africaines contemporaines, l'objectif essentiel de ce moment historique demeure le procès de l'accumulation du capital. Elle commande aujourd'hui la réduction de la pensée à la forme langagière du jugement, à l'éloge du multiculturalisme, au droit à la différence et à l'ontologisation des cultures, à la fin de toute pensée de l'antagonisme de classe, au profit de la diversion idéologique *jeuniste* du postcolonialisme opposant les aînés et les cadets, les jeunes et les vieux, etc. Ces perspectives aboutissent en dernière analyse à l'idée que la seule réalité désormais acceptée, c'est le marché universel qui serait pour tous une chance ou un *vaste réseau d'opportunités*. Certains sont à la hauteur de ce défi. Mais d'autres ne sont pas à la hauteur des exigences des temps nouveaux. Leur échec est une faute qui leur revient à cause de leur idiosyncrasie ou de leur culture. Cette vision optimiste mais clivée d'une mondialisation heureuse veut nous habituer à deux idées complémentaires du penser *glocal*. La première idée est que l'ordre du monde exige que l'argent soit l'équivalent général. La deuxième idée est que l'échelle des identités et des diversités prescrit que chacun soit vu en fonction de sa culture. La vérité objective n'a plus de valeur référentielle, car rien n'est au-dessus ni de l'argent ni de la différence culturelle. Face à l'homogénéité abstraite du capital, deux processus apparaissent ainsi étroitement intriqués. D'un côté tout est désormais convertible en argent *« qui détruit les racines partout où il pénètre en remplaçant tous les mobiles par le désir de gagner. Il l'emporte sans peine sur les autres mobiles parce qu'il demande un effort d'attention tellement moins grand. Rien n'est si clair et si simple qu'un chiffre »* (Weil, 2014, 114). Aussi, l'argent empêche-t-il souvent d'être inscrit dans un milieu culturel et symbolique pour digérer ce qui vient de l'extérieur. D'un autre côté, tout n'est que revendications identitaires de l'idéologie culturaliste : *« De quoi en effet se compose notre actualité ? La réduction progressive de la question de la vérité (donc de la pensée) à la forme langagière du jugement, point sur lequel s'accordent l'idéologie analytique anglo-saxonne et la tradition herméneutique (le doublet analytique/herméneutique cadenasse la philosophie académique contemporaine) aboutit au relativisme culturel et historique […]. Le réel unificateur de cette promotion de la vertu culturelle des sous-ensembles opprimés, de cet éloge langagier des particularismes [est], de toute évidence, l'abstraction monétaire, dont le faux universalisme s'accommode parfaitement des bigarrures communautaristes […]. Et ce n'est pas en renonçant à l'universel concret des vérités pour affirmer le droit des 'minorités' raciales, religieuses, nationales ou sexuelles, qu'on ralentira la dévastation […]. Il y a d'un côté une extension continue des automatismes du capital […] : le monde enfin configuré, mais comme marché, comme marché mondial. Cette configuration fait prévaloir une homogénéisation abstraite. Tout ce qui circule tombe sous son unité de compte, et inversement ne circule que ce qui se laisse compter […]. D'un autre côté, il y a le processus de fragmentation en identités fermées, et l'idéologie culturaliste et relativiste qui accompagne cette fragmentation […]. Deleuze le disait exactement : la déterritorialisation capitaliste a besoin d'une constante reterritorialisation. Le capital exige, pour que son principe de mouvement homogénéise son espace d'exercice, la permanente surrection d'identités subjectives et territoriales, lesquelles du reste ne réclament jamais le droit d'être exposées, au même titre que les autres, aux prérogatives uniformes du marché. Logique capitaliste de l'équivalent général et logique identitaire et culturelle des communautés ou des minorités forment un ensemble articulé »* (Badiou, 1997, 7-8 ; 10-11). Une telle logique totalitaire est de fait stérilisante et dévaste méthodiquement partout les racines de la diversité (Vioulac, 2013).

7. Malaise dans la civilisation humaine

Ce *malaise dans la civilisation* humaine existe depuis longtemps : les formes d'enkystement dans le particulier qui l'accompagnent se voient dans l'obsession - notamment dans l'anthropologie, dans la pensée morale, dans la philosophie, dans la phénoménologie - pour la question de l'autre ou d'autrui chez Lévi-Strauss, Stuart Hall, Ricœur, Taylor, Sahlins, Derrida, Mauss, Merleau-Ponty, Sartre, Honneth, etc. Mais comme l'a pensé le philosophe congolais V. Y. Mudimbe, cet imaginaire de l'altérité se donne chez certains penseurs occidentaux comme une catégorie négative du même. Il est intéressant que la recherche dans l'interculturel - ou la communication interculturelle au sein de l'entreprise - veuille donner une issue à cette impasse pour laquelle la catégorie de l'autre se doublonne, en permettant la rencontre des cultures. Mais celle-ci restera mystifiée si elle ne s'éloigne pas de la culturalisation des problèmes socio-économiques et politiques. La culture d'entreprise, notamment dans le sport et le commerce, a souvent tendance à enfermer les cultures sur elles-mêmes - au risque d'incommunicabilité et de clôture - ; elle construit des traits culturels intemporels et immuables, envers et repoussoirs d'une temporalité occidentale dont l'historicité serait caractérisée par la supériorité des idées de progrès linéaire et de prométhéisme : on parle de l'Africain émotif, intuitif et physique, de l'Indien spirituel, du Levantin retors ; car désigner la différence de l'autre, c'est s'affirmer comme supérieur (Guillebaud, 2008).

C'est cela qui s'exprime dans l'idée d'un *choc des civilisations* (Huntington, 1998). Le *clash* implique d'abord une dimension relativiste qui abandonne les diverses cultures à leur possibilité singulière et à leur destin unique (Julien, 2008) ; mais cet abandon signifie une dimension essentialiste : une culture serait *une entité étanche*, possèderait *un noyau dur*, une *essence*, à ne pas trahir, à sauvegarder ; la culture ressemblerait alors à un individu auto-suffisant de l'individualisme méthodologique, qui ne pense qu'à s'affranchir de toute dépendance et à étendre sa domination. Aussi, loin de toute rencontre, la culture, sans le biais du contact, s'interdit toute influence. Dans ce cas, le monde de la culture ne donne plus la possibilité d'être comme le bateau des Argonautes qui, tout en changeant de pièces au cours du voyage, reste le même bateau (Todorov, 2007) ; il ne peut être vu comme portant le seul uniforme qui lui sied : le composite et l'habit d'Arlequin (Césaire, 1956). Il y a, de ce point de vue, une fin de l'universel par la tendance ou la propension à l'uniformité ou à l'uniformisation qui réduit *« la pluralité linguistique et culturelle, en aplatissant les univers symboliques sur le symbolique unique de la valeur d'échange, de l'envie consumériste et de l'argent »* (Tosel, 2008, 23). Il y a donc le risque d'un *auto-reflet* qui barre la voie à *l'universel culturel*, parce qu'à chaque fois seraient empêchés et le *commun* et le *dialogue des cultures* (Julien, 2008).

Dans ce cadre intellectuel, soit dit en passant, l'éloge de la mondialisation comme métissage et mélange cosmopolite restent de simples dispositifs idéologiques, comme la *fin de l'histoire*, l'apologie de la démocratie et du marché, la critique du totalitarisme, la primauté des droits et des libertés comme cœur des droits de l'homme (Renault, 2008). Cet éloge de la mondialisation comme métissage est aussi affirmé dans le temps même où on observe des faits inquiétants du point de vue idéologique et historique. Il y a d'une part le schéma angoissé du *choc des civilisations* théorisé par Bernard Lewis et Samuel Huntington, dont nous avons déjà parlé. On constate d'autre part au même moment et à l'échelle de la planète une opposition qui se radicalise entre le Centre et la périphérie, le Nord et le Sud. Ce que montre l'opposition occidentale actuelle à une forme de la mondialisation qui ne lui profite plus et à laquelle elle veut échapper avec le retour aux accords bilatéraux : l'Occident veut revenir à des formes de protections contre les délocalisations et les biens industriels. Cette opposition se redouble avec l'érection de murs entre les pays - entre les Etats-Unis d'Amérique et le Mexique, entre l'Afrique du Sud et les pays de sa zone de *co-développement*, entre la Hongrie et la Serbie, etc. -, de barrières barbelées entre les continents - à Ceuta et Melilla par exemple pour séparer l'Europe de l'Afrique - sans compter les centres ou les camps de rétention, les reconduites et les expulsions violentes et musclées à la frontière, les atteintes aux corps - par les viols et autres brutalités - et au mental - par les médicaments, les refus récurrents de toute appartenance et de tout statut dans le territoire habité qui frappent la force de travail inutilisable (Caloz-

Tschopp, 2004 ; Sanchez, 2006)[8]. Beaucoup y ont largement insisté, l'Europe-forteresse bafoue aussi bien le droit d'asile que la Déclaration universelle des droits de l'homme de 1948 qui stipule *le droit de toute personne à quitter librement tout pays, y compris le sien* - droit qui a servi à combattre le système politique du bloc de l'Est. A l'intérieur des pays, on assiste aussi bien à la gentrification qu'à la sécession territoriale - des gens qui vivent hors-sol *(off-shore)* dans leur propre pays - et à la sécession sociale - au moyen d'enclaves urbaines protégées ; je pense aux *gated communities* qui s'appellent *estates* au Nigéria, en somme des quartiers sécurisés entourés de barbelés. Ces quartiers sécurisés rappellent la ségrégation urbaine dénoncée naguère par Frantz Fanon dans *Les Damnés de la terre* et par Mongo Beti dans *Ville cruelle*, ce dernier parlant à l'époque coloniale de Tanga Nord et de Tanga Sud.

Assurément, l'idée de mélange cosmopolite et d'*ancestralités multiples* veut satisfaire la nouvelle culture d'entreprise hostile à l'ethnicisme, au sexisme et au racisme pour la mobilité, la migrance, l'hybridité, la fluidité, le mélange et l'errance. Cette vision métisse du monde ne résiste pas à quelques critiques. L'une est d'abord politique et anthropologique, car théoriser la différenciation et la fragmentation - sous-entendu de la force de travail -, c'est offrir la possibilité d'une extension indéfinie du marché sans résistance d'une totalité humaine, politique ou syndicale qui s'opposerait à lui. Il s'agit aussi de cacher la violence de l'ordre marchand sous les traits d'une identité humaine générique fluctuante, déstructurée et déterritorialisée (Anselm, 2003). Enfin, malgré le discours sur la diversité, sur le métissage, certains dans nos sociétés ne cachent plus que ce qu'ils veulent surtout eux-mêmes, c'est de créer une identité de classe divisée entre ceux qui exploitent et ceux qui sont exploités. Cela est congruent avec le fait que se renforce à l'échelle du monde, grâce au processus de l'accumulation primitive du capital, un pouvoir de classe qui a comme corollaires l'ethnicisation et la racialisation des révoltes anti-systémiques. C'est d'ailleurs la critique que le philosophe français Tosel (2005) adresse à la thèse de *l'indétermination de la multitude* métisse de Hardt et de Negri : *« Cette indétermination se reproduit lorsque semble prise en compte l'hétérogénéité de la multitude en tant que multitude nomade et métisse formée des populations issues de l'immigration. Empire défend à juste titre le droit de circuler, de traverser des frontières, mais il l'érige en actualité ontologique sans prendre la mesure des modes capitalistes de segmentation et de différenciation qui sont en fait des processus de racisation et d'ethnicisation de la force internationale de travail et qui, du même coup, constituent un obstacle immense à l'action collective. Plus que l'exaltation de la puissance générique de la multitude, serait utile l'analyse des formes inédites de division de l'espèce humaine aboutissant à concentrer la liberté et la sécurité dans une classe dirigeante transnationale se rendant toujours plus indifférente au sort du reste de l'humanité, toujours davantage dispensée de toute responsabilité à l'égard de tous ceux qu'elle*

---

[8] Pour une mise en perspective récente, lire Marie-Claire Caloz-Tschopp, *Les Etrangers aux frontières de l'Europe et le spectre des camps*, Paris, La Dispute, 2004 ; Raul Sanchez, « L'Europe, Ceuta, Melilla. La perspective des camps », *in : Multitudes,* n° 23, hiver 2006. *Cf.* aussi le dossier « Murs et frontières. De la chute du mur de Berlin aux murs du XXIe siècle », *in : Cités,* n° 31, 2007 ; voir aussi « Etrangers indésirables », *in : Lignes,* juin 2008.

exploite et condamne à vivre dans l'illiberté et l'insécurité existentielles. Comment re-politiser les hommes voués à la ghettoïsation et à la violence impolitique et autodestructrice ? Comment aussi reposer la question des alliances nécessaires entre ces derniers et les autres couches aux intérêts immédiats non convergents ? » (Tosel, 2005, 87).

Induit par l'ajustement, ce processus prend en Afrique la forme de velléités visant la constitutionnalisation identitaire - le discours de l'autochtonie. L'ultralibéralisation des sociétés qui entrent en crise fait que l'idéologie du *j'étais-là avant* - et donc j'ai droit à plus de protection - est aussi défendue en Occident par l'extrême-droite qui se satisfait d'un *capitalisme de statut et de rente* (Henni, 2006).

Cela dit, pourquoi l'altérité devient-elle une quête obsidionale aujourd'hui ? Je réponds en disant qu'il en est ainsi parce que la logique de la concurrence et de l'envie consumériste radicalise les particularismes. De telle sorte que l'universel devient impossible, car le particulier ne parvient plus à commercer, à échanger avec d'autres particuliers sur des valeurs et des idées posées comme universelles au-delà du simple profit, de l'utilité. Ce raidissement des particuliers se voit dans nos pays dans l'opposition entre les allogènes et les autochtones, le retour à l'ethnologie coloniale qui signe la fragmentation civique et nationale pour des identifications à l'ethnie qu'on voit dans le discours de l'*Urvolk*, du peuple originel, de l'autochtonie (*gabonité, ivoirité, zambianité,* etc.). On a vu ailleurs naître des notions comme la sinité (Yinde, 2007). Au même moment dans les sociétés des Centres capitalistes eux-mêmes, les nouvelles identités nées des migrations donnent le Beur, l'Africain-américain, le Nippo-américain, l'Anglo-pakistanais, le Sino-indonésien, etc. S'y voient des processus d'identification exclusive et excluante qui signent des processus de fragmentation humaine et identitaire - dont le débat français sur *l'identité nationale*, aux relents xénophobes, a été un cas très emblématique d'hystérisation des identités (Finkielkraut, 2013 ; Camus, 2002 ; 2012).

Or la culture comme système de signifiants, de représentations, de normes, de mythes, de symboles, de comportements partagés, n'est jamais unique, mais toujours en contradiction interne avec elle-même ou avec d'autres systèmes et référents anthropologiques extérieurs. Il y a toujours une béance à l'intérieur du système culturel par la volonté de s'adapter ou de rendre viable le monde. Or la culture ultralibérale dominante d'aujourd'hui sanctifie la valeur d'échange dont les institutions sont posées comme indépassables, notamment le marché capitaliste mondial qui s'exprime dans l'entreprise capitaliste, l'État démocratique de droit privé et pénal, le supermarché, l'internet ou les réseaux communicationnels mondiaux, etc. Dès lors la vie quotidienne est uniquement impulsée par la promesse de la consommation infinie posée comme un absolu qui colonise les subjectivités, ainsi qu'on l'a vu avec le surendettement américain lors de la crise des *subprimes*.

8. Le monde des identités rhizomatiques

Ce moment culturel s'exprime donc sous la forme de deux tendances (Tosel, 2008). D'abord la vie bonne - celle de la consommation - est hantée par l*a démesure* des désirs illimités, des privilégiés dont la voracité consumériste pèse sur les ressources naturelles. Ensuite, il se trouve que cet ordre de la vie qui se constitue sous la forme d'un ordre marchand ou de la marchandise ne concerne pas seulement les biens, mais les services, l'éducation, les loisirs de masse. Il en découle des styles de vie universels portés par les médias, car cette culture globale veut séduire pour inciter à consommer. Les signes et agents de cette culture globale sont donc les réseaux de communications et d'informatique, tout comme d'autres contenus standardisés - films, vidéo-jeux, CD-DVD, musique standardisée dite *world music* et *entertainment*, spectacles sportifs - qui veulent unifier ou formater les goûts et les idées à l'échelle globale.

Ce monde de réseaux est certes mû par la consommation, mais il reste surtout un réseau de surveillance ubiquitaire, à finalité répressive ou militaire qui se cache derrière un optimisme culturel de bon aloi qui se donne comme une ontologie. Ce nouveau monde de rhizomes valoriserait les compétences linguistiques et apporterait les conditions d'une interaction entre diverses civilisations, diverses cultures offrant des possibilités d'un dialogue interculturel. Le cosmopolitisme ayant une base empirique signerait l'archaïsme et la fin des tribalismes, des particularismes et des nativismes qui étaient des sources de guerre entre groupes sociaux, politiques et culturels ennemis. La culture globale est donc porteuse d'une société civile mondiale qui lutte pour la paix, la démocratie, le pluralisme : c'est la réalisation de la *paix perpétuelle* par le commerce voulue par Kant et Montesquieu. Les médias se donnent alors comme une technologie sociale qui change les relations sociales : dans le *village mondial* selon la formule de McLuhan, les problèmes sont à discuter dans la perspective d'une citoyenneté universelle. La possibilité d'une interaction communicationnelle à travers l'Internet est le lieu d'une potentielle cyberdémocratie, qui va s'élargir à l'entreprise, à l'économie. Il n'est plus question de parler en termes d'identité comme autrefois on parlait en termes d'identités ethniques, nationales ou religieuses enracinées dans des cultures qui possédaient chacune sa propre histoire, vivant en vase clos, ou de façon ethnocentrique. Nous sommes - dit le philosophe iranien de culture francophone Daryush Shayegan (2004) - dans l'ère du *pas encore* et du *plus jamais*. Les sociétés non industrielles ne sont pas encore modernes, tandis que les sociétés industrialisées ne sont plus *traditionnelles*[9].

La question du réseau devient problématique. Ainsi, observe Mbembe (2000) en rupture avec l'inspiration wébérienne, tout est devenu *réseau*, et nul ne s'interroge plus sur l'entreprise, le marché et le capitalisme en tant qu'institutions à la fois contingentes et violentes. On ne parle plus à la suite de Deleuze et de Guattari que du point de vue d'une *d'une éthique libertaire, individualiste, cynique et hédoniste* :

---

[9] Toute société est traditionnelle.

celle-ci, nourrie de la *critique de la raison […]*, réduit les individus à de simples flux pulsionnels et à un réseau de *machines désirantes* et *libidinales*, au risque de disparition de toute référence axiologique, de tout *objet* autre que *soi-même* : *l'auto-référentialité*[10].

Aussi dans les postulats pratiques des philosophies africaines de la mondialisation foisonnent des métaphores de la pensée antisystématique récente : l'enchevêtrement, le flux, la multiplicité, la pluralité, l'interaction, le réseau ou le rhizome, contre la métaphore cartésienne de l'arbre. Or, selon les travaux de Boltanski et Chiapello (1999), le discours et l'éthique du réseau n'expriment rien d'autre que *le nouvel esprit du capitalisme.* Ce dernier se satisfait sous nos cieux de déchets et d'êtres inutiles pour l'ordre productif. Sorti de son rêve éveillé de derviche tourneur, Mbembe (2013) en parle désormais en termes de devenir-nègre du monde, c'est-à-dire la critique du néolibéralisme qui apporte une humanité superflue. De plus en plus en effet, existe dans nos sociétés une humanité de plus en plus inutile. Aussi, lui parler de la *rencontre des altérités* comme le veut Bidima (2002) ne signifie plus rien, exclue qu'elle est de tout lien social (travail, familial, régional, de voisinage, etc.).

En somme, des humains pour lesquels, il n'y a ni commencement ni fin. Voici comment, dans *La Gouvernance par les nombres. Cours au Collège de France* (2012-2014), Supiot (2015) commente la philosophie deleuzienne du rhizome que suit le postcolonialisme subsaharien : *« [Un monde plat] est un monde sans limites (ni commencement ni fin, sans instance centrale ni identités stables (qu'elles soient individuelles : l'Un, ou collectives : le multiple), où 'le nombre devient sujet' [Capitalisme et Schizophrénie. 2. Mille plateaux]*, (…), *où les liens se tissent de façon binaire (le rhizome est alliance : 'et … et … et …', et dont la seule loi est le mouvement ('il pousse et déborde') ; ce modèle réticulaire est depuis longtemps celui des réseaux mafieux, mais Deleuze et Guattari pensaient y trouver la forme la plus radicale de subversion de l'ordre établi, ordre symbolisé à leurs yeux par la verticalité de l'arbre plongeant ses racines dans le sol. Deleuze croit ainsi prendre de vitesse le capitalisme, alors qu'ils n'étaient que les fourriers de la mutation ultralibérale. Brandi comme un emblème de la radicalité, le rhizome pourrait aujourd'hui servir de logo du capitalisme globalisé. Dans cet ordre sans limites territoriales, les réseaux économiques sont assez puissants pour déraciner le pouvoir des États, les identités étant réduites à des nombres sont interchangeables, et la contractualisation rend toute loi inutile, hors la loi du changement perpétuel »* (Supiot, 2015, 179-180).

---

[10] Une dizaine d'années plus tard, Achille Mbembe, inscrit dans l'analyse de la problématique du déplacement, tente, sans y parvenir – son arrière-plan philosophique étant le même -, de s'éloigner de ces thèses nihilistes, anomiques, tout comme des discussions américaines sur la « postcolonialité » ou la conscience « subalterne » : *« Il fallait rejeter les théories qui, proclamant non seulement 'la mort de Dieu' et de 'l'homme', mais aussi celle de la 'morale' et du 'sujet' au risque de disparition de toute référence axiologique et de tout autre que 'soi-même' (l'auto-référentialité), réduisent les individus à de simples flux pulsionnels et à un réseau de 'machines désirantes' et 'libidinales' »* (*De la postcolonie*, Paris, Karthala, 2000, p. 34).

9. L'interconnectivité (*Connecting the people*) *en tant que* nouvelle ontologie

Ce qui frappe, c'est l'apparition d'une nouvelle ontologie - celle de l'interconnectivité. Elle est le nouveau socle ontologique, l'un et le tout de la réalité - à savoir une sorte d'hyper-réalité (Baudrillard) qui se substitue à la réalité en elle-même (Daryush Shayegan, 2004). L'ordre ontologique de l'interconnectivité a une dimension culturelle ou identitaire : le philosophe camerounais Eboussi Boulaga affirme qu'il n'y a plus d'identité unique (Eboussi Boulaga, 2008) qui puisse répondre à mes besoins ; je voyage d'une culture à l'autre, comme migrant des interstices des cultures ; d'ailleurs on peut, selon une certaine idéologie postmoderne, prendre toutes les formes culturelles, et obéir *« à une certaine exigence d'élasticité portée par le marché généralisé [...] [qui] permettrait à l'identité de 'flotter librement' entre tous les rôles, entre les identifications de rencontre, de plaisir (ou de bénéfice) [...] »* (Balibar, 2002, 117-118).

Or, à rebours de ce discours, on voit s'affirmer une identité unique et univoque, celle qui est portée par la valeur d'échange : elle est elle aussi invivable, impossible, car elle est *massive* et *exclusive* (n'être qu'une femme ou un homme, ou un enfant, c'est-à-dire une chose sexuelle ; n'être qu'un prof, ou un prolo, un chef d'entreprise, un président, un militant, un bon élève ou un fidèle, totalement identifié à son rôle, c'est-à-dire *absorbant* immédiatement tout autre rôle, toute *rencontre* dans sa fonction ou sa vocation, son *Beruf ;* n'être qu'un Français, un Juif, un Breton, un Serbe...) (Balibar, 2002). L'interconnectivité s'élève à la dimension d'une ontologie, car les identités vivraient dans l'entre-deux, dans l'éclatement. On pense ici à l'ontologie éclatée ou faible de Gianni Vattimo : il n'y a plus de vérité absolue, notamment celle de la raison depuis que Nietzsche, Heidegger, etc., ont décrété la fin de la métaphysique des fondements et des fins. L'éclatement aboutit à l'interconnectivité théorisée ou conceptualisée par Edouard Glissant à travers la *pensée de la relation* ou du *tout-monde*, par Gilles Deleuze par le biais des *relations rhizomatiques*. Ils veulent signifier que l'interconnectivité se manifeste dans les cultures où il est question d'un vaste rhizome (Glissant, 1981 ; Bayard, 2006), d'une configuration de mosaïques où toutes les cultures s'imbriquent les unes les autres, créant des zones interstitielles de mélange. Ce qui est une vision très optimiste au moment où on voit mourir des langues. Je vais y revenir.

L'ontologie de l'interconnectivité a aussi une dimension gnoséologique. En effet, au niveau de la connaissance, avec la disparition des grandes vérités métaphysiques, l'interconnectivité aboutit au relativisme généralisé à travers l'éventail des interprétations, où chacun traduit le monde selon ses valeurs subjectives, au détriment de toute valeur centrale objective dans laquelle tous se reconnaîtraient. Chacun est habilité à interpréter comme il l'entend. Dans sa dimension médiatique, l'interconnectivité s'affirme dans la Toile ou le cyberespace : c'est le réseau, la virtualisation qui tisse un lien interconnectif au niveau planétaire. C'est le *Connecting the world* du nordique Nokia avec deux mains qui se serrent ou s'empoignent de façon consensuelle ou irénique - avec ce que cela suppose d'instantanéité, d'immédiateté, d'ubiquité - comme le dieu du Moyen Age qui n'avait ni centre ni circonférence. S'installe alors double impression. Il y a d'abord une contraction du temps et de l'espace (Bayart, 2004) ; il y a ensuite la synesthésie des sens qui deviennent interactifs avec la disparition de la tyrannie de l'œil au profit des autres sens. Les conséquences sont le refus du système pour la pensée nomade, fluide, des modes relationnels de la mise en sympathie, de l'entrecroisement et de l'hybridité. En même temps qu'il favorise le délitement des idéaux collectifs, démobilise du point intellectuel et politique par son abandon des luttes sociales, le fétichisme du fragment et de la différence porté par une *intelligentsia compradore* (Kwame Anthony Appiah, 1992) affaiblit les capacités de résistance collective, consolide les inégalités et renforce les forces politiques antidémocratiques en faisant le lit des affrontements ethniques (Pouchepadass, 2007).

10. La langue d'Orwell ou l'insignifiance linguistique

S'oppose à cet optimisme une vision plus pessimiste qui se donne sous la forme d'une série de questions : quelle idée alternative permet de s'orienter dans le flux électronique pour faire des choix, en hiérarchisant les informations ? Combien de milliards de personnes dans le monde accèdent à ce monde interconnecté et ses possibilités linguistiques ? Comment faire pour que l'espace médiatique ne soit pas affaibli par l'atomisation sociale, l'absence de solidarité des personnes qui vivent sans se connaître, ou sans éprouver quelque sympathie réciproque ? En un mot, l'univers des médias n'intègre pas globalement les cultures. Il est marqué aussi par son absence de transparence. Ensuite son ordre monopolistique est soumis aux pressions politiques ou de l'entreprise et à une vision du monde portée par l'individualisme, le culte du profit, de la réussite individuelle que porte la théologie de la prospérité des églises africaines du réveil, du *business as usual*, l'exaltation de la concurrence et du consumérisme, la mise en berne de la réflexion critique. Rédhibitoire est le fait que ces flux communicationnels partent surtout des centres capitalistes vers le reste du monde.

Voyons-en les implications. 1. La globalisation de quelques langues ne va pas sans réagir négativement sur celles-ci : elles sont réduites à leur plus simple expression, expurgées de leur complexité - par exemple le *basic* ou *business English* ou l'anglais commercial baragouiné dans les aéroports. On assiste à la dégradation de la langue réelle et riche de Shakespeare, de Keats, Elliot, Gascoyne, etc. On assiste aussi à la tendance à la novlangue à la Orwell qui ne s'enrichit pas, mais perd des mots, s'organise pour en perdre, en bannissant toute polysémie pour l'univoque, et ce au détriment de l'incertitude et de l'ambiguïté sémantique. Cela se manifeste dans le désir pour abaisser le niveau des difficultés d'apprentissage des langues, comme on le voit dans le débat français actuel et si récurrent ces dernières années sur l'orthographe ou avec le désir des *ayatollahs* de *l'apprenance* qui veulent imposer les pédagogies par les compétences qui ne veulent plus de la transmission culturelle. La conséquence, c'est qu'on refuse de se regarder de loin, on reste dans un monde qui se condamne à s'enfermer en lui-même, sans extérieur, quelque chose dont on ne sort pas : cet univers de la contrainte, sans alternative que la pure immédiateté, c'est l'enfer pour le dernier Schelling. 2. La globalisation de quelques langues se fait au détriment et dans la méconnaissance de langues vivantes en processus avancé de dégradation ou de décomposition avec comme résultats de nouveaux espérantos - le *noushi* ivoirien, le *camfranglais* camerounais (Berthelet, 2002-2003 ; Mballa, 1985).

Ces idiomes sans règles, sans syntaxe, sans orthographe, sans la moindre différence entre un verbe et un substantif traduisent un sentiment de néant, de créolisation et de chaos culturels. La confusion intellectuelle règne ici : elle est l'aveu d'une situation spirituelle qui donne raison à Chauvier (2009) dont le livre est intitulé *La Crise commence où finit la langue.* On désire, en effet, se passer des règles, dans la langue comme ailleurs à cette ère de la déréglementation et de la dérégulation. Se priver de la connaissance des règles de sa langue revient à parler au hasard. Or le mépris ou la destruction des *formes symboliques* - au sens de Cassirer - conduit à être l'otage de ce qui n'a pas de forme, et donc à encourager la conformité et la soumission (Klemperer, 1996 ; Hazan, 2006). C'est ce qui explique l'éloge philosophique de l'informel généralisé dans nos sociétés en tant qu'ordre de la débrouille criminelle (Bidima, 1993 ; Bourahima Ouattara, 2002). Or la terre n'est habitable que si elle obéit à des *formes symboliques* et culturelles qui lient les uns et les autres autour d'un bien commun.

La décomposition linguistique et culturelle est le symptôme d'une dégradation sociale et culturelle qui rappelle le propos conclusif de l'*Essai sur les langues* de Jean-Jacques Rousseau : *« Or je dis que toute langue avec laquelle on ne peut se faire entendre au peuple assemblé est une langue servile ; il est quasiment impossible qu'un peuple demeure libre et qu'il parle cette langue-là [...]. Ce serait matière d'un examen assez philosophique que d'observer dans le fait, et de montrer par des exemples, combien le caractère, les mœurs et les intérêts d'un peuple influent sur sa langue »* (Rousseau, 1993, 126). Un peuple connaît toujours une dégradation culturelle qui se répercute dans sa langue. On peut donc dire que la dégénérescence linguistique et culturelle observée dans nos pays est le signe d'une crise grave - elle-même résultat de la domination linguistique et culturelle. Car celle-ci n'existe que là où existe la domination politique et économique, l'impérialisme culturel. On ne peut donc séparer la question des langues du problème plus vaste de l'émancipation politique, économique et culturelle des peuples africains.

On peut constater que la mondialisation universalise une insignifiance linguistique dans le discours publicitaire, politique, gestionnaire, médiatique à l'échelon international ; l'état d'esprit économique et gestionnaire se nourrit de métaphores militaires : *feuilles de route*, *se mobiliser*, *rebondir*, être encouragé à créer des *synergies*, à promouvoir *l'éthique de l'excellence* (Ébénézer Njoh-Mouellé 1970,

1981)[11], à renforcer les impacts, à atteindre des *populations cibles* (Perrot, 2001 ; 1999 ; 2002-2003) etc. Sont valorisés et dominent le non-dit, le non-sens ou le présupposé défini par Ducrot (1972). Elle veut aussi - avec des mots valises oxymoriques sans réalité politique ou sémantique - gommer par-là les conflits et la confrontation des idées : on parle de démocratie, de bonne gouvernance, de réforme, de croissance, de diversité, d'Etat de droit, de développement durable, de parole aux pauvres, etc ; mais c'est pour empêcher ou contrecarrer l'avance des idées progressistes au moment où on souhaite un approfondissement délibéré des inégalités (Mbembe, 2000).

Le rôle du travail culturel devrait donc consister à décrypter ce qui est caché dans une langue cotonneuse qui dit le moins possible en parlant beaucoup. Car l'objectif est d'occulter ainsi les rapports de force, les désaccords sur les sujets et les problèmes abordés, l'expropriation économique, culturelle et environnementale généralisée au profit des transnationales et de certains pays. Le discours consensuel sacrifie le sens pour mondialiser l'insignifiance - la *communication phatique* définie par R. Jakobson. La rhétorique mondiale veut : 1. La défense des intérêts acquis. 2. La reproduction des postulats de l'économie néo-classique. 3. La diffusion d'une analyse favorable au marché et défavorable au politique. 4. La justification d'une stratégie technocratique et charitable.

Or - dans le même temps - on assiste à la réduction de la pluralité linguistique et culturelle : l'univers symbolique est aplati par la seule valeur d'échange, de l'argent qui est la source de l'homogénéisation des styles. On observe ainsi la mort inexorable des langues parlées par des peuples et des communautés faibles du point de vue économique et politique. Aussi, Hagège (2006) se demande si la pluralité linguistique n'est pas en péril. En effet, sur les 6000 à 7000 langues parlées dans le monde, la moitié est menacée, car il en disparaît 25 par an. Avec cette mort des langues se volatilisent des mythes, des connaissances, des savoirs liés à l'environnement, à la faune, à la flore, à la musique, aux modes de vie – c'est-à-dire tout un patrimoine culturel utile (Nettle et Romaine, 2003).

Pour conclure, on ne peut changer une langue, une culture, comme on change de chemise. Elles ne sont pas des instruments ou des outillages comme d'autres. Pour éviter le déracinement, la déculturation, la désagrégation de ceux - individus, nations, peuples - qui ne peuvent résister au système marchand, il faut être conscient que les langues et les cultures sont un aspect de la lutte. Et qu'elles vivent d'invention interne, d'emprunts, de partage, d'hospitalité, de traduction. Il

[11] Ébénézer Njoh-Mouellé s'est fait ainsi connaître dans la philosophie africaine par un mélange de nietzschéisme et de bergsonisme qui vante la distinction ontologico-anthropologique entre la culture supérieure de l'excellence de quelques-uns et la médiocrité *enténébrée* et *abrutie* du plus grand nombre, une surhumanité créatrice hissée *sur les cimes du divin* et une sous-humanité, cf. *De la médiocrité à l'excellence. Essais sur la signification humaine du développement,* Yaoundé, Clé, coll. « Études et documents africains », 1970. *Cf. Développer la richesse humaine*, Yaoundé, Clé, coll. « Études et documents africains », 1981, pp. 56-57 : *« Notre évolution individuelle doit pouvoir nous conduire de la médiocrité à l'excellence, pour reprendre le titre d'un autre de nos essais ou encore la sous-humanité vaniteuse et fanfaronne à la surhumanité sereine et puissante par l'esprit créateur ».*

faut donc : 1. Etendre le bilinguisme envers nos propres langues d'abord. 2. Privilégier la séquence, la cohérence et les structures discursives par rapport au seul accès à toute l'information et à tous les savoirs, car une telle liberté et une telle polymathie sont impraticables. 3. Développer un esprit critique pour hiérarchiser les connaissances, pour se réapproprier le langage - et donc les langues -, afin de déjouer la ruine du langage qui est invité à ployer sous le faix des seules valeurs de l'utilité, du bénéfice et de l'échange.

Références bibliographiques

Anderson, B. (1983). *Imagined Communities. Reflections on the Origin and Spread of Nationalism.* London, UK : Verso. [Version française traduite de l'anglais par Pierre-Emmanuel Dauzat (2002). *L'Imaginaire national. Réflexions sur l'origine et l'essor du nationalisme.* Paris : La Découverte, coll. « Poche ».]

Anselm, A. et Kurz, R. (2003). *Les Habits neufs de l'empire. Remarques sur Negri, Hardt et Rufin.* Paris, France : Léo Scheer.

Appadurai, A. (1996). *Modernity at Large. Cultural Dimensions of Globalization.* Minneapolis, Minnesota: University of Minneapolis Press [Traduction française (2001). *Après le colonialisme. Les conséquences culturelles de la globalisation.* Paris, France : Payot.]

Appadurai, A. (2015). Il y a un fantôme dans la machine capitaliste. *Philosophie Magazine, 94*, 70-75.

Badiou, A. (1997). *Saint Paul. La fondation de l'universalisme.* Paris, France : PUF.

Balibar, E. (2002). *Droit de cité.* Paris, France : PUF.

Balibar, E. (1996). Émancipation, transformation, civilité. *Temps modernes, 587.*

Bayart, J-F. (1985). *L'État au Cameroun* [1979]. Paris, France : Presses de la Fondation des sciences politiques, seconde édition revue et augmentée.

Bayart, J.-F. (2004). *Le Gouvernement du monde. Une critique de la globalisation.* Paris, France : Fayard.

Bayart, J.-F. (2006). *L'État en Afrique. La Politique du ventre* [1989]. Paris, France.

Berthelet, Ph. (2002-2003). La décomposition des langues et la fin du mythe moderne. *Catholica,* 94-106.

Beti, M. (1982). Les langues africaines et le néocolonialisme en Afrique francophone. *Revue des peuples, peuples africains, 29.*

Bidima, J. G., (1993). *Théorie critique et modernité négro-africaine. De l'Ecole de Francfort à la « Docta spes africana ».* Paris, France : Editions de la Sorbonne.

Bidima, J-G. (2002). *De la traversée : raconter des expériences, partager le sens. Rue Descartes/Collège international de philosophie, n° 36, Philosophies africaines, traversées des expériences*. Paris, France : PUF.

Boltanski, L. & Chiapello, E. (1999). *Le Nouvel Esprit du Capitalisme*. Paris, France : Gallimard.

Caloz-Tschopp, M-C. (2000). *Les Sans-États dans la philosophie de Hannah Arendt. Les humains superflus, le droit d'avoir des droits et la citoyenneté*. Lausanne, Suisse : Payot.

Caloz-Tschopp, M-C. (2004). *Les Étrangers aux frontières de l'Europe et le spectre des camps*. Paris, France : La Dispute.

Camus, R. (2002). *Du Sens dans ses rapports avec l'origine, le temps, l'histoire, l'étymologie, la morale, la culture, la littérature, l'éducation, la nationalité, l'immigration, l'« affaire Camus »*. Paris, France : P.O.L.

Camus, R. (2012). *Le Grand Remplacement suivi de Discours de l'Orange*. Paris, France : Chez l'Auteur.

Caye, P. (2005). La tâche de la philosophie à l'épreuve de l'unification européenne. Dans N. Weil (2004). *Existe-t-il une Europe philosophique ? 16e forum « Le Monde ». Le Mans, octobre 2004*. Rennes, France : Presses universitaires de Rennes.

Césaire, A. (1956). Culture et colonisation. *Présence africaine* 3-4-5 (N° VIII-IX-X), 416 p. Paris, France : Présence Africaine; ISSN : 0032-7638 *https://www.cairn.info/revue-presence-africaine-1956-3.htm*

Chauvier, E. (2009). *La Crise commence où finit la langue*. Paris, France : Éditions Allia.

Du Bois, W. E. B. (2004). *Les Âmes du peuple noir*. Traduction, annotation et postface de Magali Besson. Paris, France : éditions ENS/Rue d'Ulm.

Ducrot, 0. (1972). *Dire et ne pas dire : principes de sémantique linguistique*. Paris, France : Hermann.

Njoh-Mouellé, É. (1970). *De la médiocrité à l'excellence. Essais sur la signification humaine du développement*. Yaoundé, Cameroun : Clé.

Njoh-Mouellé, É. (1981). *Développer la richesse humaine*. Yaoundé, Cameroun : Clé.

Eboussi Boulaga, F. (1977). *La Crise du Muntu. Authenticité africaine et philosophie*. Paris, France : Présence africaine.

Eboussi Boulaga, F. (2005). « Anarchie et topologie ». Dans G. Ndinga & G. Ndumba (Eds), *Relecture critique des origines de la philosophie et ses enjeux en Afrique*. Paris, France : Menaibuc.

Eboussi Boulaga, F. (2008). Anarchie et Topologie. Dans G. Ndinga & G. Ndumba (Eds), *Relecture critique des origines de la philosophie et ses enjeux en Afrique.* Paris, France : Menaibuc.

Eboussi Boulaga, F. (2010). L'intellectuel commun. Dans A. Kom (Ed), *Fabien Eboussi Boulaga, l'audace de penser.* Paris, France : Présence Africaine.

Finkielkraut, A. (2013). *L'Identité malheureuse.* Paris, France : Stock.

Douglass, F. (1950). The Meaning of July Fourth for the Negro. Dans Fioner, Ph-S. (Ed). *The Life and Writings of Frederick Douglass, volume II, Pre-Civil War Decade (1850-1860).* NY, New York : International Publishers.

Foé, N. (2008). *Le Postmodernisme et le nouvel esprit du capitalisme : sur une philosophie globale d'Empire.* Dakar, Sénégal : Codesria.

Glissant, E. (1981). *Le Discours antillais.* Paris, France : Seuil.

Guillebaud, J-CL. (2008). *Le Commencement d'un monde. Vers une modernité métisse.* Paris, France : Seuil.

Hagège, Cl. (2006). *Combat pour le français. Au nom de la diversité des langues et des cultures.* Paris, France : Odile Jacob.

Hazan, E. (2006). *LQR. La propagande du quotidien.* Paris, France : Raisons d'Agir.

Hebga, Meinrad P. (1982). Éloge de l'« ethnophilosophie ». *Présence africaine, 123.*

Henni, A. (2006). La fin de la modernité. Une mutation capitaliste : le retour des sociétés de statut et de rente. *Les Temps modernes, 640.*

Huntington, S. P. (1998). *Le Choc des civilisations.* Paris, France : Odile Jacob.

Jameson, F. (1984) Postmodernism, or the Cultural Logic of Late Capitalism. *New Left Review, 146*, 52-92.

Julien, F. (2008). *De l'universel, de l'uniforme, du commun et du dialogue des cultures.* Paris, France : Fayard.

Klemperer, V. (1996). *LTI, langue du IIIe Reich, carnets d'un philologue.* Traduit par Elisabeth Guillot, présenté par Sonia Combe et Alain Brossat. Paris, France : Albin Michel.

Kwame, A. A. (1992). *In My Father's House : Africa in the Philosophy of Culture.* Oxford, New York : Oxford University Press.

Longo, T-M. (2001). *Philosophies et politiques néolibérales de l'éducation dans le Chili de Pinochet 1973-1983. De l'école du marché contre l'école de l'égalité.* Paris, France : L'Harmattan.

Mballa, A.-C. (1985). Identité culturelle camerounaise et langues camerounaises. Dans *L'Identité culturelle camerounaise,* Actes du Colloque de la Deuxième semaine culturelle nationale, Yaoundé, 13-20 mai 1985, Ministère de l'Information et de la Culture, Direction des Affaires Culturelles. Paris, France : ABC.

Mbele, C. R. (1994). Rencontre et conflits : examen d'une perspective africaine. Dans B. Krewer & J. Blomart (Eds). *Perspectives de l'interculturel.* Paris, France : L'Harmattan.

Mbembe, A. (2000). *De la postcolonie. Essai sur l'imagination politique dans l'Afrique contemporaine.* Paris, France : Karthala.

Mbembe, A. (2013). *Critique de la raison nègre.* Paris, France : La Découverte.

Nettle, D. et Romaine, S. (2003). *Ces langues, ces voix qui s'effacent. Menaces sur les langues du monde* [2000], traduit de l'anglais par Marion Guibault. Paris, France : Éditions Autrement Frontières.

Ouattara, B. (2002). *Penser l'Afrique.* Suivi de *L'Afrique fragmentée.* Paris, France : L'Harmattan.

Perrot, M-D. (1999). La mondialisation culturelle et le bavardage planétaire. *Revue du Mauss, 13.*

Perrot, M-D. (2001). *Mondialiser le non-sens.* Pari, France : L'Age d'Homme.

Perrot, M-D. (2002-2003). Insignifiance linguistique et mondialisme. *Catholica.*

Platon (2008). *Théétète.* Traduction de Michel Narcy, *in* Platon, *Œuvres complètes,* sous la dir. de Luc Brisson. Paris : Flammarion.

Pouchepadass, J. (2007). Le projet des postcolonial studies entre hier et demain. Dans M-C. Smouts (Ed.) *La situation postcoloniale. Les postcolonial studies dans le débat français.* Paris, France : Les Presses de Sciences Po.

Renault, E. (2008). L'idéologie comme légitimation et comme description. *Actuel Marx, 1*(43), 80-95.

Ricœur, P. (2001). Civilisation universelle et cultures nationales » [1961]. *Histoire et Vérité.* Paris, France : Édition du Seuil.

Rousseau, J.-J. (1993). *Essai sur les langues.* Présentation par Catherine Kinzler. Paris, France : Garnier Flammarion.

Senghor, S. (1964). Ce que l'homme noir apporte. *Liberté 1 : Négritude et humanisme.* Paris, France : Le Seuil.

Shayegan, D. (2004). Une 'schizophrénie apprivoisée ? *Où vont les valeurs ? Entretiens du XXI e siècle.* Paris, France : Albin Michel/Editions Unesco.

Supiot, A. (2015). *La Gouvernance par les nombres. Cours au Collège de* France (2012-2014). Paris, France : Fayard.

Todorov, T. (2007). Entre le frère et l'ennemi. *Télérama,* Hors Série, Fraternité : un désir d'humanité, 42-45.

Tort, P. et Desalmand, P. (1978). *Sciences humaines et philosophie en Afrique. La différence culturelle.* Paris, France : Hatier.

Tosel, A. (2000). La mondialisation, un objet philosophique. *Bulletin de la Société Française de Philosophie, séance du 20 novembre 1999, XCIV.* Paris, France : Vrin.

Tosel, A. (2005). Obsolescence ou actualité du concept d'impérialisme. Dans J. Bidet (Ed.). *Guerre impériale, guerre sociale.* Paris, France : PUF.

Tosel, A. (2008). *Un Monde en abîme. Essai sur la mondialisation capitaliste.* Paris, France : Kimé.

Towa, M. (2001). *Valeurs culturelles et Développement. Suivi de La Preuve par le comportement.* Obala, Cameroun : Ama-Cenc.

Towa, M. (2012). *Identité et Transcendance.* Paris, France : L'Harmattan.

Trigano, S. (2012). *La Nouvelle idéologie dominante : le postmodernisme.* Paris, France : Hermann.

Vioulac, J. (2013). *La Logique totalitaire. Essai sur la crise de l'Occident.* Paris, France : PUF.

Weil, S. (2014). *L'Enracinement ou Prélude à une dévastation des devoirs envers l'être humain.* Paris, France : Flammarion.

Wissmann, Heinz (1998). Qui perd qui gagne, ou les paradoxes du pessimisme culturel. Dans Thomas Ferenczi (dir.). *Quelles valeurs pour demain ?, 9e Forum Le Monde-Le Mans.* Paris, France : Seuil.

Yinde, Zhang (2007). La « sinité » : l'identité chinoise en question. Dans Anne Cheng (Ed). *La Pensée en Chine aujourd'hui.* Paris, France : Gallimard.

Chapitre 2

Mondialisation et mobilité, le cas de professionnels brésiliens ayant migré à Montréal : choix méthodologiques et résultats préliminaires

Monica Schlobach

1. Introduction

L'objectif de cette recherche est de cerner les nouvelles configurations migratoires et le parcours d'insertion ou de mobilité de Brésiliens hautement qualifiés ayant migré à Montréal entre 2002 et 2012, à titre de professionnels qualifiés. Dans leurs parcours migratoires, les sujets migrants mobilisent des ressources, développent des stratégies de contournement des obstacles, autant réglementaires qu'institutionnels ou économiques. Ainsi, ce qui peut sembler une simple migration de travail s'avère être de *« véritables systèmes relationnels et circulatoires transnationaux »* (Simon, 2008, 39). S'affirme aussi l'idée de l'autonomie du migrant, de son rôle d'acteur, de sa capacité d'initiative. Prendre en compte l'agentivité du migrant, soit sa capacité d'être acteur et d'intervenir dans la fabrique du social, amène le chercheur à s'intéresser aux choix des individus et des familles, aux ressources mobilisées, aux stratégies et actions entreprises, où l'immigrant fait preuve autant de rationalité que de réflexivité.

Le processus d'incorporation professionnelle est pensé ici en termes de chaînes, de séries de situations, d'actions et d'interactions. Dans ce processus analysé, quatre moments sont privilégiés : (1) l'accès au marché du travail, (2) l'insertion et la mobilité dans l'entreprise, (3) le changement d'emploi et (4) l'alternance ou la complémentarité entre emploi et formation. Chacun de ces moments renvoie à des obstacles et des opportunités, engage des choix, oblige à développer des stratégies, à mobiliser des ressources et des liens sociaux et implique, en retour, des effets sur la dynamique des liens familiaux transnationaux. Comme les sujets se trouvent encastrés dans des réseaux sociaux, leurs choix ne relèvent pas de la stricte rationalité économique, ils s'inscrivent, plutôt, dans un projet migratoire familial.

2. Méthode : récits de vie et observation participante

Cette recherche ethnographique auprès de couples ou de familles de Brésiliens ayant migré à Montréal a comme but, au moyen du recueil des récits de vie oraux et d'observations participantes de ces migrants, la reconstitution et la mise en relation des trajectoires de différents membres de la famille afin de mettre en relief les enchaînements d'actions et d'interactions, ainsi que les moments déterminants du parcours migratoire.

Je vise à être au plus près des situations des sujets, afin d'arriver à une compréhension contextualisée réussissant à rendre compte, du point de vue de ceux-ci, de leurs pratiques et des significations qui leur sont données. Malinowski (1963) écrivait à ce sujet que le but de l'anthropologue est principalement *de saisir le point de vue de l'indigène, ses rapports avec la vie, de comprendre sa vision du monde*. De plus, la migration n'est pas un événement, mais un processus (Vertovec, 2003). D'où la nécessité d'un regard longitudinal ou historique, qui prend en compte diverses étapes migratoires. L'approche biographique s'avère, dans ce cadre, pertinente, en particulier dans l'attention aux événements critiques du parcours migratoire car *les pratiques transnationales fluctuent en réponse à des incidents ou crises particuliers* (Levitt, Glick & Schiller, 2004, traduction libre[12]). L'entretien biographique ou le récit de vie (Bertaux & Singly, 2010 ; Desmarais & Grell, 1986 ; Sanséau, 2005) m'apparaît l'outil méthodologique le plus approprié pour saisir de façon diachronique l'expérience migratoire. Il me permet d'entendre la voix des sujets, d'atteindre leur subjectivité et leur expérience vécue. Le récit de vie n'est ni fondé sur un jeu de questions-réponses ni sur le récit de la totalité chronologique de la vie migratoire, mais sur des tranches de vie spécifiques, des moments charnières qui ont entraîné des bifurcations dans les trajectoires migratoires. Ce qui est recherché est une connaissance contextualisée visant à rendre compte du point de vue des sujets. Lors de l'entrevue, la personne est invitée à remplir des canevas et, à partir de là, à se rappeler les événements et les décisions prises à chacun des moments-clés de crise et de réorientation de la trajectoire migratoire et de la carrière socioprofessionnelle, en identifiant les obstacles ou épreuves rencontrées et les solutions ou les négociations entreprises. C'est lors de ces événements stratégiques ou de ces incidents critiques que je suis plus à même de voir se jouer l'ensemble des liens sociaux, car l'étude longitudinale de la migration *révèle que, dans les moments de crises ou d'opportunités, même ceux n'ayant jamais participé ou n'ayant jamais été identifiés comme transnationaux, mais qui sont enchâssés dans des champs sociaux transnationaux, peuvent se mobiliser et agir* (traduction libre[13]).

Peneff (1994) présente la méthode biographique comme une méthode oblique, indirecte et flexible. N'interrogeant pas directement les participants à la recherche par la passation de questionnaire, qui peut être perçue comme une *inquisition grossière*, la méthode biographique fait en sorte que les personnes *y voient une reconnaissance de leur singularité et de leur mérite* (Peneff, 1994). Cependant, en accordant à chaque participant une relative marge d'initiative pour traiter des sujets dont ils sont les *informateurs incontestés*, reste le risque que l'entretien biographique verse dans le récit dramatique ou épique. C'est pourquoi la démarche adoptée ici incite les interlocuteurs à développer leurs propres réflexions sur leurs actions et les réseaux où ils sont actifs. Le but est de faire en

---

12 Voici le texte original : *« Transnational practices ebb and flow in response to particular incidents or crisis ».*

13 Voici le texte original : *« reveals that in moments of crisis or opportunities, even those who have never identified or participated transnationally, but who are embedded in transnational social fields, may be mobilized into action ».*

sorte que le sujet de la méthode ne soit pas *un individu mis en vedette et singularisé*, mais le réseau familial de solidarité.

Pour Maitilasso (2014), la méthode biographique se prête au caractère processuel et diachronique de l'expérience migratoire car, pour elle, *le schéma biographique s'accorde, de fait, de manière harmonique à un parcours qu'on veut sonder dans son évolution temporelle, en suivant le déploiement d'une expérience migratoire concrète et ordonnée selon des coordonnées espace-temps, nous visons à rechercher une trajectoire sociale* (Maitilasso, 2014, 241). La méthode biographique offre, selon elle, une solution de recherche alternative à *l'observation dans un milieu circonscrit* car l'immersion prolongée traditionnelle de l'anthropologue dans un milieu socioculturel localement identifiable permet moins que le récit biographique de faire voir le caractère multilocal des migrations, la fluidité des pratiques de mobilité.

Fabre et al. (2010) développent une attitude plus critique. Selon eux, l'entretien biographique possèderait une part d'ombre : *demander à un autre, quel qu'il soit, de raconter sa vie, crée une situation artificielle, la requête court le risque de l'incompréhension, du refus et du silence.* L'entretien biographique pratiqué dans cette recherche ne vise pas à entrer dans les arcanes du moi ou de la subjectivité, mais cherche plutôt à inscrire la biographie comme immergée dans une histoire de vie sociale et de la vie familiale transnationale, dans une démarche *attentive aux réseaux qui traversent toute existence et, à certains égards, la constituent* (Fabre et *al*, 2010).

Pour Bourdieu (1986), les évènements biographiques sont définis comme *autant de placements et de déplacements dans l'espace social i.e. dans les différents états successifs de la distribution des différents espaces de capital qui sont en jeu dans le champ déterminé* (Bourdieu, 1986, 71). Cette position durkheimienne, très déterministe, oublie que les évènements biographiques concernent des sujets sociaux inscrits, non pas dans un seul espace social (analogie du métro), mais dans plusieurs espaces sociaux (espaces sociaux transnationaux). Les sujets sociaux font des choix, mobilisent des ressources, reconvertissent des capitaux, négocient le sens des mouvements conduisant d'une position à l'autre. Il ne s'agit pas de construire un itinéraire comme on rend compte d'un trajet dans le métro, comme le suppose Bourdieu (1986), dans sa critique de l'illusion biographique, mais plutôt de comprendre la manière dont ce trajet a été vécu par le voyageur et les changements de destination. Ce qui est recherché, ce sont les raisons, les logiques sous-jacentes au vécu du sujet. Les biographies individuelles sont toujours des biographies familiales et sociales. Plutôt que comprendre l'intelligibilité des trajectoires biographiques à partir de la description des structures objectives qui les déterminent, j'ai plutôt opté pour une position où celles-ci sont le produit d'un double mouvement de l'agentivité des individus et des réseaux sociaux où ils sont immergés (Passeron, 1990). L'entretien biographique dépend de la relation ethnographique établie entre les parties car l'entretien se déroule dans une situation d'interaction sociale et résulte d'une co-production de sens qui met en présence le chercheur et le participant à la recherche (Demazière & Glady, 2011). Certaines conditions, qualifions-les ici d'éthiques, doivent être respectées (confidentialité, garantie de l'anonymat, non directivité, disposition à la communication et à l'écoute de l'autre), conditions garantissant la réussite du contrat de communication établi entre la chercheure et les sujets de la recherche.

Le contexte et le déroulement de l'entretien sont des dimensions auxquelles doit porter attention tout chercheur. La situation d'entretien est un mode d'interaction provoquée, sinon imposée. Elle se doit de ne pas être directive et réduite à l'artificialité de la situation d'entretien car, comme l'affirme Olivier de Sardan (1995), le caractère dialogique de tout entretien de recherche est *une contrainte méthodologique visant à créer, si besoin est, une situation d'écoute telle que l'informateur de l'anthropologue puisse disposer d'une réelle liberté de propos et ne se sente pas en situation d'interrogatoire* (de Sardan, 1995, 78). Toute relation ethnographique cherche aussi à réintroduire une *réciprocité entre l'observateur et le sujet* (Devereux, 1980). C'est pourquoi les entrevues nécessitent, pour leur réalisation, la collaboration active des sujets, une volonté de s'engager dans le *jeu de la recherche.*

D'autre part, réinscrire l'immigration comme pratique sociale oblige la chercheure à s'éloigner d'une recherche des causes pour une compréhension de l'expérience du migrant, des significations attachées au fait d'être migrant, de vivre dans une situation de *migrancie.* L'approche choisie se veut phénoménologique, tout en cherchant à saisir deux dimensions distinctes mais complémentaires : individuelle et familiale, locale et transnationale, expérience (notamment professionnelle) présente et passée, parcours et événements critiques. Comme le souligne Maso (2001), l'ethnographe qui adopte la perspective phénoménologique a en commun avec les positionnements naturalistes la démarche de partager un même espace avec les sujets de son étude, afin de se familiariser le plus possible avec leur façon de le vivre. Pour l'observation participante sur le terrain, je me situe et agis comme une participante active, co-constructrice des récits, des représentations des expériences vécues et des explications données à ces expériences. Dans ce sens, je vise à m'approcher du rôle de l'anthropologue sur le terrain tel que prescrit par Turner (2000), qui décrit le chercheur comme *un participant actif, impliqué et situé socialement* (traduction libre[14]).

3. Choix et stratégies de recueil de données

Loin de me placer comme observatrice clandestine ou passive, je choisis la visibilité comme stratégie d'insertion, en me plaçant ouvertement comme anthropologue visant à comprendre l'expérience de migration des sujets en étude. Cela me permet de naviguer plus facilement entre les différents milieux à fréquenter, ainsi que de mener plus à fond les questionnements avec les sujets. À plusieurs reprises, il m'a fallu négocier ma place et ma légitimité en étant consciente de l'idée que ma présence a eu un impact sur les activités où j'ai été présente car, comme le souligne Turner (2000) : *Ils observent ma façon d'agir pour*

---

[14] Voici le texte original : "*an embodied, sensing, acting, socially situated participant*".

cerner mes choix et je fais de même ; nos attitudes et actions affectent le processus, ainsi que sa compréhension (traduction libre[15]).

Olivier de Sardan (1995, 3-4) distingue deux types de situations de l'interaction entre l'ethnographe et les sujets : *« celles qui relèvent de l'observation (le chercheur est témoin) et celles qui relèvent de l'interaction (le chercheur est co-acteur) »*. J'ai adopté chacune de ces postures à des moments différents de l'observation participante car certaines de mes activités d'observation ont mobilisé l'une ou l'autre de ces postures. Comme co-actrice, j'ai souhaité partager des moments en famille, notamment des périodes de la journée révélatrices des rôles et partages des tâches, comme d'aller chercher les enfants à l'école, préparer le repas du soir ou mettre la table. Cela m'a permis de discuter de façon informelle de la différence entre la façon dont cela se passait au Brésil et de voir comment ils vivent les changements opérés - mais dans une perspective plus colloquiale et probablement ludique, comme il est souvent le cas dans ces occasions. Également, lors de mon terrain chez la famille de l'informateur clé au Brésil, le même type de situation a été recherché. Les situations d'observation sont aussi l'occasion de noter les divers artefacts présents chez eux (photos de famille, bibelots, dessins, sculptures, etc.) illustrant leur lien transnational, que ce soit à Montréal ou au Brésil.

Je me suis aussi placée dans une perspective de témoin, lors de la fréquentation des cercles plus étendus, d'amis, voisins ou de collègues de travail, avec qui l'informateur et sa famille menaient des activités de loisir en fin-de-semaine (dîners chez les uns et les autres, restaurants, bars ou cafés, fréquentation d'offices religieux, etc). Le type d'activité choisi a été fonction des réseaux et des activités des informateurs. J'ai privilégié ceux qui reflétaient le mieux leur cercle de ressources ou amitiés avec qui les informateurs estimaient pouvoir compter en cas de crise, qu'elle soit professionnelle ou familiale. Cela m'a permis de faire ressortir de telles situations passées et la façon dont les situations futures sont vues et/ou appréhendées.

4. Quelques résultats préliminaires

L'étude des récits de vie migratoires m'a amenée à accomplir un déplacement dans l'analyse de la dynamique migratoire, passant d'une approche en termes de mouvement de là-bas à ici (assimilation ou intégration) vers un mode d'analyse attentif à l'examen des liens entre l'ici et là-bas, mettant en scène des espaces sociaux transnationaux dans lesquels les migrants vivent simultanément ici et là-bas, où se construisent et s'entretiennent des liens sociaux souvent multiples et diversifiés et déploient/développent des pratiques et des stratégies à partir d'une conscience d'appartenance à la fois à leur pays d'origine et au pays d'accueil.

---

[15] Voici le texte original : " *They are watching the way I act to see my preference and I am doing the same, so our demeanour and actions are affecting the process and understandings of it* ".

Cela m'a amenée à traiter de la transnationalisation des parcours et des cheminements et à remplacer le terme d'immigrant par celui de migrant ou de transmigrant et de substituer à la notion d'intégration celle d'incorporation, afin de rendre compte de la dialectique des liens transnationaux. Le phénomène migratoire est alors envisagé comme un processus complexe et multidimensionnel de mobilité sociale se déroulant dans des espaces sociaux transnationaux divers et situés à des échelles variables.

Quelques résultats préliminaires sont présentés ici, tout en soulignant leur caractère provisoire car basés sur la moitié de l'échantillon à traiter dans l'étude. D'abord, ces résultats indiquent que les facteurs traditionnellement identifiés dans les décisions de migration (sélectivité de la migration) des travailleurs peu qualifiés, comme les réseaux sociaux et l'existence de couloirs migratoires, semblent avoir beaucoup moins d'importance pour ces travailleurs hautement qualifiés que les réseaux sociaux virtuels. De même, certaines expériences dans le pays d'origine semblent avoir joué un rôle décisif dans la décision de migration : celles ayant provoqué un sentiment d'insécurité presque chronique ou la perte des liens sociaux significatifs ou encore une situation de blocage dans la mobilité socioprofessionnelle. Ces expériences semblent souvent croisées ou complétées par une culture de la mobilité (sociale, professionnelle et géographique) et à l'acquisition d'un imaginaire migratoire où l'ailleurs ou le là-bas est fortement sollicité et agit comme *image guide* et cadre de référence dynamique, associé au pays de destination imaginé ou imaginaire migratoire de l'ailleurs. De plus, on retrouve des différences marquées selon le genre en ce qui concerne les motivations déclarées à la migration. Ainsi, les motivations migratoires des hommes renvoient à des difficultés vécues au niveau de l'univers du travail, tandis que les femmes font davantage référence à des expériences de rupture ou de conflits au niveau familial ou amical. Les décisions de migrer renvoient donc à un rapport complexe entre des changements dans les conditions sociales et économiques des migrants dans leur pays d'origine et le développement d'un imaginaire migratoire du pays de destination.

Ensuite, tout semble indiquer que les réseaux ethniques et les liens sociaux faibles présentés dans la littérature comme déterminants dans l'insertion socioprofessionnelle dans le marché du travail interviennent peu ou pas pour ces migrants dans leur insertion en emploi. Certains facteurs apparaissent jouer un rôle plus significatif, comme les liens forts avec les natifs et la capacité de mobiliser et de convertir des capitaux ou des ressources à la fois économiques, sociales, culturelles et symboliques dans la société d'accueil.

Les qualifications professionnelles, compétences et expériences ou habitus professionnels acquis à l'étranger semblent ainsi fonctionner plus comme réseaux symboliques virtuels que comme capital humain à être reconnu par les instances officielles. Leur distribution inégale peut expliquer, en partie, l'insertion différentielle en emploi. Aussi, la reconnaissance de la qualification et de l'expérience acquise à l'étranger, de même que la transférabilité des compétences, renvoient moins pour ces migrants interrogés à une question de rentabilité de capital humain qu'au statut social attribué par le pays d'accueil et jugé ou comparé au pays d'origine. Se joue, pourrait-on dire, l'exercice d'un habitus professionnel évalué plus en fonction de l'histoire professionnelle du pays de départ que, selon les critères ou normes, du pays d'arrivée. Ce qui est en jeu pour plusieurs migrants interrogés tient moins à la reconnaissance institutionnelle des instances légitimes qu'à une reconnaissance sociale génératrice de liens sociaux où interviennent des dimensions intersubjectives et interactives (Taylor, 1997 ; Meintel, 2008). La qualification et la compétence professionnelles interviennent plus comme ressources symboliques virtuelles que comme capital humain destiné à être reconnu ou sanctionné par les instances professionnelles et institutionnelles légitimes.

Enfin, l'incorporation en emploi, en particulier des ingénieurs brésiliens à Montréal, prend principalement trois figures : 1. Titre et poste d'ingénieur (professionnel) ; 2. Technicien dans le domaine de l'ingénierie, avec acquisition d'une expertise spécialisée, sans être membre de l'ordre professionnel ; 3. Réorientation dans un métier ni précaire ni lié au domaine de l'ingénierie. Ces premiers résultats de recherche, ainsi que leurs interprétations par les ingénieurs y participant, soulèvent la question ou la définition d'un emploi jugé convenable ou de l'intégration réussie en emploi. On constate en effet un écart significatif entre les perceptions des migrants rencontrés avec celles des représentants des organismes communautaires en employabilité et même des chercheurs, en particulier ceux qui analysent le phénomène migratoire des travailleurs hautement qualifiés en termes de déqualification ou de déclassement professionnel, perspective qui ne prend comme référence que le point d'arrivée, en occultant le point de départ dans l'analyse. On se trouve en quelque sorte devant un paradoxe migratoire où ce qui semble, du point de vue du pays d'arrivée, un processus de déclassement ou de déqualification est souvent vécu par les migrants eux-mêmes comme une réussite, car entre dans leur jugement un ensemble de considérations et de critères de jugement où interviennent ici les cadres ou groupes de référence de là-bas. Ainsi, la reconnaissance des qualifications et de l'expérience acquise à l'étranger et la transférabilité des mêmes compétences est jugée, évaluée, expérimentée à partir des groupes d'appartenance et de référence du pays de départ. Ainsi, l'identité professionnelle au travail et l'exercice de l'habitus professionnel au pays d'accueil, pour être pleinement compris, doivent être resitués dans la dynamique professionnelle qui tient ses propriétés des modèles de référence et d'appartenance au pays d'origine.

Références bibliographiques

Bertaux, D. & Singly, F. D. (2010). *Le récit de vie* (3e éd.). Paris, France : Armand Colin.

Bourdieu, P. (1986). L'illusion biographique. *Actes de la recherche en sciences sociales, 62*(1), 69-72.

Demazière, D. & Glady, M. (2011). Introduction. *Langage et société, 137*(3), 7-15.

Desmarais, D. & Grell, P. (1986). *Les récits de vie. Théorie, méthode et trajectoires types.* Montréal, Québec : Saint-Martin.

Devereux, G. (1980). *De l'angoisse à la méthode dans les sciences du comportement.* Paris, France : Aubier.

Fabre, D., Jamin, J. & Massenzio, M. (2010). Jeu et enjeu ethnographiques de la biographie. *L'Homme, 195*(3), 7-20.

Levitt, P. & Glick Schiller, N. (2004). Conceptualizing Simultaneity: A Transnational Social Field Perspective on Society. *International Migration Review, 38*(3): 1002-39.

Maitilasso, A. (2014). Raconte-moi ta migration. *Cahiers d'études africaines, 1*, 241-265.

Malinowski, B. (1963). *Les Argonautes du Pacifique occidental.* Paris, France : Gallimard.

Maso, I. (2001). Phenomenology and Ethnography. Dans P. Atkinson, A. Coffey, S. Delamont, J. Lofland, & L. Lofland (Eds.), *Handbook of ethnography*. London, England : Sage.

Meintel, D. (2008). Identités ethniques plurielles et reconnaissance connective en Amérique du Nord. Dans J.-P. Payet & A. Battegay (Eds.), *La Reconnaissance à l'épreuve. Explorations socio-anthropologiques.* Villeneuve d'Ascq, France : Presses universitaires du Septentrion.

Olivier de Sardan, J. P. (1995). La politique du terrain. Sur la production des données en anthropologie. *Enquête, 1*, 71-109.

Passeron, J. C. (1990). Biographies, flux, itinéraires, trajectoires. *Revue française de sociologie*, 3-22.

Peneff, J. (1994). Les grandes tendances de l'usage des biographies dans la sociologie française. *Politix, 7*(27), 25-31.

Sanséau, P. Y. (2005). Les récits de vie comme stratégie d'accès au réel en sciences de gestion : pertinence, positionnement et perspectives d'analyse. *Recherches qualitatives, 25*(2), 33-57.

Simon, G. (2008). *La planète migratoire dans la mondialisation.* Paris, France : Armand Colin.

Taylor, C. (1997). *Multiculturalisme. Différence et démocratie.* Paris, France : Flammarion.

Turner, A. (2000). Embodied ethnography. Doing culture. *Social Anthropology*, *8*(1), 51-60.

Vertovec, S. (2003). Migration and other modes of transnationalism: Towards conceptual cross-fertilization. *International Migration Review*, 641-665.

Chapitre 3

L'exil de longue durée des réfugiés chiliens en Belgique

Dimitri Cauchie, Marielle Bruyninckx & Lucie Monnier

1. Introduction

Après le coup d'État de 1973 et l'instauration de la dictature, de nombreux Chiliens doivent fuir leur pays. Parmi eux, beaucoup s'exilent en Belgique après avoir trouvé asile à l'Ambassade à Santiago. Dans le cadre d'un programme gouvernemental, cette vague migratoire de réfugiés politiques constitue le premier groupe important de Latino-Américains à immigrer en Belgique. Entre 1974 et 1981, le pays accueille ainsi plusieurs centaines de réfugiés et prisonniers politiques et contribue à leur insertion : l'État finance, par exemple, le voyage et l'accueil ; des organismes publics offrent gratuitement des cours de langues ou octroient des bourses d'études. Outre ce soutien institutionnel, différents mouvements sociaux et citoyens, comme le *Collectif d'accueil aux réfugiés chiliens*, favorisent l'intégration positive de ces nouveaux migrants (Cieters, 2004). Ces exilés des années 70-80 ont aujourd'hui construit une grande part de leur vie en Belgique. Ils se sont installés, tant sur le plan matériel que social et familial. Ils sont pour la plupart parents, parfois grands-parents. Leurs enfants, nés en Belgique ou au Chili, ayant grandi en Belgique à travers la culture d'origine de leurs parents et celle de la société d'accueil, y envisagent majoritairement leur avenir. Il n'existe actuellement que peu d'études sur le vieillissement de ces exilés. L'intérêt de notre recherche exploratoire qualitative réside dans sa centration sur l'exil de longue durée et sur les mécanismes mis en place par ces réfugiés pour surmonter le traumatisme de cette migration contrainte. Nous avons ainsi ciblé la génération d'exilés chiliens qui étaient âgés de plus de seize ans lors du coup d'État. Ces réfugiés politiques, en exil depuis près de quarante ans, constituent une génération vieillissante atteignant l'âge de la retraite et pour qui la question d'un éventuel retour au Chili se (re)pose. Basée sur des études de cas réalisées au moyen d'un questionnaire anamnestique et d'entretiens semi-dirigés, cette recherche a été menée avec huit réfugiés chiliens de Belgique qui ont accepté de nous rencontrer à plusieurs reprises.

2. Conséquences psychosociales de l'exil des réfugiés politiques chiliens

Avec l'exil, les Chiliens ont dû faire face à une *crise d'identité sociale* dans les domaines politique, familial, professionnel et culturel. Ils ont dû quitter une société traditionnelle et collective pour une société plus individualiste et moins extravertie (Páez, 1998). Mais le coup d'État est surtout synonyme d'une lourde défaite idéologique pour ces réfugiés politiques, qui n'aura de cesse d'influencer leur parcours de vie. Ils ont longtemps vécu avec la conviction que leur présence en Belgique n'était que temporaire, persuadés que la dictature serait rapidement renversée et, par conséquent, que l'exil serait de courte durée. Déracinés, ils ont donc d'abord vécu dans l'attente, avant de pouvoir et de devoir accepter de reconstruire leur vie (Jacques, 1985 ; Cieters, 2004). Cette période de transition et d'isolement, ce moment de latence où l'individu est temporellement suspendu dans l'espoir du retour, peut empêcher l'exilé de se représenter objectivement la réalité. Ce pseudo-moyen de défense constitue une tentative de régularisation de son existence par le maintien d'un lien entre un passé traumatisant et un avenir absent. L'exil chilien est en effet marqué par l'inhumanité et la violence : environ 35 000 opposants au régime ont enduré la vie dans des camps de concentration et des prisons en subissant des actes de torture (Maldavsky, 2005). Ceux-ci provoquent des fractures psychiques chez l'être humain qui en garde les stigmates à vie et s'en voit désocialisé. Le traumatisme impacte également les proches de la victime directe qui en conservent un sentiment d'impuissance (Barudy, Páez & Martens, 1982 ; Barudy, Serrano, Martens, Duran & Jiménez, 1982 ; Cuadros Garland, 2003).

Retourner au Chili pourrait dès lors constituer une expérience difficile et douloureuse pour les Chiliens et leur famille. Ce retour pourrait être vécu comme un *deuxième exil*. Il implique une période de réinsertion constituée d'étapes douloureuses et difficiles. Quand le retour devient effectivement possible, l'exilé prend conscience de la difficulté à prendre une décision : l'exil change soudain de *nature*, il n'est plus subi. Celui qui choisirait de rester ne le ferait plus par contrainte (Dominguez & Salamovich, 1986 ; Vasquez, 1987 ; Gaillard, 1999).

Gaillard (1997) a distingué quatre formes de retour en se basant sur des entretiens avec des Chiliens toujours en exil ou rentrés au pays. 1) Le *retour idéologique* se base sur la certitude que le retour est un droit mais aussi un devoir : le droit pour l'exilé de revenir vivre dans son pays et de demander réparation pour l'injustice vécue ; le devoir d'être l'acteur ou le soutien du changement social et politique de son pays. 2) Le *retour stratégique* est planifié et a pour but de conserver, voire d'améliorer sa situation socioprofessionnelle. 3) Le *retour nostalgique* se fonde sur l'attachement à la famille, à la terre, à l'environnement et aux traditions ; sa réalisation vise un mieux-être émotionnel. 4) Le *retour pis-aller* n'est pas réellement voulu ; c'est le cas, par exemple, lorsque l'un des conjoints souhaite retourner au pays et que l'autre y consent pour éviter la séparation.

Quel que soit le profil d'un migrant de retour, son pays d'origine a évolué et est parfois très différent de celui qu'il a quitté et a idéalisé durant son exil. Le sentiment d'être *étranger* à son propre pays de naissance, qui a connu de profondes transformations (régime politique, privatisons d'espaces publics, limitation des libertés individuelles, contrôle de la presse… pour ce qui concerne le Chili), peut émerger lors de la concrétisation d'un retour. Par ailleurs, parallèlement à la société, l'individu aussi a changé après une longue période d'exil à l'étranger. Ce processus *du double déracinement et de la confrontation de deux cultures est semblable pour tout exilé* (Hurtado-Beca, 1991). Mais, pour les Chiliens s'ajoute la perception de leurs compatriotes à leur égard : souvent considérés comme ayant vécu un *exil doré* et profitable, ils ne sont pas toujours considérés comme des victimes légitimes de la dictature, *a fortiori* en l'absence de reconnaissance juridique : cette « *non-reconnaissance officielle et nationale des préjudices subis entraîne une négation de soi, renvoyant chacun à un parcours exceptionnel et non à une histoire collective. Minoritaires, les anciens réfugiés chiliens occupent une place illégitime dans la société chilienne post-dictatoriale et dans l'interprétation de son passé récent* » (Jedlicki, 2007, 200). Les exilés ne sont alors plus convaincus de vouloir effectuer d'autres retours, ni de les pérenniser, ce manque de reconnaissance remettant en question leur place au sein de leur communauté d'origine (Gaillard, 1999).

3. Recherche : la question du retour chez les réfugiés politiques chiliens en phase de post-exil en Belgique

Les conséquences psychosociales de l'exil ne sont pas toutes similaires à celles d'autres formes de migration. Dans l'exil, l'individu est contraint de quitter son pays d'origine, il n'a souvent pas le temps de se préparer à l'émigration, il doit abandonner sa vie, sa famille, ses proches, ses biens... Pour les réfugiés politiques, s'ajoute également une dimension idéologique qui confère, outre la crainte des persécutions, un sentiment d'échec dans le combat politique qui était mené. Aujourd'hui, la diaspora chilienne a des attentes. La principale porte sur la reconnaissance de leur nationalité et citoyenneté chiliennes (incluant le droit de vote depuis l'étranger, par exemple), ou sur leur récupération pour ceux en ayant été privés par le régime de Pinochet, ainsi que celles de leurs enfants, même s'ils n'ont jamais vécu au Chili. Les exilés chiliens souhaitent donc être reconnus en tant que membres à part entière de leur société d'origine (Bolzman, 2002).

Ce sont ces conséquences psychosociales particulières de l'exil et les attentes de reconnaissance sociétale des réfugiés politiques que nous avons voulu appréhender au cours de cette recherche consacrée à la diaspora chilienne installée en Belgique. Plus spécifiquement, c'est la problématique du retour éventuel de ces sujets vieillissants, réfugiés depuis plusieurs dizaines d'années à l'étranger, que nous avons investiguée. Nous avons donc poursuivi des objectifs de compréhension du vécu actuel de la phase de post-exil des réfugiés politiques chiliens et des motivations liées au retour éventuel au pays. Les questions de recherche auxquelles nous avons tenté d'apporter des éléments de réponses sont les suivantes.

1. Que représente la Belgique pour les sujets ? Comment s'y sentent-ils intégrés ? Quelles formes de sentiments (négatifs, positifs, ambivalents) éprouvent-ils pour leur société d'accueil ?

2. Comment évolue leur perception du Chili durant leur exil ? Quels sentiments éprouvent-ils pour leur pays d'origine ?

3. Le choix de la nationalité (unique ou double) est-il lié au sentiment d'appartenance au(x) pays concerné(s) ?

4. Quels sont les choix posés par les exilés quant à un retour éventuel au Chili? Quelles en sont les motivations ?

5. Quels facteurs sociaux et stratégies personnelles contribuent au processus de résilience des sujets ? La résilience influence-t-elle le choix de (non-)retour au pays ?

L'intérêt de notre recherche réside dans sa centration sur l'exil de longue durée et sur les mécanismes mis en place par ces réfugiés pour surmonter le traumatisme de cette migration contrainte. Cette population d'exilés ayant vieilli en Belgique n'a fait l'objet que de peu d'études ; notre recherche est donc de type exploratoire et met en œuvre une méthodologie essentiellement qualitative, basée sur des études de cas. Deux instruments ont été utilisés pour recueillir les données empiriques : un questionnaire anamnestique et l'entretien semi-dirigé. Le premier permet de recueillir des données d'identification et des informations sur les parcours de vie. Dans le cadre de cette recherche, il a permis de situer les événements importants liés à l'exil des sujets et d'expliciter leurs structures familiales (au moyen de génogrammes). Le second est utilisé afin de recueillir des données sur différentes thématiques prédéfinies tout en respectant la dimension interpersonnelle de la communication. Par la souplesse qu'il garantit à l'échange, il permet au chercheur d'orienter le recueil d'information de manière naturelle et avec considération : l'empathie et le respect qu'il permet pour les individus confiant une *histoire de vie* souvent douloureuse sont essentiels dans ce contexte.

4. Parcours d'exil : données anamnestiques

Nous avons pu rencontrer, à plusieurs reprises, huit réfugiés chiliens exilés en Belgique à partir de 1973. Comme le montrent les données du tableau 1, à l'exception d'un sujet, tous sont nés dans les années 40-50 et avaient entre 20 et 31 ans au moment de leur exil (sauf S1, plus âgé).

Tous ont des enfants : pour deux d'entre eux, ils sont tous nés au Chili avant l'exil (S1 et S2) ; pour trois autres avant et après l'exil (S3, S4 et S8) ; pour les trois derniers en Belgique après l'exil (S5+S6, qui sont mariés, et S7). Six sont (arrière-)grands-parents. Dans trois cas, les enfants nés au Chili ont migré simultanément avec leur parent exilé (S2, S3 et S8) ; le fils de S4 est resté au Chili ; pour S1, ses fils aînés sont restés au Chili, sa fille ayant migré en Belgique. Tous sont retournés épisodiquement au Chili par la suite. Le premier retour a lieu entre 13 et 22 ans après l'exil et, de toute façon, toujours après 1988 (époque où Pinochet perd le pouvoir).

Tableau 1 : principales caractéristiques de l'échantillon

Sujet (sexe)	**Naissance**	**Arrivée en Belgique**		**Premier Retour au Chili**		**Enfants** (pays de naissance)
		Date	Age	Date	Durée d'exil préalable	
S1 (H)	1918	1975	57 ans	1988	13 ans	3 Chi.
S2 (H)	1943	1973	30 ans	1992	19 ans	3 Chi.
S3 (H)	1945	1975	30 ans	1997	22 ans	3 Chi. + 1 Bel.
S4 (H)	1947	1976	29 ans	1991	15 ans	1 Chi. + 2 Bel.
S5 (H)	1950	1981	31 ans	2000	19 ans	1 Bel.
S6 (F)	1953		28 ans			
S7 (H)	1954	1974	20 ans	1991	17 ans	2 Bel.
S8 (F)	1960	1980	20 ans	1997	17 ans	1 Chi. + 1 Bel.

Tous les sujets rencontrés étaient de fervents défenseurs de la gauche politique et ont plus ou moins continué leur lutte pour la démocratie chilienne depuis la Belgique. Cet échantillon de réfugiés politiques peut être considéré comme représentatif d'une certaine *élite intellectuelle* chilienne. Six étaient professionnellement actifs et deux terminaient leurs études.

S1 était ingénieur aéronautique, membre des forces aériennes chiliennes depuis les années 40. En janvier 1973, il quitte l'armée et occupe des fonctions importantes dans le Gouvernement Allende. Après le coup d'État, il est emprisonné et torturé pendant deux ans, avant d'être exilé. Veuf depuis 2001, son épouse et lui avaient trois enfants. Leur fils aîné, aviateur au Chili, est décédé en 1976. Leur cadet est resté vivre au Chili. Leur fille, mariée à un réfugié, vit en Belgique près de son père. Il a trois petits-enfants et un arrière-petit-fils.

S2 était vétérinaire. Il a 30 ans au moment du coup d'État après lequel il entre dans la résistance clandestine. Il fuit rapidement la dictature avec son épouse et leurs trois enfants. Le reste de sa famille reste au Chili. Ils ont cinq petits-enfants. En Belgique, il parvient à s'insérer professionnellement dans le secteur (para) médical.

S3 était chargé de communication pour le Gouvernement Allende. Après deux ans passés en prison, il est exilé en Belgique en 1975. Ses frères le sont également, dans différents pays. Ses parents et ses sœurs ont pu rester au Chili. Son épouse et leurs trois enfants l'accompagnent. Ils en ont un quatrième ensuite. Il a trois petits-enfants. Il dirige un théâtre et dispose toujours du statut de réfugié politique.

S4 a 26 ans et est marin de guerre, déjà emprisonné au moment du coup d'État. Il est alors marié et a un fils, né durant son incarcération et resté au Chili. Après trois ans d'emprisonnement, il s'exile seul en Belgique. Il y trouve, après formation, un emploi de mécanicien. Il se remarie et a deux filles. Il a deux petits-enfants au Chili.

S5 était étudiant en médecine. Son épouse, S6, était esthéticienne. Tous deux militants actifs de l'opposition au régime, sont emprisonnés pendant respectivement quatre et un an(s). Ils sont exilés en 1981. Lui se forme en comptabilité et en informatique, secteur dans lequel il devient formateur. Elle a exercé différents métiers avant de devenir gestionnaire dans un service de pédiatrie. Ils ont un fils en 1985.

S7 était étudiant. Il a 19 ans quand il fuit le Chili avec ses parents et ses cinq frères et sœurs. Sa première compagne le rejoint quelques années plus tard en Belgique. Ils s'y marient et ont une fille. Après leur divorce, il se remarie avec une Belge avec qui il a une seconde fille. Il a trois petits-enfants. Il a poursuivi des études artistiques en Belgique et a fait carrière dans ce secteur.

S8 était fonctionnaire en 1973. Avec son mari, elle entre dans la résistance clandestine. Ils ont un fils en 1975. Son mari est exilé en 1977. Elle poursuit ses activités politiques de lutte contre le régime en place. Emprisonnée en 1979, elle est exilée en 1980 et rejoint son mari en Belgique, officiellement au titre du regroupement familial. Ils ont une seconde fille en 1983. Elle suit des formations artistiques et finit par obtenir l'autorisation de travailler. Elle vit de son activité artistique. Elle a deux petits-fils.

5. Intégration, souffrance et résilience : points de vue recueillis lors des entretiens

5.1. Que représente la Belgique pour les sujets ? Comment s'y sentent-ils intégrés ? Quelles formes de sentiments (négatifs, positifs, ambivalents) éprouvent-ils pour leur société d'accueil ?

Les données issues des différents témoignages recueillis nous permettent de mettre en avant un attachement positif fort pour la Belgique. D'une part, la plupart sont reconnaissants pour l'accueil dont ils ont bénéficié : six d'entre eux ont été solidairement soutenus par des associations ou des citoyens belges ou chiliens à leur arrivée. De plus, ils ont pu bénéficier de différentes mesures d'aide à l'intégration (formations professionnelles gratuites, soutien financier, sécurité sociale). D'autre part, ils sont surtout attachés à ce qu'ils ont fondé en Belgique. Tous y ont élevé leurs enfants et construit un réseau social ; ils se disent satisfaits de leurs vies sociale, familiale et professionnelle. Ce vécu n'est cependant pas aussi positif pour S5+S6 qui ont migré plus tardivement que la plupart des autres sujets.

5.2. Comment évolue leur perception du Chili durant leur exil ? Quels sentiments éprouvent-ils pour leur pays d'origine ?

La plupart des sentiments éprouvés par les réfugiés sont assez ambigus. Tous ressentent une forme de culpabilité vis-à-vis des Chiliens et de leurs familles restées au pays. Mais ils soulignent que, s'ils n'ont plus dû subir directement la dictature pendant ces années, leur exil n'était pas facile à endurer pour autant. Chez deux sujets, un sentiment de culpabilité lié à l'éclatement familial est particulièrement prégnant : pour S3, il tient au fait d'avoir privé ses enfants de grands-parents ; pour S4, au fait d'avoir dû laisser son fils.

Nous avons relevé, pour l'ensemble des exilés rencontrés, la tenue d'un discours évolutif quant à leurs sentiments pour leur pays d'origine. Dans la première phase de l'exil, avant le premier retour, il semble que le phénomène d'idéalisation du Chili perdure avec force. Après les premiers retours occasionnels, suivant souvent une longue période sans retour, cette idéalisation semble moins marquée chez certains. De même, nous avons pu observer un possible refus inconscient de la réalité. En effet, même si les sujets disent avoir parfaitement connaissance de ce qui se déroulait au Chili, ils reconnaissent qu'ils ne parvenaient pas à y croire. La distance et la durée de l'exil ont amplifié cette forme d'idéalisation avec refus de la réalité. Nous pouvons considérer ce mode de fonctionnement comme une forme de mécanisme de défense : il n'était pas soutenable pour eux de penser que la vie de leurs proches était tolérable (le récit de S8 est très représentatif de ce phénomène). Progressivement, après les premiers retours, l'idéalisation fait place à une conscientisation de la réalité (évolution des mentalités des Chiliens, dégradation du système de soins et de sécurité sociale, disparition de la classe moyenne, restriction de l'accès au savoir, à la culture, à l'information, anéantissement de la lutte politique et sociale). Cette prise de conscience engendre chez certains sujets de la déception, parfois très importante, vis-à-vis de leur pays d'origine, notamment envers la justice (impunité des tortionnaires, insuffisance de reconnaissance du statut de victime avec absence - ou presque - de dédommagement et réparation, absence de jugement de Pinochet).

5.3. Le choix de la nationalité (unique ou double) est-il lié au sentiment d'appartenance au(x) pays concerné(s) ?

Cinq sujets possèdent la double nationalité belge et chilienne (S2, S4, S5+S6, S8), S7 a choisi de prendre la nationalité belge, S3 de conserver uniquement sa nationalité chilienne et S1 a été déchu de la sienne par le régime de Pinochet. Ces exilés ne revendiquent pas tous une double appartenance et ce sentiment n'est pas systématiquement lié au choix de nationalité(s). Trois revendiquent prioritairement leur identité chilienne, sans pour autant se sentir étrangers à la Belgique, et présentent des états civils différents : S1 (déchu), S3 (Chilien) et S7 (Belge). Les autres sont plus ambigus et partagés entre deux sentiments d'appartenance que pourrait d'ailleurs traduire leur double nationalité. Ils disent en effet se sentir à la fois Chiliens et Belges sans réellement hiérarchiser ces identités. La plupart estiment les avoir « mélangées » pour s'en « créer » une singulière et personnelle. Pour ce faire, ils ont fait preuve d'une importante capacité d'adaptation.

5.4. Quels sont les choix posés par les exilés quant à un retour éventuel au Chili ? Quelles en sont les motivations ?

Seul S7 émet le souhait d'un retour définitif au Chili. A l'inverse, S1, s'estimant trop âgé, souhaite finir ses jours en Belgique. Sans exclure d'éventuels retours occasionnels au Chili, les six autres exilés rencontrés ont également décidé de rester vivre, au moins partiellement, en Belgique. Ils disent y avoir finalement vécu plus longuement qu'au Chili et ne souhaitent aucunement imposer à leur famille un exil ou une séparation comme ceux qu'ils ont eux-mêmes endurés quarante ans auparavant. La rupture totale avec leur pays d'origine n'est toutefois envisagée par aucun des sujets qui poursuivent tous un objectif de préservation des liens avec leurs racines et envisagent, dès lors, de continuer à retourner régulièrement au Chili. La plupart ont donc fait le choix de ne pas choisir et de s'installer dans une forme d'*entre-deux*. Deux ont déjà mis en œuvre cette modalité de vie. Pour S7, elle est temporaire : son projet professionnel l'amène à retourner régulièrement au Chili et il attend le moment de la retraite pour s'y réinstaller définitivement. Pour S2, elle est davantage pérenne : il vit déjà cinq mois par an au Chili, où il a acquis une résidence secondaire, et le reste du temps en Belgique. Pour les autres, les projets d'avenir ne sont pas encore concrètement définis. Les freins principaux en sont le manque de moyens financiers ou les divergences d'opinions entre conjoints et la difficulté de trouver un compromis (c'est notamment le cas pour S5, qui souhaiterait passer plus de temps au Chili et S6, qui préférerait ne plus y retourner à nouveau, ou pour S8 qui vit une situation similaire avec son époux).

Si tous ont fait le choix de conserver des liens avec leurs deux pays, la plupart soulignent qu'en cas de maladie, ils resteront vivre en Belgique pour la sécurité que leur offre le système de soins de santé.

Tous confirment que l'approche de la retraite a été un moment décisif dans leur parcours et dans leurs choix, un moment compliqué de remise en question profonde. La perspective d'avoir du temps libre, tout en voyant se réduire son temps de vie, leur a fait prendre conscience que le retour, parfois fortement idéalisé, devait se faire rapidement ou qu'il resterait définitivement un rêve inaccompli. Il leur était nécessaire de (re)trouver un sens à leur vie. Leur attachement fort à leurs deux pays s'est traduit par un dilemme difficile qui a généralement été *résolu* par le choix de l'*entre-deux*. La satisfaction liée aux relations sociales harmonieuses qu'ils ont nouées en Belgique et, surtout, la présence de leur famille, sont les principaux facteurs ayant influencé leur choix de ne pas la quitter définitivement.

5.5. Quels facteurs sociaux et stratégies personnelles contribuent au processus de résilience des sujets ? La résilience influence-t-elle le choix de (non)retour au pays ?

L'accueil favorable dont ils ont bénéficié à leur arrivée semble avoir aidé six de ces exilés chiliens à se reconstruire en Belgique et à gérer les deuils réels ou symboliques auxquels ils étaient confrontés. Les témoignages de S5+S6, qui ne se sont pas sentis aussi soutenus après leur exil, montrent en revanche que la souffrance liée à cette migration contrainte et la tristesse qui en découle sont toujours très prégnantes.

Tous les sujets rencontrés se sont montrés intensément actifs dès leur arrivée et ont continué à l'être : ils se sont formés et ont cherché un emploi pour s'insérer dans la société belge. Ils se sont également investis dans le milieu associatif, ce qui leur a permis de tisser un réseau social gratifiant. Ils ont continué à mener leur combat politique pour le Chili et à défendre leurs idéaux démocratiques. Il est très probable que ces individus, engagés au point de risquer leur propre vie, soient caractérisés par une personnalité forte, volontaire et très dynamique, autant de facteurs qui auront contribué à l'issue positive de leur processus de résilience. En revanche, le sentiment d'échec idéologique qui ne s'estompe pas, et la souffrance ravivée après les premiers retours au Chili sont des facteurs ayant entravé ou ralenti ce processus.

Il est difficile de statuer sur l'influence de leur résilience sur leur volonté de rester dans leur pays d'accueil tout en continuant à envisager des retours épisodiques au Chili. Au travers des différents récits analysés, nous avons toutefois constaté une forme d'apaisement quant à l'*entre-deux* choisi pour surmonter le déchirement affectif entre les deux pays. L'exil a entretenu le manque du pays que l'approche de la retraite a ravivé, mais il semble aussi avoir apporté aux réfugiés une forme de sérénité qu'ils ont atteinte grâce à leur intégration réussie dans la société d'accueil. La capacité de résilience de ces exilés de longue durée leur a finalement permis de s'accorder le droit d'y vivre heureux.

Conclusion : l'*entre-deux* comme reflet d'une double appartenance ?

Les huit exilés chiliens rencontrés représentent bien la population de réfugiés pour cause de persécutions politico-idéologiques. Comme d'autres, ils ont enduré le traumatisme de cette migration contrainte, les sentiments de perte et les difficultés émotionnelles qui y sont liés, les séparations familiales brutales et de longue durée (Rousseau, Mekki-Berrada & Moreau, 2001). Selon Chauvenet, Despret et Lemaire (1996), l'exil est associé à un ensemble de *pertes*. La première, celle du combat mené, est particulièrement manifeste chez les réfugiés chiliens qui ne l'ont toutefois pas tous conscientisée dès leur arrivée en Belgique. Certains ne la réaliseront que par la durée de l'éloignement ou après un premier retour décevant au pays. Plusieurs sujets témoignent également d'une perte des rôles sociaux soulignée dans la littérature : sans reconnaissance de leurs formations et de leurs diplômes, ils ont dû surmonter cette difficulté, parfois en abandonnant leur vocation première, pour s'intégrer efficacement. Les Chiliens de Belgique ne sont d'ailleurs pas restés en latence. Ils se sont rapidement investis dans leur « vie d'ici », ont (re)construit ce qu'ils avaient perdu au Chili et fondé leurs familles. Pour des individus particulièrement engagés au plan politique, la perte de citoyenneté (droit de vote, nationalité) est également la cause d'une douleur profonde et ravive un sentiment d'abandon et d'injustice, sans doute le plus caractéristique de leur vécu psychosocial. Ils n'ont jamais accepté l'impunité pour les actes inhumains qui ont été commis. Toutefois, aucun sujet ne s'identifie lui-même en tant que victime durant les témoignages qu'ils nous ont livrés. On peut sans doute voir là la conséquence de ce que Cornejo, Brackelaire et Mendoza (2009) appellent la *privatisation du dommage* : le silence social sur les crimes commis empêche l'individu de se reconnaître en tant que victime.

Le questionnement quant au retour au pays est singulier pour ces sujets. L'exil aurait dû prendre fin lorsque les conditions qui l'ont engendré ont cessé. L'exil chilien a été particulièrement long et, après tant d'années, la décision de repartir n'est plus du tout évidente. Si l'attachement au Chili est resté très important chez les exilés rencontrés, notamment grâce à l'engagement politique dont ils avaient fait preuve et qui les anime souvent encore, ils se sentent également attachés à leur société d'accueil. La décision d'un retour définitif, signifiant l'abandon du pays dans lequel ils ont construit la plus large partie de leur vie, est dès lors quasiment absente des choix qu'ils ont posés. Celui de l'*entre-deux* leur apparaît dès lors comme la seule stratégie envisageable, selon des modalités variables (retours épisodiques, seconde résidence…). L'ancrage familial et les habitudes de vies sont d'ailleurs les principaux facteurs expliquant ce choix qui reflète bien l'affaiblissement de l'écho du retour. D'ailleurs, tels qu'envisagées par les exilés rencontrés, les modalités de retour, même épisodiques, peuvent être associées à trois des formes définies par Gaillard (1997) : *nostalgique* (S2, S3, S4 et S5), *pis-aller* (S6 et S8) et *idéologique* (S7). Aucun ne peut être associé à un retour de forme *stratégique* dont l'exécution aurait été préparée de longue date.

Si l'*entre-deux* représente la « moins mauvaise » alternative selon les discours des sujets, on ne peut pour autant pas caractériser leur situation de *double marginalité* telle que définie par Témime, Bolzman, Fibbi et Guillon (2001) : on ne relève en effet pas d'indice de mise à l'écart nette de la société d'accueil ou du pays d'origine ou, en tout cas, pas des deux simultanément. Ils constituent d'ailleurs bien un groupe en diaspora, intégrés mais pas assimilés à la société de résidence, la plupart revendiquant d'ailleurs la reconnaissance de leur double appartenance qui leur permettrait de s'impliquer dans la vie politique et citoyenne *d'ici et de là-bas* (Tarrius, cité par Bolzman, 2002).

L'exil a des conséquences psychosociales communes à l'ensemble des individus qui ont à le connaître et qu'il convient de prendre en considération. Pour les réfugiés politiques, il apparaît que la reconnaissance sociétale de leur situation singulière renforce considérablement leur intégration et leur permet, en préservant un sentiment d'utilité, de surmonter les traumatismes et les pertes endurés et de se reconstruire au plan psychologique. Nos résultats, contrastés selon que les exilés se sont sentis accueillis et soutenus ou non à leur arrivée, montrent l'impact important que peuvent avoir les actions des états, des sociétés civiles et des citoyens sur les capacités des réfugiés à s'intégrer et à surmonter les souffrances de l'exil.

Références bibliographiques

Barudy, J., Páez, D., Martens J. (1982). La reconstrucción del si mismo traumatizado por la tortura. El proceso terapéutico. En Grupo Colat. *Psicopatología de la tortura y el exilio.* Madrid, España : Editorial Fundamentos.

Barudy, J., Serrano, J., Martens J., Duran, E., Jiménez, R. (1982). El mundo del exiliado político latinoamericano. In Grupo Colat. *Psicopatología de la tortura y el exilio.* Madrid, España : Editorial Fundamentos.

Bolzman, C. (2002). De l'exil à la diaspora : l'exemple de la migration chilienne. *Autrepart*, *2* (22), 91-107.

Chauvenet, A., Despret, V., Lemaire, J.-M. (1996). *Clinique de la reconstruction : une expérience avec des réfugiés en ex-Yougoslavie.* Paris, France : L'Harmattan.

Cieters, Y. (2004). Les Chiliens, avant-garde de l'immigration latino-américaine en Belgique. Dans A. Morelli (Ed.). *Histoire des étrangers et de l'immigration en Belgique de la préhistoire à nos jours.* Bruxelles, Belgique : Couleur livres.

Cornejo, M., Brackelaire J.-L., Mendoza F. (2009). Des chaînes du silence à la chaîne de l'écoute. Une recherche à partir des récits des professionnels de la Commission Nationale sur l'Emprisonnement Politique et la Torture au Chili. *Cahiers de psychologie clinique*, *1*(32), 203-231.

Cuadros Garlan, D. (2003). Formation et reformulation d'une cause. Le cas des droits de l'homme au Chili, de la dictature à la politique de réconciliation nationale. *Politix*, *16*(62), 165-190.

Domínguez, R., Salamovich, S. (1986). Proceso psicológico del exilio: una respuesta psicoterapéutica. In Fundación de Ayuda Social de las Iglesias Cristianas. *Exilio 1986-1978.* Santiago de Chile : Amerinda.

Gaillard, A.-M. (1997). *Exils et retours. Itinéraires chiliens.* Paris, France : L'Harmattan.

Gaillard, A.-M. (1999). La dimension idéologique dans le retour d'exil : les Chiliens réfugiés en France. Dans V. Lassailly-Jacob, J.-Y. Marchal, A. Quesnel (Eds). *Déplacés et réfugiés : la mobilité sous contrainte.* Paris, France : IRD.

Hurtado-Beca, C. (1991). Le deuxième exil : le retour au pays. *Hermès, La Revue*, *1*(10), 251-261.

Jacques, A. (1985). *Les déracinés : réfugiés et migrants dans le monde*. Paris, France : La Découverte.

Jedlicki, F. (2007). Les retours des enfants de l'exil chilien. L'empreinte du politique dans les parcours d'insertion. Dans V. Petit (Ed.). *Migrations internationales de retour et pays d'origine*. Paris, France : CEDEP.

Maldavsky, J. (2005). Le linge sale de la dictature chilienne. *Le Monde diplomatique*, « Torture d'hier, torture d'aujourd'hui ».

Páez, D. (1998). La diaspora chilienne et la mémoire collective de Santiago (1970-1973). Dans J. Magasich-Airola & M. Ossandon (Eds). Actes du colloque *Chili, Pays Laboratoire*. Bruxelles, Belgique : Maison de l'Amérique latine.

Rousseau, C., Mekki-Berrada, A., Moreau, S. (2001). Trauma and extended separation from family among Latin American and African refugees in Montreal. *Psychiatry*, *64*(1), 40-59.

Temime, E., Bolzman, C., Fibbi R., Guillon, M. (2001). Vieillir en immigration. *Revue européenne des migrations internationales*, *17*(1), 37-54.

Vasquez, A. (1987). Les avatars de l'identité culturelle étudiée chez les exilés politiques. *L'homme et la société*, *83*, 28-40.

Chapitre 4

Diaspora vietnamienne en Belgique francophone : trajectoires, intégration et transmission culturelle

Marielle Bruyninckx, Dimitri Cauchie & Guillaume Tribout

1. Introduction à la problématique

A partir de 1975, en raison de la guerre du Vietnam, de la montée en puissance des communistes et de la chute de Saigon, de nombreux Vietnamiens doivent fuir leur pays en bateau, dans des conditions migratoires inhumaines. Jusqu'en 1995, près de 800 000 *boat people* trouvent ainsi refuge à l'étranger, essentiellement aux États-Unis, au Canada et en Australie, mais aussi dans divers pays européens (Barbieri, 2000). En effet, sans doute en raison d'un certain attachement à la langue française et à la culture qui y est associée induit par l'histoire coloniale, certains réfugiés préfèrent s'installer dans un pays francophone comme la France ou la Belgique.

L'établissement de la diaspora vietnamienne en Belgique francophone débute en réalité dans les années 60 avec l'arrivée d'étudiants migrant pour réaliser des études supérieures. La rupture des relations diplomatiques entre la France et le gouvernement de Saigon avait engendré une réorientation des choix de lieux d'études vers d'autres pays francophones (Cao Duc, 2007). La Belgique va dès lors accueillir sa première vague d'étudiants vietnamiens, issus de familles financièrement aisées et qui envisageaient généralement de retourner au Vietnam, une fois leur diplôme obtenu, afin de contribuer au développement économique de leur pays. Toutefois, dès 1975, en raison des troubles politiques liés à la guerre (Xuân Quang, 2000), beaucoup d'entre eux n'y seront plus autorisés. Ils sont dès lors contraints de s'installer en Europe où leur intégration ne pose pas de problème. Grâce à la législation belge permettant le regroupement familial des immigrés, ils font venir leurs familles qui s'installent à leur tour dans le pays d'accueil. Par la suite, les vagues migratoires d'exilés vietnamiens fuyant, dans des conditions très extrêmes les troubles politiques graves liés à la chute de Saigon, ont marqué les esprits de nombreux Belges qui, à l'époque, s'investissent intensivement pour favoriser au mieux l'accueil et l'installation de ces nouveaux réfugiés. A cette époque, plus de 2 000 réfugiés politiques vietnamiens sont accueillis en Belgique (Quach, 2015).

La plupart des recherches consacrées à la diaspora vietnamienne dans la littérature scientifique européenne ont été menées en France, où la communauté est plus importante. On y recense en effet la présence de groupes significatifs - environ 300 000 membres (Vigne, 2012), probablement à cause de l'histoire partagée de ces deux pays. En revanche, peu de recherches ont été réalisées en

Belgique où l'immigration a été, certes moins intensive, mais néanmoins relativement importante (Ghequière, 1996 ; Huu Khoa, 1996). Aujourd'hui, environ 12 000 personnes d'origine vietnamienne vivraient dans le pays (Quach, 2015). Peu d'études ont été publiées sur cette communauté vietnamienne de Belgique ou se sont penchées sur leur intégration.

2. Recherche : intégration et transmission culturelle familiale des Vietnamiens de Belgique

Au vu du faible nombre de publications recensées dans la littérature à propos de la situation des Vietnamiens en Belgique, nous avons mené une recherche de type exploratoire qualitative avec dix migrants nés au Vietnam. Afin de compléter les références disponibles sur les autres communautés vietnamiennes dans le monde, nous avons cherché à investiguer le profil transgénérationnel de la diaspora installée en Belgique depuis de nombreuses années. Nous avons choisi de travailler principalement avec des sujets de deuxième génération, ce qui nous a également permis de recueillir des données quant aux première et troisième générations (leurs parents et leurs enfants). Pour des raisons évidentes, nous avons exclu de notre échantillon les enfants d'origine vietnamienne adoptés par des familles belges qui sont très nombreux dans le pays.

Nous avons cherché à comprendre leur parcours migratoire, les modalités de leur intégration en Belgique et celles de la transmission culturelle familiale qui s'est opérée.

Les questions qui ont guidé notre recherche sont les suivantes : quels ont été les différents parcours migratoires de la diaspora vietnamienne en Belgique ? Quel a été le parcours éducatif de ces migrants depuis leur installation en Belgique ? Quelles ont été leurs opportunités d'insertion professionnelle ? Font-ils partie d'un réseau associatif et quelle est l'importance de celui-ci ? Veulent-ils rentrer définitivement au Vietnam ? Apprécient-ils de s'y rendre pour des vacances ? La cohésion familiale résiste-t-elle à l'exil ? Comment les parents envisagent-ils la transmission de leur culture à leurs enfants ? Le vietnamien continue-t-il à être parlé en plus du français?

Un questionnaire anamnestique nous a permis de recueillir des données d'identification et des informations sur le parcours de vie de ces migrants. En procédant à des entretiens semi-dirigés, nous avons pu recueillir des données sur différentes thématiques, tout en respectant la dimension interpersonnelle de la communication. En suscitant la parole spontanée du sujet sur un ensemble de thèmes, fixés à l'avance et consignés dans un guide, l'entretien semi-directif, par la souplesse qu'il garantit à l'échange, permet au chercheur d'orienter la récolte des données de manière naturelle et avec considération pour les propos qui lui sont adressés. Il permet de recueillir, notamment, des représentations culturelles, sans trop en contraindre l'expression.

En recourant donc à une méthodologie centrée sur des études de cas, nous avons pu aborder de manière humaine la recherche du sens associé à l'intégration de cette communauté et approcher avec respect un questionnement relevant de la sphère intime des familles.

3. Caractéristiques des migrants vietnamiens rencontrés

L'échantillon avec lequel nous avons travaillé est composé de 10 sujets (8 hommes et 2 femmes), Vietnamiens de la deuxième génération, résidant en Belgique francophone dans des zones géographiques variées. A l'exception de S10 qui est né en Belgique, tous sont nés au Vietnam de parents vietnamiens émigrés en Belgique. L'âge de nos sujets varie entre 29 et 54 ans avec une moyenne de 42,7 ans.

Tableau 1 : principales caractéristiques de l'échantillon

Sujet	Sexe	Âge	Statut	Enfants	Études	Emploi
1	H	30	Mariage	2	Master	Employé
2	H	52	Mariage	2	Master	Interprète
3	H	35	Mariage	2	Bachelier	Kinésithérapeute
4	H	29	Célibat	-	Bachelier	Sans emploi
5	H	54	Mariage	2	Master	Dentiste
6	H	53	Mariage	1	Secondaire	Ouvrier
7	H	46	Mariage	2	Secondaire	Restaurateur
8	F	46	Célibat	-	Secondaire	Employé
9	F	43	Mariage	2	Secondaire	Restaurateur
10	H	33	Célibat	-	Master	Chercheur

Comme on peut le voir dans le tableau 1, tous les sujets ont obtenu un diplôme, soit d'enseignement secondaire (4/10), soit de niveau postsecondaire (6/10) ; tous sont insérés professionnellement (sauf S4). Quatre sujets ont contracté un mariage mixte, trois un mariage endogame et deux sont célibataires. Tous les sujets mariés ont des enfants. Neuf de nos sujets (S1, S2, S3, S4, S5, S6, S7, S8 et S9) appartiennent à la deuxième génération de migrants vietnamiens et le dixième (S10) à la troisième.

4. Trajectoires migratoires : données anamnestiques

Comme le montrent les données du tableau 2, les parents de nos sujets ont immigré pour différentes raisons : ceux de S2 et S10 ont quitté leur pays d'origine dans les années 60 pour acquérir un haut niveau d'éducation ; les autres ont immigré après 1975 suite à des conflits politiques et/ou des difficultés économiques. Les enfants de la deuxième génération ont généralement quitté le Vietnam en même temps que leurs parents (F1, F3, F4, F5, F6, F7, F8 et F9) ; la famille F2, quant à elle, a pu bénéficier de la législation belge sur le regroupement familial pour permettre aux enfants de rejoindre leurs parents après 1975. S10, lui, est né en Belgique et sa famille (F10) a également profité de ces lois pour réunir l'ensemble des générations : les parents de S10 ont, en effet, réussi à ramener leurs propres parents auprès d'eux en Belgique.

Tableau 2 : données anamnestiques

Famille	Arrivée en Belgique	Raisons de la migration
1	1982	Économiques
* 2	1975	Education
3	1982	Économiques
4	1980	Économiques
5	1976	Politiques
6	1984	Économiques
7	1982	Politiques
8	1982	Économiques
9	1983	Économiques
* 10	1970	Education

5. Parcours, intégration et transmission culturelle : points de vue recueillis lors des entretiens

5.1. Quels ont été les différents parcours migratoires de la diaspora vietnamienne en Belgique ?

Le contenu des entretiens confirme l'hétérogénéité des parcours migratoires qui caractérisent la diaspora vietnamienne en Belgique. Ces destinées s'articulent au regard des deux vagues d'immigration qui sont intervenues. Ainsi, dans les années 60, c'est la recherche d'une formation de haut niveau qui amène surtout les Vietnamiens, issus de familles aisées, à quitter leur pays pour la Belgique, choisie en raison de son caractère francophone et suite à la rupture des relations diplomatiques entre la France et le Vietnam. Ainsi, S2 et les parents de S10 (né en Belgique) sont venus à Bruxelles pour poursuivre des études universitaires mais n'ont pu repartir en raison des troubles politiques qui débuteront peu après. La majorité de nos sujets appartenant à la deuxième vague migratoire (6/8), celle des *boat people* fuyant les conditions extrêmes induites par les conflits, soulignent que le choix de la Belgique comme pays d'accueil ne s'est pas opéré par hasard et qu'il est, dans leurs cas, lié au fait qu'ils connaissaient quelqu'un qui y était déjà installé - soit un membre de leur famille soit un ami belge - et qui pouvait donc faciliter leur insertion à tous les niveaux : démarches administratives, recherche d'un logement et d'un emploi, conseils à propos de la scolarisation des enfants,… Un sujet (S3) nous a raconté que lui et sa famille avaient été recueillis, lors de leur dérive en mer, par un bateau belge et qu'ils avaient donc choisi, un peu comme un signe du destin, ce pays à qui ils devaient la vie. Un autre (S1) nous a confié qu'ils étaient arrivés un peu par hasard après avoir suivi les conseils d'un humanitaire belge alors qu'ils étaient dans un camp de réfugiés en Chine. La troisième famille semble avoir été *« choisie »* (sujet S6) par une délégation belge qui visitait le camp de réfugiés où ils se trouvaient au Cambodge.

Généralement, ces sujets de la deuxième vague d'immigration étaient issus de familles beaucoup plus modestes, moins éduquées et présentaient une employabilité directe moindre.

5.2. Quel a été le parcours éducatif de ces migrants depuis leur installation en Belgique ? Quelles ont été leurs opportunités d'insertion professionnelle ?

La plupart des parents de nos sujets sont arrivés en Belgique sans diplôme (S1, S3, S4, S5, S6, S7 et S9) contrairement à ceux de la première vague d'immigration (S2 et S10) venus pour en acquérir un. Il leur a donc fallu accepter des emplois non qualifiés pour survivre (femme de ménage, cuisinier…). Certains ont néanmoins entrepris de suivre des formations professionnelles leur permettant de trouver ensuite un travail dans le secteur formel ou d'ouvrir un restaurant afin d'améliorer le quotidien de leur famille. Tous nos sujets témoignent de l'investissement de leurs parents en matière d'éducation. Les principes confucianistes encouragent en effet chacun à acquérir des valeurs morales par l'instruction et amènent les Vietnamiens à afficher un grand respect pour les études. Globalement, tous ont ainsi été encouragés à poursuivre des études et à obtenir des diplômes mieux valorisables sur le marché de l'emploi. La réussite scolaire constitue un moyen de s'intégrer dans le pays d'accueil et d'y réussir une nouvelle vie. En ce sens, il faut aussi souligner que la responsabilité personnelle est perçue comme essentielle. Selon les principes de la philosophie taoïste, chaque être humain est effectivement responsable de son bonheur comme de son malheur. C'est ce que l'éducation parentale cherche à faire passer comme message auprès des jeunes qui ressentent dès lors l'obligation de fonctionner dans un système au sein duquel les règles et traditions visent à perturber le moins possible l'équilibre de la vie. Notons cependant que les parents reconnaissent avoir été obligés d'adopter graduellement un style éducatif moins directif en raison des valeurs privilégiées dans la société d'accueil. La construction identitaire de ces jeunes se déroule effectivement dans un contexte culturel hybride qui impose aux parents la recherche d'un compromis éducatif acceptable et pragmatique. Il s'agit de permettre aux enfants de s'intégrer socialement et professionnellement mais aussi de conserver, au moins en partie, l'héritage culturel de leurs ancêtres. La recherche d'équilibre sera ici aussi favorisée en invitant cette dernière génération à s'adapter aux circonstances de vie : on ne se comporte pas en présence de la famille et des grands-parents comme on le fait à l'école ou avec les amis.

5.3. Font-ils partie d'un réseau associatif et quelle est l'importance de celui-ci ?

Nos sujets confirment que la communauté ne se caractérise pas par une concentration géographique à un endroit particulier ou dans une ville spécifique au contraire de ce que l'on peut observer aux Etats-Unis par exemple, où la cohésion interne de la communauté est bien plus forte, ou encore en France où il existe de véritables centres névralgiques *vietnamiens*, comme dans certains arrondissements parisiens.

En raison de leur présence plus réduite en Belgique, mais aussi plus dispersée, les contacts entre Vietnamiens y sont donc nettement moins fréquents. Ceci a renforcé la volonté de nos sujets, comme ils en témoignent, de s'intégrer le mieux possible dans leur pays d'accueil et d'entretenir de bonnes relations avec les autochtones. En général, ils ont d'ailleurs peu de contacts avec le monde associatif vietnamien et s'engagent de manière limitée dans le développement communautaire. Une des raisons avancées par nos sujets est l'investissement intensif dans leur pratique professionnelle qui ne leur laisse pas beaucoup de temps libre. Plusieurs nous ont également rappelé que leur réseau amical était aussi composé de Belges avec qui ils avaient été scolarisés. Globalement, nous pouvons dire que les familles ont préféré viser leur intégration dans un projet de vie plus définitif et ont d'ailleurs aujourd'hui le sentiment de « se fondre » parfaitement dans la société civile belge. Au niveau de la troisième génération, les enfants se définissent comme *« Eurasiens »* et estiment ne plus avoir grand-chose en commun avec le Vietnam. Les mariages mixtes désirés sont d'ailleurs acceptés par les parents qui ne tentent en aucun cas de s'y opposer dans la mesure où ils constituent une suite logique à leur volonté d'intégration. Quand ils évoquent les relations amicales entretenues par la première génération (celle de leurs parents), les propos de nos sujets sont plus nuancés : la méconnaissance de la langue française aurait, en effet, poussé certains d'entre eux à surtout maintenir des liens amicaux avec des personnes issues de leur communauté d'origine même si des relations avec des autochtones ont souvent pu être établies, notamment dans le cadre de leur activité professionnelle.

5.4. Veulent-ils rentrer définitivement au Vietnam ? Apprécient-ils de s'y rendre pour des vacances ?

Même s'ils se sentent *« chez eux »* en Belgique, les voyages occasionnels au Vietnam pour les vacances sont appréciés par les individus des deuxième et troisième générations. En revanche, nombreux sont les membres de la première génération qui refusent toujours d'y retourner, en raison des souvenirs douloureux associés au pays (torture, camps de rééducation…). Notons que seul un sujet (S7) envisage de rentrer au Vietnam avec son épouse après sa mise à la retraite. Les autres préfèrent finir leur vie en Belgique où ils sont maintenant bien intégrés et où ils ont construit un réseau de relations qu'ils estiment satisfaisant. On retrouve également dans leurs propos le souhait de vivre en Belgique auprès de leurs enfants et petits-enfants. Ce phénomène est encore exacerbé dans le cas des sujets ayant contracté une union mixte.

Il sera néanmoins intéressant de se reposer cette question du retour au pays dans quelques années. En effet, des opportunités intéressantes sont aujourd'hui offertes par les grandes industries nationales et internationales aux jeunes membres de la diaspora qui sont nés et ont été formés à l'étranger et qui souhaiteraient venir contribuer au développement économique du pays. Au-delà de ces possibilités de carrière, il faut également souligner l'amélioration de la qualité de vie dans les grandes villes et la perspective d'un pouvoir d'achat élevé qui pourraient attiser les projets de retour (Barbieri, 2000 ; Le Courrier du Vietnam, 2012). L'idée de tenir un rôle d'intermédiaire entre leur pays d'origine et leur pays de naissance ou d'émigration pourrait également s'avérer séduisante pour certains, même si de faibles aptitudes linguistiques en vietnamien viennent le plus souvent compliquer ce type de projet de vie (cf. *infra*). Enfin, l'avènement d'internet, des réseaux sociaux et des sites web spécialisés contribue au renforcement des liens et aux échanges croissants entre les *Vietnamiens d'outre-mer* et ceux du pays (Hoang, 2010).

5.5. La cohésion familiale résiste-t-elle à l'exil ? Comment les parents envisagent-ils la transmission de leur culture à leurs enfants ?

Si des configurations complexes de vie communautaire ont longtemps prévalu (trois générations sous le même toit, par exemple), il semble que la structure familiale d'aujourd'hui se nucléarise. En Belgique, on observe également ce phénomène de nucléarisation mais les liens transgénérationnels restent très prégnants au sein des familles de notre échantillon, qui se réunissent régulièrement à l'occasion de fêtes ou d'événements familiaux. Les clans aiment ainsi se retrouver autour de grands repas où la cuisine du pays d'origine est mise à l'honneur et au cours desquels les grands-parents occupent une place privilégiée. Le confucianisme, très présent dans la société vietnamienne, engendre en effet un respect naturel de la hiérarchie familiale.

Cette tradition philosophique amène la famille à jouer un rôle primordial dans le maintien de la culture et constitue le socle du système social. Une attention toute particulière continue ainsi d'être portée par nos sujets à la transmission du culte des ancêtres qui partagent la vie de leurs descendants après leur mort : quasiment tous ont un autel qui leur est dédié à la maison (8/10) ; celui-ci symbolise les liens avec les parents et les origines, et lie d'une façon indissoluble les vivants et les morts d'un même clan. L'usage que nos sujets en font est cependant moins ritualisé que celui respecté par leurs parents mais il est encore de coutume de se recueillir devant cet endroit sacré, disposé au cœur de la maison, d'y faire brûler de l'encens, d'y allumer des bougies et d'y déposer des offrandes au moment de la date anniversaire d'un des ancêtres par exemple. L'exil et la rupture brutale avec le pays d'origine ont sans doute exacerbé le besoin de conserver cet héritage culturel qui constitue un repère rassurant pour les migrants de la première génération mais aussi le seul qu'ils aient pu emporter avec eux. Dès la deuxième génération, on observe cependant un intérêt plus marqué pour la culture occidentale et un certain désintérêt pour les traditions ancestrales. Ces orientations de vie semblent clairement s'accentuer encore avec la troisième génération dont les membres reconnaissent se sentir plus belges que vietnamiens. Cela dit, quand ils sont appelés à honorer leurs ancêtres de manière formelle et officielle, ils le font le plus respectueusement possible afin de satisfaire leurs parents et leurs grands-parents et ce, même si certains d'entre eux trouvent ces traditions un peu obsolètes et désuètes.

5.6. Le vietnamien continue-t-il à être parlé en plus du français ?

A l'exception des parents de S10 qui ont souhaité converser uniquement en français avec leurs enfants, les membres de la première génération sont tous restés essentiellement monolingues et ont continué à communiquer uniquement en vietnamien, même s'ils ont rapidement été capables de comprendre des conversations simples en français. La seconde génération, scolarisée en Belgique, a appris le français à l'école tout en continuant à avoir quotidiennement recours au vietnamien avec leurs parents qui ne pouvaient s'exprimer dans la langue du pays d'accueil. Nous pouvons donc considérer que cette deuxième génération est caractérisée par un bilinguisme fonctionnel dans lequel les deux langues sont respectivement parlées dans des conditions sociolinguistiques différentes (vietnamien à la maison et français à l'école). La troisième génération est totalement intégrée en Belgique et la plupart d'entre eux (notamment ceux qui sont engagés dans un mariage mixte) ne parlent plus le vietnamien. Le bilinguisme de la seconde génération peut ainsi être considéré comme un bilinguisme de transition entre deux générations quasi monolingues. Certains soulignent d'ailleurs des difficultés communicationnelles entre les première et troisième générations et ce, même si les petits-enfants sont toujours capables de comprendre leurs grands-parents.

Conclusion

L'intégration des familles vietnamiennes rencontrées semble très positive malgré des parcours migratoires sensiblement différents. Ces migrants montrent en effet de grandes capacités d'adaptation, probablement en lien avec des préceptes philosophiques (confucianisme et taoïsme), profondément ancrés dans leur culture d'origine.

Ces familles ont adopté des modes de fonctionnement adaptés qui les ont amenées à dépasser la rupture avec leur pays d'origine et à reconstruire une nouvelle vie dans leur pays d'accueil. L'influence des préceptes confucianistes les pousse également à faire en sorte d'obtenir des diplômes de niveau élevé et valorisables, et de s'intégrer au mieux, tant professionnellement que socialement. Leurs efforts sont, par ailleurs, largement soulignés par la société belge où la méritocratie est également appréciée, ce qui renforce leur estime de soi. Néanmoins, si cette volonté de rapprochement interculturel avec la société d'accueil a facilité l'intégration de ces migrants, elle a également joué un rôle négatif pour la cohésion interne de la communauté. Elle a favorisé un phénomène de déculturation et de perte linguistique chez nos sujets qui s'est accentué de génération en génération.

L'importance de l'attachement aux parents et du culte des ancêtres perdure chez tous les sujets de la première génération. La transmission transgénérationnelle de ces usages culturels ancestraux favorise la cohésion familiale et réduit les conflits de génération et ce, même si on peut observer un amoindrissement de l'intérêt qu'y portent les sujets de la deuxième génération, davantage impliqués dans la culture occidentale. Ces facteurs permettent toutefois aux familles de rester unies malgré les conditions difficiles de l'exil dans une société fonctionnant avec des valeurs différentes. Ils confortent également les sujets des trois générations dans l'importance de ne pas perdre totalement leurs racines.

Les familles issues de la deuxième vague migratoire apparaissent comme étant moins engagées dans le développement communautaire de la diaspora que celles de la première. Les conditions migratoires ainsi que le rang générationnel des sujets semblent donc être des facteurs influant sur l'investissement personnel dans un réseau diasporique dans le pays d'accueil et sur le maintien de liens avec le pays et la culture d'origine.

Cependant, l'adaptation au mode de vie du pays d'accueil est excellente et l'attitude éducative des parents constitue un facteur fondamental d'intégration. Avec les jeunes de la troisième génération, le style éducatif parental semble néanmoins désormais s'orienter vers une forme moins stricte, qui prend en compte les valeurs éducatives de la société européenne et qui laisse plus de place à la liberté d'expression individuelle.

Enfin, si nos résultats sont intéressants et conformes à l'image qu'on peut avoir de la communauté vietnamienne, nous pouvons néanmoins imaginer qu'un biais de désirabilité sociale caractérise le discours de certains sujets. Il serait dès lors intéressant de conduire une recherche de ce type avec les membres de la troisième génération qui pourraient se montrer moins conformes aux attentes culturelles de la communauté et faire dès lors usage d'une parole peut-être plus libérée.

Références bibliographiques

Barbieri, M. (2000). Les Vietnamiens à l'étranger. Dans P. Gubry. *Population et développement au Viêt-Nam.* Paris, France : Karthala.

Cao Duc, N. G. (2007). *Les dossiers du GM : La communauté vietnamienne au Canada.* En ligne : http://chimviet.free.fr/dantochoc/kieubao/ngcaoduc/gm57_Communaute Canada.pdf.

Courrier du Vietnam (2012). *Les hommes d'affaires d'outre-mer en quête d'opportunités d'investissement au Vietnam.* En ligne : http://lecourrier.vn/les-hommes-daffaires-doutre-mer-en-quete-dopportunites-dinvestissement-auvietnam/117217.html.

Ghequière, K. (1996). Adaptation divergente des sexes dans la communauté vietnamienne en Belgique : le cas des femmes chefs de famille. Dans J. Bisiliat (Ed.). *Femmes du Sud, chefs de familles*. Paris, France : Karthala.

Hoang, A.-N. (2010). Vietnam, diaspora et TIC, Regard sur une cyber-vietnamitée à l'ère de la globalisation. *Réseaux, 159.*

Huu Khoa, L. (1996). *L'immigration confucéenne en France. On s'exile toujours avec ses ancêtres. Essai de sociologie de l'exil.* Paris, France : L'Harmattan.

Quach, T. D. (2015). *Il y a 40 ans, les Boat people vietnamiens prenaient la mer.* En ligne : http://www.rtbf.be/info/monde/detail_il-y-a-40-ans-les-boat-people-vietnamiens-prenaient-la-mer?id=8968808.

Vigne, C. (2012). *Mobiliser les Vietnamiens de l'étranger. Enjeux, stratégies et effets d'un nationalisme transnational.* Bangkok, Thaïlande : IRASEC, Carnets de l'Institut de Recherche sur l'Asie du Sud-Est Contemporaine, 19.

Xuân Quang, B. (2000). *La troisième guerre d'Indochine, 1975-1999 : sécurité et géopolitique en Asie du Sud-Est.* Paris, France : L'Harmattan.

Chapitre 5

Identité, intégration culturelle et conflit. Une étude sur des populations chiliennes, argentines et boliviennes

Miriam Aparicio

1. Introduction. Approches théoriques et méthodologiques

Les recherches menées sont inscrites dans le domaine de la psychologie sociale et du développement national, et comportent des éléments de différentes théories psychologiques et, notamment, des théories liées à l'interculturalité.

Elles incorporent des éléments insérés dans divers cadres théoriques ; en Amérique latine sont remarquables les études de Heintz (1965, 1970) et Germani (1965). Trois théories ont été centrales : la théorie du conflit culturel (Thomas & Znanieki, 1918), la théorie de l'anomie (Durkheim, 1987 ; Merton ; 1936 ; Clinard, 1960) et la pré-théorie de l'inconsistance des statuts et leurs effets (Lensky, 1954 ; Hollingshead et *al*, 1954 ; Jackson, 1962, Benoit-Smullyan, 1969 ; Hollinshead & Redlich, 1954, parmi d'autres). On analyse - avec des données primaires - la relation entre crise d'identité, anomie, exclusion et conflits socio-culturels (notamment, associés au déracinent géographico-culturel) ; cette problématique est placée au centre des débats consacrés à la présence de réfugiés (immigrants) et aux politiques implantées par les divers gouvernements ; reviviscence de la xénophobie.

Pour observer les interrelations entre ces variables, nous avons retrouvé des résultats obtenus sur ces axes dans des recherches qui couvrent les dernières décennies et qui montrent qu'il n'existe pas de théorie générale applicable à tous les cas mais des théories *contextualisées* et qu'il n'existe pas de résultats linéaires mais des effets tant *positifs* - effacés par la naturalisation - que *négatifs*. Dans notre perspective, ces résultats réunissent trois niveaux : le sujet (niveau micro), le plan méso culturel-organisationnel et le plan macro-économique et structural dans un jeu auto entretenu (Aparicio 2015a, 2015b).

D'autres théories ont été aussi considérées : celle du découragement acquis (Feather & Devenport, 1982) ; la théorie de l'Optimisme/Fatalisme (Seligman, 1991) ; celle des *n-ach* (*need-achievement* / besoins d'accomplissement (Mc Clleland, 1961) et d'autres courants de psychologie sociale s'intéressant aux situations de mobilité géographique (immigration), de déracinement, de conflit et d'anomie, courants qui supposent le rapprochement des sujets appartenant à différentes cultures (Aparicio, 2014a, 2014b, 2014c, 2015a, 2015b). En ce moment, Aparicio conclut sa théorie psychosociale de l'interculturalité.

2. Les recherches menées

Le référent empirique comprend deux études principales et d'autres périphériques, menées au cours des dernières décennies à Mendoza, Argentine.

Cette durée a donné la possibilité de recueillir des informations sur l'évolution des conflits socioculturels et leurs conséquences, sur les variations dans les niveaux d'apathie sociale et sur la détérioration de l'identité, syndrome lié à l'inconsistance des statuts, citée ci-dessus.

Tous constituent des problèmes sérieux au niveau psychosocial et interculturel ainsi que sur les plans social et macro-économique.

Sur la base de différents axes complémentaires, et en travaillant principalement avec 3 variables - l'anomie, le déracinement et la crise d'identité - nos études révèlent la présence de caractéristiques communes, augmentées dans le cas de l'Argentine.

Malheureusement, les causes et les conséquences d'une telle augmentation n'ont pas été analysées de façon systématique. Au contraire, elles sont généralement cachées par des mécanismes de négation et/ou des solutions superficielles ayant un impact politique à court terme.

Nous avons essayé de dépasser les analyses synchroniques et transversales, à travers notre approche intégrative des trois (3) niveaux - macro, méso et micro - c'est-à-dire à la fois structurelle, institutionnelle et individuelle (cf. théorie systémique *sui generis* de l'auteure intitulée *The Theory of the Three-Dimensional Spiral of Sens* : Aparicio, 2015a, 2015b).

Du point de vue structurel-institutionnel d'une part, le sous-développement approfondit le fossé entre les objectifs de l'individu et les moyens institutionnalisés, déclenchant l'anomie ou des comportements écartés de la norme, qui deviennent un syndrome collectif. D'autre part, les énormes changements structurels connus par l'Argentine et la grande vague d'immigration reçue (d'Europe au siècle passé et des pays voisins, plus récemment), nous permettent de mettre à découvert et *en fonctionnement*, la rencontre des cultures et ses différents effets, liés à la situation structurelle du pays.

Du point de vue de l'individu, de grands changements au niveau national ont permis, dans un temps, une grande mobilité - l'Argentine était le pays pour *se faire l'Amérique* - suivie du passage à la sclérose (augmentation remarquable de la pauvreté dans la dernière décennie) et de l'anomie. Ces changements ont eu des effets négatifs sur le plan de l'individu et, plus précisément, psychosocial : frustration, délinquance, suicide, addictions, etc. Cependant ces manifestations, qui deviennent plus évidentes dans nos dernières études, ne sont pas *exclusives ou typiques* des immigrants, comme certaines manifestations et représentations associées à la xénophobie prétendent nous le montrer.

2. 1. Études centrales

Deux études de base ont été réalisées avec une méthodologie quantitative-qualitative. La seconde recherche centrale est accompagnée d'une recherche précédente et d'une autre, postérieure. Les quatre concernent les mêmes axes mais nous avons travaillé avec des populations différentes. Présentons-les succinctement.

2.1.1. Première étude de base : déracinement, inconsistance de statut, anomie et identité

La première recherche a été faite en 1978 (Aparicio & Pithod).

Le cadre théorique : l'Argentine a accueilli une énorme immigration aux débuts du XXème siècle. Le fait a été accompagné d'une haute mobilité ascendante, ce qui a produit une transformation profonde dans la structure socio-économique en quinze ans. Le phénomène, comme le montre notre littérature et les statistiques nationales, n'a pas seulement eu des facettes positives. D'autres effets se sont manifestés tels que l'inconsistance des statuts ethnico-éducatifs-professionnels (statuts d'origine ethniques bas, en général, accompagnés des statuts éducatifs relatifs plus hauts : Aparicio, 2003b). Cette inconsistance va se prolonger pendant les générations suivantes au point de laisser ses propres traces (Hollinsghead, Ellis & Kirb, 1954 ; Heintz, 1965 ; Burke, 1965 ; Benoit-Smullyan, 1969 ; Jackson, 1962 ; Lensky, 1954). Ladite inconsistance va se traduire en anomie (individuelle et collective) ainsi que dans d'autres variables, toutes associées au déracinement socioculturel (théorie du conflit culturel, Thomas & Znaniecki, 1918).

En effet, pendant les trois dernières décennies du siècle passé et vers 2001-2002, l'Argentine subira une grande crise macro sociale et économique. Trouver des données qui couvraient 3 générations dans la même lignée nous a permis d'observer le jeu entre les sujets et leurs contextes : des liens très différents par rapport à la mobilité dans des contextes qui l'ont favorisée alors que d'autres contextes ont mis des limites structurelles fortes aux possibilités de développement.

La méthodologie : a été quantitative et qualitative.

La population était constituée de 350 jeunes (152 hommes, 188 femmes) qui assistaient à la dernière année académique (école secondaire).

Les variables étaient au nombre de soixante-dix-sept (de base, psychosociales, socio-culturelles, idéologiques et structurelles). Notamment dans cette étude nous analysons les résultats obtenus qui lient la classe sociale, la mobilité économique (ascendante en général) et la nationalité (déracinement ou pas). Cette variable a dévoilé d'une part l'origine ethnique des ascendants immigrants qui ont constitué la première grande vague d'immigration européenne dans le siècle passé ; d'autre part la situation de déracinement vécu et ses conséquences.

Quant aux techniques de recueil, nous avons utilisé l'entretien, l'enquête semi-structurée avec phrases incomplètes et des échelles de personnalité. Pour le traitement, nous avons utilisé le *linkage analysis* (coefficient phi). Enfin, en ce qui concerne la procédure, les techniques ont été appliquées collectivement dans la salle de classe.

Les résultats : les tables de mobilité montrent bien l'abrupte mobilité économique connue par les grands-parents des jeunes (immigrants). Ceux-ci appartenaient globalement aux couches sociales les plus basses et plus basses que celles occupées par les couches traditionnelles des natifs argentins. De plus ils présentaient une haute *anomie* (selon notre littérature), associée au syndrome de déracinement socioculturel (abandon de leurs groupes d'appartenance/migration). L'ensemble de ces traits, selon nos résultats, auraient laissé des traces sur les générations suivantes. En effet, les jeunes descendants de grands-parents immigrants présentent un syndrome que nous avons appelé *syndrome de réalisation*, pour indiquer le contraire, c'est-à-dire, la présence d'un plus bas sentiment de réalisation (observé à travers les variables psychosociales) et d'une plus basse identification avec les valeurs nationales traditionnelles. La crise des jeunes émerge donc, associée à une problématique plus ample qui a ses racines dans le passé et qui a impacté l'identité nationale, liée à l'auto image (Heintz 1965).

Nous observons donc deux effets différents, les deux associés à la mobilité : le premier renvoie à la croissance économique abrupte ; l'autre à une certaine désintégration sociale subie par les immigrants et leur lignée. La socialisation émerge à la base du phénomène.

Soulignons donc que le *syndrome de réalisation* surgit associé à l'adaptation-réalisation des sujets mais aussi aux possibilités de développement national, effets positifs et négatifs ou pervers, dans les mots de Boudon (1977) (cf. Aparicio, 2001).

Arrêtons-nous un moment, nous reviendrons au final - lors de la présentation de la seconde recherche périphérique - sur le phénomène de l'inconsistance de statuts observée plus récemment et de signe inverse, associée à l'anomie et à la crise d'identité. Cela nous aidera à interpréter les résultats.

L'observation des transformations ou des changements intergénérationnels à partir de 3 axes - Éducation, Positionnement professionnel et Niveau socioéconomique - nous a permis de saisir certains traits structurels et leur impact sur le plan psychosocial (Aparicio, 1984 ; Germani 1965 ; Heintz 1965, 1970 ; McClelland 1961 ; Clinard 1960). Si, en suivant Heintz (1970, 67), nous définissons le sous-développement par la présence des *« ... attentes en augmentation ou des attentes de consommation largement écartées en relation avec le niveau de vie réel »*, émerge une nouvelle fois la tension anomique. En effet, les résultats nous montrent une brèche entre les buts et les moyens institutionnels pour aboutir à ceux-ci dans un cadre de changements asynchroniques (Aparicio, 1978-2006).

Ainsi : les politiques de développement et la structure ouverte de notre société, ont invité les individus à *la promotion sociale* et ce phénomène, avec le passage du temps (facteur temporalité), a eu des conséquences qu'on pourrait décrire en termes des déséquilibres structurels. Les plus jeunes, ayant atteint un plus haut niveau d'éducation que celui de leurs parents et grands-parents, ne peuvent pas trouver de place dans le monde du travail ni, non plus, obtenir un poste en accord avec le niveau de formation. L'inconsistance des statuts émerge clairement de nos jours, avec des conséquences sur le plan de l'identité (en crise) et de l'anomie.

2.1.2. Seconde recherche centrale : Déracinement, anomie et identité en trois groupes : Chiliens, Boliviens et Argentins

Esquissons la seconde recherche centrale dans laquelle nous abordons la problématique selon un angle complémentaire : la question de l'identité, d'une part - axe de l'agenda des medias à partir de la commémoration des 500 années de la découverte d'Amérique - et, d'autre part, l'anomie individuelle et collective.

À partir de l'hypothèse selon laquelle l'anomie se met en évidence dans des situations de conflit culturel et, de plus, ce conflit influerait sur l'identité, nous avons pris la décision de travailler avec trois groupes qui habitaient dans les zones marginales (ZEP) à Mendoza : un groupe d'étrangers - Boliviens et Chiliens - et un groupe d'Argentins. Nous ne parlons pas d'échantillon car la réponse était volontaire.

Nous ne travaillons pas avec les descendants d'étrangers européens mais avec deux groupes d'étrangers provenant de pays voisins de l'Argentine, tenant compte de la forte présence qu'ils ont dans cette province (Mendoza), et avec des Argentins qui habitaient dans les mêmes zones.

La recherche a été effectuée en deux étapes. Dans notre hypothèse, les deux populations partagent des scénarios similaires en matière d'anomie, d'inconsistance des statuts et de crise d'identité.

Les axes théoriques : nous renvoient aux théories citées.

La méthodologie : quantitative et qualitative.

La population : comme nous l'avons dit, trois groupes ont été étudiés : un groupe de Chiliens, un groupe de Boliviens - les deux ayant connu et subi le *choc* d'un changement culturel - et un groupe d'Argentins. Quant aux techniques, nous avons utilisé des enquêtes semi structurées et des entretiens. Finalement nous avons appliqué la validation *multi méthode.*

Les résultats : les variables qui constituent des indicateurs d'anomie et d'autres variables psychologiques révélées dans notre étude de 1978, ont ici atteint un niveau surprenant. Ce *syndrome de réalisation* (comme nous l'avons appelé) - typique des étrangers et de leurs descendants - est latent non seulement parmi les étrangers, mais aussi chez les Argentins qui n'ont pas subi le choc culturel (Aparicio, 2004d).

Les effets du conflit culturel atteignent donc des niveaux similaires chez les Argentins, les Chiliens et les Boliviens.

2. 2. Etudes périphériques

2.2.1. Anomie, déracinent et identité : une analyse dans les villes 'instables'

Le cadre général : la recherche a été effectuée dans les villes *non stables*, zones qui commencent à augmenter en ce moment, déterminées par la situation structurelle de l'Argentine, à un point tel que pour la première fois le gouvernement décide de réaliser un prélèvement des données à travers l'Institut national des statistiques (INDEC).

Le but était d'étudier la relation entre deux variables perçues dans le scénario macro social : l'anomie et l'inconsistance de statut. Ce dernier terme (*quasi* une pré-théorie), peut se définir par la différence assignée à un sujet ou à des groupes sociaux à différents niveaux : en général, le statut ethnique (origine ethno-sociale), le statut éducatif, très important en Argentine dans la mesure où l'université a été toujours nationale et gratuite et, de plus, la *grande attente des immigrants* est de voir leurs descendants munis d'un diplôme de docteur. Une phrase a cristallisé cette ambition : mon fils, *le docteur*, comme disaient les Italiens. Sans oublier le statut économique, associé à la mobilité connue sur le plan professionnel.

Quant à l'anomie, elle peut s'interpréter comme l'écart entre les moyens disponibles pour les gens et les possibilités de cristallisation de buts avec des effets sur le plan des comportements éloignés des normes en vigueur (Clinard, 1960). Nous avons fait déjà référence aux conséquences associées dans la littérature et dans nos propres études.

La méthodologie : il s'agit d'une étude descriptive-qualitative.

La population a été recueillie au hasard dans les zones marginales ou défavorisés (ZEP) ; des zones où l'isolement émerge fortement (participation volontaire).

Les techniques appliquées ont été quantitatives-descriptives et qualitatives : des enregistrements, des entretiens et des enquêtes semi-structurées avec des phrases ouvertes pour laisser parler les acteurs.

Les variables, évaluées au niveau quantitatif descriptif, ont été : le logement, la santé, la sécurité sociale, les services, la profession et l'éducation. Et aussi : les systèmes de croyances, les valeurs, les mythes, les attentes, le niveau de crédibilité politique, l'incertitude, l'existence ou non de projets de vie, parmi d'autres aspects (niveau qualitatif).

Les résultats : sur un plan macro, ils montrent des problèmes structurels et interculturels associés aux effets psychosociaux. Les réponses dévoilent un haut fatalisme, ce qui reflète les rares possibilités d'autoréalisation qui existaient dans ces zones et sous les contraintes structurelles de ce moment historique.

Sur le plan micro, ils montrent la présence d'une forte impuissance, insécurité, aliénation, incertitude, manque de projet de vie et solitude : variables et dimensions, toutes liées à l'anomie individuelle et collective.

L'utilisation de la méthode qualitative - la seule qu'on peut appliquer pour observer ces problématiques dans ces zones et sur le terrain - a révélé une haute crise d'identité et de manque de crédibilité ; et aussi, de désespoir et un fort découragement.

L'éducation et la politique - qui étaient traditionnellement en Argentine les canaux de la mobilité socio-professionnelle - sont perçues donc plus tard, seulement comme des *symboles de statuts*, et non pas comme moyens de réalisation de soi et de croissance collective.

2.2.2. Seconde recherche périphérique : anomie, identité, inconsistance des statuts des diplômés universitaires (1980-2014)

Le cadre général : l'étude est inscrite sur la ligne de recherche de l'auteur : trajectoires, identités, employabilité, conditions et effets. Les variables centrales analysées coïncident avec celles abordées dans les recherches antérieures.

Quelles ont été les raisons à la base de cette recherche ?

Sous l'angle du déterminisme historique de la crise économique en Argentine (2002), l'analyse a révélé que le poids des variables psychosociales en relation avec les facteurs socioculturels et structurels, devenait important ; une période marquée au feu par le sous-emploi structurel uni au manque de crédibilité dans les politiques (anomie). L'ensemble pourrait impacter la réussite des diplômés universitaires. La situation du pays offrait une occasion singulière pour expliquer et comprendre les mécanismes qui sont à la base des succès universitaire et professionnel en interaction, et observer le lien entre les niveaux macro et micro, le jeu entre contexte et sujet (Aparicio 2015a, 2015b).

L'échantillon, stratifié, est constitué de diplômés universitaires. L'hypothèse suivante nous a orientée : sous l'effet de la crise structurelle du pays, l'inconsistance de statut émergerait parmi les diplômés universitaires, mais avec le signe inverse : haut statut éducatif et bas statut professionnel, en tenant compte des limites qu'imposaient et qu'imposent encore (selon les derniers résultats) la situation économique et la conjoncture (internationale et nationale). Nous esquisserons les axes de cette recherche, qui continue jusqu'à ce jour, mais qui ne sera pas développée dans cet article car cela excèderait notre objectif (pour plus de détails, consulter les différentes publications afférentes couvrant plus de deux décennies : deux populations - diplômées depuis plus de 20 années - 18 filières de l'Universidad Nacional de Cuyo et 18 filières d'ingénieurs sortis de l'Universidad Tecnológica Nacional de Mendoza (voir variables abordées et résultats obtenus, Aparicio, 2003a, 2004a, 2004b, 2004c).

Le but était d'analyser les possibilités d'emploi pour les diplômés de deux universités dans les dernières décennies, tenant compte des changements structurels rapides et des exigences du nouveau système productif. De même, il s'agissait d'observer s'il émergeait des problèmes d'*inconsistance de statut*, de crise d'identité socio-professionnelle et leurs concomitants psychosociaux. Autrement dit : existait-il un écart entre la formation universitaire reçue et la position réelle sur le marché du travail ? Dans notre société, quelle dimension assumait la dévaluation des diplômes ? Quelles étaient les conséquences sur le plan professionnel et personnel ?

La méthodologie : l'échantillon est constitué de diplômés (N=516, UNCuyo et N=229, UTN) qui ont commencé leurs études à partir de 1980 dans les deux universités citées, et de chefs d'entreprises (N=25) qui recrutent la plupart de ces diplômés.

Les variables étaient au nombre de 151 : de base, psychosociales, institutionnelles et structurelles. Dans la dernière étape, nous avons incorporé au modèle des variables organisationnelles. À tout cela, il faut ajouter les dimensions qualitatives observées.

Quant aux outils, nous avons appliqué des techniques qualitatives et quantitatives : des enquêtes semi structurées, des entretiens avec des diplômés et des responsables d'organisations du monde du travail. Nous avons fait des analyses statistiques (bivariée et multivariée) et construit des catégories et sous-catégories à l'intérieur de chaque nœud qualitatif (node).

Enfin, concernant la procédure, comme les diplômés ne sont pas déjà dans le système, nous avons travaillé au domicile à partir du listing apporté par l'université (échantillon stratifié). La recherche comporte un travail énorme de terrain.

Les résultats : tout au fond, les résultats montrent bien, sous une autre lumière, la problématique de l'identité, anomie et inconsistance des statuts. Il faut dire que, pour observer cette inconsistance - présente dans notre hypothèse - nous avons abordé, d'une part l'insertion réelle des diplômés dans le monde du travail, la mobilité ascendante verticale et horizontale et le niveau socio-économique (réussite objective), et d'autre part la réussite subjective (satisfaction professionnelle).

Nos diplômés présentent un haut statut éducatif mais cela ne s'accompagne pas d'un haut niveau d'épanouissement et de développement dans les entreprises. L'inconsistance des statuts continue d'être présente. La situation structurelle impose des limites à la croissance personnelle, organisationnelle et macro en engendrant des effets négatifs sur des aspects divers et, notamment, sur le plan psychosocial (plan micro). On observe parmi les diplômés : une chute des attentes et du sens de l'effort, un haut fatalisme, une apathie généralisée, une basse motivation, une prédominance des styles attributionnels négatifs ainsi que d'autres conséquences de ce phénomène appelé *inconsistance de statuts* (Aparicio, 1996).

De plus, nous sommes arrivée à une certaine typologie des stratégies identitaires (Camilleri, 1985 ; Goffman, 1991 ; Dubar, 2000 ; Abdallah-Pretceille, 2001) qui dévoile les moyens mis en œuvre par les sujets pour échapper à la situation vécue, quand elle ne convient pas. En général, ils cherchent à changer de métier, à en trouver un autre plus en accord avec la formation. Quelques-uns essaient d'échapper aux syndromes tels que le burnout ou la dépression… Le mécontentement domine. La crise sociale émerge à travers la crise des identités jouant son jeu auto entretenu (Aparicio, 2015a, 2015b et autres publications à consulter sur le CV disponible au CONICET, Argentine).

Enfin, en ce qui concerne l'anomie, il existe un écart entre les attentes et les conditions d'exercice du métier, entre l'idéal conçu au moment de choisir les études universitaires et le poste obtenu avec très peu de possibilités de promotion sociale et professionnelle. La brèche persiste entre les moyens légitimés pour atteindre les buts et les opportunités pour y parvenir. L'incertitude domine le scénario, les projets de vie émergent très faiblement de la crise de crédibilité du système politique qui pourrait corriger certaines stratégies pour améliorer les conditions de travail et de vie des personnes ; des stratégies qui ne détruiraient pas l'identité des gens et sauvegarderaient celle des entreprises.

La recherche donc met en lumière la relation entre les trois variables citées : inconsistance, anomie et identités, toutes ébranlées.

Autrement dit, le manque de correspondance entre la structure socio-économique et la structure éducative (offre-demande) révèle l'état d'inconsistance (éducation-occupation), ainsi que l'anomie et une faible identité socio-professionnelle. Ceux qui ont obtenu leur diplôme dans les temps de *crise*, ont trouvé plus de difficultés pour l'insertion professionnelle et pour connaître la promotion (Aparicio, 2005, 2016). Un jeu entre sujets et système macro-social et culturel ?

Les résultats mettent à découvert un panorama du travail complexe. Les effets du manque de bonnes possibilités d'emploi dérivent dans un syndrome défini par l'apathie sociale, la démission et l'inconformisme *psychiatrique*, pour utiliser les mots de Heintz (1970).

En guise de conclusion

Deux études de base et deux études secondaires effectuées, apportent des résultats similaires sur l'anomie, la crise d'identité, et l'état d'incohérence révélant la persistance et/ou l'augmentation de certaines inclinations en Argentine et montrent une tendance à la sensibilisation dans le dernier temps.

Dans notre première étude centrale (1978), les descendants d'immigrants (des étudiants) ont présenté une crise d'identité plus élevée que les descendants d'Argentins d'origine. Cela a été interprété à partir de la théorie du conflit culturel (déracinement, Thomas & Znaniecki, 1974/1918). Ces ascendants, les immigrants, avaient subi *l'inconsistance de statuts* (bas statut ethnique, bas statut éducatif, plus haut statut occupationnel). Ils avaient réussi du point de vue économique mais pas toujours social. Et cette inconsistance, même si l'Argentine l'avait acceptée sans difficulté, a eu des effets à long terme sur le plan de l'identité et d'autres variables psychosociales. L'identité des Argentins, fruit d'un *mélange* (crisol) de "races", est encore faible.

La seconde étude centrale montre des résultats qui vont dans le sens du message véhiculé par les medias : les Argentins autochtones font face à une crise d'identité et d'anomie, notamment à cause du manque de crédibilité politique, unie à un fort étanchement socio-économique mais pas éducatif. L'inconsistance est présente une nouvelle fois. Le scénario influe en engendrant de l'incertitude face aux changements économiques, aux nouvelles demandes et à leurs limitations en matière de développement et de professionnalisation.

Dans les analyses qualitatives cette crise se montre plus profonde encore que parmi les Boliviens et Chiliens, qui souffrent ou ont subi le choc du changement de culture à la suite du déracinement et qui habitent dans les mêmes zones marginales.

Les résultats nous ont permis de mettre à l'épreuve quelques hypothèses présentes dans le cadre d'autres théories - construites dans d'autres espaces et temporalités - nous éloignant des *ismes* (déterminismes, hyper fonctionnalismes). Plutôt, ils nous invitent à repenser certaines théories à la lumière de nos référents empiriques pour éviter les extrapolations qui n'ont pas de sens, et de travailler pour l'élaboration de théories pertinentes et *situées*. Boudon (1977, 252) écrit : *« un paradigme n'est ni vrai ni faux, réaliste ou irréaliste. Mais il peut être plus ou moins adapté au phénomène à analyser »*. La relation sujet/contexte/sujet - axe de notre théorie - nous apparaît fondamentale pour pouvoir interpréter des données, en évitant les lectures linéaires.

Dans notre cas, le déracinement n'émerge pas toujours comme étant lié aux effets négatifs : en fait, les immigrants sont ceux qui ont permis la croissance de l'Argentine même si le déracinement a laissé une certaine trace de type psychosociale sur eux et sur leurs descendants.

De plus, les Argentins qui n'ont pas subi le déracinement, mais ceux qui ont été relégués dans une couche sociale appauvrie par diverses circonstances imbriquées, présentent des niveaux similaires en matière d'anomie à ceux des nouveaux immigrants latino-américains. Ce phénomène n'est pas toujours non plus associé aux comportements déviants, comme le prétendent aujourd'hui les États par rapport aux réfugiés, les nouveaux immigrants.

Références bibliographiques

Abdallah Pretceille, M. (2001). *La educación intercultural.* Barcelona, España : Books Ideas.

Aparicio, M. et *al.* (1978). Un estudio de personalidad, cultura y sociedad en adolescentes del Gran Mendoza. *Cuadernos del CIC*, *6*, 35-121.

Aparicio, M. (1981). *Subdesarrollo: situación y perspectiva desde una teoría psicosocial. Sociologica*, *6/7*, 3-47.

Aparicio, M. (1984). Educación, Ocupación y Desarrollo. Puesta a prueba de una hipótesis a través de una encuesta. *Cuadernos del CIC, 12*, 102-166.

Aparicio, M. (1996). Implicancias psicológicas en las respuestas juveniles ante diferentes perfiles de status. *Boletín Argentino de Psicología – BAP*, n° espécial, 51-55.

Aparicio, M. (2000a). Le chômage structural. Réponses psychosociales d'après deux 'patterns' d'inconsistance de statut. Dans B. Gangloff. *Satisfactions et souffrances dans le travail.* Paris, France : L'Harmattan, 7-15.

Aparicio, M. (2001). Identidad y "sindrome de realización". *La Psicología Social en México, 7*, 771-776.

Aparicio, M. (2003a). *Calidad y Universidad. Un estudio sobre graduados a la luz de un modelo multidimensional (1985-2002).* Mendoza, Argentina : Zeta.

Aparicio, M. (2003b). Subempleo, inconsistencia de status y efectos psicosociales disgregadores: Un estudio en graduados argentinos. Revista Internacional de Estudios en Educación, *3*(2), 123-135.

Aparicio, M. (2004a). Réussite, exclusion et logiques associées dans le système productif anticipé par le système éducatif. Une analyse à partir du modèle consommation-investissement. Dans A. Lancry A. & C. Lemoine (Eds). *Psychologie du Travail et Ressources Humaines.* Paris, France : L'Harmattan.

Aparicio, M. (2004b). La psychologie de sous-emploi structurel. Une étude dans des organisations à la lumière de modèles attributionnels. Dans A. Lancry & C. Lemoine (Eds). *Psychologie du Travail et Ressources Humaines.* Paris, France : L'Harmattan.

Aparicio, M. (2004c). El rol de las organizaciones y su relación con logro y satisfacción en universitarios. Un análisis desde el modelo "consumo-inversión". *Revista de Psicología Social y Personalidad, XX* (1), 1-22.

Aparicio, M. (2004d). Deux axes pour l'analyse de l'importance de la trace européenne en Amérique Latine, avec référence spéciale au cas argentin : population-stratification-immigration. Dans M. Aparicio (Ed.). *L'identité en Europe et sa trace dans le monde.* Paris, France : L'Harmattan.

Aparicio, M. (2007). Du niveau macro au niveau micro. *Habilitation à Diriger des Recherches en Sciences de l'éducation.* Université Paris X Nanterre, France.

Aparicio, M. (2009). *Les facteurs psychosociaux et la réussite universitaire et professionnelle.* Lille, France : Presses de l'ANRT.

Aparicio, M. (2012). Trajectoires universitaires/professionnelles et identité. Dans J. Clénet ; Ph. Maubant & D. Poisson (Eds). *Formations et professionnalisations : à l'épreuve de la complexité.* Paris, France : L'Harmattan.

Aparicio, M. (2013). *Interculturalidad en la Universidad.* Mendoza, Argentina : Zeta.

Aparicio, M. (2014a). Prefacio. Dans M. Aparicio (Ed.). *Interculturalidad en la Universidad.* Mendoza, Argentina. Zeta.

Aparicio, M. (2014b). Acerca de la cultura y las concepciones epistemológicas dominantes. In M. Aparicio (Ed.). *Interculturalidad en la Universidad.* Mendoza (Argentina) : Zeta.

Aparicio, M. (2014c). Del Multiculturalismo a la Multiculturalidad e Interculturalidad: Un Camino por Construir. Dans M. Aparicio (Ed.). *Interculturalidad en la Universidad,* 23-43. Mendoza, Argentina : Zeta.

Aparicio, M. (2015a). Towards a *sui generis* systemic theory: The Three-Dimensional Spiral of Sense. A Study in Argentina Applied to Identity and Professionalization (Article 1). *Asian Academic Research Journal of Social Sciences & Humanities (AARJSH), 2(8),* 246-282.

Aparicio, M. (2015b). The Theory of the Three-Dimensional Spiral of Sense: An Application with special Reference to Identity and Professionalization in other Disciplinary Areas (Article 2). *Asian Academic Research Journal of Social Sciences & Humanities (AARJSH), 2(8),* 194-245.

Aparicio, M. (2016). The Three Dimensional Spiral of Sense: a New Paradigm Systemic Applied a Six Areas Disciplinares and Two Axis : Identity and Professionalization. *European Journal of Interdisciplinary Studies (EJIS), 4*(1), 40-51.

Benoit-Smullyan, J. (1969). Status, Status Types and Status Interrelation-ships. *Amer. Sociol. Rev., 9,* 151-161.

Boudon, R. (1973). *L'inégalité des chances. La mobilité sociale dans les sociétés industrielles.* Paris, France : PUF.

Boudon, R. (1977). *Effets pervers et ordre social.* Paris, France : PUF.

Burke, P. (1965). Status and Symptoms of Stress. *Amer. Sociol. Rev., 30,* 554-564.

Camilleri, C. (1985). *Anthropologie culturelle et éducation.* Lausanne, Suisse, UNESCO : Délachaux & Niestlé.

Clinard, M. (1960). *Anomia y conducta desviada.* Buenos Aires, Argentina : Ateneo.

Dubar, C. (2000). *La socialisation.* Paris, France : Armand Colin.

Durkheim, E. (1897) [1951]. *Suicide: A Study in Sociology. New York, New York: The Free Press.*

Feather, N. & Davenport, P. (1982). Desempleo y sentimiento depresivo: Un análisis motivacional y atributivo. *Estudios de Psicología, 12,* 63-81.

Germani, G. (1965). Les effets de la mobilité sociale sur la société. *Sociologie du travail, 4,* 383-415.

Heintz, P. (1965). *Los prejuicios sociales. Un problema de personalidad, cultura y sociedad.* Madrid, España : Tecnos.

Heintz, P. (1970). *Hacia un paradigma sociológico del desarrollo con especial referencia a América Latina.* Buenos Aires, Argentina : Instituto.

Hollinshead, A., Ellis, R. & Kirbb, E. (1954). Social Mobility and Mental Illness, *Amer. Sociol. Rev.*, *19*, 577-584.

Jackson, E. (1962). Status Consistency and Symptoms of Stress. *Amer. Sociol. Rev.*, *27*, 469-480.

Goffman, E. (1991). *Les cadres de l'expérience.* Paris, France : Minuit.

Lensky, G. (1954). Status Crystallization: a non-vertical Dimension of Social Status. *Amer. Sociol. Rev. 4*, 405-413.

McClelland D. (1961). *The Achieving Society.* Princeton, New Jersey : Van Nostrand Company.

Merton, R. (1936). The Unanticipated Consequences of Purposive Social Action. *Amer. Sociol. Review, 1*, 894-904.

Seligman, M. (1991). *Indefensión.* Madrid, España : Debate.

Thomas, W. & Znanieki, F. (1974 [1918]). *The Polish peasant in Europe and America.* New York : Octagon Books.

Chapitre 6

Regard interculturel sur la mobilité étudiante internationale. Le cas de l'Université Fédérale de Pernambouco (UFPE).

Dayana Sabóia & Elaine Magalhães Costa-Fernandez

> Le voyage est par essence initiatique. Il est le chemin que l'on parcourt en direction des autres, en s'oubliant soi-même, en s'ouvrant sur le monde... dès que l'on sort de sa coquille, le monde se lit autrement
>
> (Delpiroux, D., 2017).

Introduction

Cinq millions d'étudiants d'une trentaine de pays ont depuis 30 ans bénéficié du programme ERASMUS (European Action Scheme for the Mobility of University Students) annonce le Journal français " La Dépêche " du 10 janvier 2017. Ce projet, présenté comme une des bonnes idées que l'Europe a réussi à concrétiser, dans le prolongement des idéaux qui ont fondé la communauté européenne, n'est plus réservé aux étudiants de l'enseignement supérieur européen mais concerne aussi les jeunes de la maternelle au lycée. La presse est unanime pour affirmer qu'avoir passé une année en mobilité internationale est toujours un bon point pour le CV et selon les employeurs, ceux des filières professionnelles qui sont passés par la case *étranger* restent moins longtemps au chômage que les autres. Mais quels sont les enjeux psychologiques de la mobilité pour ces acteurs ?

La mobilité étudiante est une migration volontaire, marquée par des ruptures spatiales, temporelles, symboliques et imaginaires. La perte des repères culturels de référence, ainsi que la confrontation avec de nouvelles logiques et pratiques culturelles conduisent l'étudiant à adopter des conduites créatives et innovantes. Ces conduites donnent lieu à des stratégies identitaires originales qui visent la réduction des conflits identitaires provoqués par la perte d'une image de soi cohérente et valorisée. Dans une perspective interculturelle cet article, issu d'une recherche menée au Brésil à l'Université Fédérale de Pernambouco (UFPE), a pour objectif général la définition d'indicateurs de l'impact subjectif de la mobilité étudiante à travers la compréhension des stratégies identitaires et des processus interculturatifs générés par ces situations de contact de cultures. Il est attendu que les résultats obtenus contribuent à la planification des dispositifs de prévention des risques et de promotion de la santé des étudiants étrangers dans les universités publiques brésiliennes.

Etat des lieux

A l'heure de la mondialisation, l'internationalisation joue un rôle sans cesse plus important dans les travaux des universités et des autres prestataires de services d'enseignement supérieur. Par internationalisation, on entend ici à la fois la notion et le processus d'intégration d'une dimension internationale dans les fonctions d'enseignement, de recherche et de services. A mesure que cette notion est plus largement assimilée et que le processus d'internationalisation se développe, il devient impératif que les établissements d'enseignement supérieur s'attaquent à la question de l'évaluation de la qualité et à celle de l'assurance-qualité des aspects internationaux de leurs activités (OCDE, 1999)[16].

L'avènement de la mondialisation a entraîné des changements importants dans le mode de transmission des connaissances et la formation de l'homme contemporain. Dans un monde de plus en plus connecté, traversé par les questions transnationales et des sujets cosmopolites, la mobilité est devenue vecteur de capital social, une valeur centrale, ciblée et conçue comme une solution hégémonique à des problèmes locaux retrouvés internationalement. Dans les sociétés fragmentées par une *modernité liquide* (Bauman, 2003) et la suprématie de la consommation, il y a un intérêt croissant des nouvelles générations pour la formation académique. Cette tendance, particulièrement remarquée dans les pays de l'Amérique Latine, elle-même tirée par les logiques néolibérales de la concurrence, incite l'investissement d'une partie du capital global dans l'enseignement supérieur, ce qui reflète la soi-disant *société du savoir*. Par conséquent, il semblerait que, après d'intenses décennies de développement, on voit augmenter la portée, l'ampleur et la valeur de l'internationalisation. Ce phénomène mondial représente une alternative pour l'amélioration de la transmission académique, pour permettre le contact des institutions universitaires et des étudiants, comme indiqué par les plans stratégiques des universités, les déclarations de politiques nationales en matière d'éducation, les déclarations internationales et des articles académiques. Selon Jane Knight (1999, 2011), cinq mythes sont à analyser :

- **améliorer en respectant le contexte local :** souvent considérée comme une stratégie visant à atteindre des niveaux élevés dans le classement de l'évaluation des institutions, l'internationalisation devrait avoir pour but principal de soutenir la dimension locale des institutions universitaires au lieu de chercher à les harmoniser, autrement elle sera toujours perçue par les acteurs locaux comme un agent hégémonique ;

- l'**internationalisation est un processus adaptatif** qui conduit à l'intégration de la dimension internationale, interculturelle et mondiale pour les objectifs, les

[16] L'**Organisation de Coopération et de Développement Economiques (OCDE)** est une organisation internationale d'études économiques dont les pays membres - des pays développés pour la plupart - ont en commun un système de gouvernement démocratique et une économie de marché. Elle joue essentiellement un rôle d'assemblée consultative.

fonctions et la mise en œuvre de l'enseignement supérieur. Par conséquent, il est un processus de changement, pour combler les besoins et les intérêts de chaque établissement ;

- **concilier les avantages, les risques et les conséquences imprévues**, car viser uniquement les prestations signifie ignorer les risques et les conséquences négatives imprévues. Parmi celles-ci on note la fuite des cerveaux, la question des titres frauduleux offerts par les usines à diplômes, la multiplicité des pouvoirs associés aux programmes de double diplôme et la montée d'industries de certification approuvant des transactions douteuses ;

- **l'internationalisation n'est pas une fin en soi mais un moyen** de mieux servir la communauté et la société. Son but est de préparer les étudiants à vivre et à travailler dans un monde plus interconnecté, afin que la dimension internationale soit intégrée de manière durable aux principales fonctions d'enseignement et d'apprentissage dans l'enseignement supérieur, la recherche et la production de connaissances ;

- **mondialisation et internationalisation sont deux concepts différents mais associés**, avec un lien de proximité. L'internationalisation de l'enseignement supérieur a reçu de la mondialisation, considérée comme un flux global des idées, des ressources, des personnes, des économies, des valeurs, des cultures, des connaissances, des biens, des services et des technologies, des influences positives et négatives.

Actuellement, le Brésil est reconnu comme un pays actif dans le processus d'internationalisation de l'enseignement supérieur avec un flux croissant d'étudiants étrangers entrants et sortants. Les données de l'UNESCO montrent que 32 051 Brésiliens poursuivent l'enseignement supérieur dans d'autres pays, en particulier aux États-Unis, au Portugal, en France, en Allemagne et au Royaume-Uni. Par ailleurs, on compte 12 221 étudiants étrangers au Brésil avec une prédominance de l'Angola, de la Guinée-Bissau, de l'Argentine, du Paraguay, du Cap-Vert et du Portugal. Dans le cas de l'UFPE, le processus d'internationalisation de l'enseignement supérieur a commencé dans les années 90 avec la création du Service des Relations Internationales (SRI) qui a envoyé son premier jeune en 1999 en Angleterre. Depuis lors, l'UFPE a encouragé la mobilité de ses étudiants à travers le *Programme de mobilité étudiante internationale*, dont le flux est résumé dans le tableau ci-dessous :

Tabela 1 – Mobilidade de estudantes da graduação da UFPE ao Exterior – por ano

Ano	Número de estudantes
1999	08
2000	09
2001	21
2002	25
2003	68
2004	78
2005	89
2006	129
2007	131
2008	170
2009	230
2010	205
TOTAL	**1.164 alunos**

Fonte: Coordenação de Cooperação Internacional da UFPE (ago. 2011)

Sur le flux d'entrée des étudiants étrangers, selon le SRI de l'UFPE, un seul étudiant étranger est venu à l'université en 1999, contre 137 en 2012, l'année avec le plus grand nombre d'étudiants venus d'autres pays. Certains jeunes de collèges et lycées sont également dans les écoles publiques de l'état de Pernambouco. Actuellement, 46 étudiants en provenance de pays tels que le Portugal, El Salvador, la France, l'Argentine, l'Arménie et le Japon étudient dans les écoles publiques.

Mais quelles sont les implications de la mobilité internationale sur la subjectivité de l'étudiant étranger au Brésil ? Quels impacts de telles implications, analysées dans une perspective interculturelle, auront sur les processus d'internationalisation des universités brésiliennes ?

De façon générale, l'entrée dans la vie universitaire a pour but principal de contribuer à la formation intellectuelle et professionnelle des jeunes. Dans ce contexte, la mobilité internationale est un moyen privilégié d'élargir leur vision du monde et leur autonomie. Mais pour comprendre la complexité des processus impliqués, il est important de considérer aussi bien les aspects culturels liés au nouveau contexte que les caractéristiques personnelles de l'étudiant. La rencontre avec l'altérité, dans ce cas précis la culture du pays d'accueil, n'ouvre pas nécessairement au dialogue de manière harmonieuse et l'arrivée d'immigrants peut être interprétée comme une menace pour l'identité des étudiants locaux, suscitant des craintes et des phobies. Par conséquent, la mobilité des étudiants peut affecter à la fois positivement et négativement l'équilibre psychologique et la santé mentale des immigrants. On peut retrouver des conflits et des dilemmes liés à trois types de facteurs :

1. les caractéristiques du nouveau contexte culturel, ce qui comprend les données démographiques, les dispositifs d'insertion et d'accueil de l'entreprise et de l'université ;

2. les réseaux de soutien : le soutien reçu avant, pendant et après la mobilité, y compris le rôle joué par les Nouvelles Technologies de l'Information et de la Communication (NTIC) dans la définition de la trajectoire des migrants ;

3. les caractéristiques personnelles des étudiants : capacité de résister à l'absence, à tenter de nouvelles expériences, leur équilibre émotionnel, leur santé physique et mentale.

Compte tenu de ce qui vient d'être présenté, des questions se posent sur la hiérarchisation du plan institutionnel, de l'organisation des activités et des mesures visant à garantir les droits de l'étudiant ainsi qu'à encourager la promotion de la santé mentale de ces nouveaux agents de l'internationalisation contemporaine que sont les étudiants étrangers dans les universités.

La perspective interculturelle comme paradigme de recherche

La question de la mobilité étudiante internationale sera traitée dans une perspective interculturelle (Clanet, 1993). Cela signifie que l'examen des stratégies identitaires et des processus interculturatifs seront centrés sur l'entre-deux culturel, visant à étudier les individus pris dans des situations de contact de cultures à travers des méthodes qui tiennent compte de la diversité des appartenances culturelles et de leurs contextes culturels respectifs. De ce point de vue, tout instrument conceptuel et méthodologique connaîtra une adaptation transculturelle en fonction des appartenances culturelles de la population étudiée (Beaton et *al*, 2002).

La méthodologie sera qualitative, exploratoire, descriptive (Minayo, 1993) et se composera d'études de cas de 11 étudiants étrangers de plus de 18 ans, inscrits au premier cycle ou à des cycles supérieurs de l'UFPE. L'utilisation d'une approche qualitative est justifiée par le fait que la recherche est basée sur le réseau français de psychologie interculturelle qui se concentre sur la description et l'analyse des aspects psychologiques individuels (résultant du phénomène de contact interculturel), approche qui implique un nombre plus restreint de cas analysés plus en profondeur[17].

L'entrevue est enregistrée et transcrite après la signature du Terme de consentement libre et éclairé par les participants. Selon la résolution n ° 466/12, l'anonymat des participants sera assuré, les résultats de la recherche seront restitués aux participants, la dignité inhérente à la personne humaine et la liberté seront respectées. La collecte des données n'a été effectuée qu'après approbation par le comité d'éthique de la recherche (CEP / UFPE).

[17] Cette approche est illustrée depuis 30 ans par l'Association Internationale de Recherche Interculturelle (ARIC) de Langue Française.

L'entretien semi-structuré a été conçu autour des facteurs pré-migratoires (les faits qui ont conduit au départ de l'étudiant de son pays d'origine), ainsi que des facteurs post-migratoires (l'expérience, le vécu de la mobilité souvent en rapport avec la qualité de l'accueil et la discrimination subie au pays d'accueil) car il est essentiel de comprendre ce qui conduit une personne à quitter son pays d'origine pour résider dans une autre société, même provisoirement. Dans le cas de la mobilité étudiante, ce sont les facteurs qui conduisent les étudiants à la prise de décision et qui représentent tout ce qui renforce ou affaiblit leur détermination (Girardi, 2015). Parmi les facteurs prémigratoires : la motivation à migrer, les procédures bureaucratiques, le choix du pays, la préparation du voyage, le soutien familial et les expériences précédentes. Parmi les facteurs post-migratoires peuvent être cités tous les éléments en rapport avec la discrimination de la société d'accueil envers la culture et/ou pays de l'étudiant étranger. La méthode employée pour l'analyse des données a été centrée sur la définition d'indicateurs des stratégies identitaires adoptées pour rétablir l'unité de sens et de valeur selon des critères sémantiques, syntaxiques, lexiques et expressifs. La phase de traitement des résultats, l'inférence et l'interprétation des données ont suivi le corpus théorique proposé.

L'objectif est également d'identifier les possibles risques et avantages de la mobilité des étudiants pour la santé mentale, ce qui permet en outre une discussion avec la communauté universitaire sur les soins à apporter à cette population. On cherche ainsi à contribuer à la compréhension des aspects subjectifs de la mobilité des étudiants comme un élément prioritaire des politiques d'internationalisation des universités brésiliennes et de donner une visibilité à ces réalités. Cette étude vise à contribuer à la formation des ressources humaines, tant au niveau de l'enseignement universitaire que de la pratique professionnelle, pour ce qui concerne les questions prioritaires de la politique publique de l'Etat de Pernambouco.

Quelques références théoriques

La mobilité internationale des étudiants, une des priorités des politiques de l'enseignement supérieur, implique différents types de ruptures à la suite de l'alternance des systèmes culturels. Ces ruptures imposent des changements individuels, y compris la reconstruction des liens sociaux, le changement de statut socio-économique. Ceci suppose des capacités d'adaptation au nouveau contexte de la part des étudiants qui ressentent par conséquent le besoin d'être acceptés et intégrés. La psychologie interculturelle, comme champ de savoir intéressé par les situations de contact de cultures, interroge les rapports entre le contexte culturel et le développement comportemental de l'individu. Elle favorise un regard critique sur les facteurs en jeu dans les processus de resocialisation, en particulier à travers le concept d'acculturation (Berry, 2001) qui comprend tous les phénomènes résultant de l'interaction des groupes ou des individus avec des cultures différentes, y compris les changements vis-à-vis de leur répertoire culturel original. Les conséquences psychologiques des processus de l'acculturation (Duarte Dantas et *al*, 2010) à long terme sont complexes. Elles varient en fonction des variables sociales et personnelles, de la société d'origine, de la société d'accueil, des phénomènes préexistants, mais surtout de ceux qui apparaissent ou s'installent pendant la période d'acculturation, ce qu'on appelle les processus interculturatifs. En bref, l'acculturation implique des expériences uniques, en fonction de la subjectivité des migrants eux-mêmes et des contextes culturels. Elle ne peut pas être considérée la même pour toutes les personnes, car il ne s'agit pas de processus fixes ni homogènes. Au contraire, il s'agit de processus variables qui dépendent, entre autres facteurs, des aspects géographiques de la nouvelle société.

Nous partons donc de l'hypothèse qu'un sujet peut intégrer des appartenances culturelles plurielles à travers l'expérience de la mobilité étudiante. Dans ce contexte, l'acculturation non seulement favorise l'intégration d'éléments référentiels de la nouvelle culture, mais aussi cristallise des éléments en rapport avec la culture d'origine. Elle est considérée comme un phénomène d'identité dynamique qui agit directement sur le répertoire individuel, permettant une réhabilitation socio-culturelle, une réinvention de soi, même si des conflits identitaires sont prévisibles et envisageables.

Selon De Oliveira Santos (2010), il y a deux façons de concevoir l'identité : *essentialiste* ou *primordialiste* pour ceux qui voient l'identité comme un ensemble attributif, objectif, naturel, essentiel anhistorique ; et *stratégique relationnelle* pour ceux qui conçoivent l'identité comme un processus de négociation en construction et reconstruction permanentes dans les échanges symboliques sociaux. Dans un contexte de mondialisation, l'identité post-moderne est de moins en moins substantielle et de plus en mobile, multiple, comportementale et instrumentale, ce qui nous amène à préférer la définition relationnelle stratégique de l'identité à la notion essentialiste.

On se demande alors quelles sont les stratégies identitaires adoptées par les étudiants étrangers en mobilité à Recife. Dans la conception de Cuche (1999), les stratégies identitaires peuvent manipuler et même changer une culture qui n'aura alors presque rien en commun avec ce qu'elle était auparavant. En effet, la culture dépend en grande partie des processus inconscients et individuels. L'identité se réfère à une norme contraignante nécessairement consciente, basée sur des oppositions symboliques et peut être considérée comme une construction sociale d'appartenance.

Nous partons d'études françaises au début des années 90, dans une perspective interculturelle, selon laquelle la pression psychologique subie par les immigrants en contact avec la nouvelle culture conduit à des conflits spécifiques dans le système d'identité en l'amenant à recourir à des conduites conscientes et inconscientes afin de les soutenir et/ou les dépasser. Pour Camilleri (1990) ces stratégies sont fonction des histoires de vie des migrants et pour Denoux (1994) ces vécus vont donner lieu à des processus interculturatifs nouveaux. De telles conduites ou *stratégies identitaires* sont des comportements et des constructions identitaires adoptés par les sujets migrants, conscients ou inconscients, individuellement ou collectivement, en vue d'atteindre des objectifs spécifiques, qui sont produits en raison de la situation d'interaction et de ses différents déterminants. Ils visent à récupérer la valeur et le sens de soi, souvent altérés par la rupture de l'immigration.

Compte tenu de tout cela, on part de l'hypothèse que les situations de migration, lorsque le sujet est confronté à une culture étrangère, induisent l'adoption de stratégies identitaires spécifiques comme moyen de faire face, par la création, à la déstabilisation causée par la perte relative de la culture d'origine et la méconnaissance des référents de la nouvelle culture (Galindo, 2015). Les types de stratégies identitaires adoptées non seulement révèlent les conflits gérés par les ruptures, mais aussi la façon dont les sujets traitent de tels conflits par une construction originale. A ce titre, les stratégies identitaires relèvent bien du processus d'interculturation.

Mais comment identifier les stratégies identitaires d'un étudiant en mobilité internationale ?

Toutes les situations d'acculturation, à savoir la resocialisation individuelle dans une nouvelle société, génèrent des conflits et déstabilisent le système d'identité du migrant. Ces effets au niveau de la subjectivité semblent liés à la perte des repères de la culture d'origine et à l'assimilation de la nouvelle culture du pays et de l'institution d'accueil. Dans le cas de la mobilité internationale à l'université, quels sont les processus et les conduites des étudiants volontaires pour affronter de tels conflits ?

Face aux risques causés par la rupture du contexte culturel, l'étudiant étranger adopte des stratégies identitaires visant à restaurer le sens et la valeur de soi. Ces nouvelles conduites ou stratégies identitaires conduiront à des processus interculturatifs nouveaux. L'objectif général de cette étude consiste donc à comprendre la relation entre les processus interculturatifs et des stratégies identitaires adoptées par les étudiants étrangers en mobilité à l'université dans la ville de Recife. Pour atteindre cet objectif, nous allons suivre trois étapes :

1. identifier les stratégies identitaires adoptées par les étudiants étrangers en mobilité à Recife ;
2. comprendre les processus interculturatifs issus de la situation de mobilité étudiante ;
3. analyser les relations entre les stratégies identitaires et les processus interculturatifs issus de la situation de mobilité.

Identifier les Stratégies identitaires

Pour identifier les stratégies identitaires nous nous référons au modèle de Camilleri (1990) qui classe les stratégies face aux conflits identitaires en deux grands groupes. Celles qui visent à retrouver l'unité de sens (*Stratégies pour préserver la cohérence de l'identité)* et celles qui visent à retrouver la valeur de soi (*Stratégies pour éviter la stigmatisation et la dépréciation de l'identité).* En ce qui concerne l'unité de sens, on identifie dans les narrations recueillies chez les étudiants rencontrés, trois sortes de stratégies identitaires :

. stratégies identitaires d'évitement des conflits de cohérence simple : ce sont celles qui permettent, en évitant au maximum la contradiction objective entre les deux systèmes culturels :

- soit de conserver une unité identitaire au prix d'une inadaptation au nouvel environnement (survalorisation de la préoccupation ontologique),

Ex : "... J'ai passé à m'identifier davantage avec l'Afrique, à chercher davantage des choses sur l'Afrique, à m'informer et à m'intéresser davantage à mes origines..."

- soit d'être hyper-adapté aux dépens de l'unité identitaire (survalorisation de la préoccupation pragmatique). Une partie de l'identité de l'individu se trouve donc intégralement occultée. Souvent, la dominance de la dimension pragmatique est limitée par un minimum d'exigence ontologique.

Ex : "Avec le temps j'ai trouvé des stratégies pour faire face aux difficultés... mon accent n'a pas changé, ou plutôt il a changé très peu... Alors, en fonction de l'endroit où je me trouvais, je tentais d'imiter l'accent brésilien, l'accent local pour mieux me faire comprendre..."

. stratégies identitaires d'évitement des conflits de cohérence complexe : ce sont celles qui proposent une articulation des représentations et valeurs des deux codes culturels. Le sujet s'investit en construisant des formations originales à partir d'éléments issus des deux modèles culturels tout en s'adaptant, et cela de façon reconnue et équilibrée. Cela peut aboutir à une alternance conjoncturelle des codes, une attitude opportuniste, créative en vue de l'insertion dans la nouvelle culture.

Ex : "... J'ai cherché à m'adapter, j'aime la culture brésilienne, j'aime apprendre, alors parfois j'imite l'accent local pour mieux être comprise..."

. stratégies identitaires de modération des conflits : ce sont celles, enfin, qui tentent de modérer les conflits de codes et échouent à désamorcer la contradiction. A défaut, elles hiérarchisent ou déréalisent les items antithétiques qui sont le moins bien supportés.

Ex : "Au début je restais à la maison, je ne sortais pas... je passais la journée à l'université et la soirée à la Maison... (ontologique) mais peu à peu j'ai combiné avec un ami de sortir tous les vendredis soirs... pour me relaxer un peu... le lendemain on se reposait... Finalement mon étude a été plus rentable... Mes résultats se sont améliorés... Je cherche également à mieux me nourrir et à faire du sport...".

Les stratégies qui visent le rétablissement du sentiment de valeur et d'estime de soi peuvent être de plusieurs types :

Identités dépendantes

Identité négative avec intériorisation du jugement négatif

Ex : "... Je me sentais très mal, persuadé que mon corps n'était pas bien... Je me sentais moche, pas beau..."

Identité négative déplacée : suppression de l'identité négative par assimilation au groupe d'accueil et transfert de l'injonction négative aux membres du groupe d'origine.

Ex : "Finalement j'ai commencé à me méfier des Latino-Américains... chaque fois qu'ils venaient chez moi, quelque chose disparaissait..."

Identité par distinction : prise de conscience de la singularité sans intériorisation de la dévalorisation, évitée par l'attitude de distanciation.

Ex : "Finalement je suis le seul Français dans le bus.... le seul à avoir peur... Ils conduisent tellement mal ici..."

Identités réactionnelles (réactives)

Identité de défense : identité comme protection, comme bouclier pour se protéger des autres.

Ex: "Ma relation avec les Brésiliens se résume à faire la fête, c'est tout... Sauf avec un ami brésilien qui est déjà venu à Mozambique et il sort avec une fille de chez nous..."

Identité polémique : super affirmation des caractéristiques stigmatisées, en opposition négative vis-à-vis du dominant.

Ex: "Depuis que j'ai une page au Facebook j'arrive à exprimer mes sentiments... il fonctionne comme un filtre... avant je ne disais rien...maintenant j'extériorise tout..."

Identité de principe ou volontaire : conduite paradoxale de revendication d'appartenance au groupe d'origine, alors qu'il y a rejet de ces mêmes valeurs sur les actes. Cela s'approcherait de ce qu'on appelle les bricolages identitaires.

Ex: "... Parfois je reste à la maison, à la chambre, pour travailler... alors je m'achète une bière et je la prends... mais peu à peu cela est devenu une habitude, j'ai envie de boire quand je suis seul à la maison..."

Les façons dont ces stratégies identitaires sont adoptées sont liées aux situations d'interaction et aux subjectivités des acteurs, illustrant la dynamique de la restructuration de l'identité dans les situations de contact de cultures. Ces processus exigent de la part du sujet, une estimation de la résistance et des défis liés à la situation, une évaluation et la structuration de l'autre. Les objectifs et les moyens de ces nouvelles stratégies adoptées sont tributaires des facteurs historiques et sociaux, économiques, politiques, culturels et psychologiques. On peut donc affirmer que les stratégies identitaires adoptées révèlent non seulement le conflit provoqué par l'acculturation, mais aussi la façon dont les sujets traitent et tentent de dépasser de tels conflits (interculturation).

Compréhension des processus interculturatifs

Les processus interculturatifs sont ceux par lesquels les individus et les groupes appartenant à deux ou plusieurs ensembles culturels engagent implicitement ou explicitement, la différence qu'ils essaient de métaboliser (Denoux, 1994). Ces processus entraînent la création de nouveaux traits culturels. Ceci est une évolution naturelle de la différence culturelle à travers laquelle elle opère sa métabolisation. L'interculturation suppose que la différence culturelle devienne un opérateur structurel de la relation. Pour cela les éléments suivants sont nécessaires :

- la durée et l'ampleur de l'engagement sur les effets de la différence culturelle,
- les implications de chaque partenaire,
- l'apparition de nouveaux traits culturels, ce qui ne peut être attribué directement à l'une des cultures dominantes.

Analyser les relations entre les stratégies identitaires et les processus interculturatifs

Il ressort de l'analyse comparative entre les stratégies identitaires adoptées par les participants de la recherche et les processus interculturatifs dégagés de la mobilité internationale que des conflits sont causés par des pertes (la culture d'origine, le pays, la famille) et des gains (la nouvelle culture, de nouveaux amis) pas toujours harmonieux ni équilibrés. Ces expériences supposent la remise en question de la nouvelle société et impliquent des processus spécifiques d'interculturation. Dans ces situations, l'étudiant adopte des stratégies originales, comprises comme des conduites visant à remédier aux difficultés causées par la distance entre ses références culturelles, pouvant faire apparaître de nouveaux traits culturels. C'est pourquoi on a cherché à identifier les types de stratégies identitaires adoptées par des étudiants étrangers, partant des acteurs (sujets), des expériences vécues et des effets de telles situations. Ceci a permis de comprendre les relations entre les stratégies identitaires adoptées par les étudiants étrangers en situation de mobilité internationale à l'UFPE et les processus interculturatifs qui découlent de ces expériences, gages d'une possibilité de réinvention de soi.

Quelques conclusions provisoires

La perspective interculturelle suppose un engagement politique, une tentative d'encourager - plutôt que les sociétés multiculturelles marquées par des conflits d'opposition ou par la superposition des cultures - la formation de sociétés interculturelles dans lesquelles les groupes, les valeurs et les représentations culturelles seraient appelés à interagir. Le concept d'interculturalité, hormis toute connotation morale, reste associé à un défi complexe, visant à faire interagir différents niveaux de réflexion et d'action à la fois économique, sociale, politique et pédagogique. Ainsi les psychologues, les travailleurs sociaux, entre autres, sont appelés à participer à ce mouvement. Il appartient au psychologue sensibilisé à la perspective interculturelle d'analyser les effets subjectifs de la mobilité étudiante, l'alternance entre les deux mondes linguistiques, la vie affective et les reconstructions qui en découlent. Les mécanismes d'adaptation et d'acculturation seront vus et compris du point de vue de l'individu. Mais le droit à la différence et la diversité ne sont pas liés exclusivement à la sphère privée. Ils dépendent principalement de la place qui est réservée à la société et aux institutions étrangères. Il ne s'agit donc pas seulement de promouvoir la diversité culturelle. La perspective interculturelle, en plus d'être associée à une évaluation politique fondamentale exige un *état d'esprit* qui nécessite de porter des regards transdisciplinaires et de traverser des articulations paradoxales, entre analyse et interprétation, théorie et réalité, expérience vécue, rapportée ou observée.

L'étude en cours ne permet pas encore d'analyser les résultats ni de rédiger les conclusions. Cependant, il est important de préparer l'extension des universités fédérales brésiliennes, en particulier l'Université fédérale de Pernambouco (UFPE), pour fournir des soins à une population migrante avec différentes affiliations culturelles. A titre d'exemple, la population d'origine étrangère, formée par les jeunes en situation de mobilité étudiante, cherche dans le service de psychologie appliquée (SPA) un interlocuteur avec des valeurs et des pratiques spécifiques, capable d'écoute, de disponibilité, de soins et d'attention, de décentration et de respect de l'altérité. Des techniques spécifiques sont nécessaires, comme la présence de médiateurs interculturels dans les sessions thérapeutiques, d'orientation ou d'évaluation. Cette étude permet l'identification d'indicateurs pour la sélection et la formation des médiateurs interculturels, ce qui justifie une formation technique et méthodologique particulière.

Références bibliographiques

Bauman, Z. (2003). *Modernidade Líquida.* Tradução: Plínio DENTZIEN. Rio de Janeiro, Brésil : Zahar.

Beaton, D., Bombardier, C., Guillemin, F. & Ferraz, M. B. (2002). Recomendations for the cross-cultural adaptation of healthy status measures in Toronto. *American Academy of Orthopaedic Surgeons Institute for Work & Health.*

Berry, J.W.A (2001). Psychology of Immigration in Ontario. *Canadian Journal of Social Issues*, *57*(3), 615-631.

Camilleri, C. et *al.* (1990). *Stratégies Identitaires.* Paris, France : PUF.

Clanet, C. (1993). *Introduction aux approches interculturelles et en sciences humaines* Toulouse, France : Presses Universitaires du Mirail.

Cuche, D. (1999). *A noção de Cultura nas Ciências Sociais.* Bauru, Brésil : EDUSC.

De Oliveira Santos, M. (2010). A noção de identidade e seu uso nos estudos migratórios. *Revista Internacional de Mobilidade Humana, XVIII*(34), 27-43.

Delpiroux, D. (2017). Editorial Voyage. *La Dépêche du 10 janvier 2017,* 2.

Denoux, P. (1994). L'identité interculturelle. In Contacts de cultures : processus identitaires, appartenances, intégrations, exclusions. *Bulletin de Psychologie, 419-XLVIII*(6-9), 264-270.

Denoux, P. (1994). Pour une nouvelle définition de l'interculturation. Dans J. Blomart & B. Krewer (Ed). *Perspectives de l'interculturel.* Paris, France : Ec. Norm. Sup. de St Cloud/L'Harmattan.

Duarte Dantas, S., Ueno, L., Leifert, G. & Suguiura, M. (2010). Identidade, migração e suas Dimensões psicossociais. *Rev. Inter. Mob. Hum.*, *XVIII*(34), 45-60.

Galindo, F. (2015). *Construções e especificidades da identidade em pessoas com múltiplo pertencimento cultural.* Dissertação de mestrado sous la direction d'Elaine Costa-Fernandez. Universidade Federal de Pernambuco, Recife.

Girardi de Freitas, J. (2015). *Impactos Psicológicos da Imigração Voluntária: Experiência de Universitários Imigrantes.* Dissertação de mestrado sous la direction de Lucienne Martins Borges. Universidade Federal de Santa Catarina, Florianópolis.

Knight, J. (2011). Five Myths About Internationalization in New Zealand. *International Higher Education, 62*, 14-15.

Knight, J. (1999). Internationalisation de l'enseignement supérieur. Dans OCDE. *Qualité et organisation de l'enseignement supérieur. Le Programme sur la gestion des établissements d'enseignement supérieur.*

Minayo, M., C., Sanches, O. (1993). Quantitativo-Qualitativo: Oposição ou Complementaridade? *Cadernos de Saúde Pública, 9*(3), 239-262.

Chapitre 7

Politiques pour la mobilité urbaine durable : étude comparative des systèmes de vélo en libre-service de Paris et de Belo Horizonte

Renata Aiala de Mello

Introduction

Nous savons bien que le thème du *vélo* est très large, complexe et souvent controversé. Une preuve en est la richesse des interprétations et la variété des approches actuelles des différents événements qui ont lieu tous les jours au Brésil et dans le monde entier, sans compter les articles publiés dans les médias (y compris la presse papier et télévisée, les magazines généralistes et spécialisés, les réseaux sociaux, etc.). Nous nous rendons compte, par conséquent, que les thèmes de *bicyclette* et de *mobilité* urbaine provoquent beaucoup de discussions, d'idées et d'expériences.

Le modèle de mobilité urbaine dépendant surtout de véhicules particuliers motorisés, alimentés par des combustibles fossiles - surtout les voitures et les motos - est mis en question à cause d'un grand nombre de conséquences négatives qu'il entraîne. Bien que ce modèle permette la connectivité et le déplacement, il est également responsable de grands problèmes dans les villes tels que les embouteillages, la pollution, les accidents, la ségrégation (socio) spatiale, la modification d'infrastructures urbaines et rurales, la perte de la cohésion sociale, les dommages à la santé, les pertes économiques, l'accès inégal de la population, entre autres séquelles néfastes pour les villes et leurs citoyens. Comme exemple frappant des conséquences mentionnées ci-dessus, il y a parfois la recommandation à la population de rester confinée au domicile en raison de la mauvaise qualité de l'air dans certaines grandes villes latino-américaines, comme Mexico et São Paulo. Les gaz émis par les véhicules ont non seulement des impacts sur la santé locale, mais aussi sur l'environnement global ; ils appartiennent au groupe de gaz responsables de l'effet de serre.

Compte tenu de cette réalité, dans de nombreuses villes une tendance à planifier et à construire des modèles de mobilité durable se dessine, concept à facettes multiples, compris de différentes manières, mais qui dans la plupart des cas vise à renforcer les systèmes massifs de transport multimodal, de piétonnisation et d'utilisation du vélo par exemple. L'idée, en gros, consiste à changer le paradigme traditionnel de transport, pour générer de la prospérité économique et pour améliorer la qualité de l'environnement, de la santé et le bien-être de la population de chaque ville.

Ce travail développé ici a comme but de procéder à une étude comparative entre le système de vélo en libre-service de la ville de Paris, en France, et celui de Belo Horizonte, au Brésil. À partir des études faites par l'ONU et par des chercheurs intéressés en mobilité urbaine et en développement durable, il expose et interprète les données officielles des mairies disponibles au public. L'intention majeure est celle d'analyser les chiffres de mobilité urbaine des deux villes et de comparer la façon dont Paris a développé (depuis 2007) l'utilisation de son système de vélos en libre-service - le *Vélib'* - avec celle de Belo Horizonte, qui a installé son système plus récemment (2014) - le *Bike BH*.

Les raisons du choix de ces deux villes cibles sont multiples : d'abord, la capitale française est aujourd'hui une référence mondiale en *bike share* et aussi parce que Belo Horizonte compte le même nombre d'habitants que Paris. En plus, Belo Horizonte, ma ville natale, accueille une Association de Cyclistes Urbains (BH em Ciclo) - dont je suis membre participante - une institution qui s'intéresse à des sujets concernant la mobilité urbaine, surtout celle faite à vélo.

Selon des données de l'ONU[18], en 2002, les systèmes de vélo en libre-service n'étaient présents que dans environ 50 villes à travers le monde. En 2010, ils étaient dans plus de 350 villes. Selon le *Guia de Planejamento de Sistemas de Bicicletas Compartilhadas*[19], il y avait plus de 400 villes avec ces systèmes en 2013. Actuellement, certains chercheurs indiquent qu'il y aurait déjà 600 villes dont les citoyens utilisent des vélos en libre-service. Selon Bührmann[20], après l'installation du système *Vélo'v* à Lyon en 2006, l'utilisation des bicyclettes a augmenté de 44% au cours de la première année. A Paris, Shaheen (2010) indique que le nombre de voyages à vélo a augmenté de 70%[21]. La mairie de Belo Horizonte vise à atteindre 6% des voyages faits à vélo jusqu'à 2020 et veut construire 380 kms de pistes cyclables[22]. Actuellement, dans cette ville brésilienne, seulement 0,5% des déplacements sont effectués à vélo sur un peu plus de 75 km de pistes cyclables. Même si Paris n'est pas encore une ville exemplaire en matière d'infrastructures cyclables, comme Amsterdam et Copenhague, le *Vélib'* est devenu une référence mondiale de succès en ce qui concerne la planification, la gestion et le suivi d'un système de vélos en libre-service.

Voyons, maintenant, la comparaison entre le Velib' de Paris et le BikeBH de Belo Horizonte.

---

18 Source : http://www.un.org/esa/dsd/resources/res_pdfs/csd-19/Background-Paper8-P.Midgley-Bicycle.pdf

19 Source : https://www.itdp.org/wp-content/uploads/2013/12/ITDP-Brasil_Guia-de-Planejamento-de-Sistemas-de-Bicicletas-Compartilhadas.pdf

20 Source : http://www.fietsberaad.nl/library/repository/bestanden/14397_pn4_public_bikes_ok_low.pdf

21 Source:http://tsrc.berkeley.edu/sites/default/files/Bikesharing%20in%20Europe,%20the%20Americas,%20and%20Asia%20-%20Shaheen.pdf

22 Source : http://vadebike.org/2015/03/belo-horizonte-200-km-ciclovias-ate-2016/

1. Donnés générales sur les deux villes

D'après l'Insee - institut chargé du recensement de la population française -, le nombre d'habitants à Paris *intra-muros* atteignait 2.243.833 personnes (population municipale) en 2010, lors de la dernière étude réalisée[23]. La superficie de la ville de Paris est de 105,40 km[24]. Alors, la densité moyenne d'habitants par km^2 était (toujours en 2010) de 21,196 contre, par exemple, 101,6 habitants par km^2 pour l'ensemble de la France. Le nombre d'habitants à Belo Horizonte en 2010 était de 2.491.109, d'après l'IBGE - Institut Brésilien de Géographie et Statistique[25]. Le nombre estimé d'habitants en 2015 est de 2.502.557. La densité moyenne de la ville brésilienne est de 7,167 habitants par km^2.

Il est facile de constater, par conséquent, que le nombre d'habitants des deux villes est très semblable. On peut remarquer aussi que la ville de Paris est environ trois fois plus petite que la ville de Belo, donc considérée comme plus dense en population par rapport à la capitale du Minas Gerais et aussi par rapport aux capitales européennes.

2. L'utilisation des transports

Selon les données de *l'Enquête Nationale Transports et Déplacements* (ENTD), entre 2012-2013, à Paris les transports en commun représentent 27% des choix de la population sur la totalité de moyens de transport. La marche représente 61% des moyens de déplacement des Parisiens. Les voitures particulières représentent 7% des déplacements[26]. Les autres modes de transport incluent les deux roues motorisées (moto, scooter, etc.), les taxis, les fauteuils roulants, les trottinettes… et font ensemble 5%. Après avoir séparé les vélos de ces autres modes, le chiffre de ce moyen de transport chute un peu et représente 2,5%. Par contre dans les mêmes années, selon l'*Observatório de Mobilidade Urbana* de la mairie de la ville de Belo Horizonte, les transports en commun atteignent 28,1% des déplacements ; la marche 34,8% ; les voitures particulières 32,6% ; les motos 4% et les autres modes un total de moins de 1%. Les vélos représentent seulement 0,4% du choix des habitants de Belo Horizonte[27]. Le but de la mairie est de doubler ce chiffre dans les prochaines années.

Ainsi, les chiffres des transports en commun des deux villes sont très proches. Par contre, les chiffres de la marche et de la voiture présentent une différence frappante. Les Parisiens marchent beaucoup plus dans leurs déplacements quotidiens alors que les citoyens de Belo Horizonte utilisent beaucoup plus la voiture.

---

[23] Source : http://www.insee.fr/fr/themes/tableau.asp?ref_id=NATnon02145
[24] Source : http://www.insee.fr/fr/themes/comparateur.asp?codgeo=dep-75
[25] Source : http://cidades.ibge.gov.br/painel/painel.php?codmun=310620
[26] Source : http://www.statistiques.developpement-durable.gouv.fr/transports/s/transport-voyageurs-deplacements.html
[27] Source: http://www.bhtrans.pbh.gov.br/observatorio

3. La punition des chauffeurs

À Paris, 2.625 chauffeurs ont été punis pour circuler sur les voies cyclables en 2013, selon *l'Enquête Nationale Transports et Déplacements*[28]. À Belo Horizonte, ce chiffre est réduit à seulement 510 sanctions durant la même année, selon le site *Vá de Bike*, d'après les informations données par l'organisme lié à mairie, responsable du trafic de la ville brésilienne (*BHTrans*[29]). Ces données montrent que la mairie de Paris est beaucoup plus active dans l'application et la préservation des droits des cyclistes que celle de Belo Horizonte. La mairie de Belo Horizonte ne répond presque jamais aux appels téléphoniques que les cyclistes passent pour dénoncer les chauffeurs en infraction. Ils ne prennent pas en compte les demandes d'une présence de la police plus nombreuse et sérieuse pour contrôler le trafic urbain.

4. Les accidents avec les vélos

Toujours selon ces mêmes organismes de recherche mentionnés ci-dessus, le nombre de cyclistes victimes d'accidents sur des voies urbaines est de 680 à Paris et de 376 à Belo Horizonte. Malheureusement, en 2013, le nombre de décès a été de 1 à Paris et de 6 à Belo Horizonte. Ces chiffres peuvent nous montrer plusieurs choses dont deux que nous jugeons plus pertinentes et que nous mentionnons ici : i) plus grand est le nombre de cyclistes, par logique, plus grande est la probabilité d'avoir des accidents avec ces agents-là ; ii) le grand nombre de victimes mortelles à Belo Horizonte peut montrer que le trafic est plus agressif et que les voitures se déplacent à une vitesse moyenne plus élevée qu'à Paris.

5. Le nombre de vélos

Entre utiliser un vélo en libre-service (VLS) et avoir un vélo personnel (VP), 45% des cyclistes parisiens ont choisi la première et 55% la deuxième option, selon le *Bilan de déplacement* fait en 2013[30] montrant un quasi équilibre entre les deux choix. À Belo Horizonte, par contre, ces chiffres indiquent un énorme déséquilibre. Selon une estimation basée sur le nombre de voyages réalisés avec les vélos en libre-service (VLS) de la ville brésilienne en décembre 2014 et sur un total de voyages quotidiens effectués à vélo, 1,2% des cyclistes choisissent le vélo public et 98,8% utilisent un vélo dont ils sont propriétaires. Ces données peuvent nous mener à plusieurs interprétations, parmi lesquelles nous pouvons citer que le système à Belo Horizonte ne s'est pas bien enclenché et n'a pas été popularisé comme il le fallait (ou comme on l'attendait) à cause des deux raisons principales suivantes : i) le système est très limité en nombre de vélos et aussi en nombre de stations ; ii) les citoyens ne sont pas encore habitués à ce nouveau système d'emprunt et préfèrent utiliser leur vélo personnel.

---

[28] Source: www.statistiques.developpement-durable.gouv.fr/transports/s/transport-voyageurs-deplacements.html

[29] Source: http://www.bhtrans.pbh.gov.br/observatorio

[30] Source: www.statistiques.developpement-durable.gouv.fr/transports/s/transport-voyageurs-deplacements.html

6. La construction de structures urbaines cyclables

Selon les recherches faites par les organismes concernés des mairies des deux villes ici comparées, Paris a construit 55,5 kilomètres de voies cyclables et Belo Horizonte en a construit 15,83 en 2013[31]. Une fois de plus la mairie de Paris se montre plus préoccupée et engagée avec la sécurité des cyclistes que celle de Belo Horizonte. Les politiques de mobilité urbaine sont plus sérieuses sur le vieux continent qu'au Brésil. La mairie de Belo Horizonte, par exemple, a promis un total de 365 kilomètres de voies cyclables jusqu'à 2020, mais jusqu'aujourd'hui il n'existe que 70 km. Considérons qu'il s'agit d'une tâche difficile à accomplir en si peu de temps.

7. Le profil des cyclistes

La différence de genre des cyclistes à Paris et à Belo Horizonte apporte encore une fois un chiffre frappant. D'après le *Bilan de déplacement* de 2013, il a 66% d'hommes et 34% de femmes qui se déplacent à vélo dans la capitale française. À Belo, selon *BH em Ciclo*, en 2013, ce chiffre est encore plus étonnant : 75% d'hommes contre 25% de femmes. Une interprétation possible pour expliquer cet énorme écart entre hommes et femmes cyclistes est qu'aucune des deux villes n'est suffisamment sûre et sécurisée pour que les femmes choisissent le vélo pour se déplacer. La principale raison pour les femmes de ne pas pédaler serait donc l'absence de sécurité. Autre donnée importante : dans les deux villes, une bonne partie de la population qui se déplace à vélo a entre 30 et 50 ans. Comment interpréter ce constat ? Il y a un éventail de réponses possibles : les citoyens de ce groupe d'âge sont plus conscients, moins paresseux, plus écologiques, que les jeunes ou les plus âgés… ? À rechercher !

8. Une question de genre : les femmes à vélo

Les femmes cyclistes souffrent de plusieurs types de violences dans les rues. Evaluer ces données serait, cependant, très difficile, puisque ce phénomène n'est presque jamais dénoncé. Cela, cependant, ne concerne pas une population homogène de femmes. Au contraire, il existe plusieurs groupes et de nombreuses réactions différentes. Certaines femmes, par exemple, sont indifférentes à l'existence de la violence et suivent leur voie, mais sont conscientes des difficultés et sont quand même politisées. Il y a aussi des femmes qui font face, se battent, discutent et répondent à de telles attaques et ne se laissent pas faire. Elles ameutent, dénoncent et crient pour que tout le monde les entende et sache qu'elles souffrent du *bullying* et du *catcall*. Il y a également celles qui ne s'inquiètent pas, mais acceptent et arrivent même à s'habituer à cette violence et à l'imposition de l'univers masculin institutionnalisé. Quoi qu'il en soit, les femmes passent par toutes sortes d'obstacles qui entravent ou même empêchent la croissance du nombre de femmes cyclistes.

---

[31] Source: http://vadebike.org/2015/03/belo-horizonte-200-km-ciclovias-ate-2016/

9. Données générales sur les systèmes de libre-service

Le Velib' a été mis en service le 15 juillet 2007. Le BikeBH le 7 juin 2014. Il y a une différence d'âge entre les deux systèmes de 7 ans.

Le Velib', d'après des informations officielles du site internet, a prévu 20 600 vélos pour Paris et sa banlieue[32]. Belo Horizonte a prévu seulement 400 vélos et n'envisage pas d'expansion[33]. Encore une fois on peut remarquer que les politiques de mobilités urbaines durables sont prises plus au sérieux à Paris qu'à Belo Horizonte. En plus, la gestion actuelle de la mairie de Paris est très attentive à l'entretien mécanique/physique et à l'expansion des stations de Velib'. A Belo Horizonte, malheureusement, on ne peut pas dire la même chose : les vélos sont mal entretenus, ainsi que les stations sont peu nombreuses et mal distribuées dans la ville.

En outre, si on fait le ratio du nombre de vélos disponibles dans le *bike share* sur le nombre d'habitants de chaque ville, le résultat est de 122 habitants par vélo à Paris et de 10.511 à Belo. Ce calcul qui montre une différence frappante a été présenté par *l'Outil de visualisation de données pour l'analyse des systèmes de vélos en libre-service.*

Dans les six premiers mois de fonctionnement des systèmes, Paris et sa banlieue comptaient 1030 stations et Belo Horizonte 40. Aujourd'hui, Paris a 1.229 stations et Belo Horizonte continue avec les 40 stations du début. Le système parisien a donc 199 nouvelles stations depuis les six premiers mois de la mise en service.

Le nombre de voyages par jour par vélo et par habitant est le suivant : à Paris, 6,36 voyages par vélo par jour, à Belo Horizonte 1,83 voyages par vélo par jour. A Paris, par millier d'habitants, il y a 52 voyages par jour et à Belo Horizonte, pour le même nombre d'habitants, il y a 0,12 voyage par jour. Encore une fois, les chiffres nous montrent que les différences sont saisissantes. Pour faire ces calculs, la ville de Paris et aussi la ville de Belo Horizonte, ont choisi comme mois de base octobre 2013. Les responsables de l'enquête ont pris en compte également la quantité de vélos sur le système et ont divisé par 31 jours. Il faut le dire, le mois d'octobre est une période scolaire dans les deux villes.

10. Les prix des forfaits

Le prix de l'abonnement pour une journée est 1,70 €, selon le site du Velib'.[34]. Le prix de l'abonnement du vélo BikeBH est de 3,00 R$ la journée, selon le site officiel[35]. Dans une comparaison entre le prix de chaque système et le salaire

---

[32] Source : http://www.velib.paris

[33] Source : http://www.mobilize.org.br/noticias/6499/bike-itau-inaugura-mais-um-projeto-de-compartilhamento-de-bicicletas-bike-bh.html

[34] Source : http://www.velib.paris

[35] Source : http://www.mobilize.org.br/noticias/6499/bike-itau-inaugura-mais-um-projeto-de-compartilhamento-de-bicicletas-bike-bh.html

minimum de chaque pays, le Velib' coûte 0,12% du SMIC et le BikeBH coûte 0,38% du salaire minimum. Le SMIC en France, en janvier 2015 était de 1.457,52 € par mois[36], selon l'Insee et au Brésil, dans la même période il était de 788,00 R$ par mois, selon l'IBGE[37].

Le prix de l'abonnement pour une année de Velib' coute 39 €, selon le site officiel (Pour le forfait Velib' Passion). Le prix de l'abonnement du vélo BikeBH est de 60.00 R$ l'année. Donc, le prix annuel du Velib' est de 0,22% du salaire minimum et du BikeBH est de 0,58%. L'abonnement du BikeBH coûte plus de deux fois le prix de l'abonnement du Velib'. Dans les deux cas, le moyen de paiement est fait par carte bleue.

Les deux *bikes shares* ont, à mon avis, un prix assez juste lorsque comparé à un salaire minimum. Être abonné ne coûte pas cher aux citoyens. Dans les deux cas, l'obtention de données sur l'usage des systèmes en général, spécialement en ce qui concerne les valeurs économiques (les prix, les coûts) est difficile à trouver sur les sites officiels des systèmes et des mairies.

11. Les types d'abonnements

Selon *Le Bilan de déplacement* de 2007, il y a eu, dans les six premiers mois de la mise en service du Velib', 2.378.269 abonnements d'une durée d'une journée. À Belo, selon *Le rapport BikeBH* 2014, le nombre est de 9.905[38]. À Paris, il y a eu 169.431 abonnements de sept jours de durée ; à Belo Horizonte, 10.710. Finalement, le nombre d'abonnements de longue durée à Paris a atteint 163.333 et à Belo Horizonte 1.144. A partir de ces chiffres on constate qu'il y a eu, au début de la mise en service, beaucoup plus d'abonnés à Paris qu'à Belo Horizonte dans toutes les catégories.

Voyons maintenant l'évolution mensuelle du nombre de déplacements dans les six premiers mois de fonctionnement des deux systèmes : de juillet à décembre il y a eu un total de 13.008.925 à Paris. À Belo Horizonte, ce chiffre est beaucoup plus timide et atteint seulement 30.250 au total. On aperçoit, alors, que les usagers à Paris et leurs déplacements sont beaucoup plus nombreux.

12. Les points positifs des systèmes

Avec la carte de transports *Navigo* on peut effectuer le forfait du Velib'. Le système est simple et efficace. En plus, les stations du Velib' sont proches les unes des autres, ce qui rend plus facile les déplacements des abonnés, le retrait et la restitution aussi. Les vélos sont résistants et tiennent bien le coup des impacts quotidiens. À Belo, le point positif est que la société civile peut travailler avec les

---

[36] Source : http://www.journaldunet.com/management/salaire-cadres/1071810-smic/

[37]Source : http://www.ibge.gov.br/home/estatistica/indicadores/trabalhoerendimento/pme_nova/default tab_hist.shtm

[38] Source : http://bhemciclo.org/relatorio-foto-ilustrado-sobre-as-condicoes-das-ciclovias-existentes-em-bh/

pouvoirs publics pour gérer le système à travers des réunions mensuelles à la mairie où chacun peut apporter des idées au personnel responsable de la mobilité urbaine à vélo. Les cyclistes ont pu donner leur opinion lors de l'installation du système dans la ville brésilienne, par exemple.

13. Les points négatifs des systèmes

Les données du système, les contenus des pages du Velib' et de la mairie de Paris s'éloignent beaucoup l'une de l'autre et il est difficile d'accéder à beaucoup d'informations. À Belo, les problèmes tournent autour de la qualité des vélos. Les vélos ne sont pas résistants, les stations sont souvent hors service et parfois le système ne reconnaît pas correctement le nombre de vélos présents. Le système d'accueil est souvent en panne et n'est pas efficient. À part le paiement par carte de crédit, le BikeBH exige aussi d'avoir un portable connecté sur Internet, ce qui rend encore plus difficile de s'abonner à une partie des utilisateurs dotée de peu de revenus.

Considérations finales

Les raisons pour lesquelles les villes instaurent les systèmes de vélos en libre-service sont multiples. Une bonne conséquence de la mise en service des *bikes shares* est que l'utilisation de vélos en général, augmente de manière significative dans les centres urbains. Cela contribue à modifier positivement l'ensemble de toute sorte de voyages en ville. Avec des politiques d'encouragement pour l'utilisation d'un moyen de transport durable et écologique, le trafic devient moins embouteillé, la pollution de l'air diminue et, par conséquent, l'état dépense moins pour la sécurité et la santé. Un dernier point, mais pas des moindres : la qualité de vie des citoyens s'améliore de façon significative.

Deuxième partie

Réseaux et interculturalités

Chapitre 8

Les Humains en réseaux interculturels planétaires. Actualité, fondement, histoire et avenir.

Jacques Demorgon

1. La généralisation des réseaux. De l'informatique à l'histoire et à l'univers

Les logiciens distinguent logique en arbre, verticale, très hiérarchique, et logique en réseau aux multiples branchements et peu hiérarchisée. Quotidiennement pour nous les réseaux sont ceux des transports de biens et de personnes, d'informations et de communications dont l'internet. On pense moins à notre *réseau de connaissance* pluri, inter et transdisciplinaire.

Pour comprendre la base de l'interculturel dans l'action humaine, nous devons nous référer d'abord à ce réseau infini de toutes les conduites des acteurs humains d'hier à demain. Cet océan d'interactions spatiotemporelles est si complexe qu'il n'est même pas posé comme objet de recherche. Encore moins les interculturalités qui s'y déploient. Cet océan interactif des conduites humaines se structure à travers le réseau de réseaux qui s'y inventent. C'est déjà celui des grandes activités, matrices d'unification, chacune avec ses atouts spécifiques : religion, politique, économie, information. Les acteurs humains les ont inventées à travers leur mise en œuvre et ils continuent de le faire. Cette mise en œuvre conflictuelle et d'arrangement va produire le troisième grand réseau, celui des formes de société.

Dans le second réseau, celui des activités, l'information est venue en dernier. Elle s'est manifestée à travers l'invention de l'écriture, sous diverses formes. Ensuite, à travers celle de l'imprimerie diffusant les écrits. Ces deux précédentes expansions se sont trouvées infiniment démultipliées à travers les techniques contemporaines d'information et de communication : média, informatique, internet, réseaux sociaux. Il est clair pour tout un chacun que la quatrième grande activité, celle de l'information, se manifeste aujourd'hui comme une extraordinaire matrice spécifique d'unification, ou plutôt d'*unité, diversité*. En son sein, l'interculturel y est singulièrement à l'œuvre.

Toutefois la place dominante de matrice d'unification est pour le moment prise par l'économie. Les mutations de l'URSS, redevenue Russie, et de la Chine elle aussi préalablement communiste, en témoignent. Dans ses mémoires, David Rockefeller (2006) se montre pleinement conscient de cette économie unificatrice : *« Certains croient que nous faisons partie d'une cabale secrète [...], conspirant avec d'autres autour de la Terre pour construire une politique globale plus intégrée, ainsi qu'une structure économique - un seul monde, si vous voulez. Si cela est l'accusation, je suis coupable et fier de l'être »* (Rockefeller, 2006, 405).

Ces dominations d'aujourd'hui, à visée unificatrice, surtout celle de l'économie en partie *associée dissociée* à l'information ambivalente, sont l'occasion de comprendre que, pendant des millénaires, il en a été tout autrement. Les deux grandes activités de la religion et de la politique ont tenu ce rôle de matrice privilégiée d'unification. Dans une démographie croissante, elles ont contribué à la constitution de nouvelles sociétés. Celles-ci se sont déployées : tribus, chefferies, royaumes et empires.

La coprésence sur la planète de toutes ces formes de sociétés constitue donc le troisième grand réseau de l'interculturel historique et actuel. Quand nous parlons de modernité, nous voulons souligner une rupture et une difficile transition entre royaumes ou empires et nations marchandes industrielles. Si ces dernières sont apparues, c'est parce que les deux autres grandes activités humaines, l'économie et l'information, ont réussi à prendre leur autonomie en raison des erreurs et des fautes des religions et des politiques. Il n'en demeure pas moins que nous sommes toujours en présence des quatre grandes activités. Or, elles ont contribué au déploiement du 3e réseau, celui des formes de société, en produisant les nations après royaumes ou empires. Et maintenant les sociétés d'économie informationnelle mondialisée, après les nations. Les grandes activités constituent donc bien la matrice d'interculturalité centrale, entre l'océan des régulations de conduites et ces massifs semi-stables que sont les diverses grandes formes d'organisation des sociétés.

Précisons les deux interculturalités, interne et externe, qui concernent le réseau des grandes activités. L'interculturalité interne est spécifique de chaque grande activité. Par exemple entre les religions ; ou entre les politiques comme entre les économies et entre les divers modes informationnels : techniques, sciences, medias, réseaux sociaux, etc.

L'interculturalité externe est multiple, complexe, car c'est celle des rivalités et des arrangements entre les quatre activités, chacune, malgré ses variantes, étant prise d'une façon globale : le religieux, le politique, l'économique et l'informationnel.

Il en va de même pour le troisième grand réseau, celui des formes de société. Chaque société doit être pensée en fonction de son interculturel interne. L'ensemble des sociétés doit l'être en fonction d'un interculturel externe, inter-sociétal. Comme il intègre et dépasse ce que l'on nomme habituellement la géopolitique, on pourrait le nommer transpolitique. Dans cette perspective, la transpolitique interculturelle comprendrait l'ensemble lié des trois grands réseaux mis en évidence : l'océan des régulations des conduites, puis les rivalités et arrangements des religions, des politiques, des économies et des informations, les dynamiques d'évolution enchevêtrée des formes des sociétés. Trois grandes figures de l'exercice humain, trois grandes figures de l'interculturel.

Cette remontée à partir des réseaux actuels vers les réseaux historiques dans lesquels ils s'inscrivent fait apparaître un nouveau questionnement. Si l'interculturel est produit par l'histoire et s'il la produit en même temps, qu'est-ce qui le supporte dans la condition même de l'homo sapiens.

Avant de revenir sur la construction historique des réseaux interculturels, peut-on découvrir la source anthropologique du réseau ?

2. Le réseau et l'anthropologie de la néoténie : l'intérité fondamentale de la culture

Faute de référence aux sagesses asiatiques, on ne s'est pas préoccupé de rechercher le fondement anthropologique de l'interculturel. C'est que l'on prend toujours l'interculturel pour un processus postérieur aux cultures alors qu'il est d'abord un processus générateur des cultures. Au regard de l'anthropologie nouvelle, la néoténie est la source véritable de la culture et cette culture est d'emblée interculturelle. Le terme néoténie, inventé en Allemagne, est en France au début du 20e siècle. Son sens étymologique est celui d'une *juvénilité maintenue.* Non pas une éternelle jeunesse physique mais la capacité humaine de s'intéresser à tout et de toujours apprendre. L'humain comme un éternel enfant ! (Agamben, 2002 ; Dufour, 2012).

La nature use déjà d'une néoténie rudimentaire quand un animal dans un milieu appauvri ne peut plus atteindre sa maturité reproductive. La nature le sauve tel qu'il est en le dotant d'un nouveau mode de reproduction.

Mais avec la néoténie humaine, la nature fait un pas d'une toute autre portée. Elle dote l'humain de la possibilité de produire lui-même ses programmes : c'est la culture ! L'adaptation qui en résulte n'est pas seulement extraordinaire, elle est infinie. L'être humain se trouve en condition de pouvoir inventer ses programmes adaptatifs en fonction de tous les changements environnementaux qu'il rencontre. Dès lors, il est en prise sur l'infini du monde, des autres et de lui-même. Ainsi, l'inter s'inscrit dans l'anthropologie et cela sans limite assignée ! La production continuelle de culture caractérise l'humain. L'interculturel s'y trouve en son cœur, non pas après mais à l'origine même. Les humains sont de toute façon ensemble : qu'ils coopèrent, se dominent ou s'exterminent.

L'écriture chinoise l'exprime par un extraordinaire raccourci. Elle signifie *l'humanité* comme *fait, valeur* en juxtaposant la forme humaine et le nombre deux. Un deux qui se démultiplie : tout humain et tout autre qui se produisent ensemble, tout humain et tout autre qui se reproduisent ensemble, tout humain adulte qui élève, éduque un enfant. L'exemple des enfants loups l'a montré. Un enfant ne devient pas humain s'il n'entre pas d'emblée et continument dans le langage avec l'adulte.

Nous devons pouvoir nommer *intérité humaine* cette situation en profondeur, en extension et en durée, qui constitue l'humanité comme un ensemble d'êtres interactifs et interdépendants quoi qu'ils fassent. Il y a plus de huit décennies, le grand anthropologue américain Ralph Linton (1936, trad. franç. 1968) exprimait déjà cela avec humour. En soulignant le déni de l'interculturel qui se niche dans l'illusion identitaire, il écrit : « *Après son repas, le citoyen américain se dispose à fumer, habitude des Indiens américains, en brûlant une plante cultivée au Brésil, soit dans une pipe venue des Indiens de Virginie, soit au moyen d'une cigarette venue du Mexique. S'il est assez endurci, il peut même essayer un cigare, qui nous est venu des Antilles en passant par l'Espagne. Tout en fumant, il lit les nouvelles du jour imprimées en caractères inventés par les anciens Sémites, sur un matériau inventé en Chine, par un procédé inventé en Allemagne. En dévorant les comptes rendus des troubles extérieurs, s'il est un bon citoyen conservateur, il remerciera un Dieu hébreu, dans un langage indo-européen, d'avoir fait de lui un Américain cent pour cent.* » (Linton, 1936/1968, 241-242)

3. La néoténie humaine : la culture et l'interculturel entre l'absolu et l'infini

Nous l'avons vu, la néoténie introduit une coupure exceptionnelle. L'être humain est sous programmé, il doit inventer sa propre programmation. Cette nécessité permanente peut être vécue comme une sorte de manque d'être. Le psychanalyste D. Sibony (1997) écrit : *« Les humains souffrent d'un manque d'appui et cherchent une origine solide »* (Sibony (1997, 321-323). Ils aspirent à un être définitif et pensent pouvoir le recevoir de l'absolu. Cette perspective est confortée dans la mesure où toute opération humaine - perception, action, cognition - est traversée par l'antagonisme *centration, décentration*. À son origine, la psychologie de la forme s'est rendue célèbre par la mise en évidence de ce même antagonisme nommé *figure, fond*. L'acteur humain ne peut pas percevoir les deux. Il est toujours centré. Se décentrer sur le fond, c'est seulement se décentrer sur une partie du fond qui devient le nouveau centre. L'antagonisme *centration, décentration* est certes une ressource adaptative on ne peut plus précieuse. Cependant, le fait qu'il y ait toujours retour à une centration peut induire chez l'acteur humain l'aspiration à une centration supérieure enfin définitive, d'où la permanente possibilité d'absolu. Cependant, la néoténie pleinement comprise offre la possibilité d'une éthique où l'absolu et l'infini n'en ont jamais fini de se tenir en respect. Aucun des deux ne cédant à l'autre, chaque expression nouvelle, ce face à face, constitue la richesse illimitée de l'existence humaine constamment partagée. Les difficultés ne manquent pas et les *pièges* du réel insistent et persistent.

L'acteur humain passe nécessairement par l'organisation structurée de sa relation au monde extérieur, celle supposée apporter aux acteurs humains une consistance d'existence elle aussi absolue. Enfin, ils sont. Dans son langage, Sartre opposait l'être pour soi de la conscience toujours occupée d'autre chose et l'être en soi plein et définitivement ce qu'il est. Or, l'absolu est exclusif. A partir de là, les absolus exclusifs se multiplient, religieux, politiques, économiques : ils deviennent inconciliables. Des violences extrêmes en résultent. Toutefois, la néoténie n'oblige pas les acteurs humains à suivre cette pente. Sans doute, leur fascination pour l'absolu peut se comprendre mais rien n'empêche qu'elle soit corrigée par l'ouverture infinie.

Il ne s'agit pas d'une illusion mais d'une donnée réelle. L'actualité scientifique vient de nous en donner une nouvelle preuve. Entouré de plusieurs astrophysiciens dont le très célèbre handicapé Stephen Hawking, l'entrepreneur russe Yuri Milner, avec un budget de 100 millions de dollars, annonce une nouvelle étape dans l'exploration spatiale : *pour la première fois de l'histoire, nous pouvons faire plus que regarder les étoiles, nous pouvons les approcher*, à commencer par Alpha du Centaure. Cette étoile, la plus proche, est à 4,37 années-lumière de la Terre : plus de 41.000 milliards de kms. En 2015, la sonde New Horizons dirigée vers Pluton avait une vitesse de 49 kilomètres par seconde. Pour atteindre Alpha du Centaure, elle mettrait plus de 24.000 ans. Or, une nouvelle technologie, la propulsion photonique, transfère l'énergie de la lumière à un objet par le moyen d'une *voile solaire*. Les photons qui vont s'y refléter donnent de leur quantité de mouvement, entraînant les engins. Ceux-ci, vaisseaux minuscules, *nanocrafts* de moins d'un gramme, sont fabriqués à partir de composants électroniques et disposent d'une *voile solaire*. Un rayon laser de 100 gigawatts - plus que l'énergie requise pour l'envol d'une navette spatiale - servira de propulseur. Ces vaisseaux miniatures pourront atteindre 160 millions de km/h, soit 20% de la vitesse de la lumière. Leur voyage prendra vingt ans au lieu des 24.000. Ils nous renverront les données par laser, un retour de plus de quatre années tout de même. On pourrait recevoir les images d'Alpha du Centaure d'ici 2061. Les sondes exploreront aussi des zones plus proches. Hawking (2010) pense que ce qui rend l'être humain unique, c'est son aptitude à s'affranchir de ses limites. Ainsi, pour lui, c'est justement parce que nous sommes des êtres humains que voler au delà de la terre devient pour nous un objectif.

La néoténie conditionne cette possibilité d'ouverture des humains à l'exploration infinie du monde et donc à la possibilité d'une construction infinie d'eux-mêmes. Nous n'avons pas à choisir absolu et infini l'un contre l'autre. Leur antagonisme fonde aussi bien leur régulation. Chacun, selon les situations, choisit d'être hostile aux autres ou en reliance et coopération avec eux. Les acteurs humains sont libres de se construire plus ou moins ensemble mais toujours *semblables, différents*. Alors qu'il peut se trouver à l'origine d'une multiplicité de compositions en mesure d'enrichir leurs devenirs, l'antagonisme du semblable et du différent peut aussi se rétrécir, s'appauvrir et finir par désigner un camp du bien, celui des semblables, et un camp du mal, celui des différents. Agamben (2002, 44) écrit que l'homme *« est l'animal qui a besoin de se reconnaître humain pour l'être »*. Cette ambivalence structure la condition humaine et toute l'histoire faite de massacres et de miracles. Or cette histoire est interculturelle et cela à travers les trois grandes figures de l'humain, évoquées au tout début de ce texte, les trois grands réseaux qui en s'inventant eux-mêmes ont inventé l'histoire, à commencer par le premier celui, océanique, des continuelles régulations de conduites par tous et en tout domaine.

4. Les régulations des conduites : invisible réseau dans l'espace-temps de l'histoire

La structure antagoniste du réel fait que les humains sont régulièrement aux prises avec de multiples orientations opposées à partir desquelles ils doivent composer : s'ouvrir plus ou se fermer plus, selon les intempéries ou l'attitude des autres ; unifier leurs actions et leur existence ou les diversifier ; renforcer l'autorité ou la liberté, etc. Ainsi, l'éducation doit ajuster autorité et liberté, en fonction des âges mais aussi des personnalités différentes. Certaines réponses, plus souvent produites, pourront être sélectionnées, conservées, transmises, constituant alors la culture. Ces réponses culturelles, qui s'installent, risquent de se constituer en réponses définitives et exclusives. Bien qu'elles aient été, elles-mêmes, inventées, elles empêchent ainsi de nouvelles inventions. C'est ce que font parfois certaines traditions rigides. En principe, la liberté adaptative humaine et la stimulation au changement provenant des évolutions des contextes conduisent chacun à changer, de lui-même, ses propres réponses culturelles. Ce changement est donc intraculturel. Mais d'autres, dans une autre culture, font de même. Cela constitue la base commune ordinaire pour passer de l'ajustement intraculturel à l'ajustement interculturel, même si cela est souvent plus difficile (Demorgon, Molz, 2015, 2001).

L'adaptation antagoniste (et complémentaire) des actions mérite bien son statut de grand invariant et de première figure de l'humain. Elle est déjà mise en majesté en Chine, quatre siècles avant notre ère, dans un texte devenu classique que reprend encore aujourd'hui François Jullien (1993). Elle a connu des extensions récentes (Bernard-Weil, 1988). Cette adaptation antagoniste oriente les grandes activités et les formes de société. Un seul exemple parmi des milliers, autorité et liberté doivent se réguler en fonction des situations et à tout niveau : personnes, groupes, sociétés, planète. Cette régulation est à l'œuvre partout. Dans les religions, la référence aux puissances supérieures favorise l'autorité. La reconnaissance d'une responsabilité éthique de l'individu suppose sa liberté. Beaucoup ont montré que les sociétés tribales avaient souvent encouragé la liberté, et que la dimension royale, impériale, avait facilité l'autorité. Mais en chacune autorité et liberté oscillent. F. Le Play et E. Todd (2011, 1999) l'ont montré pour les régimes familiaux qui sont au moins structurés par deux antagonismes *autorité, liberté / égalité, inégalité.* Traductions connues : l'âge de la majorité, les modalités d'héritage. Ces antagonismes sont aussi largement présents en économie. Rappelons celui constamment invoqué entre protectionnisme et libre-échange.

Glissant (1997) s'est référé à cette adaptation antagoniste des actions. Les opposés restant distincts, irréductibles l'un à l'autre, cet antagonisme maintenu garantit la possibilité de multiples compositions tenant à la fois des deux directions. Il en donne nombre d'exemples. Ainsi, à côté du 'clair *et* distinct' il faut *rétablir* l'opacité : *« Je réclame pour tous le droit à l'opacité qui n'est pas le renfermement. C'est pour réagir par-là contre tant de réductions à la fausse clarté de modèles universels »*

(Glissant, 1997, 29). Ou encore, le concept ne doit pas apparaître comme seulement fermé alors qu'il est aussi ouvert : *« Le concept se présente clos et ouvert, mystérieusement. Si les pensées de système abolissent dans le concept ce qui est ouverture, la pensée de la trace confirme le concept comme élan, en fait le récitatif, le pose en relation, lui chante relativité. De même aussi, l'identité. Elle n'est pas toujours exclusive et 'proclamatoire' »* (Glissant, 1997, 83). Dans le domaine de la littérature et des formes d'expression, elle devient *« opératoire... notre identité ne fonde plus sur une science, elle conduit à relation... Nos identités rhizome en ont fini avec les essences, les exclusives, les rites du retirement. Ou, du moins, replis et des plis identitaires jouent entre eux »* (Glissant, 1997, 229).

Cette régulation antagoniste quotidienne a aussi un rythme long et lent qui différencie des époques. Quatre exemples.

a. Tendance culturelle d'hier : tout comprendre. Tendance culturelle actuelle : coexister. Dès lors, *il ne m'est pas nécessaire de "comprendre" qui que ce soit, individu, communauté, peuple, de le "prendre avec moi" au prix de l'étouffer, de le perdre ainsi dans une totalité assommante que je gérerais, pour accepter de vivre avec lui, de bâtir avec lui, de risquer avec lui.*

b. Tendance culturelle d'hier : le *lieu commun* est réduction et sclérose. Tendance culturelle actuelle : le *lieu commun* est explosion indéfinie des différences qui s'y retrouvent.

c. Tendance culturelle d'hier : privilégier l'*Un*. Tendance culturelle actuelle : privilégier le *Multiple*. Glissant (1997, 131) précise : *« L'Un magnifie et le divers acclame... Que cela ne tourne pas à système... Que le Tout n'est pas clos ni suffisant. C'est vivre le monde... Le Tout-Monde est rayonnant d'ici qui se relaye. Le Tout-Monde est totalisant mais n'est pas total »*.

d. De ce fait, entre des pensées continentales générales et massives - tendance culturelle d'hier - et des pensées communautaires particulières et enkystées - tendance culturelle reprise aujourd'hui - plutôt les compositions démultipliées de *« la pensée archipélique, pensée du tremblement, de la non-présomption mais aussi de l'ouverture et du partage »* (Glissant, 2007 ; 1997, 231).

5. Réseau des grandes activités : religion, politique, économie, information

Les actions sont premières et multiples mais elles se sont progressivement différenciées et organisées. Aux époques communautaires et tribales, on est cueilleur, chasseur puis, à partir du néolithique, pasteur, agriculteur.

Conjointement, des activités différentes, non économiques, se sont toujours manifestées. Religieuses et politiques, elles étaient indispensables à la cohérence, à la protection de tout groupe humain, de toute société. Les grandes activités humaines - religion, politique, économie, information - se sont constituées en s'opposant et en s'arrangeant entre elles du fait des choix dispersés et réunis de leurs acteurs engagés.

Leur dynamique relationnelle conflictuelle n'est cependant apparue en pleine lumière qu'avec trois grands auteurs. Les études de Karl Marx sont les plus connues. Mais il faut leur ajouter celles de Max Weber sur la relation du protestantisme à la politique et à l'économie. Et celles de Georges Dumézil (2011) sur la haute antiquité des sociétés indoeuropéennes. Celles-ci, eurasiatiques, manifestent la même tripartition hiérarchisée des activités. En tête le religieux, puis proche de lui, le politique, administratif ou militaire. Ensemble, ils contrôlent les acteurs de l'économie.

Quant au quatrième grand secteur, celui de l'information, il était d'abord mêlé à chacun des trois autres. Depuis, il se constitue de plus en plus autonome à mesure que les humains sont conscients de son ampleur et de sa diversité. En effet, la connaissance toujours d'abord existentielle, vécue, se formalise : technique, mathématique, ludique, poétique, littéraire, artistique, juridique, scientifique, médiatique.

Le temps historique au cours duquel les quatre grandes activités se sont constituées, maintenues, développées, modifiées, se chiffre en millénaires. Il y a donc une probabilité très faible que l'une de ces grandes activités puisse disparaître dans un délai limité. Certains paraissent le croire pour le religieux et le politique.

L'importance des grandes activités ne doit pas donner lieu à une caricature du réel. Religion, politique, économie, information ne sont pas données une fois pour toutes, ce sont leurs acteurs qui les construisent et cette construction se poursuit au travers même de leurs oppositions. Les grandes activités sont prises dans une systémique générale d'indifférenciation et de différenciation entre elles. Elles se déploient dans de nombreux sous-secteurs parfois mixtes. Chaque grande activité s'affaiblit, se renforce, se différencie à travers cette concurrence avec les trois autres. Leur évolution est hypercomplexe. En effet, chaque acteur humain y intervient de façon plus ou moins libre à travers la régulation de toutes ses conduites en tout domaine.

Les quatre grandes activités opèrent comme des matrices d'unification des acteurs humains. D'une part, chacune pense pouvoir devenir la seule source primordiale de l'unification. D'autre part, dans leurs rivalités, elles s'associent deux à deux contre les autres jusqu'au moment où l'une croit pouvoir l'emporter définitivement sur toutes.

Jusqu'à présent, ni leurs acteurs principaux ou secondaires ni leurs partisans de base ne sont parvenus à la conclusion que la croissance de l'humanisation est à la merci de leurs capacités de composer.

6. Réseau des formes de société : tribale, royale, nationale, mondiale

6.1. Nous employons le mot *nation* pour tous les pays, ce qui est erroné car, même aujourd'hui, tous les pays ne sont pas des nations ; hier, encore moins. De nombreux travaux transdisciplinaires, consacrés à la périodisation de l'histoire

(Demorgon, 2015, 2002), privilégient, avec des variantes, la succession de quatre grandes formes générales de société : tribale, royale, nationale, mondiale.

Morin (1977, 247) a souligné « *la formidable métamorphose des tribus en royaumes et empires* ». Dumézil (2011) a mis en évidence dans les sociétés européennes la fondation du *royal* par association des acteurs du religieux et du politique contrôlant mieux ainsi l'économie et l'information. Cependant, cette association plurimillénaire décline à la longue à travers des crises répétées. À partir de la ligue hanséatique et des cités marchandes italiennes, royaumes et empires vont connaître en Europe un déclin fait aussi d'à-coups brutaux. En Europe au moins, les critiques portant sur les autorités d'abord surtout religieuses, puis politiques, ont favorisé l'émergence d'une nouvelle association, celle des acteurs de l'économie et de l'information contrôlant désormais les religions et les politiques. Venise, les Pays-Bas, la Grande-Bretagne sont les champions de cette *Grande Transformation* (Polanyi, 1986, 2009).

6.2. La conjonction du scientifique, du technique, du commercial et de l'industriel produira la modernité avec l'avènement de la troisième grande forme sociétale : la nation marchande industrielle, foyer, avec son atout démocratique, d'une puissance territorialement et idéologiquement recentrée par rapport à la dispersion des empires.

Enfin, ce pouvoir d'une économie et d'une information associées, va se trouver décuplé dans ses moyens d'échanges et de traitements communicationnels, avec les NTIC. Quand ce pouvoir s'installe au plan planétaire, c'est l'émergence d'une quatrième forme : la société d'économie informationnelle mondiale qui défie aujourd'hui les nations.

6.3. Une grande forme historique de société domine pendant une période séculaire voire millénaire mais avec toutes sortes de variantes selon les pays et leur histoire. Dans la longue période des royaumes et des empires, on aura aussi des *califats* et des *khanats*. On aura même la République romaine ou la démocratie athénienne, sociétés originales, uniques comme le sera aussi plus tard la République de Venise.

Attention, ne commettons pas l'erreur d'imaginer une périodisation tranchée. Les passages d'une forme sociétale à une autre peuvent conjuguer brusqueries ou stagnations, lenteurs ou reprises, et chevauchements dans les transformations. Entre la forme déclinante et la forme montante, il y a des interactions conflictuelles et d'arrangement. Elles sont multiples, changeantes et bien différentes selon les moments, les lieux et les pays.

6.4. Chaque grande forme est caractérisable par des atouts culturels uniques. En particulier par la façon dont s'organisent, de façon dynamique, pas toujours pacifique, les acteurs des quatre grands secteurs. Quand une forme dominante cesse de l'être, ses atouts culturels ne disparaissent pas mais persistent sous forme de courants culturels dans le système de la nouvelle forme. Ces courants continuent d'être en interculturation antagoniste.

Ainsi *communautarismes* et *tribalismes* existent encore aujourd'hui et jouent des partitions nouvelles. Reconnaissons la contribution supplémentaire faite par Michel Maffesoli (2000) à l'exploration de certaines formes d'un tribalisme également renouvelé, postmoderne.

Second exemple : dans le cadre des royaumes et empires, un certain nomadisme s'est investi dans les grandes expéditions maritimes. Dans le cadre de la nation, il a pu se retrouver dans les entreprises coloniales comme dans les expéditions scientifiques.

Troisième exemple : le sacré qui était l'un des fondements des royaumes a bel et bien été capté par les nations.

Quatrième : pour démocratiques que se veulent les nations marchandes, elles se sont montrées cependant fort impériales, impérialistes, dans les deux phases successives de colonisation et de mondialisation.

Les divers décalages des évolutions dans le temps et dans l'espace font que chaque société singulière, d'une certaine durée historique, est un mixte unique des formes de sociétés qui ont contribué à la constituer avec leurs divers courants culturels. Ceux-ci sont en travail en elle, du fait des interactions sociales internes comme du fait des interactions sociétales externes.

7. L'histoire entre miracles et massacres

L'ambivalence humaine entre l'absolu et l'infini est comme une conséquence de la bifurcation antagoniste première que pose la néoténie entre la séparation et la reliance au cœur de tout être. A l'origine la nature dote le monde du vivant de cette régulation. Avec l'être humain, elle lui en livre largement le pilotage d'où la culture sans limite. Cette régulation humaine s'invente au travers des trois grands réseaux. Ambivalents eux-mêmes, ils engendrent une histoire faite de miracles et de massacres. L'histoire a eu et a toujours ce visage d'antagonismes monstrueux faits de massacres inimaginables. Des centaines de milliers de personnes enterrées vivantes deux siècles avant J.-C. aux dizaines de millions de victimes civiles et militaires des deux Grandes Guerres mondiales du XXe siècle.

Mais l'histoire a aussi ce visage d'antagonismes subtilement agencés en miracles impensables. Avec des sciences qui suivent les entrelacs précis et rigoureux de la nature jusqu'à cette fécondité magique des inventions techniques. Les moteurs à explosion, à réaction ne détruisent l'énergie que dans un appareil qui l'apprivoise.

Une évidence tarde indéfiniment à se faire jour : quand les acteurs humains comprendront-ils qu'ils doivent mettre à profit l'esprit des sciences et des techniques dans un art nouveau où ils bégaient, celui d'apprivoiser leurs propres forces ? Un art où la violence pensée manquera d'autant moins qu'elle devra contenir la violence brute. Un très long apprentissage est en cours.

Quelques acteurs humains ont d'ailleurs toujours aussi raconté la possibilité d'une autre histoire. Dans une perspective religieuse éthique, ils ont cru pouvoir observer que le mal pouvait sortir du bien mais aussi le bien du mal. Ils ont cherché à définir un au-delà du bien et du mal. Dans une perspective d'économie politique éthique, ils ont cru pouvoir observer que des vices privés pouvaient émerger les vertus publiques. Projection laïcisée, mais si peu que l'on a présenté cette métamorphose comme l'œuvre d'une main invisible : toujours celle de Dieu mais au moment où l'économie se prend pour lui.

Cet imbroglio du mal et du bien, ou du vice privé et de la vertu publique cache le secret de l'antagonisme. Celui-ci est toujours avant, il est en deçà du bien et du mal. Mais la main invisible de Dieu ou de la nature a remis à l'homme la liberté d'inventer comment il créera à partir de cet en deçà. C'est sa propre main qui est invisible à l'humain tant qu'il ne parvient pas à construire ce qu'il se contente d'opposer.

Les humains, conscients de leurs limites qu'ils peinent à franchir, croient aussi en la grâce de Dieu ou de la nature. Effectivement, elle se manifeste dans le fait que, parfois égarés au milieu de leurs oppositions, ils en réussissent quand même une construction plutôt positive. David Cosandey (1997, 2007) en fait une exceptionnelle démonstration historique planétaire. Il s'agit de la façon dont des sociétés en rivalité voire devenues combattantes (au risque de massacres) produisent de magnifiques progrès des sciences et techniques, (miracles). Alors, quelles sont donc les dynamiques qui contrarient ou favorisent le progrès des sciences et des techniques ? Cosandey voit bien que ces progrès ont pu avoir lieu en Chine d'abord puis plus et constamment en Occident. Celui-ci aurait-t-il un secret ?

Sans doute mais secondaire. Le véritable secret est celui des humains. Nous avions besoin pour le comprendre de découvrir la dynamique de rivalité entre les grandes activités. En l'occurrence, trois d'entre elles sont en jeu ensemble : économie, politique et information. En effet, chercheurs et savants progressent dans les savoirs et les inventions (activité informationnelle) seulement quand certains d'entre eux peuvent librement devenir, à temps plein, savants et inventeurs professionnels. Ils y parviennent au service de sociétés obligées de s'en référer à eux pour l'emporter dans leur rivalité (activité politique). A condition que cette rivalité dure. Or, elle ne le peut que si ces sociétés disposent de ressources suffisantes (surtout activité économique). Et que cela soit à un niveau assez semblable entre elles.

Pas si simple : le miracle est fragile et s'évapore de deux façons opposées. L'équilibre s'effondre car personne ne l'emporte et tous se déchirent sans fins. Mais aussi quand un seul l'emporte et impose ses volontés à tous. Chaos ou autoritarisme tuent le progrès des sciences et techniques. Par chance, plusieurs fois dans l'histoire, la politique, l'économie, l'information ont construit leur rivalité et leur complémentarité en une équilibration synergique, majorante. D'où plus de miracles que de massacres, heureux hasard que nous ne savons toujours pas reproduire.

Lecture de Jean-Pierre Dupuy (2004) : *« Le ressentiment, cette forme ultime du mal, comme Kant l'a bien vu, c'est précisément lorsque rien, aucun intérêt pour le monde ne tient plus entre les êtres, pour les empêcher 'de tomber les uns sur les autres'. Sans médiation, c'est alors la mêlée de la violence pure, où les êtres s'affrontent directement, perdant toute notion de leur intérêt propre, encore plus de leur intérêt commun… le mal n'est pas seulement une catégorie morale, propre au jugement normatif, il est aussi un principe d'explication. Il y a un pouvoir causal du mal, irréductible à la logique de l'intérêt. Sous la forme du ressentiment, de l'envie, de la jalousie, de la haine destructrice, le mal peut acquérir une puissance considérable, broyant sur son passage tout ce qui, les tenant à distance les uns des autres, permet aux hommes de vivre ensemble »* (Dupuy, 2004, 33)

8. La mutation interculturelle : mondialisation et mondialité

On peut retenir de la démonstration de Cosandey que si le meilleur n'est pas garanti, le pire, lui non plus, n'est pas toujours sûr. Il en va de même aujourd'hui. Une pensée d'Hölderlin est à juste titre souvent citée : *Là où croît le péril croît aussi ce qui sauve.* Un antagonisme nouveau exprime fortement le dilemme interculturel des temps actuels : celui de la mondialisation et de la mondialité. L'humain, devenu cosmonaute, met le pied sur la lune en 1969. Celle-ci *de facto* devient l'observatoire de la Terre. Au-delà de leur être de terriens, les humains doivent se penser cosmiques, ce qu'ils ont toujours été mais qu'ils oublient sans cesse. Mondialisation et mondialité illustrent cette coupure. La mondialisation est conquête de la planète dont le peuplement s'est étendu sur des millénaires pour finalement s'accélérer avec les progrès des transports. Elle est aujourd'hui conquête des humains et de leurs activités. La religion et la politique avaient hier commencé avec leurs ressources spécifiques. L'économie financière mondialisée prend largement le relais. Cet interculturel des mondialisations a relié personnes, groupes et sociétés. L'interculturel des mondialités relie continents, planètes et cosmos. Après la mondialité cosmonautique et cosmologique, on ne peut ignorer la prégnance actuelle de la mondialité écologique. Nous vivons *l'âge de l'anthropocène*, terme qu'emploie, dès 1922, le géologue Aleksei Pavlov. En 1995, Crutzen, prix Nobel de chimie, le reprend. Lussault (2013) rappelle que Buffon prétendait déjà que la face entière de la terre portait maintenant l'emprunte de la puissance de l'homme.

Mondialité écologique et mondialité cosmonautique se conjuguent pour nous interroger sur nos difficultés d'inventer ensemble l'interculturel anthropocosmique. Jadis, Teilhard de Chardin, de façon religieuse, abordait déjà ce problème.

Par ailleurs, dans nos vies quotidiennes, nous sommes immergés dans la mondialité informationnelle. Radio, télévision, téléphone, internet, informatique domestique ou embarquée ont créé la mobilité interhumaine sans déplacement :

l'ubiquité. La mondialité sportive avait précédé. La renaissance des Jeux Olympiques mondiaux avait même tenté de prendre de vitesse la Grande Guerre civile européenne puis mondiale de 1914 à 1945.

C'est encore une autre mondialité informationnelle qui s'est constituée au XXe siècle avec l'extension de l'histoire humaine à la planète entière. Citons les études des civilisations d'un Toynbee, la recherche d'un Needham sur la considérable avance scientifique et technique chinoise, les ouvrages d'un Braudel séduisant le grand public.

Sur toutes ces bases, le terme mondialité, déjà dans le titre d'un livre en 1904, a pris une signification étendue et profonde dans l'œuvre d'Edouard Glissant (1997) à travers un roman et un Traité du *Tout-Monde*. La mondialité informationnelle ne culmine pas avec Internet car si le moyen est là, il reste à en faire un véritable usage interculturel. Impossible sans déjà une compréhension de l'interculturel historique telle que nous l'avons esquissée ici. Même s'il convient d'apprécier les miracles techniques, ce sont leurs inventeurs qu'il faut reconnaître. D'autres inventeurs doivent suivre dans l'usage de ces techniques.

De multiples antagonistes y sont à l'œuvre. L'un d'eux a récemment opposé le FBI à la firme Appel refusant de lever le secret garanti à l'acheteur de ses smart-phones. Secret de polichinelle comme les hackers l'ont vite démontré. Toutefois cet antagonisme et l'ambivalence qui s'y joue ont encore d'infinis beaux jours devant eux. Selon Alexandre Lacroix (2016, 135) : *« Quoi que vous fassiez, il y aura toujours des spams. De temps à autre, les programmateurs conçoivent de nouveaux filtres anti-spams sophistiqués. Aussitôt la difficulté à produire des spams s'élève et, pendant un moment, on en reçoit moins. Mais cette accalmie est de courte durée, car les spammeurs finissent par venir à bout des mécanismes de filtrage et on revient à la situation de départ. Eh bien, vous ne voyez pas que la même chose vaut pour le bien et le mal ? En d'autres termes : inutile de prétendre moraliser l'humanité au moyen d'une surveillance de chaque instant, adossée à une éthique utilitariste. L'humain est ainsi fait qu'il vous préparera toujours une entourloupe, qu'il enjambera le barrage. Toute morale envahissante est promise à être contournée ».*

9. L'interculturel à venir, transpolitique et cosmopolitique

Discipline peu connue portant sur les évolutions des sociétés, la transitologie s'est souvent fourvoyée comme dans les travaux célèbres du premier Fukuyama. Constatant que nombre de sociétés se ralliaient au modèle de la démocratie occidentale, il la posa comme indépassable et crut pouvoir annoncer la fin de l'histoire.

Une prospective interculturelle ne saurait tomber dans de telles erreurs. Elle ne part pas d'appréciations subjectives sur les bons et les mauvais régimes même si elle ne renonce pas pour autant à produire des jugements. Elle part de l'étude de l'interculturel historique et de ses productions au long des millénaires. Sa découverte fondamentale, nous l'avons vu, est celle des trois grandes figures de l'humain : la régulation des actions-passions, les grandes matrices rivales d'unification, la dynamique transpolitique des grandes formes organisationnelles de société.

De plus, une prospective interculturelle ne peut pas être linéaire. Encore moins sur une ligne allant du mal au bien. Elle doit traiter les évolutions des trois figures de l'humain étudiées et comprises ensemble. Si elle verse dans une transitologie, ce sera pour comprendre comment l'océan des conduites (dé)régulées d'actions passions se perdent et se trouvent en animant les conflits et les arrangements des quatre matrices d'unification. Concrètement que font les acteurs humains des oppositions engagées et des liens déjà constitués entre religions, politiques, économies, informations ? Et comment cela entraîne des évolutions au plan des formes générales de société. Mais aussi de la forme sociétale singulière propre à chaque pays.

On peut nommer transpolitique cet interculturel global des trois figures de l'humain. En le reliant ainsi à la géopolitique et, vers l'avenir, à la cosmopolitique. La transpolitique est à la fois intérieure - elle lie les couches sociales d'une même société - et extérieure - elle concerne échanges et liens stratégiques et culturels entre les différents pays. La transpolitique est aux prises avec les évolutions conflictuelles entre les formes de société, à l'intérieur de chaque pays comme entre eux. Par exemple, la mondialisation de l'économie financière met en grande difficulté les gestions étatiques même démocratiques. L'année 2015 en Europe l'a clairement signifié et un prix Nobel d'économie comme Stiglitz (2015, 2012) l'a souligné.

D'une façon générale, les interactions de la transpolitique avec les perspectives géopolitiques (intérêts, statut et prestige) constituent l'une des conjonctures les plus dangereuses dans les situations de tensions internationales. Pensons aux politiques extrêmes mises en œuvre dans les colonialismes ; ou, au 20e siècle, en URSS, dans l'Allemagne nazie, dans les sociétés fascistes du sud de l'Europe ou au Japon. Aujourd'hui, des politiques oscillatoires résultent des immigrations en cours en Europe.

La transpolitique se manifeste à travers les tentatives d'accaparer globalement les puissances de l'économie, du politique, du religieux et de l'information médiatique. Des ensembles de pays, leurs gouvernants et leurs peuples tentent de se constituer autour des possibilités de domination de l'une ou de l'autre des grandes matrices d'unification. De façon non simpliste mais *simplexe* (Berthoz, 2009), risquons-en l'épure. On peut dire que l'Occident globalise autour d'un primat affiché de *son* économie. La Chine, autour du primat affiché de *sa* politique. Et les terrorismes islamistes (al Qaeda, Daech) autour d'un primat affiché de *leur* religion. En réalité, il y a, à chaque fois, une composition interculturelle, simpliste ou complexe, mais toujours enchevêtrée de politique, d'économie, d'information et de religion.

Au cœur de leurs enchevêtrements spécifiques, les grands ensembles semi-continentaux sont constamment reconduits à privilégier la force tant leur centration ainsi composée leur paraît légitime. Dans ces conditions, la persistance d'un interculturel inter-sociétal, intercontinental de violence reste toujours d'actualité.

Tempérer cette menace, la réduire, voire la contrôler devrait constituer la base d'une recherche-invention interculturelle transpolitique en cours et à venir. L'interculturalité écologique y travaille. Elle remet en question tant la matrice d'unification de l'économie financière que celle de l'information scientifique et technique. Elle les questionne sur leur possibilité, ou non, de se comprendre comme fait-valeur.

Avec une conséquence transpolitique considérable, celle de rendre les acteurs humains en mesure d'inventer une cosmopolitique de civilisations partant de leur étude développée, approfondie, pour contribuer à leur synergie effective. Isabelle Stengers (2003, 1996) plaide depuis longtemps pour l'invention concrète et institutionnelle d'une cosmopolitique mondiale. Bruno Latour (2004, 450) et Virginie Millot (2008) s'y rallient. Toutefois, Latour (*ibid*) en précise bien le sens : *« La cosmopolitique renvoie non pas à une conception pacifiée d'un universel abstrait, mais prend acte du fait que le monde commun n'est pas donné, déjà là, reconnaissable, mais toujours d'une certaine manière à construire ensemble dans la complexité, la diversité et le conflit ».* Somme toute, un interculturel *antagoniste ensembliste* ! (Demorgon 2018). Cette cosmopolitique de civilisations dispose de plus d'un chemin. Au-delà de ceux évoqués déjà, en voici deux autres. Le premier concerne l'ensemble des humains pensés sous le concept de leur capabilité infinie. Le second se propose de reconduire l'entreprise phare de l'aventure spatiale. Aucun n'est garanti. Aucun n'est facile.

10. De la capabilité humaine infinie à l'expansion spatiale

Michel Abescat (2015, 25-34) présentait déjà un dossier accablant sur les inégalités comme aussi Piketty (2013) et Stiglitz (2015, 2012). De nombreuses O. N. G. internationales suivent ce problème. Les chiffres sont partout cités : les huit premiers multimilliardaires disposent des mêmes ressources que la moitié la plus pauvre de l'humanité actuelle (3 milliards et demi de personnes).

D'un côté, le nouvel absolu de l'économie financière et patrimoniale mondialisée. De l'autre, une vaste population de salariés, dont certains quasiment esclaves, avec un euro cinquante par jour de travail, au Bangladesh ou ailleurs. Comme si la richesse ne pouvait résulter que de l'utilisation programmée d'humains dominés dans ce but. Certes, la question est d'ordre éthique mais, en même temps, économique. P.-N. Giraud (2015) le souligne par le titre même de son ouvrage : *L'homme inutile*. Celui-ci se multiplie : 47 millions de chômeurs dans les 34 pays membres de l'O.C.D.E. L'économie n'est ainsi même plus capable de se développer elle-même à partir de cette foule d'hommes inutiles. Et cela, parce qu'elle n'est pas capable de promouvoir la suite de leur développement alors même que celui-ci a largement commencé parfois même par de longues études.

Tout se passe comme si la principale source de richesse n'était pas dans les découvertes scientifiques, les inventions techniques et les créations esthétiques. Or, pour les produire, il faut des humains instruits, développés et mis en situation de produire des richesses. Laisser des milliards d'êtres humains dans le sous-développement physique et mental, contraints à des tâches inhumaines ou rendus inutiles, affecte tout le devenir de l'humanité.

Le mot économie reprendrait son véritable sens dans une forme économisant d'abord l'humain au lieu de le gaspiller. C'est dans cette direction qu'Amartya Sen (2015), prix Nobel d'économie 1998, a d'abord étudié l'imbroglio de certaines famines. Elles ne résultaient pas de la rareté des produits mais de la désorganisation sociale volontaire des uns contre les autres.

Cependant, la notion de *capabilité*, qu'il propose depuis, va plus loin. Elle vise une perte plus grande encore : celle de tout ce que des humains, usant à plein déjà de leurs capacités habituelles, pourraient encore développer comme capacités nouvelles. La capabilité humaine est cette ouverture à l'infini du monde, des autres, de soi-même. Elle rejoint la *néoténie*, jeunesse mentale soutenue tout au long de la vie qui, nous l'avons vu, caractérise l'humain. S'il y a un véritable droit de l'homme, c'est là qu'il est dans une économie indissolublement éthique, économique et politique. Pour Amartya Sen, la capabilité humaine, c'est *le droit* de pouvoir mettre en œuvre la *puissance d'agir dont chacun a besoin pour devenir l'auteur de sa vie*. Cela fonde une exigence éthique, puissant antidote au pur individualisme qui est le catéchisme de la pensée unique. La mise en œuvre d'une telle capabilité infinie donne son plein sens au destin - cosmique, éthique, écologique, économique et politique - des humains. Rapprochons Armatya Sen du sociologue Alain Touraine (2015). Il entend poser les *« droits de tous les êtres humains en tant qu'ils sont capables d'autocréation et d'auto-transformation comme de transformation de leur environnement »* (Touraine, 2015, 383).

Le développement de la capabilité doit devenir un objectif mesurable. Amartya Sen a souligné le caractère tronqué, trompeur, truqué des indicateurs économiques classiques. En 2008, la Commission Stiglitz, Sen et Fitoussi redit ces insuffisances du PIB et l'intérêt de ne pas mesurer seulement la production mais aussi la consommation, le bien-être et les inégalités. L'IDH, indicateur du développement humain, prend en compte : conditions de vie matérielle, santé, éducation, activités personnelles, participation à la vie politique, environnement, liens et rapports sociaux, sécurité économique et physique, espérance de vie.

L'IDH permet de savoir ce que vont devenir, au long du temps, les 80 % de la population mondiale qui échappent à toute protection sociale complète et les deux milliards de personnes en situation de pauvreté multidimensionnelle.

Un fait aujourd'hui marquant et singulier est occulté par toute la violence de l'actualité. Même quand les grands pays s'opposent sur des questions cruciales jusqu'à mettre en œuvre des sanctions économiques contre l'autre, parfois, ils n'interrompent pas leurs divers programmes de coopération spatiale. Cependant celle-ci se poursuit au ralenti. Beaucoup d'observateurs, d'analystes et de penseurs estiment qu'il faudrait qu'elle redevienne une préoccupation de premier plan.

Nous allons dans cette optique retrouver Cosandey (2008) depuis toujours sur cette longueur d'onde. Il se prend à penser, qu'au 21ème siècle, *« un ensemble de grandes puissances riches, stables et rivales »* Cosandey (2008, 827-828) pourraient rouvrir leur rivalité spatiale. Sciences et techniques multiples en seraient stimulées. Mais, surtout *« En renonçant à la conquête de l'espace, l'humanité réduit ses chances de survie à très long terme. C'est seulement en étendant leur domaine de peuplement aux planètes voisines que les humains se mettent à l'abri d'une catastrophe susceptible de ravager leur planète d'origine - comme une épidémie ou la chute d'une énorme météorite »*. (*ibid*, 833-836) et il souligne qu'une telle chute *« n'est pas aussi improbable qu'on le croit » (ibidem).* Faute d'une telle mobilisation cosmopolitique extraplanétaire, les sociétés humaines seront incapables de dénouer le nœud gordien de leur violence.

Stephen Hawking (2014, 2010) pense de même que l'espèce humaine reste en danger. Ce fut déjà le cas dans le passé lors d'une prévision d'implantation de missiles soviétiques à Cuba. De semblables menaces peuvent revenir et seront toujours difficiles à gérer. Il est donc impossible de négliger la sauvegarde minimale que représente le déplacement de l'humain hors de sa planète.

Références bibliographiques

Abescat, M. (2015). Inégalités. Tous responsables ? *Télérama.*

Agamben, G. (2002). *Moyens sans fins. Notes sur la politique.* Paris, France : Payot.

Bernard-Weil, E. (1988). Précis de Systémique Ago-Antagoniste. *L'Interdisciplinaire.*

Berthoz, A. (2009). *La simplexité.* Paris, France : Odile Jacob.

Bidar, A. (2012). *Comment sortir de la religion.* Paris, France : La Découverte.

Cosandey, D. (2008). *Le secret de l'Occident.* Paris, France : Flammarion.

Demorgon, J. (2005). *Critique de l'interculturel.* Paris, France : Economica.

Demorgon, J. (2015). *Complexité des cultures et de l'interculturel.* 5e éd. Paris, France : Economica.

Demorgon, J. (2016). *L'homme antagoniste.* Paris, France : Economica.

Demorgon J. (2018). *L'interculturel qui vient d'hier à demain. Anthropologie, histoire, procès, prospective,* dans T. Mekideche & F. Tanon (Eds). *L'interculturel d'hier à demain : De la lente construction d'un champ épistémologique.* Paris, France : L'Harmattan.

Dufour, D-R. (2012). *Il était une fois le dernier homme.* Paris, France : Denoël.

Dumézil, G. (2011). *Mythes et dieux des Indo-Européens.* Paris, France : Flammarion.

Dupuy, J.-P. (2004). *Pour un catastrophisme éclairé.* Paris, France : Seuil.

Glissant, É. (1997/2007). *Traité du Tout-Monde.* Paris, France : Gallimard.

Goody, J. (2010). *Le vol de l'histoire.* Paris, France : Gallimard.

Giraud, P.-N. (2015). *L'homme inutile.* Paris, France : Odile Jacob.

Hawking, S. (2014). *Petite histoire de l'univers.* Paris, France : Flammarion.

Hawking, S. (2010). *L'Homme doit coloniser l'espace pour survivre.* Londres, UK : France Presse.

Jullien F. & Kong, J. (1993. *Zhong Yong.* Imprimerie nationale.

Lacroix, A. (2016). *Ce qui nous relie.* Paris, France : Allary Editions.

Latour, B. (2004). *Politiques de la nature.* Paris, France : La Découverte.

Linton, R. (1936) *The Study of Man.* New York, USA, D. Appleton. Trad. fr. 1968, *De l'homme.* Paris, France : Éditions de Minuit.

Lourau, R. (1997). *Implication, transduction.* Paris, France : Economica.

Lussault, M. (2013). *L'Avènement du Monde. Essai sur l'habitation humaine de la Terre.* Paris, France : Seuil.

Maffesoli, M. (2000). *Le temps des tribus.* Paris, France : La Table ronde.

Milliot, V. (2008). Cosmopolitisme de l'espace public. *Culture et recherche,* 114-115.

Molz, M., Demorgon, J. (2015, 2002). La théorie de la culture. Dans Martinelli (Ed). *L'apprentissage interculturel.* Strasbourg, France : Ed. du Conseil de l'Europe.

Morin, E. (1977). *La méthode I., La nature de la nature.* Paris, France : Seuil.

Piketty, Th. (2013). *Le Capital au XXe siècle.* Paris, France : Seuil.

Polanyi, K. (1986, 2009). *La Grande Transformation.* Paris, France : Gallimard.

Putnam, H. (2004). *Fait/Valeur : la fin d'un dogme.* Paris, France : L'Éclat.

Rockefeller, D. (2013). *Mémoires.* Dans Van Cauwelaert. *Dictionnaire de l'impossible.* Paris, France : Plon.

Sen, A. (2015). *Identité et violence.* Paris, France : Odile Jacob.

Sen, A. (1999). *Development as freedom.* N.Y., NY : Oxford Univ. Press.

Sibony, D. (2003), *Entre-deux. L'origine en partage.* Paris, France : Seuil.

Stiglitz, J. (2015, 2012). *La grande fracture.* Paris, France : Les liens qui libèrent.

Touraine, A. (2015). *Nous, sujets humains.* Paris, France : Seuil.

Todd, E. (2011). *L'origine des systèmes familiaux.* Paris, France : Gallimard.

Todd, E. (1999). *La diversité du monde.* Paris, France : Seuil.

Chapitre 9

Transfert des compétences pré-migratoires par l'approche interculturelle : enjeux et défis pour l'intervention

Monica Schlobach, Danic Ostiguy & Thomas Gulian

1. Introduction

L'absence de reconnaissance des expériences professionnelles pré-migratoires des immigrants de la part des employeurs canadiens, en particulier ceux des PME, est considérée dans la littérature comme un des obstacles majeurs à leur intégration en emploi (Elgersma, 2012 ; Touré, 2012 ; Roland, 2011 ; Chicha et Charest, 2008 ; Sangster, 2001). Toute interrogation sur la reconnaissance de ces expériences rencontre la question du transfert des compétences, qui est constitutive de toute démarche visant l'employabilité : ainsi, comment une expérience de travail acquise à l'étranger peut-elle être transposée au marché du travail local ? Le transfert de compétences n'est pas une opération spontanée et pose un problème complexe en ce qu'il suppose une double opération de décontextualisation et de recontextualisation, afin de rendre le capital des compétences de l'immigrant rentable sur le marché de l'emploi. C'est pourquoi transférer est toujours une activité qui nécessite une *compétence interculturelle* (Ladouceur-Girard, 2012 ; Commission européenne, 2011) chez les employeurs et les intervenants auprès des immigrants afin d'éviter que des comportements différents soient interprétés comme des signes d'incompétence et entraînent l'élimination des candidats immigrés. L'intervention interculturelle oblige, ainsi, à questionner ce que certains nomment *l'approche paroissiale et ethnocentrique* (Adler 1983 ; Bartel-Radic 2009), où les conclusions sont conçues comme universelles, sans que soit perçu que les différences culturelles entraînent des distorsions culturelles dans les modèles classiques d'évaluation des compétences.

Pour contrer ce problème de non reconnaissance des compétences des nouveaux arrivants au Québec, une recherche-action a été entreprise entre mai 2013 et décembre 2015 en collaboration avec des employeurs et des conseillers en emploi intervenant auprès des nouveaux arrivants. Cette recherche visait à : 1. Identifier les obstacles et les besoins vécus par les employeurs et les jugements de compétences mis en œuvre au moment de l'évaluation des candidatures en entrevue d'embauche des personnes immigrantes ; 2. Recenser les pratiques des conseillers dans leurs activités de bilan et de transfert des compétences et identifier leurs difficultés rencontrées ; 3. Développer, en partenariat avec les conseillers, des outils de transfert et s'assurer de la pertinence et de l'efficacité des outils mis en place.

Ce projet de recherche[39] repose sur une idée phare selon laquelle la garantie d'un transfert efficace des compétences acquises par les professionnels immigrants à l'étranger repose sur une connaissance, chez les conseillers, des exigences et jugements sur ces compétences de la part des employeurs lors des processus d'embauche. Étudier le point de vue des employeurs devient nécessaire car ceux-ci jouent un rôle stratégique dans l'inclusion ou l'exclusion en emploi des travailleurs immigrants. De plus, il est aussi important, pour assurer un transfert efficace des compétences, de cerner et de saisir les différences ou les écarts entre les façons de procéder des employeurs et celles des conseillers en ce qui touche leurs présupposés ou visions du marché du travail. L'objectif premier de ce projet a été ainsi de confronter et de rapprocher les univers respectifs des employeurs et des conseillers.

Les résultats obtenus montrent des similitudes et des écarts entre employeurs et conseillers en emploi en termes de compréhension des exigences du marché du travail. Ils traitent aussi des défis et barrières vécus par les candidats nouveaux arrivants au Québec, ainsi que du rôle de l'approche interculturelle pour réduire ces écarts.

2. Méthode

La méthode de **recherche-action** (Mayer et Ouellet, 2000 ; Resweber, 1995) a été adoptée dans ce projet car elle implique *« une communication dialogique entre chercheurs et acteurs en vue de la production d'un type de savoir qui favorise la réorientation de l'action »* (Weiner, 1986, 27). La démarche de recherche-action participative permet aux parties prenantes d'élaborer et de mettre en œuvre des outils garantissant le transfert de compétences des personnes immigrantes, démarche où les partenaires deviennent actifs dans la recherche de solutions novatrices dans le transfert des compétences acquises par les immigrants à l'étranger. Elle s'est traduite par la mise en place d'un comité de pilotage, qui a discuté et validé toutes les décisions prises au long de la recherche.

Ce projet a en outre utilisé des **méthodes qualitatives** car celles-ci donnent la parole aux *enquêtés* et s'appuient sur la réflexivité des acteurs, capables de rendre compte des actions et situations auxquelles ils sont confrontés. C'est pourquoi elles sont apparues utiles et pertinentes pour développer les outils adaptés au travail des conseillers. La collecte des données a consisté à interviewer d'une part une quarantaine d'employeurs de PME afin de comprendre les obstacles et les besoins vécus par les employeurs, ainsi que les jugements de compétences mis en œuvre au moment de l'évaluation des candidatures des nouveaux arrivants. D'autre part, une dizaine de conseillers en emploi ont été interviewés afin de

[39] Ce projet de recherche a été rendu possible grâce au financement du ministère de l'Éducation et de l'Enseignement supérieur du Québec et à la collaboration du Réseau national des organismes spécialisés dans l'intégration des nouveaux immigrants et de la Table de concertation des organismes au service des personnes réfugiées et immigrantes. Qu'ils en soient ici remerciés.

comprendre leurs démarches et méthodes interculturelles utilisées en vue d'assurer ce transfert des compétences et d'identifier leurs difficultés rencontrées.

Les données recueillies lors des entrevues ont été classées selon quatre thèmes principaux : *hard skills, soft skills*[40], présentation du CV et présentation de soi en entrevue d'embauche (étapes du processus de recrutement). Puis, elles ont été présentées sous forme d'un tableau comparatif des points de vue des employeurs et des conseillers concernant ces quatre thèmes à des groupes de discussion[41], formés respectivement d'employeurs et de conseillers. Chacun des groupes s'est réuni deux fois. L'objectif était, dans la première réunion, de présenter les données issues des entrevues, en particulier les écarts constatés et de recueillir les réactions des participants par rapport à quatre thèmes principaux : *hard skills, soft skills*, préparation du CV et de l'entrevue. Dans cette même réunion, il a été demandé à chacun des groupes de formuler des questions pour l'autre groupe concernant les quatre mêmes thèmes. Les questions ont été débattues dans chacun des groupes lors de la deuxième réunion, ce qui a permis à l'équipe de recherche d'affiner sa compréhension du point de vue respectif des employeurs et des conseillers et des différences jugées significatives par chacun concernant les quatre thèmes abordés. De plus, pour aider à la construction des outils, un thème spécifique aux conseillers a été discuté concernant la définition de leur rôle et de leurs tâches dans leur intervention en employabilité auprès des immigrants. La prise en compte de leurs réactions respectives devant ces données a permis d'affiner l'analyse et de mieux comprendre les enjeux identifiés par chacun des participants concernant le processus de reconnaissance et transfert des compétences acquises à l'étranger lors des processus d'embauche. Seront ici présentés les deux premiers thèmes (*hard skills* et *soft skills*) car ce sont eux qui illustrent le mieux les écarts entre les perceptions des employeurs et des conseillers.

3. Résultats

Ce projet a été l'occasion d'atteindre des résultats à plusieurs niveaux. D'abord, à travers des entrevues individuelles auprès de 35 employeurs, nous avons pu connaître leurs pratiques, leurs expériences et leurs difficultés concernant le recrutement de candidats immigrants, mettant en jeu des processus de reconnaissance et de transfert des compétences acquises à l'étranger. Du côté des conseillers en emploi, nous avons examiné deux aspects distincts : (1) leur

---

[40] Les compétences sont définies ici selon une distinction courante dans la littérature anglophone, soit entre *soft* et *hard skills*. Les *soft skills* correspondent, selon Robles (2012), aux « interpersonal qualities » tandis que les *hard skills* renvoient aux « technical expertise and knowledge needed for a job. » D'autres auteurs, comme Litecvky et al. (2004), mettent l'accent sur les compétences communicationnelles lorsqu'ils définissent les *soft skills*.

[41] Ces groupes, dont le fonctionnement se situe au croisement du dispositif Mendel (Parazelli et Colombo, 2006) et de l'intervention sociologique (Cousin et Rui, 2010),[41] ne se sont pas rencontrés ; la communication entre eux s'est faite par le biais de l'équipe de recherche, qui a livré à chaque groupe les questions élaborées à la suite des résultats des diagnostics établis en vue d'engager un processus de confrontation indirecte de leurs perspectives sur le sujet.

compréhension des exigences du marché du travail en termes de compétences ainsi que leur perception des exigences des employeurs en termes de présentation/mise en valeur de candidats lors des processus d'embauche ; (2) leurs méthodes d'intervention et actions en vue de préparer les immigrants candidats aux différentes étapes du processus d'embauche. Nous avons ainsi pu identifier les différents rôles joués par les conseillers dans ce processus de préparation des candidats à l'intégration au marché du travail.

3.1. Hard skills : point de vue des employeurs

Les employeurs interviewés procèdent, en général, à une individualisation des parcours professionnels. Ils cherchent à valider les compétences des candidats à travers une analyse de leurs expériences de travail, leurs rôles et expériences passées et leur capacité à dépasser des situations de crise. Les employeurs donnent un sens au parcours professionnel des immigrants en fonction de critères, d'indices ou d'indicateurs qui leur sont familiers et directement compréhensibles. Ainsi, ils pourront plus facilement évaluer correctement les compétences d'un candidat immigrant dont le contexte et les expériences de travail leur sont familiers, comme par exemple lorsque ces expériences se sont déroulées dans une entreprise multinationale dont le mode de fonctionnement et les tâches demandées sont plus directement transposables au contexte québécois. Par contre, si l'expérience de travail du candidat a été acquise dans une PME dont le mode de fonctionnement est inconnu de l'employeur, ce dernier s'attend à ce que le candidat immigrant fasse lui-même la traduction entre les deux contextes et rende ainsi compréhensible à l'employeur les différences et similitudes entre son expérience et le mode de fonctionnement du marché du travail local. Enfin, les employeurs font état des problèmes rencontrés avec les candidats immigrants concernant la maîtrise de(s) langue(s) de travail, en particulier pour les postes qui nécessitent un contact avec la clientèle. Leurs exigences concernant les compétences linguistiques sont, selon leurs propres propos, élevées.

3.2. Hard skills : point de vue des conseillers

Les conseillers font état de plusieurs obstacles rendant l'insertion des candidats immigrants semblable à un *parcours du combattant* : le cercle vicieux que représente l'exigence, de la part des employeurs, d'une expérience canadienne, ce qui exclut un grand nombre de candidats qui se trouvent à postuler un premier emploi au Canada ; s'ajoutent, selon eux, la difficulté, pour un immigrant, de se trouver un stage en entreprise. Face à ces défis, ils optent pour une stratégie d'inventaire et de mise en valeur de l'ensemble des compétences des candidats immigrants, même celles qui ne sont pas en lien direct avec les postes pour lesquels les candidats postulent. Concernant les compétences linguistiques, les conseillers sont bien au courant des exigences du marché du travail, mais devant les situations réelles des candidats, dans certains cas ils sont portés à les encourager à présenter leur candidature même si leur maîtrise linguistique ne répond pas aux exigences des employeurs, misant sur l'acquisition progressive de ces compétences en entreprise.

3.3. Écarts entre employeurs et conseillers (hard skills)

On note des écarts importants entre les processus de reconnaissance et les exigences et les façons de faire des employeurs et des conseillers. D'abord, l'on remarque que les employeurs ne cherchent à évaluer que les compétences qui sont directement en lien avec le poste et qu'ils le font en donnant un sens à l'expérience professionnelle qui répond à ce critère. Les conseillers au contraire cherchent à valoriser l'ensemble des compétences des candidats, ce qui peut résulter dans certains cas dans la présentation de candidatures qui misent plus sur leur polyvalence que sur la cohérence de leur parcours. Certains conseillers insistent sur l'importance, pour le candidat, de souligner les raisons rendant cohérentes des expériences à première vue marquées par des discontinuités. Enfin, en ce qui concerne l'exigence linguistique, on remarque que l'écart entre les exigences des employeurs et le niveau linguistique de certaines candidatures posées peut avoir deux résultats : dans certains cas (notamment de pénurie de main d'œuvre), la candidature peut être retenue. Dans d'autres, le candidat peut cumuler des candidatures non retenues à cause de son niveau linguistique, jugé insatisfaisant ou insuffisant par l'employeur.

3.4. Soft skills : point de vue des employeurs

Les *soft skills*, en particulier la compétence relationnelle (compétence sociale à communiquer) et la motivation, sont jugés par les employeurs autant sinon plus importants et significatifs que les *hard skills*. En lien avec les *soft skills*, un ensemble de normes comme l'autonomie, la capacité d'être à l'aise dans l'interaction, de s'intégrer dans l'équipe, de s'affirmer et de reconnaître ses erreurs agissent comme critères de sélection des candidats. Sont également valorisées l'efficacité et la rentabilité au travail. Est aussi exigée des candidats une capacité de faire preuve de transparence dans les diverses situations en milieu de travail, ainsi que d'évaluer de façon lucide et réaliste les limites de leurs compétences.

Ajoutons que certaines règles relationnelles concernant les rapports homme-femme, les rapports à l'autorité en contexte nord-américain, les rapports à la religion et les façons d'interagir avec les clients sont considérées comme des règles non négociables et des conditions *sine qua non* à une bonne intégration en emploi pour la majorité des employeurs interviewés.

3.5. Soft skills : point de vue des conseillers

Les conseillers rencontrés ont l'habitude d'aborder avec les candidats immigrants la question de l'auto-connaissance (connaissance de soi), de l'évaluation de leurs forces et faiblesses en termes de compétences et d'attitudes attendues dans un contexte de travail nord-américain. Lors de la préparation des candidats aux entrevues d'embauche, les conseillers mettent l'accent sur la nécessité pour les candidats de développer une démarche réflexive se traduisant dans une capacité d'autoévaluation de leurs propres compétences. Selon les conseillers, la notion de compétences est perçue, chez plusieurs candidats immigrants, comme étant très abstraite et plusieurs de ceux-ci sont peu familiers avec des exercices qui impliquent une réflexivité sur leurs qualités personnelles ou façons de faire, voire de se décentrer afin de comprendre leurs forces et faiblesses. C'est ainsi que certains conseillers rencontrent résistance et parfois refus, de la part des candidats, à procéder à ce genre d'exercice psychosocial. De plus, certaines pratiques de recherche d'emploi valorisées au Québec, comme le développement de réseaux professionnels, de séances de réseautage, de suivi de candidatures par téléphone ou de demande de feedback après une entrevue sont nouvelles pour une majorité de candidats immigrants.

Les stratégies adoptées face à ces difficultés consistent, pour les conseillers, à proposer aux candidats diverses interventions : simulation d'entrevues d'embauche où le conseiller joue le rôle de l'employeur et où le candidat doit faire preuve de la maîtrise de divers savoir-être ; informations sur la pratique de réseautage et sessions de réseautage ; appels effectifs d'employeurs. Pour chaque situation, le conseiller communique son feedback au candidat, ainsi que des suggestions permettant d'améliorer sa prestation dans les différentes situations. Enfin, le stage, le mentorat, la visite en entreprise et le bénévolat sont aussi mentionnés comme des stratégies plus ou moins ponctuelles et complémentaires des précédentes en vue de permettre au candidat de développer ses réseaux professionnels et de se familiariser aux règles implicites de son domaine d'activité.

3.6. Écarts entre employeurs et conseillers (soft skills)

On note une différence importante entre les thèmes mentionnés par employeurs et conseillers concernant les *soft skills*. Tandis que les exigences des employeurs visent des compétences très précises (communication, motivation, autonomie, travail d'équipe), les conseillers sont confrontés au défi de faire valoir, auprès de candidats parfois fort peu familiers avec la notion de compétences, l'importance de l'autoévaluation, de la présentation et de la mise en scène de soi. Cette difficulté ou défi est aussi rencontrée par le conseiller lorsqu'il présente aux candidats immigrants l'importance de la pratique de réseautage comme moyen d'insertion au marché du travail local.

En ce qui concerne l'exigence de transparence de la part des employeurs, on ne retrouve pas un consensus de la part des conseillers. Certains conseillers penchent plutôt pour une stratégie *de vente ou de marketing* de maîtrise des compétences exigées par le poste, plutôt que de dévoiler des manques ou des faiblesses, qui sont jugés contreproductifs à l'embauche. D'autres visent plus une stratégie d'autoévaluation et de reconnaissance des points faibles et des compétences à acquérir par les candidats, ainsi que la présentation à l'employeur des moyens pour y arriver afin de bien performer dans le poste. Cette dernière stratégie a, selon les données recueillies, de meilleurs résultats en termes d'insertion durable en emploi.

4. Discussion

La validité des résultats de cette recherche repose sur un processus de validation croisée par les acteurs eux-mêmes. Ainsi, la mise en place de groupes de discussion d'employeurs et conseillers et les échanges structurés entre les deux groupes ont permis d'identifier les points de convergence et de dissonance entre les exigences et les stratégies jugées gagnantes. De plus, le croisement des informations a permis aux participants à ces groupes de discussion (y compris les chercheurs) de mieux comprendre le point de vue des deux groupes et de visualiser les actions les plus efficaces permettant une intégration réussie des nouveaux arrivants.

La comparaison des points de vue des employeurs et des conseillers révèle certains écarts concernant des critères d'évaluation des compétences. Ainsi, les employeurs exigent des candidats immigrants la traduction de leur expérience ou diplômes en termes d'indices facilement identifiables et directement opérationnels. Certains employeurs souhaitent même que le candidat immigrant traduise sous forme chiffrée les gains de productivité obtenus ou les heures de pratique dans le maniement d'outils ou de logiciels spécifiques. Ces démarches ou exigences de la part de l'employeur apparaissent souvent étrangères au travail propre du conseiller dans sa tâche de préparation des candidats à l'emploi. Celui-ci a davantage tendance à initier le nouvel arrivant aux valeurs propres du marché du travail nord-américain et à le sensibiliser à la nécessité d'acquérir en cours d'emploi de nouvelles compétences adaptées au poste.

En ce qui concerne la vision des acteurs concernés de la pertinence de cette recherche, les entrevues avec les employeurs ont révélé une méconnaissance du travail des conseillers en emploi à l'intérieur des organismes communautaires. Plusieurs ignoraient leur méthode de travail et ne les considéraient pas comme des interlocuteurs privilégiés pour l'engagement des travailleurs immigrants dans leur entreprise. Il faut cependant souligner que l'échantillon constitué d'employeurs n'est pas nécessairement représentatif, puisque les deux-tiers de ceux-ci ont été choisis à partir d'une banque d'employeurs en relation avec un programme d'intervention mené par un organisme d'employeurs.

Du côté des conseillers, on trouve une relativement grande variabilité dans leur attitude ou positionnement concernant l'utilisation des outils produits par la recherche. Certains, en contact direct et presque quotidien avec les employeurs, ont jugé l'ensemble des outils pertinents par rapport à leur pratique. Cependant, une minorité de conseillers se sont montrés plus réticents à l'utilisation de certains outils, les considérant comme traduisant ou légitimant la vision propre des employeurs, sans qu'une contre-lecture de la situation des immigrants soit mise en place. Pour ce groupe de conseillers, le travail d'intervention vise moins à adapter l'immigrant au marché du travail ou aux exigences des employeurs qu'à faire en sorte que la société d'accueil développe des stratégies d'ouverture ou d'accueil aux nouveaux arrivants. Malgré ces critiques, l'ensemble des conseillers ont appuyé la démarche de recherche, en reconnaissant l'enjeu central pour l'intégration des immigrants du transfert des compétences acquises à l'étranger.

En terminant, un thème important pour l'intégration en emploi des immigrants a peu été abordé dans le projet, à savoir celui de la mise en réseau ou le réseautage des candidats avec les employeurs. Les entrevues menées auprès des employeurs révèlent l'importance, pour eux, des réseaux dans le choix des candidats et le processus d'embauche. Tout semble se passer comme si plusieurs employeurs diversifiaient les sources des candidats selon des cercles concentriques où les organismes communautaires se situaient à la périphérie de ces cercles. Pour la majorité des employeurs interviewés, un bon réseau est un réseau proche qui apparaît le plus capable de leur fournir de bons candidats à l'embauche et de manière régulière. Il apparaît important, dans ce contexte, que les organismes communautaires d'employabilité puissent se positionner de façon favorable dans les premiers cercles concentriques des réseaux des employeurs.

Références bibliographiques

Adler, N. J. (1983). A typology of management studies involving culture. *Journal of international business studies, 14*(2), 29-47.

Bartel-Radic, A. (2009). La compétence interculturelle: état de l'art et perspectives. *Management international/Gestiòn Internacional/International Management, 13*(4), 11-26.

Chicha, M.-T. & Charest, É. A. (2008). L'intégration des immigrés sur le marché du travail à Montréal: politiques et enjeux. *Choix, 14(2)*, 1-91.

Commission Européenne. (2011). *Transférabilité de compétences entre secteurs économiques : rôle et importance pour l'emploi au niveau européen.* Rapport préparé par RPIC-Vip et alii, Bruxelles.

Cousin, O. et Rui, S. (2010). *L'intervention sociologique histoire(s) et actualités d'une méthode.* Rennes, France : Presses universitaires de Rennes.

Elgersma, S. (2012). *Reconnaissance des qualifications professionnelles acquises à l'étranger des immigrants.* Ottawa, Canada : Bibliothèque du Parlement.

Ladouceur-Girard, M.-C. (2012). *Optimiser l'entrevue de sélection auprès des nouveaux arrivants.* Montréal, Canada : Rapport de stage ENAP.

Litecky, C. R., Arnett, K. P. & Prabhakar, B. (2004). The paradox of soft skills versus technical skills in IS hiring. *Journal of Computer Information Systems, 45*(1), 69-76.

Mayer, R. & Ouellet, F. (2000). La recherche dite 'alternative', la recherche-action, la recherche participative, l'intervention sociologique, la recherche féministe et la recherche conscientisante. In R. Mayer, F. Ouellet & D. Turcotte (dir.). *Méthodes de recherche en intervention sociale*, 287-325. Montréal, Canada : Gaëtan Morin éditeur.

Parazelli, M., Colombo, A. (2006). Intervenir aux marges de la citoyenneté: Une application du dispositif Mendel adapté au contexte des jeunes de la rue à Montréal. *Nouvelles pratiques sociales, 18*(2), 88-109.

Roland, L. (2011). *Étude exploratoire sur le vécu des employeurs de Limoilou en lien avec l'embauche des immigrants*. Québec, Canada : Coopérative de Solidarité Convergence.

Resweber, J. P. (1995). *La Recherche-action*. Paris, France : Presses universitaires de France.

Robles, M. M. (2012). Executive perceptions of the top 10 soft skills needed in today's workplace. *Business Communication Quarterly*, *75*(4), 453-465.

Sangster, D. (2001). *Assessing and recognizing foreign credentials in Canada: employers' views*: Ottawa, Canada: Canadian Labour and Business Center.

Touré, M. (2012). *Immersion professionnelle et intégration en emploi des immigrants: l'exemple du PRIIME (Programme d'aide à l'intégration des immigrants et des minorités visibles en emploi)*. Montréal, Canada : Mémoire, relations industrielles, Université de Montréal.

Wiener, N. (1986). La recherche-action : un système particulier de communication. *TSF Magazine* (3), 27-32.

Chapitre 10

Des sens qui viennent et qui s'en vont ...

Maria Stela Torres Barros Lameiras

Chegados nunca chegamos
eu e a ilha movediça
Móvel terra, céu incerto,
Mundo jamais descoberto.

(Jorge de Lima - *Invenção de Orfeu*,
Canto 1°, 2ª Estrofe - V)

Entre le dire et le faire viennent s'interposer deux instances : le sens et l'autre.

(Catherine Kerbrat-Orecchioni)

À l'occasion du 35ème Colloque international d'Albi, France, autour du thème *Langages et Signification*, réalisé par le Centre Pluridisciplinaire de Sémiolinguistique textuelle (Université Toulouse-Jean Jaurès), qui a eu lieu du 7 au 10 juillet 2014, et dont les débats ont porté sur « *Cultures et valeurs : la transmission des textes, des objets et des pratiques* », j'ai fait une présentation orale de ce texte, en essayant de faire voir les choses dites au-delà de mots. Les mots qui sont dans la matérialité de la structure ne révèlent pas tous les sens mis à la surface, c'est comme tirer de l'eau dans un puits : la profondeur se fait voir au fur et à mesure que l'on fait descendre le seau. L'interprétation serait donc cette sorte de seau à partir de ce qui est dans la structure et qui fait sens en fonction de plusieurs conditions de la production et de la réception de ce que l'on voit sur la *structure*. C'est pourquoi l'on dit que tous les peuples, à l'origine, se posent à peu près les mêmes questions. Ce qui va les distinguer, les éloigner ou les rapprocher, ce sont les réponses ; et celles-ci sont rarement les mêmes, malgré une certaine universalité de sens à propos de quelques sujets, selon quelques théories.

Il paraît naturel de dire que toute société vit d'après des valeurs et des croyances qui lui sont particulières, même si l'on trouve des ressemblances parmi certains peuples. Il faut aussi dire qu'il ne faut pas confondre valeurs et croyances, car il s'agit de deux choses différentes, tout en considérant la relation entre les unes et les autres. Pour ne pas aller plus loin dans cette distinction, nous faisons le choix, selon quelques chercheurs, de considérer les croyances comme des prémisses qui vont former les valeurs, à partir du moment où il y a des jugements de valeurs, basés dans la dichotomie du bien et du mal. La géographie qui nous *abrite* n'est pas la garantie de la présence de groupes sociaux homogènes : elle a des reliefs bien opposés, soit dans le paysage, soit dans les coutumes, soit dans les règles ou normes de cohabitation. Et il faut aussi dire que les bouleversements de notre époque remettent en question les us et coutumes des peuples y compris leurs idéaux politiques. L'histoire des peuples traverse le temps et l'espace ; et même dans ces temps de globalisation/mondialisation les distances continueront d'exister... D'autre part les gens continueront aussi, sans aucun doute, cette quête qui les pousse à aller à la rencontre de l'un et de l'autre, dans ce mouvement de *mobilité* qui se fait de plus en plus de nos jours.

Le choix de présenter à nouveau ce texte, cette fois-ci dans le Colloque ARIC à Olinda au Brésil, dont la thématique générale s'adressait aux *Enjeux et défis de contemporanéité pour l'intervention professionnelle et la recherche interculturelle*, part de l'idée de mettre en relation les *cultures et valeurs : transmission des discours, des objets et des pratiques*, thèmes travaillés au colloque à Albi. Ceci se justifie d'autant plus que les points communs entre les discussions des deux colloques (tout en respectant les particularités de l'un et de l'autre) privilégient l'intérêt sur l'interculturalité et le défi face à de nouvelles pratiques d'enseignement. J'y voyais donc la pertinence de cette rencontre entre les deux colloques, celui d'Albi et celui d'Olinda.

Notre travail se situe dans l'espace de la *circulation du sens* : *événements du monde* et *événements discursifs*, avec un regard porté sur une Analyse du Discours (AD à partir de maintenant) qui s'ouvre à une approche transdisciplinaire, sans pourtant s'éloigner de ses bases théoriques françaises. Notre cadre de référence est construit à partir de l'AD telle qu'elle fut théorisée en France, avec toutes les implications qu'elle comporte : il s'agit des relations entre le sujet, la langue et le langage dans un processus historique. Il s'agit aussi d'une réflexion sur l'espace des médias, et plus particulièrement sur la relation entre les *événements du monde* et les *événements discursifs*, depuis ce qui fonde l'information, le fait/l'événement, jusqu'à la mise en circulation de l'information à travers les différentes voies utilisées par la presse (nous travaillons principalement sur un *corpus* journalistique). L'AD évolue, dans l'incertitude parfois, selon le fond théorique d'où partent les réflexions, soit d'un point de vue méthodologique, soit d'un point de vue épistémologique. Il est vrai que l'AD des années 1970-1980 fait aujourd'hui, et depuis un certain temps déjà, l'objet de débats conceptuels, ses *métamorphoses* et *transmutations* s'imposant dans les analyses contemporaines.

En guise d'épigraphe, j'ai débuté mes réflexions en faisant appel à une citation d'un poète de chez moi, de la première moitié du 20ème siècle (l'épigraphe en tête de ce texte est dans sa forme originale, en langue portugaise), et j'essaie de la mettre ci-dessous en français. À partir des sens de ces vers-là, il est possible d'appréhender d'autres sens qui expriment un mouvement permanent entre départ et arrivée, dans plusieurs sens.

> Arrivés nous n'arrivons jamais
> Moi et l'île mouvante
> Terre mobile, ciel incertain,
> Monde jamais découvert

Mon choix de partir de ce lieu de mouvement et d'instabilité, dans lequel il faut s'installer de temps en temps, ou même souvent je tiens à dire, est dû au fait que dans les sciences du langage nous sommes toujours devant de nouveaux chemins qui se trouvent au carrefour de plusieurs sciences, et où nous appréhendons les sens qui vont et qui viennent... et qui ne cessent jamais de faire ce parcours. Notre lecture/interprétation de ces sens-là dépend en grande partie de l'espace que nous occupons, qu'il soit géographique, socio-linguistico-culturel ou autre. Cette pré-réflexion va dans la direction des questions discursives, d'après les études d'Amossy (2008) qui envisagent toujours la parole dans une situation donnée, plus particulièrement lorsqu'elle parle de l'ambition de déconstruire le discours *pour en retrouver des composantes* qui vont permettre de maintenir le fil discursif.

C'est à partir de ce fil conducteur que nous avons élaboré notre parcours d'analyse, et en nous appuyant sur un *corpus* qui n'est pas constitué du discours politique tel qu'il était utilisé dans les premiers temps de l'AD. Notre propos va plutôt sur une voie qui ne se contente pas du passé de l'AD, même si nous considérons toujours sa tendance à la pluridisciplinarité. Nous avons pris une direction qui paraît s'approcher de l'éclectisme, ce terme qui connaît une banalisation de son emploi et qui peut être empreint d'une signification tout à fait négative. Mais nous considérons que le mot éclectisme porte aussi en lui un autre type de signification comme l'on peut bien le voir dans le dictionnaire Hachette : *une largeur d'esprit permettant d'accueillir toute idée avec compréhension.*

Il ne s'agit pas de dire que l'on ouvre la porte à toute sorte de théories, mais il faut cependant signaler que même si nous prenons en considération la genèse de l'AD, la double paternité du concept de formation discursive et les concepts qui l'ont fondée, nous travaillons à partir de faits médiatisés en essayant de parcourir des espaces entre ce qui fonde, qui donne naissance aux événements du monde et les événements discursifs, ceux-ci faisant éclater des effets de sens parfois inattendus. Le parcours de ces événements, que ce soit du monde ou que ce soit discursif, est toujours cyclique : il rompt et/ou se déstabilise pour établir un nouvel ordre dans le discours voire dans les faits, et même dans le sens inverse. C'est donc ce mouvement qui fait circuler des sens nés au départ dans ce que le journalisme appelle *bassins de capture des faits.* Nous voilà dans ce lieu d'inquiétudes où j'essaie de m'installer, tout en considérant que l'événement n'est pas un événement isolé, unique, et en adoptant un regard plutôt sociologique, sans pourtant négliger la psychologie, celle-ci un peu écartée dans les premières années de l'AD, un domaine considéré plutôt comme *psychologisme*, selon Mazière (2005). Néanmoins, même si le regard sociologique attribue un statut pluriel à l'événement, quand il devient discours, un trajet interprétatif met en relation le sujet et les conditions de production/réception, et les marques linguistiques fourniront des pistes *d'interprétation.* En fait, *« les discours autour d'un événement se diffusent, tournent, se partagent, s'étendent, dérivent, se transforment au point de perdre parfois leurs données d'origine »* (Charaudeau, 2002)[42]. Et dans un contexte pareil, comment pourrait-on négliger la psychologie une fois que les discours *appartiennent* à des sujets dans leurs conditions de production ?

C'est à partir de ce cadre discursif que les événements prennent de la forme et du sens. Dire qu'un événement est *mi-factuel, mi-discursif* c'est donc constater que le fait sera difficilement vu (voire impossible) de la même façon : son interprétation sera toujours faite en fonction des sujets, des conditions de production et de réception du discours.

Cette étude présente quelques réflexions qui font partie de mon sujet de recherche qui vise à identifier ces mouvements discursifs : *circulation du sens - événements du monde et événements discursifs.* Le regard que l'on adresse aux événements à partir des différentes versions qu'ils reçoivent en passant d'*événements du monde* à *événements discursifs*, et vice versa, adopte une perception plurielle en envisageant les effets de sens qui circulent dans les médias, et se tourne vers une approche inter/transdisciplinaire de l'AD sans pour autant s'éloigner, comme on a déjà explicité, de ses bases théoriques. Nous rappelons avec insistance que notre référence de base est l'AD telle qu'elle fut théorisée en France, en tenant compte de son historicité, avec toutes les implications que cela comporte en termes de relations entre le sujet, la langue et le langage.

Il s'agit d'une réflexion sur l'espace des médias, et plus particulièrement sur la relation entre les *événements du monde* et les *événements discursifs*, depuis ce qui fonde l'information jusqu'à la mise en circulation de cette information par les différentes voies utilisées par la presse, notamment la presse écrite. L'AD évolue, dans l'incertitude parfois, avec les diverses réflexions qui la composent soit d'un point de vue méthodologique, soit d'un point de vue épistémologique, comme on l'a déjà dit ci-avant. Il est vrai que l'AD des années 1970-1980 fait aujourd'hui, et depuis un certain temps déjà, l'objet de débats conceptuels, ses *métamorphoses* et *transmutations* s'imposant dans les analyses contemporaines.

Quand on observe les *événements discursifs* qui ne coïncident pas toujours avec ce qui les fonde, il nous semble être sur une sorte de *chantier* du langage, où s'impose le caractère événementiel qui habille les faits, les déstabilise, selon leur nature *mi-factuelle, mi-discursive.* Les voix qui s'entrecroisent, les interdiscours, les sujets et leurs rapports avec l'histoire, tout cela a toujours provoqué des querelles épistémologiques entre linguistes, historiens et d'autres chercheurs penchés sur une AD qui se situe au-delà de la linguistique et de l'histoire. Elle apparaît alors comme étant un carrefour des sciences humaines et sociales, dans lequel la communication est devenue une partie significative essentielle. Il est donc évident (s'il est possible de parler d'évidence en AD) qu'il y a toujours une

---

[42] http://www.patrick-charaudeau.com/A-quoi-sert-d-analyse-le-discours.html, consulté le 8 juin 2014 et le 5 mars 2018 sur le site de *Patrick Charaudeau - Livres, articles, publications*

constante instabilité qui s'installe entre ce qui fonde l'événement et les versions qui l'habillent et le font circuler dans la presse et, par conséquent, parmi les lecteurs et les voix qui se multiplient. Le traitement que nous proposons ici de quelques événements à partir des versions qu'ils reçoivent, dans ce trajet entre les *événements du monde* et les *événements discursifs*, prend en compte une perception inter/transdisciplinaire, tout en envisageant les effets de sens qui circulent dans les médias.

Pour situer un peu plus mon point de vue en AD, je cite Charaudeau (2002) qui précise que l'analyse du discours, en France, s'est développée sur un corpus spécifiquement politique. Des notions nouvelles comme celles d' énonciation, de *corpus de textes* (et non plus seulement de phrases), de *contextes*, de *conditions de production* ont permis aux études linguistiques de découvrir et de déterminer un nouveau champ d'analyse du langage qui ne renvoyait plus à la langue, à l'étude des systèmes de la langue, mais au discours, c'est-à-dire aux discours qui circulent dans le monde social et qui eux-mêmes témoignent de ce que sont les univers de pensée et de valeurs qui s'imposent dans un temps historique donné.

Charaudeau nous montre une fois de plus que le trajet de l'AD doit respecter le côté indispensable de l'interdiscours, des formations discursives, des idéologies, mais avec un regard pour *la circulation des discours dans le monde social* - c'est là où les sens font leurs parcours. Dans cette direction, Rabatel (2013) parle d'une *analyse du discours engagée*, un point de vue avec lequel nous sommes bien d'accord et que l'on partage pour essayer de repérer le trajet des discours. Et au fur et à mesure que les pas sont faits vers cet horizon au-delà du linguistique, il est possible de se rendre compte de l'importance *des parcours, des réseaux, des modes de socialité ainsi que des choix des sujets, de la multiplication de réflexions inter-, pluri- et transdisciplinaires* présents dans les discours : tout y est imbriqué.

Dans ces quelques mots de ce texte, je propose *ma* lecture de plusieurs faits/événements qui ont eu lieu au Brésil dans les soixante dernières années, en prenant pour base la catégorie des *mots-événements*, des mots qui parlent/crient bien au-delà d'un lexique. Pour réécrire les faits, j'ai essayé de *capturer* des faits qui ne sont pas nécessairement liés, mais qui sont parties significatives d'un contexte majeur de notre histoire au Brésil. Comme le dit Adam (1999) *« parler de discours, c'est ouvrir le texte (...) d'une part, sur une situation d'énonciation-interaction toujours singulière et d'autre part sur l'interdiscursivité dans laquelle chaque texte est pris »* [...]. (Adam, 1999, 40).

Il fallait parler aussi un peu du genre de ce texte que j'ai écrit et qui me sert de *corpus* d'analyse, car selon Adam & Heidemann (2007) dans leur étude des Six Propositions Pour L'Étude De La Généricité *tout texte participe d'un ou de plusieurs genres*, en ajoutant une déclaration du philosophe de la déconstruction, Jacques Derrida : *Il n'y a pas de texte sans genre*, ce qui va dans la même direction. Je fais appel une fois de plus à Adam (1999) quand il parle de transtextualité, ce qui rattache, comme dit l'auteur, le singulier du texte à des caractéristiques historiques. Nous voyons bien, dans le texte que j'ai écrit, dont les noms et les faits énoncés se trouvent dans une *chaîne discursive* que, suivant encore Adam, il s'agit de faits qui *circulent dans (son) champ culturel.* Il est important de dire, ce qui saute aux yeux, que les faits énoncés, ces *mots-événements* vont bien au-delà du culturel : on dirait plutôt que c'est le côté politique qui prend le premier plan.

Il nous est indispensable de faire venir dans nos réflexions les études de Moirand (2007) quand elle parle sur ces *mots-événements* dans un contexte d'une *« dynamique pragmatique [...] qui participe à la circularité des discours médiatiques »* (Moirand, 2007, 63). Les mots évoquent les faits et deviennent des événements au-delà du discours, que ce soit par des analogies ou par des *rappels mémoriels.* Et la circulation dans les médias des faits du monde en général, ceux dont on a pu être témoin ou alors ceux dont nous avons eu connaissance d'après ce qui nous a été relaté, est porteuse de plusieurs échos interdiscursifs.

Ces échos-là provoquent plusieurs effets de sens et, par conséquent, une *inquiétude* face à l'objet discursif. Tout cela m'a conduite à écrire le texte qui vient illustrer mes réflexions, en faisant un recueil de tout ce que j'ai pu repérer des événements dans ma mémoire, à partir du regard sur ces événements qui se sont produits au Brésil, durant les soixante dernières années, une période marquée par le passage du régime militaire à la démocratie (une démocratie dont les sens s'éloignent de plus en plus d'un idéal démocratique). Il faut dire aussi que ce n'est que bien après ces événements-là que j'ai pu comprendre l'extension de leurs effets politiques et sociaux pour tous les Brésiliens. C'est de ce lieu du sujet, placé dans une inquiétude face au vécu, à partir de la conception de sujet qui vit différemment les faits, face à la circulation médiatique limitée de l'époque (et cette limitation n'était évidemment pas simplement due aux moyens de communication...), que je situe le titre de ma présentation : *Des sens qui viennent et qui s'en vont...*, en espérant que les temps dits modernes ne permettront pas que ces tristes chapitres de notre histoire se renouvellent.

Nous n'ignorons pas que l'expérience démocratique - voilà ici un paradoxe - nous rend témoins d'autres sortes de violences, mais nous savons aussi que c'est la démocratie qui favorise la possibilité voire le devoir de citoyenneté d'agir pour changer, pour ne pas permettre la perpétuation d'un mode de vie cruel. Et pour y parvenir, nous avons au moins le droit de vote (cependant, et nous le regrettons, les élus ne sont pas fidèles à leurs discours), même si nous nous sentons impuissants devant tant d'événements qui ont toujours lieu dans notre quotidien et qui nous choquent de plus en plus. Et là, il est impossible de ne pas évoquer Bertolt Brecht, quand il a dit *Ne dites jamais : c'est naturel, afin que rien ne passe pour immuable.*

C'est donc avec les échos de plusieurs faits sociopolitiques, et en accord avec Charaudeau (2005) pour qui l'herméneutique collective dans le processus d'*événementialisation* est responsable de la transformation du phénomène en acte de langage, que j'ai essayé d'évoquer quelques faits dont la société brésilienne garde la marque pour toujours.

Le titre que j'ai choisi pour le texte semble être le titre d'un texte qui aurait été écrit en italien. En réalité, il reproduit le titre d'un feuilleton brésilien dont le scénario tournait autour de l'arrivée des Italiens au Brésil. À partir de ce texte dont le genre est loin d'être défini selon sa forme, nous insistons là-dessus (serait-ce un poème en prose, ou bien une chronique ?), nous évoquons des noms qui font partie des deux moments opposés du gouvernement du Brésil : le militaire et le démocratique. Les noms et les faits se mêlent dans un contexte qui traverse le temps :

> *TERRA NOSTRA*
> GOLPE ! Golpes. Tortura. Desaparecidos. Exilados. Anistia. DIRETAS JÁ !
> Marighella. Edson Luís. Vladimir Herzog. E mais, e mais...
> Droga ! Crimes sem castigo...
> Tim Lopes, João Hélio, Amarildo, Cláudia; José, Maria, João...
> Candelária, Mensalão, CPI, UPP, Boate Kiss. Seca, Enchente, Petrobrás.
> Desabamentos, Desabrigados. Sem-Terra, Sem-Teto. Ocupação? Invasão ?
> 1964 - 2014.
> Brasil : *dos filhos deste solo és mãe gentil...*
>
> *TERRA NOSTRA*
> COUP D'ÉTAT ! Coups. Torture. Disparus. Exilés. Amnistie. SUFFRAGE DIRECT TOUT DE SUITE !
> Marighella. Edson Luís. Vladimir Herzog. Et d'autres, et d'autres...
> M... ! Crimes impunis...
> Tim Lopes, João Hélio, Amarildo, Cláudia ; José, Maria, João...
> Candelária, Mensalão, CPI, UPP, Boate Kiss. Sécheresse, Inondation, Petrobrás.
> Écroulements, Sans abri. Sans terre, Sans toit. Occupation ? Invasion ?
> 1964 - 2014.
> Brésil : des enfants de cette terre, tu es la bonne mère...

Il faut préciser que ce texte est écrit d'après les échos de nombreuses voix et d'autres, restées sous silence, toutes deux faisant écho à celle de l'auteur de ce texte). La graphie met en évidence tout d'abord *Le coup d'Etat* (GOLPE !). Et ce mot dans ce SINGULIER si fort vient juste après *les coups*, ce qui allait au-delà du physique. Des coups qui ont été la raison pour laquelle des hommes et des femmes ont *disparu*. Et il y a eu les exilés, et la vie qui continuait... Il y a eu aussi, et il y en a toujours, les crimes impunis, même si quelques-uns font l'objet d'une attention particulière face à la commotion populaire. Et les faits continuent. Dans les dernières années, les grandes villes ont été *peuplées* par les sans travail, les sans terre, les sans toit. Et aussi par les crises politiques. Suite à cette cohabitation *démocratique*, la réaction antagoniste d'un peuple qui se sent malgré tout chaque fois plus brésilien, d'où le choix du vers de l'hymne du Brésil pour finir le texte : « Dos filhos deste solo és mãe gentil, /Pátria amada, / Brasil ! »

Au terme de ces réflexions, il faut dire que nous sommes loin d'un espace clos du point de vue théorique en AD aussi bien que dans tout ce qui est interculturalité. Nous sommes certains de l'importance des contributions pour l'AD venues des sciences du langage, notamment la linguistique. Et c'est là aussi que l'on découvre une rencontre avec la psychologie, plus particulièrement la psychanalyse, puisque toute analyse prend comme objet *« la matérialité langagière, constitutive du sens, celle d'un sujet dans et par la langue »* (Mazière, 2015, 85). Cependant, et surtout, nous ne pouvons pas négliger un espace pluriel des sciences qui viennent intensifier et enrichir un débat qui appartient sans doute à la linguistique, mais aussi à plusieurs sciences, comme c'est reconnu dès le début de l'AD, quand on lui attribue ce caractère pluriel.

Et c'est justement ce même caractère, cet esprit pluriel que les propositions du Colloque ARIC 2016 démontraient, en plaçant *les mobilités, les réseaux et l'interculturalité* au centre des discussions en tant qu'un pont vers de nouvelles rencontres de théories et de pratiques, rencontres professionnelles et personnelles. Il faut croire que nous sommes sur la bonne voie, mais s'il faut changer de route, il faut le faire tel que ce mouvement *des sens qui viennent et qui s'en vont*, pour reconstruire d'autres sens. Il faut faire valoir les défis proposés par l'ARIC, au Colloque à Olinda, dans l'État de Pernambuco, au Brésil, vers la recherche scientifique et le développement des pratiques professionnelles.

Références bibliographiques

Adam, J. (1999). *Linguistique textuelle. Des genres du discours aux textes*. Paris, France : Nathan Université.

Adam, J. & Heidman, U. (2007). Six propositions pour l'étude de la généricité. Dans Baroni, R. et Macé, M. (dir.). *Le savoir des genres*, 21-34. Rennes, France : Presses Universitaires de Rennes.

Amossy, R. (2008). Argumentation et Analyse du discours : perspectives. En ligne : http://aad.revues.org/200, mis à jour le 06 septembre 2008, consulté le 19 septembre 2016.

Charaudeau, P. (2002). A quoi sert d'analyser le discours politique ? *Análisi del discurs polític, IULA-UPF, Barcelone.* En ligne : http://www.patrick-charaudeau.com/A-quoi-sert-d-analyse-le-discours.html, consulté le 8 juin 2014 et le 5 mars 2018 sur le site de *Patrick Charaudeau - Livres, articles, publications.*

Charaudeau, P. (2005). *Les médias et l'information. L'impossible transparence du discours.* Bruxelles, Belgique : De Boeck/INA.

Mazière, F. (2005). *L'Analyse Du Discours*. Paris, France : PUF.

Moirand, S. (2011). *Les discours de la presse quotidienne. Observer, analyser, comprendre.* Paris, France : PUF.

Rabatel, A. (2013). L'engagement du chercheur, entre « éthique d'objectivité » et « éthique de subjectivité. *Argumentation et Analyse du Discours.* En ligne : http://aad.revues.org/1526, mis en ligne le 15 octobre 2013, consulté le 10 avril 2016.

Chapitre 11

Le tradithérapeute contemporain et la prise en charge de l'infortune à l'île de la Réunion

Margaret Ah-Pet, Jacques Brandibas & Khadija Chahraoui

Dans ce chapitre traitant des tradipraticiens réunionnais, il nous a paru utile de les référer dans une première partie au contexte plus général du développement historique, culturel et économique dans lequel ils sont apparus et dans lequel ils se sont développés, et de traiter dans la seconde partie la question spécifique du tradipraticien.

Introduction

Depuis sa découverte au XVIIème siècle, l'île de la Réunion a connu de nombreuses vagues de peuplement. Aux Européens et aux esclaves originaires d'Afrique et de Madagascar, ont succédé, jusqu'en 1920, les *engagés* venus pour l'essentiel de l'Inde du Sud mais aussi de Chine, du Gudjerat, des Comores, etc. Les migrations n'ont jamais cessé et aujourd'hui, les migrants sont pour l'essentiel européens, malgaches et comoriens. La créolité est née de leur rencontre et de leur cohabitation. Si elle a donné naissance à une langue et à une identité créoles, il n'en reste pas moins que beaucoup des habitants de l'île revendiquent une triple identité : créole, française et ethnique : on peut, par exemple, se définir comme créole, français et selon le cas, *malbar*, chinois, malgache, *komor*, etc.).

Les religions et les pratiques de soin issues de ces traditions se sont à la fois créolisées tout en revendiquant leur identité originelle. Quand l'infortune (maladie, trouble de l'esprit, perte de chance, etc.) survient et qu'elle résiste aux pratiques actuelles occidentales, on peut alors avoir recours à des techniques de soin mettant en jeu la dimension surnaturelle et ethniquement référée (Brandibas, 2010). Des dispositifs de soin prennent pour l'essentiel, en charge, d'après la classification de Murdock[43] (1980) deux types d'attributions causales du désordre :

- celles d'origine magique telles que la possession ou le mauvais œil, liées aux difficultés de reconnaître le monde auquel on appartient ;

[43] Dans sa recherche portant sur les attributions causales de la maladie dans 149 sociétés, l'anthropologue américain Murdock (1980) a montré que toutes appartenaient à quatre catégories d'attribution universelles : maladies aux causes naturelles, magiques, animistes et mystiques. Par la suite, Eisenbruch (1990) a proposé de classer les causes mystiques avec les attributions causales animistes. Les attributions causales magiques attribuent l'origine des infortunes à une intentionnalité humaine alors que l'origine des attributions causales animistes est imputée à une action du monde surnaturel sans intervention humaine (esprits, ancêtres, divinités).

- celles d'origine animiste liées aux rapports avec les origines et la perte des rituels qui ont trait à l'identité culturelle.

La question du mal est centrale. Le soin consiste souvent à rechercher l'identité de l'esprit possesseur qu'il s'agit, au moyen de rituels spécifiques, soit d'expulser, soit d'en consacrer la présence.

Dans ce cadre, cet écrit a pour objet une recherche sur la personne de ceux qui font profession de soigner dans un cadre traditionnel. Ils ont de nombreuses appellations (devineurs, poussari, prêtres catholiques, diseuses de prière, guérisseurs, tisaneurs, magnétiseurs, foundi, etc) et occupent une place importante dans le dispositif de soin et de recours dans la gestion du malheur à l'île de la Réunion. Héritiers de diverses traditions (indienne, européenne, africaine, malgache, comorienne, etc.), ils ont prospéré à l'ombre de la médecine et de la psychothérapie occidentales. Nombreux sont les Réunionnais qui ont recours à leur savoir-faire et continuent de leur faire confiance. Comment expliquer leur succès dans un système global de prise en charge par des infrastructures comparables à celles existant en métropole ?

1. Contexte historique et psycho-anthropologique

1.1. XVIIe siècle, l'esclavage

A cette époque, l'exploitation de la canne à sucre nécessite une forte main-d'œuvre et cette économie de plantation a produit l'esclavage.

L'esclavagisme est un processus de transformation d'êtres humains en esclaves. Ce processus a lieu quand on désolidarise un individu de son groupe. La déshumanisation passe par la perte des divinités, de la langue, de sa communauté ; le mélange avec des étrangers (appartenant à d'autres groupes, avec d'autres langues, d'autres divinités) a transformé des Yorubas, des Sakalaves, des Antandroys, etc en esclaves et plus tard en cafres. Ils ont appris à vivre ensemble et se sont réhumanisés, en se réappropriant une ancestralité, des divinités, des objets et une langue, le créole. Ces ingrédients ont été suffisants pour donner naissance aux premiers créoles (Brandibas, 2008).

1.2. L'engagisme

L'une des conséquences de l'abolition de l'esclavage en 1848 a été l'arrivée massive de travailleurs engagés venus du sud de l'Inde. L'accord franco-anglais leur garantissait le droit de rester ensemble, de garder leur langue et leur culte hindouiste. Les premiers engagés indiens, indo-musulmans, chinois, comoriens sont arrivés sans leurs épouses. Le métissage a donc présidé à l'arrivée de tous les immigrants réunionnais.

A la fin du XIX° et jusqu'à la départementalisation, un catholicisme créolisé s'est également répandu dans la population. Si le catholicisme a très largement concerné la population des esclaves, les pratiques et rites originels ayant été interdits ou intégrés dans le catholicisme populaire, l'existence d'une convention garantissant aux engagés indiens la liberté de culte a permis le maintien puis le développement d'un hindouisme *créole* encore très vivace de nos jours.

1.3. Département français

La départementalisation a marqué un tournant pour la Réunion qui est entrée dans la modernité. Le modèle républicain s'est imposé : scolarité obligatoire, langue, médecine, soin, passage à l'habitat urbain. Cependant, les effets réels ne se firent véritablement sentir qu'à partir de la fin des années 1960.

1.4. Evolution de l'habitat

L'habitat s'est rapidement transformé et a modifié les relations interhumaines ; les relogements dans des habitations collectives et verticales ont disloqué des groupes familiaux, mélangé des familles appartenant à des groupes qui n'avaient pas vocation à vivre ensemble, en les obligeant à des rapports de proximité (Chane-Kune, 1993). Soudain, le voisin est devenu un étranger avec d'autres coutumes, d'autres tabous, d'autres divinités, quelqu'un dont on peut se méfier. L'espace d'habitation est devenu un espace de mixité culturelle subie et mal vécue. Ainsi les Réunionnais d'origine indienne qui ne mangeaient pas de bœuf se sont retrouvés à cohabiter avec d'autres d'origine malgache qui ne mangeaient pas de cabri, des Indo-musulmans pratiquant le jeûne et ne mangeant pas de porc, etc. Dans les quartiers, le Ramadan musulman cohabitait avec le Kavadi indien, la Pâque chrétienne, la fête des ancêtres malgaches, etc. Désormais, dans cette île chacun devait évoluer sous le regard d'autrui.

Les années ont passé mais de nos jours, le désordre reste souvent relié, dans cette population métissée, à la problématique *du soi et de l'autre.* L'Autre, le persécuteur, le malfaisant potentiel, le rival, l'envieux, le jaloux...

1.5. Evolution des structures médico-sociales

Alors qu'elles étaient quasiment absentes du paysage réunionnais les structures médico-sociales se sont, elles aussi, profondément inscrites dans le monde réunionnais. L'hygiène, une politique stricte, a fait changer la norme et régresser maladies et épidémies.

Puis, le nombre des médecins et des personnels soignants a progressivement augmenté. L'arrivée de la psychiatrie a donc coïncidé avec des modifications substantielles des manières de vivre et des rapports sociaux. La *kour* cédant progressivement la place à l'habitat vertical, la prise en charge des personnes souffrant de troubles mentaux s'est révélée plus difficile et il y a eu un transfert des malades vers l'hôpital psychiatrique. La *Kriz* réunionnaise (Andoche, 1988) a progressivement cédé le pas à des troubles psychiatriques plus conformes à la nosographie. Jusqu'à la sectorisation psychiatrique des années 70, l'enfermement était la règle. L'arrivée des neuroleptiques et la politique de secteur ont permis l'ouverture de l'hôpital sous l'influence de jeunes psychiatres et déboucha progressivement sur la situation actuelle.

Evolution du soin traditionnel

En 1946, sans que l'on n'ait jamais su le nombre exact de guérisseurs, le rapport de force était nettement en leur faveur. Le recours au médecin était l'apanage des classes les plus aisées. La majorité de la population avait alors recours aux guérisseurs, aux traiteurs, aux tisaneurs qui recouraient exclusivement à l'usage des plantes endémiques pour soigner.

Avec le développement de la médecine, de l'instruction publique, l'introduction de la rationalité on a pensé que cela allait permettre aux Réunionnais de se défaire de leurs conceptions superstitieuses et définitivement éradiquer la Réunion de ses guérisseurs et sorciers.

L'avenir montrera qu'il n'en sera rien. Quoi qu'il en soit, nous ne saurons jamais si la médicalisation de l'île entamée avec la départementalisation s'est accompagnée d'une baisse de la densité des guérisseurs. Rappelons-nous toutefois que dans les années 80, le père Dijoux, ancien exorciste du diocèse (Dijoux & Eches, 1995) et Mme Visnelda (Lemaire, 1984) guérisseuse réputée, disaient recevoir plus de huit mille personnes par an dans le cadre de leur activité. Même si ces chiffres paraissent exagérés, ils laissent à penser que les méthodes de soin induites par l'entrée dans la modernité, malgré des résultats incontestables, n'ont jamais été capables de remplir toutes les attentes des consultants. Le soin allogène est estimé peu efficace dans son approche réductionniste du désordre, au contraire des modèles traditionnels qui l'inscrivent dans une conception holistique, autant individuelle que sociale et religieuse (Brandibas, 2001). L'implantation et les résultats obtenus par la médecine et l'évolution de la société qu'elle a accompagnée, ont plus vraisemblablement modifié le champ d'activité des guérisseurs dont le savoir-faire s'est adapté pour accompagner les changements sociaux.

Au total

C'est donc dans ce bouleversement des relations interhumaines qui a suivi la départementalisation que prend place le développement des symptômes imputés à la sorcellerie et aux croyances traditionnelles. On ne peut prétendre comprendre la sorcellerie et le soin réunionnais que par la prise en compte de ce contexte et la remise en cause des situations acquises.

Nous pouvons donc avancer l'idée que, dans un cadre réunionnais qui reconnaît l'existence du surnaturel, une grande partie de la population de l'île fait une large place à l'interprétation surnaturelle des troubles qui les affectent alors que les interprétations de type occidental n'emportent pas l'adhésion de tous. Ceci fait qu'aujourd'hui encore, le dispositif de soin réunionnais est encore grandement occupé par les tenants de pratiques traditionnelles. Les symptômes sont pris en charge dans des dispositifs qui soignent les effets de la sorcellerie et les conséquences de la rupture du lien aux ancêtres. Ces dispositifs de résilience ont pour but, *in fine*, de renforcer les sentiments des patients dans leurs rapports aux autres et dans leurs rapports avec le lignage.

2. Le tradithérapeute contemporain

En cette ère du XXIe siècle de modernisme et de globalisation, ces dispositifs de soins traditionnels à la Réunion sont donc toujours présents, toujours vivaces et par là même, efficients. Les Réunionnais peuvent se soigner indifféremment en allant voir un médecin, puis un *devineur*[44], puis un prêtre… sans que cela ne leur semble contradictoire, jusqu'à trouver la bonne personne.

Jusqu'à présent, les études menées étaient essentiellement anthropologiques (Andoche, 2002 ; Benoist, 1993 ; Pourchez, 2005, etc.), s'intéressant d'avantage aux pratiques de soin qu'à la personne du tradipraticien. Ces travaux ont mis en évidence l'existence de syndromes liés à la culture, propre à l'île de la Réunion. Leurs orientations sur les dispositifs thérapeutiques traditionnels ont donné une vision anthropologique des dispositifs et des praticiens traditionnels.

Dès lors, une approche centrée sur l'identité et le parcours personnel de ces thérapeutes semblait avoir sa place pour comprendre comment on devient quelqu'un qui soigne de façon traditionnelle, en dehors de toute formation *officielle,* quel est donc le parcours individuel de ces maîtres du désordre ? Quels sont les processus identitaires en jeu ?

Personnage important dans son groupe, sa communauté, le tradithérapeute contemporain est celui qui soigne, intercesseur entre les mondes, il amène du sens et de l'ordre là où il n'y avait que malheurs et désordres. Il participe à la construction identitaire à la Réunion par la prise en charge des syndromes ethniques et de leur résolution (Brandibas, 2003). Il se retrouve à l'intersection du corps, du code et du groupe (Reignier, 1998).

2.1. Point de départ

L'objectif de notre recherche est de décrire les spécificités du parcours des tradithérapeutes les amenant à devenir une personne qui soigne les maladies (au sens où elles incluent les maladies psychiques et physiques) et autres désordres réunionnais. Cette condition s'obtient-elle à l'issue d'un parcours de vie singulier ? Comment se transmet le Don ? Existe-t-il des traumatismes et des épreuves qui prennent valeur initiatique ? Peut-on retrouver des profils psychologiques particuliers ?

Ainsi en s'intéressant à la manière dont le tradipraticien se raconte, il est possible à partir de son récit de vie de relever des éléments de son parcours, participatif de son statut. Nous avons donc plus particulièrement porté notre attention sur les aspects narratifs et la manière dont il se perçoit et (re) construit son parcours. Cette approche narrative centrée sur la dimension subjective permet d'apporter une compréhension complémentaire par rapport aux études anthropologiques,

[44] Devineur : praticien qui pratique la divination et qui soigne de façon traditionnelle. Ce sont des devins-guérisseurs.

en particulier sur la manière dont le sujet construit son identité singulière en lien avec le collectif.

A la question : comment s'acquiert ou se transmet cet être au monde thérapeutique ? certains patients, certains praticiens évoquent la notion de *Don.* Dans son acception réunionnaise, ce terme désigne *« une notion complexe [qui] renvoie à la fois à une capacité, une prédisposition pour soigner, tirer l'esprit, faire des divinations, préparer des tisanes, faire des passes... »* (Brandibas, 2003, 120-121). Posséder le *Don* passe parfois par un adorcisme sauvage - au sens où l'entendait Bastide (1975) - il peut être l'occasion de crises, de transes, de comportements asociaux qui peuvent conduire celui qui est touché à l'hôpital psychiatrique ou en prison. Une fois *dompté*, le *don* sera utilisé comme agent du soin.

2.2. Rencontres de personnes pas ordinaires

Dans le cadre de notre étude, nous avons rencontré une vingtaine de guérisseurs, nous nous sommes essentiellement basés sur ceux qui ont le plus de notoriété. Ces praticiens peuvent appartenir à différentes communautés religieuses sachant que la dimension du sacré est partie inhérente de ces soins traditionnels. Nous avons ainsi pu rencontrer des *guérisseurs, devineurs, Poussari*[45], *Ombiassy*[46], *diseuses de prières*, etc. Ces tradithérapeutes n'étant recensés nulle part, l'accès à cette population ne se fait que par le bouche à oreille.

Plusieurs entretiens menés avec chaque tradithérapeute nous ont permis de nous confronter à la réalité des faits du terrain. Les premières rencontres avaient pour objectif d'établir le lien et la confiance nécessaire à la production du récit de vie. Puis les entretiens suivants permettaient à la fois d'approfondir l'observation de ses techniques et rituels, et le récit de vie à travers son vécu, ses méthodes, la transmission de son *Don*, les épreuves de vie personnelle, le repérage du ou des traumatismes initiatiques et la construction de sa nouvelle identité personnelle, sociale et culturelle.

Dans ce contexte réunionnais, les praticiens rencontrés issus d'origines diverses et cependant métissés ont dû trouver leur propre façon d'aider l'autre. Éduqués sur une base commune de catholicisme, il existe un réel *continuum religieux* (Nicaise, 1999) entre la religion héritée du colonialisme et celles de leurs ancêtres. Il n'est donc pas rare qu'ils pratiquent en *malgache catholique* et/ou en malbar[47] avec une correspondance entre les divinités tamoules et catholiques, faisant figurer aux côtés des divinités ancestrales, une image ou statue représentant la religion dominante.

---

[45] Poussari : prêtre d'origine hindoue officiant dans des temples familiaux. Prêtre tamoul.

[46] Ombiassy : guérisseur malgache et africain.

[47] Les malbars forment un groupe ethnique d'origine indienne, le terme vient du mot français Malabar qui désignait les habitants de la côte Malabar en Inde. Par extension il s'applique à tous les Indiens tamouls de la Réunion.

3. M. Georges, un créole aux pratiques métissées

Le récit de vie de M. Georges[48], est exemplaire de celui d'un tradipraticien créole aux facettes héritées d'ancêtres de différentes traditions. Chez lui, l'interprétation du malheur et de l'infortune dans son parcours de vie prend sens dans le fait de devenir quelqu'un qui soigne. La transmission du *Don* par l'apparition de transes de possession est également exemplaire de la survenue du Don.

La rencontre avec M. Georges s'est effectuée en plusieurs étapes : tout d'abord la recommandation par quelqu'un qui s'est fait soigner par lui a permis d'ouvrir les portes pour une première rencontre. Puis la participation à une cérémonie qu'il organisait en l'honneur des ancêtres malgaches a été un moment pour établir la confiance et enfin un entretien de recherche où M. Georges nous a livré son parcours de vie.

Une affiliation à plusieurs traditions

M. Georges est un tradipraticien, né d'un père malbar et d'une mère malgache, il a réussi à concilier les pratiques différentes issues de ses ancêtres.

Dernier d'une grande fratrie dont la moitié est décédée, il a eu une enfance laborieuse, dans une Réunion pauvre où l'électricité et l'eau faisaient encore défaut dans nombre de chaumières.

Son père décède de maladie, alors que M. Georges est encore petit, mais il se souvient de *« l'enterrement tamoul »* en l'honneur de son père, *« la musique, les pièces jetées »*. Cette cérémonie marque s'il en est besoin, l'appartenance de son père à la communauté tamoule. Il perd sa mère quelques années plus tard, à peine entré dans sa vie d'adulte.

A l'inverse de ses frères aînés, étant trop jeune il ne garde pas de souvenirs des pratiques de son père officiant dans la chapelle malbar familiale et abandonnée à son décès, tout comme de la chapelle malgache à la mort de sa mère.

Pendant de nombreuses années personne ne reprend ces deux chapelles familiales qui tombent en désuétude. M. Georges hérite de la maison familiale et des chapelles abandonnées mais ne se sent aucunement concerné par la continuité ou la reprise des traditions familiales.

Aujourd'hui, mener les deux traditions ne lui pose aucun problème, il lui suffit de demander l'autorisation de l'autre ancêtre pour pouvoir faire les cérémonies.

Il fait aussi des rêves dans lesquels ses ancêtres lui délivrent des messages. Un des premiers qu'il avait fait et confié à un prêtre catholique lui confirme que ses ancêtres ne voulaient pas être abandonnés. Ce prêtre est venu bénir sa maison et

---

[48] Pour des questions d'anonymat, le nom du praticien et des éléments de sa biographie ont été modifiés

sa chapelle en *malgache catholique*, et il n'est pas rare qu'il lui recommande des personnes en souffrance lorsque leurs maladies résistent au niveau catholique.

M. Georges a réussi à concilier ses diverses filiations pour qu'elles puissent s'accorder entre elles dans sa pratique, malgré des apports différents voire même parfois opposés (interdits alimentaires contraires pour les Malgaches et les Malbars) et qui n'exclut pas la religion dominante catholique. Il est un exemple type d'une créolité assumée et harmonieuse.

Le malheur comme éléments pré-initiatiques

Le malheur entre plus fortement dans sa famille, par le biais d'animaux qu'il élève et qui meurent subitement au moment où il va les vendre, de récoltes qui ne peuvent se faire. Rien d'ailleurs ne laisse prévoir ces morts soudaines car le matin même les bêtes étaient encore en excellente santé. Tout ce qu'ils entreprennent est comme cela voué à l'échec au dernier moment et de façon impromptue.

Au niveau familial, plusieurs membres de sa famille meurent de façon brutale laissant les autres endeuillés et en souffrance. Il semble comme peser une malédiction qui ne leur permet pas de vivre vieux.

Et puis, il y a la maladie de sa femme…

Pour lui, *a posteriori*, ce sont des signes qu'il ne comprenait pas, dont il ne tenait aucun compte mais qui prennent tout leur sens au vu de ce qu'il est devenu. Décrite par de nombreux auteurs (Andoche, 1988 ; Brandibas, 2003), cette notion de malheur préfigure des étiologies culturelles telles que des ancêtres mécontents, transgression, sorcellerie, etc.

La confrontation à la mort et l'accès à l'invisible

Les malheurs continuent et atteignent M. Georges dans son intimité lorsque sa femme tombe gravement malade. Une maladie qui va crescendo en gravité. De petites douleurs qui s'aggravent jusqu'au diagnostic de cancer avancé.

Lorsque le médecin diagnostique le cancer, il est réfractaire à l'idée de la faire opérer à nouveau d'autant qu'elle a été réanimée lors d'une première intervention. Le pronostic vital est engagé.

Désespéré, M. Georges prie l'esprit de son père défunt de donner, non pas une guérison, mais un sursis à sa femme. En contrepartie, il fait la promesse de rouvrir la chapelle. Guidé par ses ancêtres, il cueille alors des plantes et des fleurs (dont il ignore les vertus) et va s'en servir comme traitement.

Malgré tout, lors de la ré-hospitalisation, il est convaincu qu'il va la retrouver morte. Mais les médecins lui annoncent la récession des symptômes et l'inutilité de refaire une intervention. Elle est considérée comme une véritable ressuscitée. Aujourd'hui, bien des années plus tard, sa femme ne prend aucun médicament et est en pleine forme.

La confrontation à la mort de sa femme est un malheur qui vient à la suite des précédents, et le touche profondément. Cette chaîne de malheurs crée une telle désorganisation de leur famille et de leur groupe (Sindzingre & Zempleni, 1981) que M. Georges fait appel à ses parents défunts. Ces derniers vont le guider tout au long de la prise en charge de la maladie de sa femme et au-delà, dans son parcours initiatique de tradipraticien.

La ré-affiliation

M. Georges tient sa promesse en reconstruisant la chapelle de son père. Le jour de la cérémonie pour laquelle un *Poussari* a été mandaté pour faire les choses en règle, toute la famille est présente, la plupart d'entre eux, curieux de savoir sur qui leur père défunt va *« monter »*. M. Georges pense avoir rempli sa promesse et ne se sent pas concerné par cette responsabilité. A sa grande surprise son père viendra sur lui (possession par l'ancêtre) sans qu'il ne comprenne ce qui se passe. La responsabilité lui incombe alors de poursuivre les traditions et de soigner les gens.

D'un désintérêt total de départ, M. Georges confronté à la mort de sa femme, fait une promesse à ses parents défunts. Cependant, il ne fait pas le choix d'aller plus loin, il est choisi lors de la cérémonie au vu et au su de tous. Il n'a pas choisi de prendre cette responsabilité qui lui est attribuée d'office par le père défunt et à laquelle il ne peut se soustraire, d'autant qu'elle est reconnue par toute la famille et la communauté présente. Les invisibles et le collectif lui assignent la place qui sera désormais la sienne.

La transmission du Don

Le *Don* viendra huit mois après, lors d'une cérémonie qu'il avait organisée.

La transe est sauvage au début, et elle arrive de manière forte et incontrôlée, un *« prêtre tamoul est venu et a piqué ma langue »*, au fur et à mesure, ça s'est amélioré, la transe a été domestiquée (Bastide, 2010). Après son père, sa mère est venue, sa grand-mère puis l'autre grand-mère et grand-père et enfin son oncle, Poussari qui est mort il y a peu de temps. Au début c'est le côté malbar qui était là, puis le côté malgache se manifeste. Les enfants de chœur reconnaissent les comportements et les manières de l'ancêtre possesseur.

Ce *Don* qui lui est transmis est essentiel à l'exercice de sa pratique, car ce sont ses parents défunts et ses ancêtres qui à travers lui vont pouvoir soigner les personnes. Il sert de monture dans le monde visible aux « *gramoun* », force du monde invisible ou pour le dire avec ses mots très imagés : *« ce n'est pas moi qui fais, c'est plutôt mes gramoun qui font. Moi lé juste un poteau, tout passe par mes gramoun. C'est mon père qui donne aux gens des herbages à boire »*.

L'acceptation de l'identité de « guérisseur » et la reconnaissance publique

Cela fait plus de vingt ans qu'il pratique. Et pour lui, depuis, la vie s'est améliorée. Il est fier d'avoir atteint son âge ainsi que pour ses frères vivants en comparaison de ceux partis trop jeunes. Les gens ont du *respect* pour lui, reconnaissant ainsi son *Don* et sa place au sein de leur communauté. Il ne fait pas les choses pour de l'argent même si, dit-il, il *« reçoit des personnes qui ont beaucoup d'argent »*, il le fait *« avec son cœur »*. Les gens le remercient, ou pas, et certains amènent des choses lors des cérémonies qui comptent parfois plus de cent personnes.

Aujourd'hui il accepte cette charge comme sa *« mission »*, aider les autres, prier et soigner, c'est ce qui lui fait plaisir.

Analyse

La rencontre avec M. Georges n'est pas seulement sur la base d'une pratique double mais triple. En effet, M. Georges est un tradithérapeute créole issu d'un métissage malbar et malgache. Dans la cour de la maison familiale dont il a hérité, se dresse une chapelle malbar, dont son père était l'officiant et une chapelle malgache héritée du côté maternel. Sur l'autel des ancêtres malgaches figure en bonne place la statue de la vierge Marie.

En fonction des personnes qui viennent le voir pour un guérissage, il peut dans le cas de troubles ethniques qui ne peuvent être pris en charge que par ces dispositifs de soins appropriés (Brandibas, 2012), traiter par exemple, le cas du *« cheveu maillé »* par une cérémonie du *« tire cheveux maillés »* devant les divinités hindoues ou devant les ancêtres malgaches, cette harmonie de pratiques où, selon le concept de créolité de Jean Benoist (1993) cité par Nicaise (1999) *la mise en système d'éléments hétérogènes* s'inscrit dans l'histoire particulière de M. Georges.

Les éléments de biographie, recueillis dans le cadre d'entretiens de recherche, montrent un vécu bien sûr personnel, mais son parcours prend aussi sens dans un chemin initiatique, d'aspect plus anthropologique, culturel, collectif c'est-à-dire que les désordres sont perçus par la communauté comme un ensemble de signes présageant la place et la fonction de l'individu au sein du groupe, celui d'intermédiaire entre les hommes et les invisibles.

En effet, les signes ne sont devenus compréhensibles qu'après un certain nombre de désordres et de malheurs touchant la famille : animaux qui meurent sans raison, nombreux décès brutaux dans la famille et surtout confrontation à la mort probable de sa femme. Il se ré-affilie aux pratiques abandonnées de ses parents par le guérissage de sa femme, guidé par ces parents défunts et ancêtres, puis par la tenue de sa promesse de rénover et de ré-ouvrir les chapelles. Cette première guérison aussi inattendue que soudaine s'inscrit dans son parcours singulier. Cependant elle constitue la première marche de la reconnaissance du pouvoir des invisibles agissant à travers lui, et valide au niveau de sa communauté la place d'intermédiaire entre les mondes qu'il occupe.

Le *Don*

Pouvoir dispenser du soin et faire des guérissages à la Réunion est fortement lié à un *« Don »* reçu de ses ancêtres ou d'un esprit qui cherche une monture. Lorsque le *Don* se révèle, cela peut passer par l'apparition de transes, comme dans le cas de M. Georges où lorsque, pour la première fois, l'esprit de son père décédé est *« venu sur lui »*, il ne s'y attendait pas et cela s'est révélé douloureux et *sauvage* (Bastide, 2010). La transe a été domestiquée par la réalisation de rituels appropriés, officiés par un *Poussari* reconnu. Peu de temps après, les esprits d'autres aïeux se sont invités : grands-pères et grands-mères paternels et maternels, qu'il nomme « *gramoun* », comme les autres tradithérapeutes réunionnais ; chaque *gramoun* est reconnaissable à la façon de se comporter et pour les assistants il n'y a aucun doute sur l'identité de celui ou celle qui possède le corps du thérapeute.

Ces derniers demandent à être honorés en échange des soins qu'ils prodiguent aux personnes en souffrance venues consulter. Cette notion de *Don* et de *contre Don* (Mauss, 1923) permet au praticien d'être l'intermédiaire, l'interface entre le monde visible et invisible ; de pouvoir intercéder auprès des forces surnaturelles auxquelles le commun n'a pas accès.

Cette place privilégiée des tradipraticiens est souvent dictée par des lois supérieures. Comme d'autres ailleurs (chamanes, guérisseurs, etc.), ils sont choisis et n'ont pas choisi personnellement au départ de devenir *guérisseur*. Pour la plupart d'entre eux, il s'agit d'une mission qui leur a été confiée, à laquelle ils ne peuvent se dérober. Ils n'ont pas d'autres alternatives que d'accepter et d'endosser la responsabilité et l'identité de tradithérapeute (Benoist, 1993 ; Nathan, 2001).

Par ailleurs, servir les ancêtres ne manque pas de compensation et est récompensé par la reconnaissance et la notoriété qu'acquiert le thérapeute au service de sa communauté. Cela lui permet d'avoir un statut respecté dans l'échelle sociale réunionnaise.

Conclusion

En l'espace d'un siècle, La Réunion est passée de l'esclavage à une société moderne. Cependant, par son histoire métissée de peuples et de cultures, elle s'est construit une créolité et une identité qui lui sont propres.

Il est difficile d'imaginer pour le profane qui ne voit que les structures ultra modernes des centres hospitaliers et autres centres de soins réunionnais, qu'une grande partie de la population puisse encore avoir recours à des tradipraticiens.

L'analyse du parcours de ces tradipraticiens nous apporte un éclairage nouveau sur une *profession* qui échappe à toute formation officielle et qui pourtant a bien sa place dans le système global de prise en charge des désordres réunionnais. Un parcours où souvent la maladie, les désordres, le malheur ne peuvent être mis en sens que dans l'initiation, un *Don* transmis qui ne peut être refusé, une réaffiliation familiale et traditionnelle où tous les apports d'origines diverses se manifestent dans une créolité propre à la Réunion.

Ils sont un exemple de la résistance de la créolité à l'uniformisation des soins et aux *bonnes pratiques* hégémoniques du monde contemporain.

Références bibliographiques

Andoche, J. (1988). L'interprétation populaire de la maladie et de la guérison à l'île de la Réunion. *Sciences sociales et santé, 6(3),* 145–165.

Andoche, J. (2002). *Le regard réciproque. Ethnographie des désordres psychologiques à l'île de la Réunion* (anthropologie). Aix-Marseille, France : Université de droit, d'économie et de sciences politiques.

Aronowitz, R. (1998). *Les maladies ont-elles un sens ?* Paris, France : Les empêcheurs de penser en rond. Synthélabo.

Bastide, R. (2010). *Le sacré sauvage.* Présenté et introduit par Christian Lalive d'Épinay. *Sociologies.* En Ligne : http://sociologies.revues.org/3238.

Benoist, J. (1993). *Anthropologie médicale en société créole.* Paris, France : PUF.

Brandibas, J. (2003). *Traité de psychopathologie et thérapeutique réunionnaises.* Réunion, France : Université de la Réunion. En ligne : http://halshs.archives-ouvertes.fr/tel-00098118/

Brandibas, J. (2012). Construction sociale de désordres. Dans *Savoirs et Cultures,* Vol. VI, 69-83. Paris, France: L'Harmattan,

Eisenbruch, M. (1990). Classification of Natural and Supernatural Causes of Mental Distress Explanatory Model Questionnaire. *Journal of Nervous and Mental Disease, 178*(11), 712-719.

Hell, B. (2008). Négocier avec les esprits tromba à Mayotte. Retour sur le « théâtre vécu » de la possession. *Gradhiva. Revue D'anthropologie et D'histoire Des Arts,* (7), 6–23.

Mauss, M. (1923). *Essai sur le Don. Forme et raison de l'échange dans les sociétés archaïques Les classiques des sciences sociales.* En ligne : http://www.uqac.uquebec.ca/zone30/Classiques_des_sciences_sociales/index.html

Murdock, G. P. (1980). *Theories of Illness: A World Survey.* Pittsburgh, Pennsylvania: University of Pittsburgh Press

Nathan, T. (2001). *L'influence qui guérit.* Paris, France : Odile Jacob.

Nicaise, S. (1999). *Le continuum religieux créole: une matrice du catholicisme à l'île de la Réunion* (Anthropologie). Aix-Marseille, France : Droit Economie et Sciences Aix-Marseille.

Pourchez, L. (2005). De quelques métissages autour de la santé : thérapies et religion à l'Île de la Réunion. In L. Pordié. *Panser le monde, penser les médecines. Traditions médicales et développement sanitaire*, 287-306. Paris, France : J.-M. Tremblay. En ligne :

http://classiques.uqac.ca/contemporains/pourchez_laurence/quelques_metissages_autour_sante/quelques_metissages_autour_san.pdf

Reignier, P. (1998). Le système sorcier réunionnais. Un cadre organisateur du psychisme en difficulté ? *Communication 96° Congrès de Psychiatrie et de Neurologie de Langue Française,* 11-15 mai 1998, Ile de la Réunion.

Sindzingre, N., & Zempleni, A. (1981). Modèles et pragmatique, activation et répétition: réflexions sur la causalité de la maladie chez les Senoufo de Côte d'Ivoire in Causality and Classification in African Medicine and Health. *Social Science & Medicine, Vol. 15B* (3), 279-293.

Chapitre 12

Radicalisation, attentats : dé-symbolisation ou autre symbolisation ? Quel rôle pour l'interculturel ?

Raymonde Ferrandi

Constats et problématique

L'attaque du 7 janvier 2015 contre le journal Charlie Hebdo à Paris a consacré comme question béante celle déjà esquissée lors des menaces qui l'avaient précédée, ou bien lors de l'*affaire des caricatures*[49], d'autant que dans certains pays *musulmans* (Turquie) des journalistes ont depuis été condamnés et molestés pour reprise de ces caricatures dans leur publication[50].

Comment peut-on répondre à des dessins par un déferlement de violence collective (manifestations dans différents pays au cours desquelles on a brûlé les drapeaux danois et français), l'appel au meurtre, et pour finir par des coups de feu ? Pourquoi la dimension décalée de la satire n'a-t-elle pas été perçue ?

Les interprétations spontanées, assez facilement identifiables dans les propos médiatisés de passants ou dans le langage journalistique, oscillent entre deux pôles : retour à la *barbarie* à travers ces actes destructeurs, à rebours de l'expression symbolique constituée par le dessin ? Abîme entre deux *civilisations* qui n'auraient pas le même humour ? Souvent ces deux représentations, malgré leur caractère contradictoire (on a une civilisation ou on n'en a pas), sont entremêlées : comme si la civilisation *des autres* (des musulmans) se caractérisait par une certaine sauvagerie (on trouve la même confusion s'agissant, par exemple, des violences conjugales). Les pays civilisés se trouveraient donc une nouvelle fois menacés par des invasions barbares, soutenues par les communautés de mêmes origines déjà présentes sur leur sol.

Nous avons souhaité participer aux efforts en vue d'une analyse un peu plus objective de ces situations d'incommunication et de violence, tout en éclairant les représentations auxquelles elles donnent lieu. L'urgence est d'autant plus grande que l'*interculturel*, le *multiculturel* dans ce nouveau référentiel, est affecté d'une valence négative, de nature à compromettre les progrès faits depuis un siècle dans

[49] Les « caricatures de Mahomet » sont les caricatures de douze dessinateurs parues le 30 septembre 2005 dans le quotidien danois Jyllands-Posten.

[50] La justice turque a condamné jeudi 28 avril 2015 deux journalistes à deux ans de prison pour blasphème. Hikmet Cetinkaya et Ceyda Karan, éditorialistes du quotidien Cumhurriyet, avaient reproduit en janvier 2015 un dessin de Mahomet initialement paru à la une de Charlie Hebdo, en solidarité avec la revue satirique française.

la représentation de la culture *avec* sa diversité comme patrimoine commun à l'humanité.

Nous avons eu l'idée de nous intéresser, à partir de notre formation et de notre expérience de psychanalyste, aux processus de symbolisation et à ce qu'ils peuvent nous indiquer d'une supposée *régression* ou *absence de civilisation*. Ainsi, la culture va-t-elle toujours dans un seul sens, comme le suppose le discours dominant, de l'expression par le corps vers l'expression par les mots, qui serait la plus aboutie, en passant par l'image, terme de passage plus concret ? Nous interrogerons cette affirmation à l'aide de formes symboliques à première vue paradoxales, connues depuis longtemps, telles que les *actes de parole* et les *actes de récit*. Nous nous intéressons en contrepoint à l'univers de significations qui sous-tend les actes ou prises de position *terroristes*, dans la mesure où il peut éclairer le choix des processus ci-dessus.

D'autre part les termes en circulation, tels que *radicalisation*, semblent indiquer que les *racines* auraient été perdues et nécessitent un effort violent pour être retrouvées. Ceci ne remet-il pas en question la démarche interculturelle entendue comme encouragement à la rencontre entre individus et groupes porteurs de différentes cultures, ce qui ébranle toujours quelque peu les identités ?

Méthodologie

Nous appliquons au *social* l'approche qualifiée d'*association libre* (du côté du patient) et d'*attention flottante* (du côté de l'analyste) dans la cure psychanalytique. Contrairement à l'approche expérimentale qui procède par hypothèses qu'elle va mettre à l'épreuve, l'approche de la cure laisse surgir du matériel amené par le patient les significations susceptibles d'en rendre compte. Celles-ci surgissent dans la rencontre avec la subjectivité de l'analyste, dont il convient de faire la part, et les *interprétations* de ce dernier seront donc validées soit par une reconnaissance explicite de la part du patient, soit par un changement d'attitude dont il rendra compte par la suite.

Dans cette approche méthodologique la répétition de certains éléments de matériel va être considérée comme significative. Pour autant le calcul des occurrences ne sera pas forcément pertinent. Une seule mention peut signer l'affleurement d'un refoulé qui ose à peine se dire.

Nous nous sommes donc laissée imprégner par les propos concernant l'actualité ci-dessus, entendus ou lus autour de nous d'où qu'ils viennent : discours de patients dans notre pratique de psychanalyste, échanges professionnels dont certains dans le cadre d'un groupe de travail existant dans notre association de référence autour de *l'individuel et le social*, échanges dans un contexte militant, amical, familial ; ouvrages savants et articles de presse, articles proposés sur internet… Pour donner une idée, et pour nous limiter à la documentation papier, un corpus d'une centaine de documents a été réuni, portant essentiellement sur le domaine francophone.

Toutes ces productions traduisent pour nous un *inconscient du social*, très probablement partagé tant par les jeunes *radicalisés* que par l'ensemble de nos contemporains.

Culture et symbolisation

1. De l'acte au symbole ?

L'acte a mauvaise presse en psychanalyse. Le *passage à l'acte* signe une impulsivité qui vient court-circuiter la pensée. La sublimation transpose l'*acte* par excellence (l'acte sexuel) dans le domaine considéré comme plus noble des réalisations culturelles et sociales. Notre *violence originaire* (Bergeret, 1984) évite l'acte destructeur dans la mesure où elle peut être liée à une activité qui nous engage et nous permet de nous affirmer dans les cadres permis par la société. L'ensemble de ces processus pourrait constituer le processus d'*humanisation* (Zaltzman, 2007), terme que la psychanalyse préfère à celui de *civilisation*, historiquement compromis par la recherche de hiérarchies à l'intérieur même de l'humanité, mais qui en reprend l'idée de progrès possible d'une génération à l'autre ; cependant chaque génération et chaque individu doit répéter pour son propre compte ce *travail de culture*.

On pourrait donc croire à une progression qui, dans l'idéal, serait linéaire et opposerait un degré zéro, l'acte, dénué de toute valeur symbolique et plus ou moins entaché de brutalité, toujours au bord de la violence destructrice, à un pôle de réalisations symboliques et pacifiques qui échapperaient à l'acte (production d'images, de mots).

Bien des peintres, musiciens, comédiens, ont dû rappeler la part du corps, souvent torturé, dans leur activité, qui n'a rien de désincarné. On connaît des *actes symboliques* tels la signature de traités, la poignée de main entre dirigeants sur le perron de la présidence. En moins pacifique, la mise à mort du messager de la mauvaise nouvelle ou d'une trêve qu'on n'a pas l'intention d'accepter, était courante dans l'antiquité. Le sacrifice rituel de jeunes gens en guise d'offrande dans les civilisations précolombiennes avait un sens. La symbolisation ne protège donc pas en soi de la violence : l'acte violent est lui-même une forme de symbolisation, souvent codée et codifiée par la société. C'est en ce sens qu'il permet de faire l'économie d'une violence anarchique et sans limites. L'éthologie avec Lorenz (1977) nous montre que la *ritualisation* permet souvent de remplacer l'acte originel par un autre moins violent, qui l'évoque sans le redoubler : matches en lieu de guerre ; mais dans ce dernier cas la violence semble n'être pas entièrement symbolisée et s'être déplacée vers les supporters.

Inversement certaines paroles ont un effet bien précis dans le réel, et qui peut être très violent. On considère comme *acte de parole* la phrase prononcée par un maire ou par un religieux : *« Je vous déclare unis par les liens du mariage »*, ou bien la condamnation à mort énoncée par un juge ; les mots font alors évènement et sont cause d'autres évènements autant qu'un acte. On a parlé d'*actes de récit* pour désigner des situations dans lesquelles des histoires racontées sont considérées comme des faits et produisent les mêmes effets : ainsi en va-t-il pour les *légendes du sang* en Pologne (Tokarska-Bakir, 2015), concernant de prétendus meurtres d'enfants chrétiens par des Juifs ; ou encore les appels au massacre des *cafards* (Tutsis) lancés par la radio des Mille Collines, qui déclencha le génocide de 1994 au Rwanda. Les insultes sont clairement entendues comme agression, même si elles appartiennent au registre verbal. Certains textes qui se veulent artistiques sont néanmoins ressentis comme très violents *(« Ecrire à balles réelles »* chante le groupe de rap La Rumeur[51]).

Le symbole peut être lui-même source de souffrance quand il est au service de l'ironie. *Le ridicule tue*, dit le proverbe, et on se tue en Asie plutôt que de *perdre la face*. La présence d'un orchestre à l'entrée du camp de concentration d'Auschwitz ajoutait encore à la souffrance des arrivants en leur donnant de faux espoirs et en tournant en dérision leur détresse.

La *plaisanterie innocente* ne l'est que pour ceux qui ne sont pas visés, ou bien quand une relation *suffisamment bonne* de complicité lie les protagonistes, de telle façon que la *victime* comprenne qu'on souhaite attirer son attention sur un petit travers sans pour cela lui retirer amour et considération (popularité de Coluche qui ne cessa cependant de railler le *Français moyen*). Dans le cas contraire les caricaturistes et autres adeptes de la satire ont souvent connu la prison. Voltaire embastillé remerciait ainsi le roi de *se préoccuper de son gîte et de son couvert*, dans une missive qui fut loin d'améliorer son sort.

A la lumière de ce qui précède, l'attaque de *Charlie* semble beaucoup moins incongrue. On croit comprendre le terrible malentendu qui la sous-tend. D'un côté des dessinateurs satiriques accoutumés à moquer les pouvoirs institutionnalisés ou visant à le devenir : après s'être attaqués au pouvoir d'État et aux pouvoirs religieux officiels, ils s'en prennent aux mouvements intégristes musulmans qui font l'actualité. De l'autre des jeunes issus des minorités, qui identifient ce journal comme étant du côté de la majorité lettrée, du côté du pouvoir d'État, ses locaux étant d'ailleurs protégés par la police ; ces dominants, non contents de détenir le pouvoir, se saisissent pour faire rire de la figure du prophète, emblème de la religion qui, elle-même, représente les dominés, comme étant la plus répandue dans leur communauté. La riposte sera à la mesure de la violence ressentie : le meurtre.

Au risque de choquer certains, nous remarquerons que ce fonctionnement n'est pas réservé aux islamistes dans notre société. L'acte violent, revendiqué comme seul moyen de faire justice, se retrouve dans une affaire à l'issue heureusement moins tragique : l'arrachage d'un morceau de chemise d'un cadre d'Air France dans un contexte de négociation difficile [52]; cette violence physique, peut-être

[51] Extrait du morceau « En vente libre ». Album : *Du cœur à l'outrage*, 2007.

[52] Le 5 octobre 2015, le directeur des ressources humaines d'Air France avait été bousculé, et sa chemise arrachée, lors d'une manifestation d'employés de la compagnie qui protestaient contre l'annonce d'une restructuration menaçant près de 3 000 emplois.

bien accidentelle au départ, fut légitimée dans l'après-coup par les syndicats et divers mouvements sociaux comme seule riposte possible face à la violence sociale déployée par l'entreprise. Citons aussi un épisode qui a fait rire toute la France : la *réquisition citoyenne*, par le mouvement Bizi, de chaises dans les agences de la banque HSBC de Bayonne, pour l'exhorter à fermer ses filiales dans les paradis fiscaux (2 novembre 2015) ; on doute pourtant que les employés des agences concernées aient vécu la chose comme manifestation pacifique.

C'est aussi le cas dans les divers mouvements de résistance à une occupation : sous l'occupation nazie, les partisans ont utilisé entre autres le meurtre de soldats hors combats, alors qu'ils se promenaient en ville ; pendant la guerre d'Algérie, des jeunes filles déposaient des bombes dans les cafétérias, faisant de nombreuses victimes civiles ; elles expliquent bien des années plus tard dans un documentaire télévisé [53]: *« Nous avions l'armée en face de nous. Nous avons utilisé les moyens dont nous disposions »*. Comme si la violence physique était l'arme des faibles ou de ceux qui se sentent comme tels.

Certaines observations au quotidien nous ont personnellement frappée : dans la rue ou le métro à Paris, s'il vous arrive de bousculer quelqu'un par mégarde, là où la génération précédente aurait dit *« Pardon »*, reconnaissant ainsi l'autre comme un semblable digne du respect qu'il est lui-même prêt à vous accorder, on fait aujourd'hui un signe avec la main levée, comme un geste de défense ritualisé, en prévention de la riposte supposée de l'autre, traité en étranger de langue et de manières, potentiellement dangereux.

Nous ne sommes donc pas dans un schéma linéaire inversé, une régression, mais dans une alternance entre différentes modalités d'expression symbolique. Le retour, ou *recours* à l'acte, semble intervenir quand la communication dans les registres les plus élaborés - mais aussi les moins aisément partagés - est suspendue : absence de codes communs, volonté d'une des deux parties de ne pas entendre, indifférence à l'autre, considéré au mieux comme obstacle ou ennemi. Il s'agirait en quelque sorte de *prendre acte* de la rupture, de *faire parler la poudre* quand la diplomatie des mots n'opère plus : ce recours est lui-même une symbolisation.

2. Pistes de lecture

On repère dans le matériel recueilli plusieurs chaînes signifiantes, qui débordent les significations intrinsèquement individuelles pour nous dire quelque chose du collectif.

Nous avons déjà fait état d'une séquence qui oppose la *barbarie* et ses *massacres* à la *civilisation*, tandis que les djihadistes opposent le *martyr* au *mécréant*. Nous sommes chaque fois dans un système binaire, dans lequel la trajectoire du progrès ne fait aucun doute pour les locuteurs. Mais ces trajectoires sont inversées : pour les partisans de la *civilisation*, il importe de se détacher de l'origine, qui ne contient

[53] *Les Porteuses de feu* de Faouzia Fekiri. Diffusé sur France 3 le 26 janvier 2008.

l'humain qu'à l'état d'ébauche ; pour les autres, il faut y revenir car l'origine est un lieu de pureté, que l'Histoire ne peut que dégrader. Cette polarisation questionne à tout le moins notre modernité comme expression du progrès.

D'autres notations semblent une illustration caricaturale de certains aspects de l'*hypermodernité.* La jeune femme ayant dénoncé Abdelhamid Abaaoud[54] à la police, après l'avoir reconnu dans l'appartement de Saint-Denis où elle avait été invitée, s'étonne de l'entendre parler des attentats avec le sourire *« comme s'il était parti faire les courses et qu'il avait trouvé un baril de lessive en promotion* [55]*».* On ne saurait mieux dire la réification de l'être humain, victime ou kamikaze.

Une séquence associant *événements, attentats, terroristes,* se demandant si le terme de *guerre* ne serait pas plus approprié (mais on hésite à l'employer pour ne pas légitimer l'adversaire en le mettant sur le même plan que le pouvoir établi), nous replonge très brusquement dans le passé récent qui a précédé l'indépendance de l'Algérie, et dans le passé immédiat des *années noires* traversées par ce même pays, qui ont semblé le dupliquer. Dans tous les cas le discours officiel et l'horreur des actes commis ont contribué à un non-dit qui se prolonge jusqu'à aujourd'hui. Il est toujours très pesant dans les familles, tandis qu'on imagine timidement d'introduire enfin ces questions, liées à celle de la colonisation, dans les programmes d'Histoire en France. Ici le lieu de l'origine est à la fois externe, dans l'Histoire, et psychique : l'événement traumatique et sa trace dans le psychisme qu'on répète indéfiniment dans l'espoir de réussir un jour à l'empêcher ou à en apaiser la résonance.

A noter que l'interprétation *terroriste* tend à l'emporter sur celle de la guerre entre égaux : le terme de *kamikaze* repris de la guerre du Pacifique (1941-1945) entre les Etats-Unis et le Japon, n'est presque plus employé ; il s'agirait donc d'une affaire interne, ce que pourtant cherchait à nier la déchéance de nationalité pour les terroristes binationaux, mesure un moment avancée en France, puis retirée ; on mesure bien là le trouble identitaire qui traverse le pays.

Une séquence pour le moins inattendue évoque l'univers du spectacle. *Comment une 'star' de Daesh (Abdelhamid Abaaoud) a-t-elle pu franchir allègrement les frontières sans être repérée ?* demande un journaliste à l'un de nos experts en sécurité. Ailleurs il est question d'une '*étoile montante*' de la cellule djihadiste locale. Ne rejoignons-nous pas cette autre caractéristique de l'hypermodernité, les *tyrannies de la visibilité* (Aubert, 2011) ?

On s'interroge sur la réédition d'un scénario (attaque d'édifices publics ou massacres dans un lieu public) par des individus qui semblent avant tout animés d'un malaise personnel et ayant choisi ces modalités par opportunisme, en sachant qu'elles seraient *reconnues.* Si bien qu'on se pose la question des *vrais* (?) radicalisés et des *faux* suite à des événements tels que : attaque du commissariat

---

[54] Organisateur des attentats du 13 novembre 2015 à Paris.

[55] http://actu.orange.fr/france/attentats-la-femme-ayant-denonce-abaaoud 04/02/2016

du 18ème arrondissement à Paris le 7 janvier 2016 par un individu surtout connu jusqu'alors des services de police comme SDF susceptible de troubler l'ordre public en état d'ébriété ; massacre d'Orlando ; menace à l'aide d'une arme *factice* des consommateurs à la terrasse d'un café[56]. Ce dernier fait divers manifeste bien la dimension de contagion, comme si ce scénario venait donner une forme commune à différentes insatisfactions plus ou moins diffuses.

On le trouve déjà dans divers *meurtres laïques* (tueur de Nanterre[57], massacre de Columbine[58]). Par ailleurs, le massacre indistinct aboutissant à sa propre mort, par un individu (dans la tradition, un homme) en proie à un sentiment de frustration ou d'humiliation insupportable, est bien connu sous la forme de l'*amok* malais dont Devereux (1970) fait le prototype du *désordre ethnique*, socialement codifié. Cette potentialité de l'humain semble s'être exprimée ailleurs, observée notamment dans les guerres de tranchées du premier conflit mondial (1914-1918). Alors *extrémistes*, ou bien sentiments et situations extrêmes ?

Enfin, on constate que le terme de *radicalisation* se répand de façon virale, pour désigner toute tentative quelque peu abusive d'exprimer une rigueur en quelque sorte essentielle, sans compromis. Tentative que chacun ressent comme tentation. Il y aurait ainsi *radicalisation du social*, *radicalisation* des protestataires contre la « loi Travail » en France, *radicalisation des puissants* à l'encontre des syndicalistes. Cette tendance irrépressible est-elle un symptôme de notre temps et prescrit-elle certains *modèles d'inconduite* (Linton, repris par Devereux, 1970) à l'échelle planétaire ? Serions-nous tous des déracinés ?

L'interculturel, entre *Grand Remplacement* et déracinement ?

Revenons à nos propres racines et aux définitions posant les fondements de ce domaine de recherche encore jeune : l'interculturel. Cette dénomination désigne depuis le départ au moins deux choses : tantôt l'étude de la rencontre de fait entre porteurs de culture, tantôt une démarche active favorisant les rencontres, d'inspiration optimiste et humaniste (Clanet, 1993).

Au contraire, les détracteurs des sociétés *multiculturelles*, tels le Front National en France, craignent que ce contact entre cultures se traduise par un *Grand Remplacement* (Camus, 2011) sous l'effet conjugué des migrations et des communautés déjà implantées à l'intérieur des différents pays. L'hypothèse sous-jacente est celle d'une diffusion par contact des mœurs de la communauté la plus nombreuse.

---

[56] http://actu.orange.fr/societe/fait-divers/paris-un-homme-seme-la-panique 25/06/2016

[57] Le 27 mars 2002, Richard Durn fait irruption au conseil municipal de la ville de Nanterre (France) et mitraille les élus avec l'intention de « tuer le plus de personnes possible ». Dépressif et *en recherche par rapport à ses origines*, il se dit « écoeuré par les politiques ».

[58] Le 20 avril 1999, deux élèves de l'école de Columbine (Etats-Unis) ouvrent le feu dans l'établissement sur leur passage, puis se suicident.

Cette hypothèse du contact est reprise par Devereux (1972), mais c'est pour faire remarquer que celui-ci ne favorise pas toujours l'assimilation d'une communauté à l'autre. Au contraire, la préoccupation identitaire peut mener à l'*acculturation antagoniste* dans laquelle certains items sont retenus de part et d'autre comme particulièrement clivants : il peut s'agir des pratiques religieuses.

D'autres spécialistes mettent en avant une revanche de l'histoire, venant rappeler une suite de défaites de la part des puissances de religion musulmane, depuis la chute du premier califat (Benslama, 2016) et les mémoires concurrentes liées à l'histoire coloniale (Stora, 2016). Ces violences physiques et culturelles se sont trouvées aggravées par l'effacement dont elles ont fait l'objet dans le discours officiel et dans la parole privée, au sein des familles et entre voisins d'un même quartier. Difficultés économiques et minorisation sociale les auraient réveillées pour le meilleur (résolution par la parole) et pour le pire (meurtre). Benslama décrit la figure du *surmusulman* qui résout le sentiment d'humiliation par un désir d'épuration interne à la personne et à la communauté des croyants. Ces analyses déplacent l'hypothèse de base de la diffusion pour privilégier les aspects symboliques de revendication identitaire : pouvoir exister avec ses propres modes de vie et reconnaissance du statut de victime (de l'Histoire et de l'exclusion sociale actuelle). Des mouvements tels que *Les Indigènes de la République* [59] auraient ainsi préparé le terrain pour des actions plus violentes de *reconquête*.

Certains auteurs, tels Finkielkraut (2013), insistent sur la transposition dans les banlieues du conflit israélo-palestinien, dont les enjeux semblent identiques aux yeux des jeunes issus de l'immigration nord-africaine et subsaharienne, les Juifs apparaissant comme une communauté systématiquement privilégiée[60], vers laquelle ils retournent leur vindicte.

Pourtant les observations montrent que les phénomènes de radicalisation, violente ou pas, ne concernent pas seulement les personnes issues de l'immigration depuis des pays de culture musulmane, mais des *jeunes* de toutes origines, y compris des autochtones du pays de résidence. D'autre part ce phénomène concerne de nombreux pays, et non pas seulement des pays européens directement concernés par une histoire coloniale. Enfin, les jeunes concernés sont décrits comme bien souvent ignorants des cultures et de la religion auxquelles ils se réfèrent : radicalisation en quelques jours, achat de *L'Islam pour les nuls*. Ce ne sont donc pas toujours la réalité d'items culturels ou religieux qui les attirent, ni toujours la continuité d'une mémoire blessée, mais certains attributs permettant aux postulants de s'identifier de façon imaginaire à un groupe social sur lequel se projette leur désir.

Désir de quoi au juste ? Une réponse toute simple nous était peut-être déjà donnée par notre propre fille, revenant en 1998 de son nouveau collège, situé

[59] Mouvement de protestation anticolonialiste apparu en 2005.

[60] Le 24 octobre 1870, le décret Crémieux accorde la citoyenneté française aux Juifs d'Algérie tandis que les Musulmans sont maintenus dans le statut d'indigènes.

dans le quartier de la Goutte-d'Or à Paris, connu pour avoir accueilli les vagues successives d'immigration en provenance de l'Afrique. Alors que nous nous étonnions de l'entendre tout à coup parler avec l'accent *beur*, l'explication fusa : *« ça veut dire qu'on est contre »*. Renseignements pris, *on* était contre les professeurs, les parents, les riches, la police… tout ce qui est censé détenir le pouvoir, vécu comme fondamentalement abusif. De fait, certaines lignes de front semblent dessiner une géographie symbolique et non plus réelle ou même politique : l'opposition actuelle au régime en Syrie, comme auparavant les Palestiniens, sont la nouvelle figure emblématique de l'opprimé qui se soulève pour réclamer justice. Elle conjugue la reconnaissance du statut de victime avec l'admiration vouée au résistant et suscite l'adhésion autant que la solidarité. Même si la jouissance peut entraîner ce mouvement vers la mort (donnée ou recherchée pour soi-même) comme moyen de donner un sens à sa vie (figure du *héros négatif* selon Benslama).

Car tel semble bien être l'enjeu commun à tous les *enfants perdus* que l'on s'efforce de *déradicaliser*. Mais ne l'étaient-ils pas déjà, et n'est-ce pas suite à une faille dans la transmission qu'ils ont été s'affilier ailleurs ? Le phénomène semble concerner des individus, et plus généralement une génération, aux prises avec une perte ou une ambivalence vis-à-vis de leurs propres racines. C'est cette exclusion symbolique, et non pas seulement l'exclusion sociale, même si elles peuvent être liées, qui fait violence aux jeunes et les pousse à réagir. Celle-ci est souvent perpétrée par les intéressés eux-mêmes comme solution à une première violence occultée par la seconde (défense par la désubjectivation, comme celle-ci a été décrite pour les gens de la rue). D'où l'emprise des processus sectaires à l'œuvre dans le recrutement et l'issue incertaine des méthodes de *déradicalisation* fondées sur le retour à des racines qui seraient toujours là et *bonnes*, qu'on aurait simplement, de l'extérieur, persuadé ces jeunes de délaisser.

Il nous faut ici revenir sur les violences et les non-dits qui accompagnent la plupart des situations de contact culturel, bien au-delà des phénomènes de colonisation. Peu de rencontres se font dans le cadre de voyages d'agrément ou suite à un choix volontaire : guerres, persécutions dans le pays d'origine, déplacement, exil de populations entières… cela indique que la rencontre se passe dans un climat bien particulier. La génération des primo-arrivants préfère souvent taire les souffrances du départ et de l'arrivée : c'est peut-être bien après cette *alliance inconsciente* (Kaës, 2009) entre les parents et le pays de résidence qu'en ont les jeunes kamikazes.

Plus généralement, ne peut-on considérer que l'*individu hypermoderne* (Aubert, 2004) est systématiquement déraciné par les logiques de la mondialisation libérale, dans laquelle, comme le déplore Finkielkraut, la *communication* aurait remplacé la *transmission* ? Diet (2003) dénonce cette abrasion de la mémoire et des cultures de travail dans les organisations par le rouleau compresseur des *procédures*. Les injonctions actuelles au *vivre ensemble* remplissent parfois le même rôle et peinent à pallier le manque d'un *récit* commun (Roy, 2016).

On peut alors se demander comment certains échappent à la radicalisation, ou du moins à ses formes spectaculairement destructrices. Quid, en particulier, des personnes d'origine asiatique et de tradition bouddhiste, qui semblent moins touchées jusqu'ici par ces *conversions* subites ?

Contentons-nous, dans les limites du présent travail, d'insister sur la dimension d'ignorance, de perte et plus encore d'effacement qui fait le lit de la mythification actuelle de l'univers *arabo-musulman*, transformé par ce procédé en arme de destruction massive.

Conclusion

Nous avons pu analyser les phénomènes actuels de radicalisation violente comme *malaise dans la symbolisation* plutôt que comme régression vers la barbarie ou encore influence de modèles extérieurs violents. Ce malaise aurait à voir avec l'hypermodernité, illustration en même temps que réaction dans un monde où la fuite en avant dans la confusion des valeurs attaque les liens au passé et à l'altérité.

La mondialisation semble avoir facilité la conjonction entre deux phénomènes jusqu'à un certain point indépendants. D'une part une modalité opératoire : meurtre anonyme de masse ou d'individus lambda, à la rigueur désignés par leur appartenance réelle ou supposée à tel groupe religieux, ou bien à certains corps de l'État (armée, police) ; ce *modèle d'inconduite* s'impose comme une façon de plus en plus usuelle d'imputer ou tout simplement d'*adresser* un mal-être au *social*. D'autre part la référence à un univers *arabo-musulman* qui l'emporte actuellement sur le marché du signifiant pour évoquer la résistance à l'oppression et à l'effacement.

Face à ces phénomènes, la démarche interculturelle semble plus que jamais nécessaire. Elle s'efforce de saisir la réalité des cultures et des phénomènes de contact, au-delà des prises de position idéologiques. Elle est bien la seule à indiquer comment l'être humain, quels que soient les aléas de l'Histoire, a su jusqu'à présent créer et recréer de la culture, à partir de la mémoire et de l'échange ; en tant que discipline, elle témoigne d'un discours et d'un vecteur de sens communs, autres que ceux de l'accumulation et de la destruction. Elle permet aussi de faire la part des phénomènes sociaux qui accompagnent le contact culturel proprement dit (tels les enjeux de pouvoir), et de l'instrumentalisation symbolique du culturel.

Références bibliographiques

Aubert, N. (2004, dir.). *L'individu hypermoderne*. Toulouse, France : Erès.

Aubert, N. & Haroche, C. (2011, dir.). *Les tyrannies de la visibilité. Etre visible pour exister*. Toulouse, France : Erès.

Benslama, F. (2016). *Un furieux désir de sacrifice. Le surmusulman*. Paris, France : Le Seuil.

Bergeret, J. (1984). *La violence fondamentale.* Paris, France : Dunod.

Camus, R. (2011). *Le Grand Remplacement.* Neuilly-sur-Seine, France : David Reinharc.

Clanet, C. (1993). *Introduction aux approches interculturelles et en sciences humaines*, Toulouse, France : Presses Universitaires du Mirail.

Devereux, G. (1970). *Essais d'ethnopsychiatrie générale.* Paris, France : Gallimard.

Devereux, G. (1972). *Ethnopsychanalyse complémentariste.* Paris, France : Flammarion.

Diet, E. (2003). L'homme procédural. De la perversion sociale à la désubjectivation aliénante. *Connexions, 79-2003-1*, 11-28.

Finkielkraut, A. (2013). *L'identité malheureuse.* Paris, France : Stock.

Kaës, R. (2009). *Les alliances inconscientes.* Paris, France : Dunod.

Lorenz, K. (1977). *L'agression. Une histoire naturelle du mal.* Paris, France : Flammarion. (Ouvrage original publié en 1963 sous le titre *Das sogenannte Böse. Zur Naturgeschichte der Aggression.* Vienne, Autriche : Borotha-Schoeler).

Roy, O. (2016, entretien avec). Islamisation de la radicalité ou radicalisation de l'islam ? *Le Nouvel Observateur, n° 2683 - 07/04/2016*, 83-88.

Stora, B. & Jenni, A. (2016). *Les mémoires dangereuses.* Paris, France : Albin Michel.

Tokarska-Bakir, J. (2015). *Légendes du sang* (Maliszewska M., trad.). Paris, France : Albin Michel.

Zaltzman, N. (2007). *L'esprit du mal.* Paris, France : L'Olivier.

Chapitre 13

En réseau interculturel pour une psychologie clinique ancrée dans les cultures d'Asie du Sud-Est.

Odette Lescarret

Introduction

Tout a commencé à la levée de l'embargo[61] sur le Vietnam, ce petit pays lointain et malmené par l'Histoire, aux origines très anciennes qui, après un millénaire d'annexion chinoise, a su créer une conscience nationale tout en restant vassalisé par cette même Chine, colonisé quatre-vingt-dix ans par la France[62], puis anéanti par une guerre civile de vingt ans orchestrée par le front russo-américain, pollué dans sa terre et ses forêts par la radicalisation chimique américaine, handicapé dans sa population pour plusieurs générations, et enfin isolé vingt ans de plus par l'embargo économique américain ci-avant évoqué.

C'est dans ce contexte qu'il importe d'analyser :

- en quoi la demande officielle des Autorités Vietnamiennes lors de l'ouverture du pays (*Doi Moi*) adressée aux psychologues français pour coopérer à la création au Vietnam de la profession de psychologue clinicien, touche à des dimensions politiques et éthiques plus que jamais actuelles ;

- et comment elle a pu susciter la mise en place d'un véritable *réseau international, d'emblée interculturel*, structuré par une *éthique commune de la subjectivité humaine,* tout en s'inscrivant de manière responsable dans l'espace virtuel contemporain, cet autre monde avec lequel il nous faut compter.

1. Psychisme et responsabilité politique et culturelle du psychologue

Le discours de l'histoire, on le sait, a une portée consciente et inconsciente qui structure les postures du présent, aussi est-il intéressant de rappeler la spécificité des actes créateurs de la profession de psychologue en France.

La percée fondatrice et pionnière de la psychologie scolaire.

C'est dans l'école que la création en France de la profession de psychologue par le célèbre psychologue Henri Wallon avait été un véritable *« acte politique »* (Wallon, 1945, 2) aux lendemains de la 2ème Guerre Mondiale, dans l'enthousiasme humanitaire de la Libération.

---

[61] Depuis 1964 sur le Nord-Vietnam, puis 1975-1994 sur l'ensemble du pays.

[62] De 1862 à 1880 puis 1887 à 1954.

Pour ces premiers psychologues praticiens il s'agissait de contribuer explicitement à la mise en place d'une école renouvelée, de la maternelle à l'université, en vue de faciliter la formation d'une autre jeunesse, plus porteuse d'esprit critique, plus créative, plus capable d'articuler les contradictions et de dépasser les conflits, plus *responsable, respectant la singularité de chacun.*

La pertinence d'une telle éthique a d'ailleurs eu un retentissement international : dès 1949 le Bureau International d'Education (BIE) de l'UNESCO (United Nations Educational, Scientific and Cultural Organization) avait félicité la France pour ses psychologues scolaires au vu des premiers effets visibles, et proclamait le grand intérêt d'une telle approche de l'humain, tant pour la jeunesse que pour l'équilibre mondial (archives du SPEN, in Lescarret, 2010).

Mais cette profession était-elle vécue dérangeante par les Pouvoirs Politiques successifs ? Sinon comment comprendre qu'elle ait été immédiatement supprimée, puis réhabilitée mais dans le champ étroit de l'enfance en difficulté ? On ne peut que souscrire à la pertinence de la première alerte *Où en est la psychologie de l'enfant ?* Zazzo (1983, rééd 1986).

L'ancrage de la psychanalyse pour la profession de psychologue clinicien

C'est ici que prend sens également la mobilisation, juste après Wallon, du psychanalyste Lagache en 1948 pour créer la première formation des psychologues cliniciens : en faisant explicitement référence aux avancées de la théorie psychanalytique, il fait le choix d'une éthique tout aussi alternative, au service elle aussi d'une *construction subjective complexe, résolument conflictuelle, singulière, responsable.*

On sait aussi la détermination de l'ensemble des psychologues français à défendre un peu plus tard (1985-2012) cette spécificité humaniste de leur pratique et à la faire reconnaître, dans tous les autres champs d'exercice et auprès du grand public. Elle a laissé sa trace dans la parution juridique d'un Titre Unique de Psychologue (1985), une Charte européenne de déontologie (1993) et la rédaction d'un code de déontologie unique (1990, 2012).

C'est bien sur cette détermination initiale qu'il s'agit aujourd'hui de revenir, en toute lucidité.

Une alerte contemporaine…

Car c'est bien à cette question, *où va la psychologie ?* que fait écho le débat éthique, et donc politique, ré-ouvert par les nouveaux courants de la *psychologie critique* (Santiago-Delefosse, 2008 ; Clot, 2008). Tous s'accordent en effet à démontrer les dérives individualistes et libérales des courants dominants de la psychologie (Tiberghien & Beauvois 2008 ; Fox & *al*, 2008). Ce débat interne à la psychologie, mais qui déborde désormais d'autres disciplines, se développe en Europe - le berceau de la psychologie -, au Québec, en Amérique du Sud, et gagne de plus en plus les pays émergents, et même… les Etats-Unis : au sein de l'hégémonique

Association des Psychologues Américains (APA), le courant de la *critical psychology* a vu le jour et se développe.

Au Vietnam, un choix éthique culturellement marqué

C'est en s'inscrivant dans ces mouvements d'idées et en anticipant sur les débats actuels que le célèbre pédiatre francophone Dr Nguyen Khac Vien, connu pour sa pratique attentive à la souffrance psychique et pour son œuvre politique, philosophique et littéraire, avait osé marteler que pour son pays *« la psychologie est un luxe, mais un luxe nécessaire »* (2001, éd posthume, 27).

Prix 1992 de la Francophonie décerné par l'Académie Française, il s'était tourné quatre ans plus tard vers ses amis français pour être accompagné dans cette création. Nous, les trente mille psychologues français que je représentais alors en tant que Présidente de l'ANOP[63], étions très honorés et en même temps en mesurions les difficultés…

Il a su, avec sa modeste équipe NT (initiales de recherche en psychologie infantile), convaincre les Autorités politiques vietnamiennes, les responsables de l'Education et de la Santé, les universitaires, les gens de terrain, et susciter la création en 1997 de la 1ière Faculté de psychologie du Vietnam, à l'Université des Sciences Sociales et Humaines (USSH), et tenait à inscrire sa démarche pionnière dans la *francophonie* : dans les avancées humanistes de Senghor (1962), le choix des modélisations françaises de l'être humain était en effet un *choix éthique fort* assurant le respect de la culture, de la singularité, de la différence, dans une démarche de co-construction nouvelle de cette discipline et de ses pratiques.

1997 est aussi la création de l'ADEPASE, indispensable opérateur de la coopération universitaire et professionnelle qui s'ensuit. 1997 est encore le départ du Dr Vien vers ses ancêtres, satisfait du devoir accompli. Aujourd'hui il est *notre précieux agitateur d'idées…*

2. L'originalité du réseau international et interculturel de coopération en psychologie

Ni haine ni oubli

Respect réciproque et dignité tissent depuis vingt ans les rapports vietnamo-français en psychologie.

Le respect envers le Dr Nguyen Khac Vien est unanime :

Respect pour l'homme érudit qui, formé dans la triple tradition des lettrés chinois, de la pensée confucéenne, et de la pensée philosophique et scientifique française, avait su se saisir en France des apports de Dolto, Lacan, Wallon qu'il avait côtoyés lorsqu'il soignait à Paris sa tuberculose.

---

[63] Association Nationale des Organisations de Psychologues, représentant 25000 membres

Respect aussi pour sa capacité à trouver la *bonne distance* après des décennies de violence et d'humiliation vécues : *Ni haine ni oubli*, c'était sa posture, rejoignant celle du poète français Aragon (1956) vis-à-vis de l'ancien ennemi allemand.

La dignité des dirigeants vietnamiens est éloquente.

Cette distance éclairée par rapport au passé, *cette intégration du passé dans le présent* sont remarquablement partagées par tous les responsables et par les familles, et nous avons appris par la suite que cette conscience politique et ce positionnement apaisé et éclairé vis-à-vis du colonisateur français est enseigné à l'école et à l'université… Comment ne pas être interrogé, voire transformé par ces leçons de dignité ?

Ni culpabilité ni réparation : mais une éthique de la dignité humaine

Il n'était pas question de culpabilité, ni de réparation et encore moins de charité contrairement à de nombreuses ONG (1300 en 2004), mais de se coltiner ensemble ce projet de création professionnelle, traduit de part et d'autre comme projet pour la dignité : de l'humain, de sa culture, de sa différence. Vital pour eux, essentiel pour nous.

La cooptation pour constituer le réseau interculturel de coopération

Elle s'est alors réalisée très logiquement, avec cette *éthique commune comme pré-requis*, selon des critères plutôt inhabituels dans le milieu universitaire :

- la complémentarité des statuts : universitaires, professionnels, étudiants ;

- l'engagement : ni charité ni bénéfices financiers, mais des recherches de subventions, de préférence publiques (le 1er voyage on se le paye, le 2ème surtout pas). Des personnes ressources volontaires, bénévoles, soutenues par leurs institutions universitaires (et non l'inverse) ;

- les spécificités sous-disciplinaires : si la psychologie interculturelle, bien positionnée à Toulouse, a apporté ses outils de pensée et ses tissages disciplinaires avec l'*ethnologie* et l'*anthropologie* c'est plutôt en psychologie clinique et du développement et en psychopathologie et psychanalyse que s'est constitué le vivier des personnes ressources, sans doute pour apporter une réponse directe à la demande asiatique, puis il s'est élargi à la psychologie sociale du travail, des organisations, de l'orientation très souhaitée par les universitaires asiatiques ;

- un choix de *master professionnel* comme objectif de formation, et de *laboratoire* comme régulateur de construction de la discipline : le Master 2 professionnel de *Psychologie du Développement de l'enfance et de l'adolescence* que je dirigeais à Toulouse, sert encore de base, adossé au *labo PCS devenu PS-DT* ; tous deux sont animés par le débat d'idées, la mise au clair des controverses implicites, préparant l'étudiant à se dégager des dogmes (parfois encombrants dans la discipline) ;

- la *régionalisation* du projet : un concept introduit par l'opérateur Agence Universitaire de la francophonie (AUF) et repris par l'Ambassade de France (critère d'éligibilité de tout projet), nos deux grands soutiens ;

- la mise en place d'un consortium interculturel d'appui francophone (membres de l'ADEPASE) : initialement de Toulouse et sa région, puis associant les universités de Montpellier, Nîmes, Bordeaux, Grenoble, Nice, Paris 5 et 8 en raison de personnes-ressources dans ces universités et ces régions ; et également d'Oviedo (Espagne), Trento (Italie), Mons (Belgique), Lausanne (Suisse) ; et également d'universités dont les pays ont vécu des expériences traumatisantes porteuses de sens pour les Vietnamiens : de colonisation et de guerre avec la France (Blida, Alger en Algérie), d'annexion par la Russie (Prague, Tchéquie), de guerre (Beyrouth, Liban) ; et enfin d'universités dont le pays ou la province favorise l'accueil de migrants asiatiques et la réhabilitation des ethnies initialement colonisées : Québec à Trois-Rivières, à Abitibi-Témiscamingue, Laval à Québec (Canada) ;

Depuis trois ans un réseau *régional* de jeunes diplômés en psychologie (Cambodge, Laos, Vietnam) s'ébauche en vue d'appuis réciproques, en phase avec le réseau d'appui initial : une utopie ? En tout cas une réalité qui s'organise, via Facebook.

La mobilité comme outil déterminant de la co-construction interculturelle

L'expérience a prouvé que seule la rencontre réelle entre les personnes permet de construire, faire tenir et étoffer une coopération interculturelle aussi difficile où quelque chose de l'humain est en jeu. Nous le soutenons, et nous venons même de le formaliser dans des publications en binôme interculturel (Lescarret & Nguyen, 2015 ; Lescarret, 2016) : nous montrons comment la substitution de ces rencontres humaines par l'usage systématique de NTICE fait courir le risque de ratages essentiels, quasi inconscients, pervertissant la relation et à terme déclenchant retrait ou agressivité, voire violence… Cette mobilité bilatérale se réalise dans trois domaines : entre enseignants-chercheurs ou professionnels (150 personnes ressources) ; entre doctorants asiatiques de psychologie et labos d'accueil : bourses de cotutelles de thèses en France (11) ; entre étudiants asiatiques de psychologie et lieux professionnels en France : bourses de stages professionnels en France (42).

Le budget peut apparaître considérable mais la manière de le construire est accessible : des projets à soutenir auprès de soutiens publics significatifs tels qu'AUF, Ambassades de France, Collectivités Territoriales, Universités, labos et contrats de recherche, avec le relais de l'ADEPASE.

3. La co-construction d'une psychologie ancrée dans la culture locale, capable de communiquer internationalement

Nous avons posé comme hypothèse de travail qu'il est possible de créer une psychologie clinique :

- bien ancrée dans la culture locale vietnamienne, khmer, lao, en tenant compte des réponses locales à la souffrance,

- qui intègre les avancées occidentales de la psychanalyse et de la psychologie clinique d'orientation dynamique,

- capable de prendre en compte les traumatismes du passé et les revendications pour l'avenir, et de communiquer internationalement avec les autres psychologues.

Poser les choses ainsi dans des pays pressés de résultats, surtout le Vietnam, relève d'un véritable défi quand les ONG apportent clés en main, souvent avec force dollars, les modèles anglo-saxons de l'efficacité comportementale du psychologue en s'attaquant à la réduction du symptôme par des programmes courts et ciblés en vue de l'adaptation sociale de l'individu. Que le sujet dans sa dimension humaine soit laissé de côté devient alors un épiphénomène et le déplacement du symptôme est traité par un nouveau programme. Un business toujours tentant pour une jeunesse qui veut à la fois aider son peuple et sortir de sa pauvreté…

Une posture tout aussi discutable au plan de l'éthique est portée parfois par des pratiques isolées d'ONG qui, au nom du respect de la culture, revendiquent une posture de laisser-faire voire d'encouragement de pratiques locales (de médium ou de guérisseurs) dont la cruauté et l'intrusivité sont pourtant vivement remises en question par les jeunes générations locales. Alors oui la force empathique d'un Sage érudit comme Nguyen Khac Vien et son équipe de NT, et la détermination éthique des intervenants du réseau universitaire et professionnel de la coopération comptent pour que les prises de conscience des étudiants pionniers se multiplient, se réalisent sur les terrains, et se risquent dans des ambitions de thèses.

Nous avons développé dans de nombreuses publications et dans onze thèses de doctorat les avancées de cette construction d'une psychologie clinique bien ancrée dans la culture, dont nous rappelons brièvement des indicateurs significatifs.

3.1. Des concepts et des outils pour le psychologue clinicien

- Un grand socle initial de recherches partagées reste la référence initiatique :

« Enfance et cultures. Etude comparative des représentations de l'enfant, de son développement, de ses difficultés » Vietnam-Cambodge-France, Lescarret, Tran & Kruy, 1997-2000

« Pensée et cultures. Etude comparative du processus de catégorisation chez l'enfant » Vietnam-Cambodge-France, Tran, Nhong & Larroze-Marracq, 2000-2002.

"Pratiques associatives, évaluation, cultures. Echanges d'expertise entre chercheurs et associations dans une perspective de coopération Nord-Sud »Vietnam-Cambodge-Laos-France, Tran, Nhong, Kham, Larroze-Marracq & Lescarret, 2004-2006.

Elles ont permis non seulement d'apprendre à travailler ensemble mais aussi :

. d'identifier au Vietnam, au Cambodge et en France les *ethnothéories* du développement de l'enfant et *les innovations culturelles* concernant les représentations de son *intelligence* (Van, T.K.C. & Lescarret, 2002), de sa maladie, de son handicap (Lescarret, Van, Tran & Nguyen, 2000) et de son éducation (Bertrand & Kruy, 2000) dans le but de resituer les conduites des éducateurs et des soignants dans leur contexte de signification,

. d'impulser *l'interrogation des prétendus universaux* et des *idéologies implicites* jamais remis en question par les importateurs de psychologie des ONG ou de la toile.

Vers une psychologie ouvrant le débat de ses concepts initiaux

La psychologie en effet en tant que *discipline scientifique* doit savoir réinterroger ses certitudes et remettre à l'épreuve ses propres avancées, sinon elle relèverait du dogme et son usage de l'endoctrinement.

Cela suppose pour un chercheur vietnamien, cambodgien, laotien d'oser revisiter les concepts élaborés par un siècle de psychologie occidentale, de prendre part au débat international avec les outils de la science, et ainsi de formaliser les spécificités culturelles et les faire reconnaître ; en retour, les avancées occidentales s'en trouvent enrichies, consolidées ou nuancées, et de toute manière participent à une intégration des différences facilitant les communications.

Cette posture épistémologique des onze premières thèses vietnamiennes et maintenant cambodgiennes et des premiers psychologues cliniciens asiatiques, aux antipodes de la pensée hégémonique, permet une mondialisation dynamique et créative, propice aux innovations culturelles et aux échanges.

Pour cela, nous avons souligné, formalisé ensemble et intégré dans nos publications : la différence des contextes linguistiques ; les principes philosophiques à l'œuvre dans l'éducation au Vietnam, au Cambodge ; les formes relativement communes de nos archétypes respectifs ; les réponses locales à la souffrance psychique.

Ceci a permis à Tran Thu Huong (2007) dans sa thèse clinique sur les conduites à risques des adolescents vietnamiens, et à Nguyen Minh Duc (2009) dans sa thèse sur les conduites autistiques et leur prise en charge familiale de redire après Nguyen Khac Vien que les concepts psychanalytiques de Freud et de Lacan trouvent également des fondements culturels puissants au Vietnam, qu'ils éclairent les conduites déviantes et les pathologies inscrites dans la culture et permettent des élaborations thérapeutiques, en opposant l'un comme l'autre le concept clinique de *souffrance* aux stigmatisations sociales.

Nous avons également revisité en contexte vietnamien les notions occidentales : d'écoute de l'enfant, d'identification, d'autonomie de l'enfant et de l'adolescent, de soi, d'estime de soi et d'orientation de soi typiquement anglosaxonnes,

Deux thèses se sont complétées et font désormais référence pour avoir contribué à identifier une conception vietnamienne du soi et de l'estime de soi, et validé une échelle vietnamienne d'ES capable de mettre en relief les particularités du soi vietnamien où le rapport culturel à la famille et à la hiérarchie sociale est pris en compte : celles de Dang H.M. (2006) et Trinh T. L. (2010). Cette particularité est peut-être à entendre comme une véritable *innovation culturelle* de la jeunesse actuelle du Vietnam, tissant les apports de la modernité aux acquis de la tradition.

Une autre thèse, celle de Nguyen Ngoc Diep (2012) a souligné d'autres particularités du psychisme vietnamien qui ont fait l'objet de publications, par exemple dans la revue Psychiatrie de l'enfant (Nguyen, Lescarret, de Léonardis, 2014) où elle rend compte, dans l'usage intensif d'internet, des liens entre *Les processus identificatoires et le projet de vie des jeunes vietnamiens de Hanoi : entre crise adolescente et crise culturelle.* Revisitant en contexte vietnamien le concept psychodynamique et psychanalytique d'identification, elle souligne comment l'*identification de dépendance* fait office d'opérateur efficace alors qu'il est considéré en Occident comme infantile et frein à l'épanouissement personnel. Expliquant comment *« cette forme de dépendance des jeunes vietnamiens, cette recherche de l'autre sécurisant est aussi à entendre non comme un repli sur soi mais comme une potentialité de relation à autrui, une ressource pour l'ouverture vers autrui, vers la demande d'autrui que cet autrui soit la famille, l'école, ou le futur milieu socioprofessionnel avec ses exigences, etc. »* (*ibid*, 232), elle conclut : *« Ces résultats constituent* selon nous *une* **innovation culturelle**, *qu'il s'agit plutôt de reconnaître, voire de souligner et de valoriser, car loin de remettre en question l'hypothèse générale reliant le projet adolescent au mode intime d'identification, elle rappelle les particularités culturelles de ce lien,* **reliant du même coup le culturel à l'universel** *»* (*ibidem*, 233).

Il est déterminant on le voit bien d'organiser une alternative scientifique à l'importation intempestive en Asie du Sud-Est de concepts occidentaux historico-culturellement situés afin de soutenir, dans une approche dynamique et culturelle (Vygostsky, 1925/1994) des avancées innovantes plus propices à décrire le psychisme asiatique, et selon lesquelles le soi n'est pas à ce point isolé, où l'autonomie, comme la dépendance, ou même la souffrance sont toujours relatives . Ceci a permis alors de construire des outils, des échelles en congruence avec ces avancées conceptuelles, de valider l'usage de l'entretien, celui d'épreuves projectives telles que le TAT, le CAT, les Trois Personnages, et même de commencer la mise au point d'une version vietnamienne du logiciel ALCESTE d'analyse de discours. La démarche se poursuit par d'autres thèses et c'est ici que la visibilité scientifique des psychologues vietnamiens, cambodgiens et espérons-le laotiens passe aussi par la création de véritables Laboratoires de recherche, avec Ecoles Doctorales et recherches collectives.

3.2. Les applications pratiques

Quant à la pratique clinique, pour si documentée qu'elle soit durant la formation universitaire, elle est en dernier ressort l'œuvre créatrice des jeunes diplômés sur les terrains respectifs, y compris de France pour les quelques Français formés par ce réseau, et leur talent est actuellement le signe d'une coopération universitaire réussie.

Il est important de valoriser quelques applications pratiques de la psychologie qui tiennent bon sur l'éthique du sujet et la responsabilité du psychologue tout en œuvrant à des métissages mis à l'épreuve entre pairs :

. *dans des établissements spécialisés, des institutions scolaires ou de soin,* certains jeunes psychologues formés par la coopération ont pu contribuer à créer et à consolider des consultations psychologiques de qualité, tant au Vietnam qu'au Cambodge ;

. d'autres ont réussi à créer *des consultations psychologiques privées*, tant dans le domaine psychologique de l'éducation que dans celui de la santé mentale, permettant l'emploi de plusieurs psychologues et éducateurs ;

. d'autres ont la responsabilité de *coordonner des projets de formation, d'accompagnement psycho-social ou de soin*, en particulier dans le domaine du VIH-SIDA, de la violence à enfants, de la santé mentale ;

. trois actions de co-développement, l'une vietnamo-française à Hanoi, deux autres cambodgiennes-françaises à Kampong Speu et Battambang, toutes trois coordonnées par l'Adepase, marquent actuellement l'intérêt et l'engagement financier de 6 collectivités publiques pour des applications pratiques de la psychologie (Hôpital Pédiatrique de Hanoi, Provinces Kampong Speu et Battambang, Région Midi-Pyrénées devenue Occitanie, Ville de Toulouse, Conseil Général du Gard) :

- pour la *Création de Consultations psychologiques et la formation des équipes de l'Hôpital Pédiatrique à la psychanalyse et à la psychologie clinique*, Vietnam ;

- pour la *Création d'une maison de soutien psychologique et socio-éducatif dans une école*, à Kampong Speu, Cambodge ;

- pour la création à Battambang, Cambodge, d'un *cursus de psychologie à l'Université, d'un service de psychologie scolaire et d'orientation, d'une consultation psychologique à l'hôpital provincial, et pour la construction d'outils d'évaluation ancrés dans la culture.*

Au Laos, des demandes sont formulées mais nous n'avons pas les moyens logistiques d'y répondre sérieusement pour l'instant.

En optant résolument pour le travail de parole, ces jeunes professionnels asiatiques affirment leur conception d'un sujet actif, acteur et auteur de son histoire, porteur de son propre changement, qui donne sens à ses souffrances, à sa culture, à ses projets.

Avec ce choix éthique, ils aspirent à leur autonomie professionnelle, en position de cadres fonctionnels qui, par leur capacité à trouver la distance par rapport aux faits, grâce aussi à leurs méthodes et à leurs techniques, savent se positionner afin que la parole émerge, s'élabore, se tisse avec les attentes institutionnelles et culturelles, elles-mêmes susceptibles d'évoluer. Aussi, le travail du psychologue est bien, comme en France et dans les autres pays, un travail de disponibilité, de création, de solitude, et en équipe.

L'enjeu est de taille et les moyens disproportionnés. Mais ce qui est en débat, c'est à la fois le paradigme de l'humain, et la volonté de se doter de modèles scientifiques complexes, permettant de *Penser l'hétérogène* (Adoino & de Peretti, 1998).

Conclusion et perspectives

Nous avons vu comment un réseau interculturel de coopération, et donc d'action, a pu se constituer à partir d'un choix éthique fort centré sur le respect de la dignité humaine.

Il importe pour conclure d'articuler ces avancées au débat actuel par lequel des personnalités représentatives nous alertent de toute part :

- *le juge Trévidic (2016)* grande figure de l'antiterrorisme en France qui a su mettre en roman intitulé *Ahlam* enraciné dans une culture tunisienne de l'art, de l'amitié et de l'accueil *« la façon implacable et glaçante »* dont *« le monde chavire » (ibid,* 325) sous l'emprise du fanatisme religieux ;

- *le philosophe Serres (2015)* qui se penche avec une acuité très renseignée sur les effets irréversibles chez les jeunes de la révolution numérique, avec l'externalité systématique de la cognition bouleversant la transmission des connaissances, les relations sociales, l'information, sous la toute-puissance des géants financiers d'internet et de leur idéologie. Il s'agira pour les jeunes de *« réinventer une manière de vivre ensemble, d'être et de connaître »* dans *« une nouvelle ère de la multitude, anonyme, qui verra la victoire sur les élites dirigeantes »* (*ibid*, 92) ;

- *les sociologues* qui alertent le public, tel *Touraine* (2016) qui, après avoir analysé dans *La fin des Sociétés* (2013) le déclin des sociétés industrielles et la désagrégation de leurs socles, élabore dans *Nous, sujets humains* une nouvelle pensée sociale où l'indignation ne suffit plus mais où seule une mobilisation de nouveaux acteurs devient incontournable ; tels aussi *Pinçon-Charlot, Pinçon* & *Lécroart (2014)* qui, résolument engagés dans la pensée critique, déconstruisent les idées reçues inculquées par un monde où la domination symbolique voudrait infiltrer la langue au détriment des plus démunis, et s'adressent aux très jeunes pour une nouvelle mobilisation ;

- *les cinéastes, tel Ruffin (2016)* qui par le film *Merci patron* à petit budget mais à grand succès, a fait passer par l'humour le message de l'insoutenable injustice, de l'insoutenable négation culturelle et sociale infligée dédaigneusement à une société laborieuse par une minorité financière imbue de sa corruption ;

- *le psychologue psychanalyste Gori (2015)* qui démontre dans *L'individu ingouvernable* comment l'émergence de la psychanalyse, des sciences sociales et du darwinisme constituent *« des révolutions symboliques qui mettent à terre les vieilles prétentions libérales d'un sujet auto-entrepreneur de son destin »* (*ibid*, 354)… et qui interroge les ressources de l'homme « *dans un monde ruiné moralement et intellectuellement par la religion du marché* … (pour) *refonder un nouvel humanisme riche des expériences dont nous sommes les héritiers* (*ibidem*, 354).

Ces penseurs alternatifs, ces responsables de terrain, ces artistes, cette jeunesse citoyenne qui se coltine à de nouveaux projets faute de toucher les responsables politiques englués ici dans la puissance d'un capitalisme financier déconnecté de l'économie productive, là dans des régimes totalitaires ou tyranniques, révèlent partout des prises de conscience du droit inaliénable au respect de la dignité humaine, de sa culture et de sa singularité, dignité qui est au fondement même de la coopération interculturelle en psychologie avec l'Asie du Sud-Est, rejoignant les principes de l'ARIC.

Nous sommes dans un monde qui bouge et personne ne sait vraiment où va ce monde. Un pas de plus doit être franchi en élargissant le réseau des lanceurs d'alerte et en réaffirmant notre complexité, notre capacité d'accueil de la différence, en posant des actes en réseau pour faire avancer le monde actuel dans le sens de notre *humanitude*, comme l'y invite Pr Michèle Vatz Laaroussi la Présidente de l'ARIC en ouvrant le Congrès 2016 à Olinda au Brésil.

Références bibliographiques

Adoino, J. & de Peretti, A. (1998). *Penser l'hétérogène.* Paris, France : Desclée Debrouwer.

Aragon, L. (1956). *Strophes pour se souvenir, Le Roman inachevé.* Paris, France : Gallimard

Bertrand, D. & Kruy, K.H. (2000). Famille et développement de l'enfant au Cambodge. *Etudes Vietnamiennes, 3,* 137, 205-216.

Clot, Y. (2008). *Travail et pouvoir d'agir.* Paris, France : PUF.

Dang, H.M. (2006). *Orientation de soi chez les adolescents vietnamiens souffrant d'une maladie chronique : la dynamique de l'estime de soi et la représentation de sa propre maladie.* Thèse de Doctorat de psychologie. Université de Toulouse.

Fox, D., Sloan, T. & Austin, S. (2008). Histoire et tendances de la psychologie critique en Amérique du Nord. *Psychologie Française, 53* (2), 157-172.

Gori, R. (2015). *L'individu ingouvernable.* Paris, France : Ed Les liens qui libèrent.

Lescarret, O. (2010). Le psychologue à l'école, en France. Dans *L'enfant à risque et ses divers milieux de vie, approches multiculturelles,* Actes de la 1ière Journée de psychologie clinique et d'éducation spécialisée, Hanoi 12 nov. 2010, 16-22, www adepase.org.

Lescarret, O. (2016). Grandir de 0 à 3 ans, en 'famille skype', entre deux cultures. Dans E. Costa Fernandez & V. Donard (dir.). *O Psicólogo frente ao desafio tecnológico. Novas identidades, novos campos, novas práticas,* 145-160. Recife : Ed. UFPE.

Lescarret, O., Tran T.M.D, Kruy K.H., Bertrand, D. (2000). Les "théories" implicites de l'enfant en France, au Vietnam, au Cambodge. *Etudes Vietnamiennes, 4,* 138, 221-228.

Lescarret, O., Van, T.K.C., Tran, T.M.D., Nguyen, M. D. (2000). Maladie et handicap dans la représentation des parents vietnamiens et français. *Etudes Vietnamiennes, 4,* 138, 195-208.

Moussa, F., Costa Fernandez, E., Lescarret, O., Nguyen, N.D. (2015). Médiation familiale, adolescence et psychanalyse en ligne. Transfert de technologie et mondialisation. Dans N. Hajji & O. Lescarret (dir.). *Les mouvements sociaux à l'épreuve de l'interculturel,* 113-132. Paris, France : L'Harmattan.

Nguyen, Kh.V. (2001, éd posthume). Psychologie clinique de l'enfant et de l'adolescent au Vietnam. Santé et civilisation asiatique. *Etudes Vietnamiennes, 140* (2). Hanoi, Vietnam : Thê Gioi.

Nguyen, M.D. (2009). *Les « moments lumineux » dans l'interaction mère-enfant chez l'enfant présentant des traits autistiques au Vietnam.* Thèse de psychologie clinique. Université Paris 7.

Nguyen, N.D. (2012). *Le projet d'avenir, le virtuel et l'adolescence au Vietnam : impact du style de conduite par rapport à internet sur la relation entre le mode d'identification et le projet d'avenir.* Thèse de psychologie. Cotutelle Université de Toulouse-Université des Sciences Sociales et Humaines de Hanoi.

Nguyen, N.D., Lescarret, O. & de Léonardis, M. (2014). Processus identificatoires et projet de vie des jeunes Vietnamiens de Hanoi : entre crise adolescente et crise culturelle ? *Psychiatrie de l'Enfant, LVII, 1*, 204-235.

Pinçon-Charlot, M., Pinçon, M. & Lécroart, E. (2014). *Pourquoi les riches sont-ils de plus en plus riches et les pauvres de plus en plus pauvres ?* Montreuil, France : Ed. La ville brûle.

Touraine, A. (2013). *La fin des Sociétés.* Paris, France : Seuil.

Touraine, A. (2016). *Nous, sujets humains.* Paris, France : Seuil.

Santiago-Delefosse, M. (2008). La psychologie peut-elle être apolitique ? *Psychologie Française, 53* (2), 131-134.

Senghor, L.S. (1962). Le français, langue de culture. *Esprit, novembre*, 837-844.

Serres, M. (2012). *Petite Poucette.* Paris, France : Editions Le Pommier.

Tiberghien & Beauvois (2008). Domination et impérialisme en psychologie. *Psychologie Française, 53* (2), 135-156.

Tran, T.M.D., Nhong, S, Larroze-Marracq, H. (2000-2002). *Pensée et cultures. Etude comparative du processus de catégorisation chez l'enfant Vietnam - Cambodge - France*, Rapport de recherche pour l'Agence Universitaire de la Francophonie (AUF).

Tran, T.M.D., Nhong, S., Kham, A.S., Larroze-Marracq, H. et Lescarret, O. (2004-2006). *Pratiques associatives, évaluation, cultures. Echanges d'expertise entre chercheurs et associations dans une perspective de coopération Nord-Sud* Vietnam - Cambodge - Laos - France, Rapport de recherche pour l'Agence Universitaire de la Francophonie (AUF) - P2-2009RR103/N°2881 sur www.auf.org.

Tran, T.H. (2007). *Conduites à risques des adolescents vietnamiens et intégration de la Loi paternelle ; une étude appliquée à la prostitution et à la toxicomanie.* Thèse de psychologie. Université de Toulouse.

Trévidic, M. (2016). *Ahlam.* Paris, France : Lattès.

Trinh, T.L., (2010). *Styles parentaux, estime de soi et mobilisation scolaire des élèves vietnamiens de Hanoi. La dynamique de la représentation par l'adolescent de l'accompagnement scolaire parental.* Thèse de psychologie. Cotutelle Université de Toulouse-Université des Sciences Sociales et Humaines de Hanoi.

Van, T.K.C. & Lescarret, O. (2002) Doi dieu ve tam ly tre khuyet tat va bo me cua tre. (Approche psychologique de l'enfant handicapé mental). *Tam Ly Hoc (Psychologie) 7*, 9-14.

Vygotsky, L.S. (1925/1994). Le problème de la conscience dans la psychologie du comportement. Traduction F. Sève. *Société Française, 50*, 35-47

Wallon, H. (1945). Pourquoi des psychologues scolaires ? In P. Langevin & H. Wallon (Eds), *Plan de rénovation du système éducatif français*, Paris, France : CNDP et Toulouse/Phnom Penh : Bibliothèque de l'ADEPASE.

Zazzo, R. (1983, rééd 1988). *Où en est la psychologie de l'enfant ?* Paris, France : Denoël.

Chapitre 14

Interculturalidad y relaciones de género en las prácticas políticas y socio-culturales de mujeres en América Latina

María Eugenia Boito & Pascual Scarpino

¿ Quién/Qué es el prójimo ? Reflexiones sobre algunas escenas sociales actuales

En *El prójimo. Tres indagaciones en teología política,* (Amorrortu, 2010) S. Zizek, E. Santner y K. Reinhard proponen tres maneras diferentes de interrogar sobre este tópico, a nuestro criterio fundamental al momento de reflexionar e intervenir en prácticas donde la dimensión cultural y el género están presentes. En los tres escritos las referencias a Freud, Lacan, Benjamin - entre otros pensadores clásicos sobre las maneras de conceptualizar sobre este tópico- coexisten con la ya conocida estrategia expositiva y argumentativa zizekeana de mostrar productos de la cultura mediática contemporánea (escenas de ciertos filmes, generalmente) como expresivos de las tensiones, de las aporías con relación al prójimo.

En el escrito retomamos algunas de estas consideraciones y modalidades de trabajo, al momento de definir y precisar nuestro objeto de indagación, enfatizando en los siguientes puntos de partida :

- una de las marcas de la experiencia actual es su configuración a partir de la hegemonía de una posición multiculturalista, que como ejercicio ideológico subsume desigualdades (de género, de clase, etc.) como *diferencias* y a la vez se orienta por una forma de *tolerancia* que o muestra rasgos de indiferencia, o expone un tipo de trabajo ideológico mediante el cual el *otro* que se registra es un *otro imaginario,* el otro como semblante. Esto instala en el debate que tipo de prójimo es este prójimo y, más precisamente, como se propone y que características porta el vínculo/lazo construido ;

- la clase y el género suponen relaciones sociales caracterizadas por la desigualdad - en el largo proceso de su constitución histórica - que manifiestan un fuerte proceso de naturalización. En este sentido, trabajos como los de Silvia Federici (*Calibán y la bruja. Mujeres, cuerpo y acumulación primitiva,* Tinta Limón, 2015), concretan una lectura sobre este cruento proceso, señalando el ejercicio desigual e inédito de la violencia sobre el cuerpo de las Mujeres - en sus saberes y haceres - materializado en formas de borramiento de su trabajo, en la declaración de ilegitimidad de sus luchas y motines, en su construcción ideológica como *brujas* a ser cazadas a partir de un tipo de sensibilidad misógina en aumento - posición que presenta homologías a la sostenida por la Iglesia y los conquistadores con relación a los *salvajes* en tierras americanas (proceso también vinculado a la acumulación originaria, según Marx) -, hasta llegar a la racionalización capitalista de la sexualidad, ejercida en el mandato a la reproducción y en el castigo sobre las prácticas de interrupción/control del embarazo ;

• las *diferencias* culturales, cada vez más subsumidas en el discurso y las prácticas de la patrimonialización operante a escala planetaria - con intervenciones de la UNESCO y la consecuentes declaraciones de ciertos objetos (tangibles e intangibles) como *Patrimonio de la Humanidad* - proponen nuevas formas de reconocimiento/desconocimiento del prójimo a explorar, mediante el encuadre patrimonial/turista de la experiencia mediatizada y mercantilizada.

Por lo expuesto, con el recorrido orientado a inquirir sobre quién/qué es el prójimo, en interacciones tramadas de manera desigual por clase, género y cultura, pretendemos reinstalar la pertinencia epistémica y política de esta búsqueda como contrabalancear la sensación de *aceptación de un mundo con otros* que acompaña ciertos estados de la sensibilidad actual.

El atravesamiento de las tres escenas antes referidas : primera aproximación a las tensiones sobre *quién es mi prójimo*

Nos interesa en este punto poder construir una lectura que indague sobre aquello que tiene que ver con el *debate al respecto de qué tipo de prójimo es/son nuestro/s prójimo/s.* Ya desde el inicio inscribimos nuestras reflexiones en un lado de la tensión Uno/Múltiple, pero a la vez orientándonos mas allá y por fuera de la anterior dicotomía, proponiendo el carácter de pluralidad de eso/s *otro/s prójimo/s*; es decir, haciendo nuestra la distinción de Deleuze/Guattari entre Múltiple y Multiplicidad, indicada en *El Antiedipo* y desplegada en *Mil mesetas.*

Estableceremos, a priori, que existen un conjunto de sujetos - tanto individuales como colectivos - que, a través de un largo proceso de mutua interacción, van colaborando de manera directa o indirecta con la construcción de las subjetividades, las identidades y los sentidos que se ponen históricamente a jugar en nuestras sociedades. Queremos decir con esto que el primer paso para poder pensar en clave de *tipologías/categorías de los prójimo*s, es asumir críticamente la reflexión de que nuestras maneras de ser y estar en el mundo, están necesariamente atravesadas por las maneras y los modos en que los otros están y son en el mundo. En segundo lugar, decidimos reconocer que *el otro*, como categoría singular y masculina no contiene a la compleja heterogeneidad de *otros* que podríamos caracterizar en términos analíticos. Es así que preferiremos hacer referencia a los tipos de otredades y, a partir de ello, avanzar en una descripción y reflexión sobre los *tipos de prójimos.*

A partir de esto, podríamos pensar el concepto de prójimo, como una noción relacional que se construirá particularmente dependiendo de las posiciones según clase/género/etnia, en un contexto determinado. Es decir, no se habilitan de la misma manera ni a través de los mismos mecanismos, los sujetos que pueden ser considerados como prójimos para ciertos grupos o para otros. Este concepto, entonces, relacional y dinámico, depende de condiciones materiales y simbólicas que van configurando un campo de posibilidades, a la vez que clausuran otras. En este marco, y en un intento por recuperar las nociones que trabajan autores como Zizek, Reinhard y Santner en *El prójimo. Tres indagaciones en teología política* (Amorrortu, 2010), avanzaremos sobre la pregunta *¿ quién es mi prójimo ?* y, para dar respuesta a ella, reflexionaremos acerca de los alcances del concepto, los sujetos que pueden o no estar incluidos y contenidos en el mismo, buscando interpretar el proceso de construcción de esos prójimos. En este sentido, distinguiremos tres grandes tipologías, en función de la proximidad de reconocimiento hacia/del otro.

Para comenzar, definiremos nuestro primer tipo de prójimo como *prójimo semejante* y para poder caracterizarlo compartiremos la lectura que realiza Santner cuando piensa en el otro en sus tres dimensiones, recuperando de ellas la primera, referida a *el otro imaginario* (Zizek, Santner, & Reinhard, 2010). Podríamos decir que este prójimo que se presenta como cercano, guarda para el *nosotros* que lo reconoce próximo, una carga emotiva y vincular positiva. Este *otro imaginario* contiene los aspectos que se comparten - o quieren compartir - en términos de clase, género, generación, etc, y se constituyen como razón suficiente para ubicarlo dentro del grado de cercanía que habilita el reconocimiento del otro; posible depositario de amor o preferencia. Este tipo de prójimo es también el que, en mayor medida, garantiza el cumplimiento del Levítico 19:18, ya que el *amarás a tu prójimo como a ti mismo* no contiene mayores complejidades entre los semejantes. Este prójimo es semejante a mí, con el cual - independientemente de la existencia o no del intercambio directo- compartimos códigos culturales, sociales, económicos o, como decíamos anteriormente, existe una intención de compartirlos. Inclusive es parámetro y modelo ; confluyen en él un sinnúmero de garantías que evitan, a priori, un conflicto que desestabilice la interacción material o simbólica.

Por otra parte, el reconocimiento de un prójimo como semejante implica una predisposición al encuentro que, tal como veremos más adelante, es particular y exclusiva de esta tipología. El reconocimiento y la aceptación del otro, en este caso, no pasa por *tolerar* o *soportar* al otro, ya que el otro no implica para el individuo una resistencia. Inclusive, parecería existir un cierto grado de placer por el reconocimiento de las *diferencias* con ese otro *semejante*, proporcionadas por un nivel de diferencias en un espectro reducido de variaciones. Hablamos aquí de cualidades o características que están más o menos cerca de estereotipos construidos y adoptados al interior de distintos grupos, comunidades, sociedades, etc., que garantizan, en primer lugar, el sostenimiento del prójimo como sujeto que se constituye también a partir de la mirada del individuo que lo reconoce como tal y lo celebra ; y en segundo lugar, el sostenimiento del *nosotros* como categoría social que habilita la construcción de ciertas identidades en función de otras. Este complejo proceso, se da en la medida en que la interacción con el prójimo semejante continúe actualizándose - de manera sostenida en el tiempo-

como un espacio *confortable* ; es decir: que garantiza una experiencia sin riesgos ni amenazas. Este tipo de experiencia se fortalece de la mano de una serie de mecanismos que van tejiendo representaciones sociales que, por un lado, legitiman el encuentro e intercambio entre *iguales* y, por el otro, lo naturalizan, y es claro que este doble ejercicio reivindicativo/naturalizante de dichas relaciones se sostiene a través de múltiples dispositivos que deberíamos también vernos en la tarea de analizar críticamente.

El registro imaginario del otro (el *otro* como nuestro reflejo) opera como una pantalla que nos devuelve la mirada pero que en el mismo acto encubre - en términos de Zizek - que el otro es también otro/real: un registro del otro que se actualiza cuando *pierde la cara* (se desarma el estereotipo sensu Vanenheim y aparecen los tics o pierde la cara como máscara que sostiene y cubre la cruda vida de sangre y tejidos que nos constituyen).

El otro como semblante, como pantalla que nos devuelve cierta demanda de subjetividad es fundacional y fundamental para nuestra constitución como sujetos; es decir, el registro especular tiene que ver con las primeras formas de nuestra configuración identitaria. Pero lo que estamos indicando en estas reflexiones se orienta al despliegue hegemónico de este registro con relación a los otros, en el marco de las experiencias contemporáneas, no sólo en términos de un momento o instancia de conformación subjetiva sino como el encuadre ideológico que organiza la interacción con otros, en los más variados escenarios. Empezábamos diciendo que una de sus marcas o rasgos es su configuración a partir de la dominancia de una posición multiculturalista, que subsume desigualdades (de género, de clase, etc.) como *diferencias* y a la vez se orienta por una forma de *tolerancia* que, o muestra rasgos de indiferencia, o expone un tipo de trabajo ideológico mediante el cual el *otro* que se registra es un *otro imaginario*, el otro como semblante. Vamos a exponer algunas escenas.

En un sentido, la tolerancia es hoy un valor altamente ponderado. Muchas veces el fondo sobre el que se inscribe la mentada tolerancia es un magma de indiferencia, que retorna y se metamorfosea en formas de la *tolerancia* como la mentada indiferencia o como simple contacto efímero, fugaz y *seguro*. De este modo, lo que se tolera es aquello que de ninguna manera pone en cuestión, aunque sea mínimamente, la seguridad ontológica de cada uno; es decir, el encuentro con el otro es un *encuentro protegido*. Podríamos describir los límites del espectro de posibilidades de la siguiente forma : el *encuentro protegido* (por ende, cancelado en su propia posibilidad, ya que el encuentro con otro supone la apertura a nuestra propia desintegración. *« Enfrentémoslo. Los otros nos desintegran. Y si no fuera así, algo nos falta »* (Butler, 2006, 50) tiene en un extremo a lo mismo/con lo mismo y en el otro lo que A. Badiou ha llamado *expedición humanitaria* ; es decir, la proyección de uno mismo como pantalla que obtura/realiza la interacción con el otro. Vamos a ser más directos. Pensemos en el carácter global de la forma DDHH. Citamos en extenso a Badiou (2000)[64] :

"En principio, todo el mundo está en favor de los derechos del hombre. Es muy difícil encontrar a alguien que esté en contra los derechos humanos. Incluso algunos torturadores están hoy a favor de los derechos humanos ; ellos mismos son hombres y es interesante para ellos tener derechos. Pero cuando se plantea esta cuestión de los derechos humanos, la pregunta principal es ¿ qué es el hombre ?, ¿ qué es la humanidad ?, ¿ quién tiene derechos? Ésta es la pregunta esencial. ¿ El hombre es el occidental rico ?, ¿ el hombre es el consumidor ?, ¿ es el hombre aquel que está sometido al capital ?, ¿ el hombre es aquel que piensa que la política es votar cada cuatro años ?, ¿ es éste el que tiene derechos y es éste el que está hablando de los derechos de los demás?, ¿ es éste el que tiene derechos de policía sobre el mundo entero ?

Los derechos humanos son actualmente una ideología del capitalismo globalizado. Esta ideología considera que hay una sola posibilidad en el mundo : la sumisión económica al mercado y la sumisión política a la democracia representativa. *En este marco, el hombre que tiene derechos es el hombre que tiene esta doble sumisión.* ***O bien, el hombre que tiene derechos es una simple víctima. Tiene que despertar piedad. Tenemos que verlo sufrir y morir en televisión y entonces se dirá que va a tener derecho a recibir la ayuda humanitaria de Occidente rico.*** *En otra época las damas de la aristocracia y la burguesía iban a visitar a sus pobres. En la actualidad, los occidentales ricos mandan por avión su ayuda a los pobres del planeta. Se han convertido en las damas de la burguesía y la aristocracia a escala planetaria. Las damas iban a su parroquia y ellos van al sur, pero acá no estamos entre las damas de la aristocracia y la burguesía"* (Las cursivas fuertas nos pertenecen).

La *expedición humanitaria* supone un nivel de no registro del otro, de falta de contacto y un radio de la acción posible/deseable restringida a los límites del propio cuerpo. Una proyección de la fantasía propia sobre quién es y qué desea/necesita el otro. Y esto lo vemos en las variadas prácticas que podemos subsumir bajo la noción de *solidarismo*: el acto solidario del café pendiente, la heladera solidaria, el apretar un botón de la computadora para que empresas transnacionales *donen* alimentos. Uno de estos ejemplos muestra que en la escena de interacción que se construye, el otro no es visto en distintos sentidos. Citamos una nota sobre la *heladera solidaria*:

Estrenada hace un año en España, llegó esta semana a territorio cordobés. Es en Río Cuarto, donde apareció la primera… Eduardo Olguín, socio de una empresa de elaboración de viandas para industrias y dietas, decidió instalar en la vereda de su empresa una *heladera solidaria* con las raciones sobrantes de cada día, para que quien lo necesite pueda tomarlas gratuitamente. La ONG Asociación de Voluntarios de Gadakao, del País Vasco, fue una de las primeras en colocar una heladera al aire libre, donde los vecinos dejan la comida que les sobra, en lugar de tirarla, *para*

64 http://www.reflexionesmarginales.com/pdf/19/Documentos/2.pdf

fomentar el compartir y evitar que se desperdicien los alimentos (…). Para no perder la calidad ni la cadena de frío de los alimentos, colocaron la heladera frente a la fábrica, en Alem 221 de barrio Alberdi, entre las 11.30 y las 12.30, de lunes a viernes."

Como en la práctica de *Café pendiente* (dejar pago un café para otro) la interacción esta armada en la falta de rostro del otro. Decíamos allí :

"El solidarismo como máscara humanitaria no solo actúa 'hacia fuera' ocultando el propio rostro, sino 'hacia dentro' como manera de regulación de nuestra piel social en su encuentro con lo real de la desigualdad. Hacia dentro y como máscara, instala una falsa hospitalidad en la que el rostro del otro representa nuestro semblante imaginario-doble : de allí la falsa hospitalidad, sólo nos encontramos con el reflejo de nuestra experiencia clasista sobre el otro. El café pendiente sella como imposible un tipo de vivencia que nos enfrente a lo señalado por Butler : así los 'otros' (no) nos desintegran. Por eso de manera persistente, en cada acto de pagar un café vamos a sentir que algo nos falta. Aunque tampoco nos animemos a buscar nuestra mirada en el reflejo de esta experiencia narcisista. Por esto cobardemente - tal como afirma R. *Dalton en la cita con la que empezamos estas reflexiones – 'esta (toda) piedad es cruel si no incendia algo' »* (Boito, 2013, 40).

Lo que queda por fuera de esta escena/encuadre de la interacción social es una segunda tipología del otro ; en términos de un *prójimo detestable y visible* e intentaremos preguntarnos al respecto de lo que, a priori, se presentaría como una contradicción : por un lado, el reconocimiento de un otro al cual deberíamos *amar* lisa y llanamente por lo que la noción de *prójimo* trae consigo ; por otro lado, la existencia de la categoría de *detestable*, como término habilitante para que sobre ese otro se desarrollen y resuelvan las más salvajes, bárbaras e inhumanas pasiones o, en términos de Rosenweig, se encarne el vínculo desde el lugar de lo *demoníaco* que circula en nuestras sociedades; por último, la noción de *visible* que nos refiere a algo/alguien que se puede percibir, en contraposición con la de *invisibilidad* ; es decir, hay de hecho una intención de registro incluida en la categoría *visible*. Sin embargo, nos preguntaremos aquí, con qué fines y bajo qué objetivos está puesto a jugar ese prójimo al cual se le debería un amor por su condición de prójimo, pero, no obstante, es despreciado a través de diversas operatorias discursivas que trabajan desde lo político, lo económico, lo cultural, lo corporal, etc.

Particularmente, resaltamos que este *prójimo detestable* tiene el rostro del desprecio y que, lejos de ser un modelo o ideal a seguir, carga con cada uno de los defectos que son - para el sujeto que lo observa como tal - amenazas concretas a su seguridad en sentido amplio. Hacemos referencia a una lectura que expresa el peligro que vivencia el individuo frente a este tipo de otro, como una cuestión vinculada a la integridad física. La relación que se construye con este tipo de prójimos atraviesa lo corporal y el límite vital que se pone en juego; esta relación se construye desde la interpelación del otro como *Cosa* que amenaza.

El prójimo detestable se constituye como tal desde el momento en que las diferencias en relación a las trayectorias, los valores, las expectativas, como así también las condiciones materiales, los recursos y capitales, distan mucho de ser semejantes a las del individuo que lo observa. Frente a eso, entendemos, existen dos respuestas frecuentes que se optan: una, en el *mejor* de los casos, que tiene que ver con la respuesta frente a la diferencia en clave de *tolerancia hacia el prójimo* ; la otra, más dramática y cruenta, ligada al proceso de aniquilamiento material o no-material del otro, con las garantías construidas a partir de la relación entre la figura del *homo-sacer* y el *estado de excepción*, trabajado por G. Agamben, y retomado por Santner (Zizek, Santner, & Reinhard, 2010).

La primera respuesta posible y frecuente, viene ligada íntimamente a un espíritu caritativo que entiende al otro, que en este caso carga con el rostro del desprecio, como un otro inferior, inhumano y problemático, pero que, de manera subsidiaria, se le debería garantizar, aunque no el *amor*, cuanto mucho el *perdón* por su condición psico/social. En este punto, la *tolerancia* como categoría central intenta subsanar o emparejar los abismos que separan al individuo de su prójimo y viceversa, y el *tolerar al otro* visible, implica un grado de aceptación de la imposibilidad de su desaparición inmediata, que debe resolverse en formas de encuentro desde la compasión para posibilitar un sentimiento de gratitud - por más mínimo que fuera - frente a tamaño desagrado que implica la presencia de este tipo de prójimo para la estructura de experiencia de dichos individuos.

Por su parte, la segunda respuesta posible y frecuente, como ya decíamos anteriormente, es una apuesta descarada a destruir la fuente de desprecio: el prójimo detestable y visible. Este mecanismo de interacción que construye el individuo frente a su prójimo, tiene que ver con un intento concreto de desterrar la *posibilidad de percibir* a ese algo/alguien que estorba, intimida, aterroriza, y pone en riesgo las zonas de confort y placer propias, a través de operar con la libertad que le otorga la noción de *homo-sacer* a la que se hacía referencia anteriormente: esta figura sería algo así como un animal impuro e inadecuado, inclusive para el sacrificio; por ende, resulta una criatura sin un lugar en el orden de Dios. Relacionado con los procesos más cercanos a nuestra época, el *homo-sacer* sería aquel sujeto proscripto por la ley, abandonado por ella y echado a la deriva ; a su vez, su condición de inhumano está ahora definida por la lectura que de éste haga la comunidad, el pueblo, la sociedad. Su pecado no es ser una criatura que Dios no reconoce, sino más bien, su delito es ser un sujeto que ha actuado por fuera de las normas existentes en su comunidad. El punto en cuestión aquí, igualmente excede la caracterización que se haga del sujeto del cual hablamos ; centralmente lo enriquecedor de pensar esta respuesta frente a este tipo de prójimo tiene que ver con que el homo-sacer termina siendo un no-hombre al cual se lo condena, y aunque no se determina su aniquilamiento físico, quien lo mate no sería condenado por homicidio. En este sentido, la ley no contiene su existencia: puede o no mantenerse vivo, ya no importa, porque como afirma C. Schmitt, se ha construido un estado de excepción que congela la ley. Nuestra pregunta aquí gira en torno a quién es el soberano con potestad para operar de esa manera en nuestras sociedades contemporáneas, y cuáles son esos prójimos detestables y visibles que se tornan en algún momento homo-sacer para el conjunto de la sociedad, o una buena parte de ella, a través de los sentidos que la misma, en su totalidad, o un grupo significativo de ésta (en términos de masividad o poder relativo), construyan. Este es el estado de excepción contemporáneo, que no ocurre sólo en ciertos momentos, sino que es el estado al que se reduce a poblaciones, grupos y clases en un giro de la violencia que nos conforma como sociedades estructuralmente destructivas, aunque ideológicamente aparezcamos como tolerantes.

Por último, nos atreveremos a pensar en un último tipo de prójimo, aquel *potencialmente transformador ;* construido producto de los interrogantes que surgen a partir de reflexionar acerca de los procesos y mecanismos que organizan cotidiana e históricamente las relaciones sociales. Hablamos de ciertos cuerpos mirables y deseados *(prójimo semejante)* y de aquellos dispuestos para el odio *(prójimo detestable)* ; ahora bien ¿ qué queda *por fuera* del ojo y del registro sensitivo y que, en última instancia, no se resuelve ni en términos de amor, ni de desprecio, ya que interpela al observador desde un lugar aún más complejo ? Pues bien, por fuera, o mejor dicho, entre medio de aquellos prójimos que el individuo reconoce y a partir de los cuales reconfigura su subjetividad (semejantes o detestables), creemos, existen, un conjunto de otredades que debemos aprender a interceptar más allá de la noción de amigo/enemigo. Y la tarea es política, ya que en contextos cada vez más complejos, es preciso asumir la responsabilidad de construir con otro distante que históricamente ha sido declarado de un lado o del otro de la historia : aquella necesidad de tener en cautiverio a los unos con los unos, y a los otros con los otros, es cierta, porque a través de esos mecanismos se garantizan niveles de control de los intercambios e interacciones que los sujetos asumen y crean. Debemos asumir un tercer lugar del prójimo, atravesando aquella fantasía del otro como *yo mismo*, y animarnos a asumir la fuerza de lo que comentábamos anteriormente sobre lo que dice Butler: los otros nos pueden desintegrar, y agregaríamos, debemos generar condiciones para que esa desintegración sea posible ; o en términos de Derrida, no hay seguro de salud contra el extraño. Allí se abre la posibilidad de salir de *lo Uno/lo Múltiple*, las multiplicidades que son devenir y en las cuales y de las cuales somos parte y transformación.

Una escena final : quién es mi prójimo en los escenarios de actuación de la patrimonialización en la experiencia contemporánea

Las escenas y las maneras de resolución de las tensiones sobre quiénes son mis prójimos también se expresan o pueden ser leídas en esa especie de patrimonialización de lo tangible y lo intangible que caracteriza a nuestro presente y que enumerábamos al inicio.

Las *diferencias* culturales, cada vez más subsumidas en el discurso y las prácticas de la patrimonialización operante a escala planetaria - con intervenciones de la UNESCO y las consecuentes declaraciones de ciertos objetos (tangibles e intangibles) como *Patrimonio de la Humanidad* - proponen nuevas formas de reconocimiento/desconocimiento del prójimo a explorar, mediante el encuadre patrimonial/turista de la experiencia mediatizada y mercantilizada.

Como señalamos en otro lugar[65], la noción/forma ideológica *Patrimonio de la Humanidad* (con las mentadas mayúsculas de ambos términos en función del Uno (Patrimonio que se puede hacer uno, desde la posición de lo humano, también vuelto uno) tiene un supuesto experiencial fundacional : un presente socio/cultural que se construye - de nuevo, ideológicamente- desde la rememoración. Este espacio requiere de tres actores : estado, capitales privados y los sujetos - no habitantes- como turistas. Y aquí comenzamos con la primera y provocadora asociación entre Patrimonio y DDHH : lo que es patrimonio, lo que deviene patrimonio es lo que es víctima, es lo que ocupa la figura de la víctima[66] que hay que proteger (es equivalente a un muro, una especie animal, vegetal, mineral, un *grupo étnico* o *población originaria*) y, en distintos sentidos, esa víctima ya es ruina o al menos está congelada en su existencia y devenir. Esto ya lo marcaba M. De Certeau en aquel texto titulado *La Belleza del Muerto,* identificando la acción sobre las culturas populares como objeto de estudio y, en el mismo acto, objeto de folklorización, de licuación de su fuerza conflictual. Esta macro/experiencia se enlaza con el capitalismo como ideología materializada en la imagen - sensu Debord - la dominancia de la equivalencia y la absoluta traducción de todo a un lenguaje universal, en tanto paquetes de experiencia similares en los más variados escenarios.

Es mediante esta experiencia marco que las ruinas arquitectónicas y las vidas de poblaciones son sujetas a estetización, configurando carne y piedra para los turistas como un tipo de destinatario fundamental, obturando otro tipo de carne y piedra, que refieren a los desalojados y a las demoliciones para la emergencia de los monumentos. A esos otros no los vemos. Por lo dicho, siempre retorna un pensador sobre la violencia como lo es W. Benjamin, no sólo afirmando el íntimo lazo entre los monumentos de civilización y los actos de barbarie, sino también señalando que *el enemigo no para de vencer* : los vivos que no pueden viajar a la velocidad y por los carriles del turista no encuentran lugar y los muertos tampoco encuentran el suyo, en un régimen espectacular que hoy los transforma en postal o souvenir o *experiencia extraordinaria* (mediatizada/mercantilizada). Desde esta perspectiva, el frenesí de la patrimonialización puede visualizarse como la expresión de una especie de pulsión tanática actuante sobre el escenario y los actores involucrados en el *paquete de experiencia turística.*

---

[65] Boito, M. E. y Espoz, M. B. (2016). **Disputas sobre "lo común": políticas de patrimonio, conflictos y haceres colectivos.** (Ciudad de Córdoba, 2015) en Echavarría Corina. En prensa.

[66] Como señalábamos con anterioridad, A. Badiou (2004) dice que la figura de la víctima es lo propio del retorno de la Ética y la cancelación/obturación de la Política, pos *desfondamiento del marxismo*, según su perspectiva. Desde aquí comenzamos a pensar en una orientación similar: la planetarización de la lógica patrimonial, también como signo de un tipo de *cultura envejecida* que llega exhausta a ver *otros momentos* de actividad/acción, congelados en mediante las modalidades de puesta en escenas indicadas. Ver La Ética, ensayo sobre la conciencia del mal.

Para concluir con este trabajo, nos queda compartir una reflexión que es producto de lo expuesto y argumentado, y que tiene que ver con el aspecto *dinámico* de la construcción de los prójimos ; creemos necesaria la interpelación al respecto de cuáles son los movimientos que ocurren en torno a la definición de un tipo u otro de prójimo, en función de los niveles de proximidad con la otredad en contextos particulares. Consideramos interesante pensar en relación al nosotros desde lo individual hasta lo colectivo, para avanzar en un proceso de comprensión que nos permita entender cuánto tenemos de deseables, despreciables, peligrosos, opacos, invisibles e inexistentes, etc., y por consiguiente, cuánto de todo ello puede permitirnos repensar nuestras relaciones con las otredades que se nos presentan en nuestra vida cotidiana. Una reflexión en estos términos, que sirve apenas para apuntar algunos interrogantes, nos invita a la creación de nuevas claridades para avanzar así por otras aristas de nuestra compleja e imbricada sociedad, asumiendo y deseando el fluir de las multiplicidades en un mundo que persiste en aumentar su carácter monocromático.

Bibliografía

Audrito, D. (19 de Marzo de 2016). *La idea de la heladera solidaria llegó a Córdoba.* Fonte: La Voz: http://www.lavoz.com.ar/ciudadanos/la-idea-de-la-heladera-solidaria-llego-cordoba

Badiou, A. (2000). *La ética y la cuestión de los derechos humanos.* Fonte: Reflexiones marginales: http://www.reflexionesmarginales.com/pdf/19/Documentos/2.pdf

Boito, M. E. (2012). *Solidaridad/es/ y Crueldad/es/ de Clase. El "Orden Solidario" como mandato transclasista y la emergencia de figuras de la crueldad.* Buenos Aires: Editora Sociológica CIES.

Boito, M. E. (Octubre - Diciembre 2013). El instante solidario en la separación clasista: la práctica del "café pendiente". *Question*, Vol. 1, No 40.

Boito, M. E., Espoz, M. B. (2016). *Disputas sobre "lo común": políticas de patrimonio, conflictos y haceres colectivos. (Ciudad de Córdoba, 2015) en Echevarría Corina.* Córdoba: En prensa Butler, J. (2006). *Vida precaria El poder del duelo y la violencia (Traducción de Fermín Rodríguez).* Buenos Aires, Barcelona, México: Paidós.

Federici, S. (2015). *Calibán y la bruja. Mujeres, cuerpo y acumulación primitiva.* Tinta Limón.

Fortuna, C. (1995). *Por entre as ruinas da cidade: o património e a memória na construção das identidades sociais.* Portugal: Oficina do CES n°61, Centro de Estudos. Sociais, Universidade de Coimbra. Disponible· Slavoj Žižek, Analía Hounie (comp.). (2004). *Violencia en acto. Conferencias en Buenos Aires.* Buenos Aires: Paidós.

Fortuna, C. (2012). *A cidade e o turismo: dinâmicas do turismo urbano em Coimbra.* Coimbra: Editorial Almedina.

Žižek, S. (1992). *El sublime objeto de la ideología.* México: Siglo XXI.

Žižek, S. (1999). *El acoso de las fantasías.* México: Siglo XXI.

Žižek, S. (2005). *La suspensión política de la ética.* Buenos Aires: Fonde de Cultura Económica.

Žižek, S. (2013). *El más sublime de los histéricos.* Buenos Aires: Paidós, Espacios del Saber.

Žižek, S., Santner, E. L., & Reinhard, K. (2010). *El prójimo. Tres indagaciones en teología política.* Buenos Aires - Madrid: Amorrortu editores. En: http://www.ces.uc.pt/publicacoes/oficina/index.php?id=2473.

Troisième partie

Communications et interculturalités

Chapitre 15

Incidences psychoculturelles de l'effraction numérique

Patrick Denoux

Sans nul doute, les nouvelles technologies lancent un défi au psychologue dans sa compréhension du phénomène humain tout autant que dans son action sur celui-ci. Identités, champs, pratiques subissent un bouleversement tel que nous pouvons employer sans risque le terme de mutation culturelle, alors que certains s'emploient à le minimiser.

Par exemple, l'ordinateur *quantique* (0/1/qbit : 0, 1 ou les deux en même temps) supposé capable de réaliser en une seconde un calcul qui prendrait 10.000 ans à un ordinateur classique dépasse les limites de notre entendement et nous fait ressentir la sidérante difficulté que chacun peut éprouver à seulement intégrer ces nouveaux objets technologiques. Parallèlement, l'intrusion de ces nouveaux objets transforme notre fonctionnement psychique : le téléphone portable, en modifiant la prise de rendez-vous, l'a rendue aléatoire. Chacun donne rendez-vous à l'autre en pensant qu'il pourra grâce au portable l'annuler ou le reporter, alors qu'antérieurement, sans moyen de prévenir en temps réel, un engagement, sauf cas de force majeure, restait un engagement. Actuellement, il ne s'agit plus de fixer une rencontre mais de réserver une probabilité de rendez-vous, avec laquelle il est toujours possible de composer.

Une des questions justifiant que la psychologie interculturelle s'intéresse à l'effraction qu'opèrent les mondes virtuels sur le psychisme relève justement des *nouvelles identités*. L'immersion dans les mondes numériques, particulièrement à travers l'adoption de nombreux avatars ou encore l'entrée en réseau, ne conduit-elle pas, de fait, à un apprentissage de la multiplicité identitaire que tant de sujets ont maintenant beaucoup de difficulté à gérer notamment dans les tiraillements provoqués par les conflits d'appartenance culturelle ?

Deux remarques préalables :

- dans cette réflexion la distinction réel/virtuel ne doit pas être entendue comme une opposition, nous considérons que les productions virtuelles sont des réalités. La présence virtuelle est une présence, les émotions générées par le virtuel sont des émotions, la thérapie via Skype est une thérapie. Ce constat néanmoins, ne doit pas nous empêcher de penser les différences entre les formes réelles et/ou virtuelles de ces présences, de ces émotions et de ces thérapies,

- notre registre d'illustration se cantonnera aux jeux vidéo, dans un souci de clarté, sans que les réflexions ne puissent être considérées comme exclusivement caractéristiques de ceux-ci.

1. Libération virtuelle de l'intention contre formatage de la pensée et de l'action.

L'avatar (profils *FaceBook*, *LinkedIn*, *ResearchGate*...), en tant qu'incarnation numérique, n'est pas seulement un instrument permettant de réaliser virtuellement des intentions. Rétroactivement il les formate, rendant acceptable telle recherche, tel trajet, tel propos et strictement impossibles tels autres. Ainsi dans les jeux vidéo actuels, la sophistication des représentations graphiques fait largement oublier que l'espace dans lequel évolue le joueur ne dispose pas de l'ouverture infinie du monde réel. Le mouvement se déploie dans un espace de réalité contrainte.

La plasticité de l'*identité* qu'impose l'immersion numérique ne se réalise que parce que le sujet adopte les catégories implicites d'action et de réflexion imposées par ses avatars. Il s'agit donc d'une plasticité identitaire contingente à un éventail prédéfini de possibles. Libération virtuelle de l'intention contre formatage identitaire de la pensée et de l'action.

Les propositions de personnalisation de nos avatars obéissent à un catalogue programmé de traits supposés singularisants mais dont l'éventail est restreint et les procédures combinatoires sont fixées. Ainsi lorsqu'il construit son avatar, le sujet se voit affecté par la même illusion de libre arbitre que le consommateur lorsqu'il choisit, après mûre réflexion une lessive, croyant exprimer sa liberté de choix, alors qu'au même instant des milliers de personnes, tout aussi calibrées que lui, sont en train d'effectuer le même comportement, elles aussi intimement convaincues de l'ineffable singularité de leur sélection. L'identité de l'avatar se révèle être un avatar affectant l'identité.

2. Des schèmes répétitifs comme nouveaux champs

Mais aussi de *nouveaux champs* d'investigation se dessinent. Dans les jeux vidéo, s'imposent également des schèmes répétitifs qui commencent à être l'objet de recherches spécifiques dont nous prendrons quelques exemples dans la pragmatique de la communication, comme autant d'indices d'une mutation psychoculturelle en cours.

Qui n'a pas été frappé, dans un dialogue entre jeunes, par la rapidité avec laquelle, au moyen de questions ciblées, est recherché un élément susceptible de donner une explication monosémique et définitive de l'objet en discussion, permettant d'échapper à sa complexité ? Ainsi, *l'hypersensibilité au champ* place le joueur dans un état décuplé de vigilance face aux fluctuations des contextes présentés sur l'écran avec une focalisation rapide, changeante et très précise sur des objets censés pouvoir être la clé de la situation. Mais toute situation doit-elle contenir une clé ?

Qui n'a pas remarqué, dans les brèves interactions entre jeunes, l'enchaînement rapide des questions réponses ne laissant aucune place au silence et poussant très vite la verbalisation à son extinction ? De la même manière, la dynamique échevelée des scenarii des jeux vidéo implante peu à peu un schème *mécanique action/réaction* qui oblige, dans un temps très court, le joueur à ne laisser aucune action subie sans réaction à y opposer et aucune réaction endurée sans action à répliquer. L'interaction y est figurée comme un couple de réactions en miroir. Mais réagir est-ce répondre ?

Qui ne s'est pas penché sur ces adolescents en dialogue, qui ne répondent plus aux propos de leur interlocuteur, mais simplement à ceux qu'ils anticipent chez lui, croyant les deviner ? L'anticipation forcenée est une nécessité poussant, dans le feu de l'action, le *gamer* à se représenter le plus rapidement possible ce qui pourrait advenir, négligeant la conjoncture présente et l'éventuel passé de la narration, au profit d'une extrapolation intense, permanente et autoentretenue. Le jeu alimente cette illusion de pouvoir contrôler le futur immédiat alors qu'en réalité ce sont les apprentissages ludiques antérieurs qui se mobilisent pour anticiper des scenarii préconstruits. Mais vouloir contrôler instantanément son futur, est-ce maîtriser son histoire ?

Bien d'autres schèmes encore que l'hypersensibilité au champ, la mécanique action/réaction ou l'anticipation forcenée, façonnent ainsi le sujet en un être labile, courant après une suradaptation dans une métonymie identitaire généralisée. Un résultat qui n'est pas des moindres est le renforcement d'un réflexe favorisant la mobilité au détriment de l'immobilité :

- la mobilité c'est l'action, la capacité de se tirer d'affaire, la survie, l'atteinte des objectifs, bref la vie,

- l'immobilité, c'est la mise en danger, l'incapacité à agir, à détecter le péril, l'échec, bref la mort.

N'importe quel mouvement plutôt que l'ankylose.

3. Une culture de la mobilité

Les jeux vidéo ne sont qu'un des terrains d'ancrage et d'apprentissage de la culture de la mobilité dans laquelle nous baignons. Alors que l'être dans ses multiples déplacements n'est plus que trajectoire, celle-ci devient, indépendamment de tout objectif, un véritable plaisir comme le montre chaque jour la passion généralisée pour les sports de glisse aquatiques (surf, windsurf, kayak...), terrestres (ski, skateboard, patins à roulette...), aériens (deltaplane, basejump, parapente...). Que nous disent-ils de plus que les jeux-vidéo sinon que notre socle culturel a basculé d'une adaptation *imbrication/implication* dans le monde à une adaptation *évitement/dégagement* du monde. Eviter les obstacles, s'adapter aux aspérités sans jamais s'y ancrer, se fixer sur une ligne de fuite sans jamais se retourner et surtout ne pas s'arrêter, les rectifications de trajectoires s'opérant dans le mouvement lui-même, voilà l'identité postmoderne.

4. De nouvelles pratiques, simulacre et dispositif

Comment réagissons-nous à la multiplicité des différences que nous devons assumer (sociales, religieuses, culturelles, générationnelles, organisationnelles..) ?

Il y a deux décennies, à la suite de nos travaux sur les modes d'appréhension de la différence, dans un article intitulé *L'identité interculturelle* (Denoux, 1995), nous établissions les nouvelles formes de l'identité en tant qu'aliénations successives à des dispositifs qui résorbent, chacun, conjoncturellement, dans une seule différence tactiquement élaborée, l'ensemble pléthorique des différences douloureusement portées par un sujet (sociales, religieuses, culturelles, générationnelles, organisationnelles...). Indéniablement de *nouvelles pratiques* émergent bousculant celles du psychologue. Ainsi sommes-nous amenés, dans la vie réelle, à adhérer à des avatars prédéfinis de manière monodimensionnelle par les dispositifs (emploi, accession au séjour, recrutement...) auxquels chacun s'adresse :

- le chômeur : l'employabilité du chômeur devient secondaire au regard de son adhésion à ce que doit être le comportement d'un *demandeur* d'emploi,

- le réfugié : la véracité des atteintes corporelles et psychiques d'un réfugié a moins d'importance que le formatage de son récit pour le conformer aux exigences administratives du statut de *demandeur* d'asile,

- le candidat : la biographie authentique se retire au profit du CV à géométrie variable, se reconfigurant en permanence au gré des injonctions émanant du destinataire.

Les pratiques ont réellement changé du fait de cette métamorphose constante, parangon identitaire contemporain. Nous ne sommes plus ce que nous sommes mais ce que les dispositifs nous demandent d'être, chacun de manière univoque et chaque fois, différemment. En vérité nous assistons à une convergence puissante entre :

- d'une part un changement historicoculturel d'*episteme*, amorcé au XIXème incitant les sujets à se définir, dans le monde réel, comme des simulacres (au sens grec de l'*eidôlon* de Cratyle) à travers des dispositifs qui les objectivent,

- et d'autre part le modèle numérique de l'avatar conduisant à un apprentissage comparable par l'implantation d'un schème d'hyperadaptation *à* et *par* un univers numérique.

Loin de considérer que l'avatar ne représente qu'une nouvelle forme d'aliénation rendant les sujets étrangers à eux-mêmes, il se pourrait bien aussi qu'il constitue paradoxalement, une tentative d'apprentissage et de maîtrise de l'adaptation requise par les dispositifs.

Mais le simulacre *n'est jamais ce qui cache la vérité, c'est la vérité qui cache qu'il n'y en a pas. Le simulacre est vrai* comme l'écrivait si justement Baudrillard (1981).

5. Expérience du virtuel et expérience virtuelle

Par les jeux vidéo classiques, jeux de tir à la première personne (FPS, *First-Person Shooter*), où il s'agit de se mouvoir très rapidement pour abattre un maximum d'adversaires, se développent des compétences liées à la représentation de l'espace, du corps en mouvement, etc. Dans ce type de jeu tel *Counterstrike*, comme me l'indiquait un joueur en me montrant ses mains : *"Tout est là"*. Nous avons affaire à un apprentissage basé sur la répétition, l'intuition situationnelle et susceptible d'être interrompu à tout moment, sans autre forme de procès. Il repose également sur une progression continue par essai/erreur, basée sur une conception cumulative de l'apprentissage par le biais de schèmes moteurs intégrant peu à peu automatiquement les procédures préréglées. Cependant quand le joueur quitte le jeu, le jeu s'arrête et il pourra le reprendre à son point d'arrêt ou à son point initial.

A l'inverse l'immersion dans un jeu tel que *World Of Warcraft* (WOW), que certains qualifieront d'immersion anthropologique, relève beaucoup plus de l'expérience que de l'apprentissage. Les jeux de rôle en ligne massivement multijoueur (MMORPG, Massively Multiplayer Online Role-Playing Game) proposent des univers entiers, des milliers d'espaces dessinés, des quêtes, une myriade de personnages, des associations possibles avec les avatars des autres joueurs, un échange continu avec ces derniers, etc.

Lorsque vous quittez ce type de jeu, il se poursuit sans vous, il est devenu indépendant de la volonté du joueur. Vous laissez stagner votre avatar, il recueillera moins d'avantages, présentera de ce fait moins d'intérêt pour vos partenaires, il manquera beaucoup de rencontres avec d'autres avatars inconnus dont les chemins auraient pu croiser le sien (le vôtre) et avec qui il aurait pu s'associer pour réaliser une quête, etc. Les paysages à l'intérieur desquels il évolue, se transformant également par ajout permanent de nouvelles cartes, il sera de plus en plus perdu. Un joueur parlant de son avatar... me dit : *"Dans les villes [virtuelles] il y a plein de joueurs, 'tu' es connu et reconnu, on 'te' demande des nouvelles, ce qui s'est passé dans la précédente quête..."*.

La reconnaissance virtuelle entre avatars est doublée d'une reconnaissance, en ligne, dans la vie, entre les joueurs communiquant dans le même temps qu'ils jouent. L'absence du joueur devient isolement de l'avatar qui se transforme en solitude du joueur. Combien de joueurs exaltés, n'ont-ils pas réglé le réveil pour que l'avatar ne déroge pas à ses engagements dans une action collective avec sa guilde... *"Là où j'ai commencé à m'inquiéter, c'est quand je me forçais à me réveiller, chaque nuit on se donnait rendez-vous avec les autres pour faire des missions"*.

Ainsi l'irruption des MMORPG va modifier et accroître considérablement, certes l'addiction aux jeux, mais aussi ce qu'il convient d'appeler *l'expérience virtuelle*. Par *expérience virtuelle* nous n'entendons pas l'expérience *du* virtuel, ensemble d'acquis issus de la pratique régulière des mondes numériques, mais plutôt une conception bien originale de l'expérience *intrinsèquement* virtuelle, se développant par le jeu.

Cette expérience virtuelle est celle de l'avatar qui tisse une histoire personnelle et relationnelle de plus en plus étoffée et de plus en plus proche du vivant et auquel le joueur est identifié.

Dans les exemples choisis, l'expérience du virtuel et l'expérience virtuelle semblent se rejoindre dans le conditionnement à la mobilité mentale d'un corps immobile. En réalité l'expérience virtuelle se substitue maintenant de plus en plus à l'expérience du virtuel (par le casque 3D par exemple) en restituant au corps son vécu kinesthésique dans un espace matériellement hiératique.

6. Norme d'indécidabilité et « adaptature »

Le virtuel devient plus vrai que nature si bien que nos capacités à le discriminer s'atténuent. Le clone virtuel de Bohringer (dans le film *Capitaine Nemo*) constitué à partir de l'enregistrement par capteurs de ses mouvements (*motion capture*) et de la décomposition recomposition de sa voix sur la base de phrases simples, est criant de vérité. Les contrats concernant l'utilisation des bases numériques des clones d'acteurs sont déjà opérationnels (Djamel Debbouze pour le film *Pourquoi j'ai (pas) mangé mon père* ?). L'effet de réalité est tellement saisissant qu'il trouble jusqu'à la nausée dans le cas de clones composites comme celui confondant les visages de Sophie Marceau et Monica Belluci (*Ne te retourne pas*, un film de Marina de Van). Désormais, le cinéma ne se soutient plus de pouvoir représenter quelque chose de la réalité.

Le clivage réel/virtuel étant de moins en moins pertinent, s'impose peu à peu une norme d'indécidabilité qui rend obsolète toute interrogation sur la réalité représentée par une image. La plupart d'entre nous ont regardé *Le Seigneur des Anneaux* et se souviennent du personnage de *Gollum*. Si vous y réfléchissez, au cours du visionnage, il ne faut pas plus d'une minute pour intégrer mentalement cette image virtuelle comme un personnage au même titre que n'importe lequel des acteurs. Tout se passe comme si se mettait en place une norme d'indécidabilité impliquant qu'il est préférable de ne plus chercher à discriminer. S'y réalise la combinaison d'une peur du réel dans le confort du virtuel avec une entrée dans le virtuel, propédeutique à l'accès au réel.

Notre identité personnelle est frappée du même mécanisme. Pour répondre aux injonctions des dispositifs nous construisons des personnages, des avatars de nous-mêmes, qui finissent par nous incarner (ce qui est dans le Vischnuisme la fonction divine de l'avatar). Ces images virtuelles deviennent la réalité de ce que je suis. Le chômeur finit par croire de plus en plus en des capacités qu'il a vantées et qu'il n'a pas, le réfugié finit par vivre comme une injustice la non-reconnaissance de préjudices qu'il a été contraint d'amplifier. La réalité de ce que je suis devient de plus en plus relative et indécidable.

La dictature de l'adaptation, l'*adaptature*, a logé notre identité dans l'entre-deux du réel et du virtuel.

7. Game, Jacasse et négativité

Que la réalité virtuelle résiste à l'action humaine, elle le fait toujours de manière surmontable (dans les jeux, les morts se relèvent ; la répétition programmable des situations permet de surmonter les obstacles...) et cela ne soulève aucun problème.

Mais la réalité virtuelle va bien au-delà en contrecarrant la puissance de négativité que contient le réel (un mort est mort). Le virtuel expulse la négativité en comblant le manque :

- il exclut l'impossible réparation par la régénération instantanée,

- il proscrit la radicalité de l'absence par la résurrection des personnages,

- il refoule le progrès définitivement arrêté par une progression indéfiniment reprise,

- il bannit l'inéluctable par le réversible,

- et il refoule la castration par l'assouvissement.

Tout devient réparable, révisable, répétable, le définitif, plus qu'exclu, est aboli. Cette expulsion de la négativité a des effets réparateurs dans un monde consumériste ne préparant en rien à la frustration, pour ne pas dire éduquant à ne pas la supporter, en entretenant l'illusion d'une accessibilité généralisée. Effets réparateurs de cette expulsion de la négativité certes, mais aussi conséquences désastreuses.

Alors que cette expérience de la négativité est particulièrement défaillante dans notre culture, il suffit de penser au défaut d'éducation à la mort, beaucoup de sujets vont essayer, comme dans un autre jeu, de retrouver l'expérience de cette négativité dans le réel, à leurs risques et périls. Le terme générique de *Jacasse* recouvre un ensemble de défis, comportements à risque, voire suicidaires parfois mortels, souvent handicapant et rarement inoffensifs que se lancent à eux-mêmes certains jeunes, généralement des hommes, pour faire le buzz sur le net. Une sorte de dangereux *"T'es pas cap !"*

D'un côté, il y a le *game* et son déni de mort par le virtuel, de l'autre *Jacasse* et sa confrontation réelle à la mort : se jeter devant une voiture, se lancer du haut d'un immeuble dans une piscine, se tirer une balle dans le ventre ou dans le pied, faire des pirouettes sur une poutrelle métallique à 100 m de hauteur... Alors que le *gamer* représente une fuite de la réalité comme instance de négativité, *Jacasse* au contraire représente la recherche virtuelle de la réalité comme instance de négativité.

Un des lieux culturels de tension se trouve dans cette dialectique entre jeu virtuel et jeu réel :

- plus j'entre dans le jeu virtuel (*game*), plus la frustration réelle est forclose, évacuée et moins je supporte la négativité que me renvoie le réel,

- plus j'entre dans le jeu réel, plus j'apprivoise la négativité réelle par des formes virtuelles (le buzz, tout est possible...) qui me font prendre des risques majeurs,

La dialectique s'instaure dans l'alternative entre :

- mourir virtuellement et me relever mille fois, dans une sorte de "Lazare *game*", en continuant d'exclure dangereusement de mon champ de conscience la vraie mort. Ainsi, je me soigne du réel en m'abritant dans un simulacre de mort. Le héros épique du jeu virtuel (*game*) qui permet de quitter imaginairement le réel ou,

- intégrer à mon champ de conscience la vraie mort dans des formes virtuelles de défi et risquer d'en mourir (*Jacasse*). Ainsi je me soigne du virtuel en m'exposant à la mort réelle dans une figure virtuelle. N'oublions pas l'exemple emblématique de l'individu qui promet de se tirer une balle dans le pied, à l'origine par défi (mis en œuvre dès que son projet a atteint un certain nombre de *likes* sur le net), qui effectivement le met à exécution, pour au terme tenter par-là de faire le buzz. Le surhomme ordalique du jeu réel (*Jacasse*) risque de quitter réellement le réel.

Nous pointons là deux formes d'interculturation entre culture contemporaine et culture numérique : fausse mort virtuelle contre vraie mort virtualisée. Pour nous, il devient urgent de décoder ces émergences décrivant l'impact psychoculturel des mutations numériques, les compromis qui en résultent donnant un contenant à nos craintes. Déjà, dans certaines campagnes, les CD accrochés aux arbres pour éloigner les oiseaux semblent indiquer que l'humain n'effraie plus la nature, l'épouvantail n'est plus anthropomorphique. Aujourd'hui, l'épouvantail, c'est le digital.

Références bibliographiques

Baudrillard, J. (1981). *Simulacres et simulation.* Paris, France : Galilée

Denoux, P. (1995). L'identité interculturelle, *Bulletin de psychologie, 48 (6-9)*, n° 419, pp 264-270.

Chapitre 16

Mondialisation, hypermodernité et religion

Gilbert Coyer

On assiste en France depuis vingt ans à une progression très importante des discours et des comportements religieux dans l'espace public : à l'école, dans les hôpitaux, dans les universités, en politique. Ceci n'est pas exclusivement français. Mais depuis 1905, la France a inscrit la laïcité dans sa constitution, et institué une séparation rigoureuse de l'exercice des cultes et de l'État et une obligation de réserve de tout agent des services publics, enseignants et soignants compris, vis-à-vis de toute pratique ou foi religieuse. Or une part non négligeable de la population française actuelle est originaire de pays non sécularisés, où la religion donne ses principes et son sens tant aux modèles éducatifs qu'aux représentations de la santé et de la maladie. Le développement du discours religieux en France, sous toutes ses formes, extrémistes et non extrémistes, doit être compris, bien sûr dans les contextes sociaux et géo-politiques contemporains, mais aussi dans une dialectique liée à des processus d'interculturation beaucoup plus larges. Nos observations pendant plus de vingt ans d'enfants d'origine africaine (Maghreb et Afrique sub-saharienne) suivis en pédopsychiatrie (Coyer, 2016), en protection maternelle et infantile, et dans le cadre de médiations interculturelles (Coyer, 2014), dans des centres comptant jusqu'à 88 nationalités différentes chez les personnes consultantes, montrent l'expression au travers des soins et des suivis, d'antagonismes majeurs entre les modèles et valeurs, d'un côté des institutions soignantes ou éducatives, et de l'autre des patients et familles. Certes la vision des antagonismes qui se dégage de ces situations peut être ressentie comme une vision aux *marges*, de familles et de patients souvent précarisés, cheminant dans des parcours migratoires et institutionnels difficiles, confrontés à des mesures éducatives, des placements d'enfants, de grandes difficultés matérielles ou la maladie ou le handicap. Mais un tel jugement témoigne d'une méconnaissance de la vie des familles et patients suivis dans de tels contextes qui, loin d'être aussi culturellement démunis qu'on ne le pense souvent, expriment des conflits de valeurs (Camilleri et *al*, 1990) qui certes les laissent à la marge, mais certainement plus vis-à-vis de ce que Jean Furtos (Furtos et Laval, 1998, 2005) dénomme *l'impératif d'autonomie de l'hypermodernité*, que de tout lien social. La très grande place prise aujourd'hui par les discours et les pratiques religieuses dans le soin, dans le social, et dans l'éducatif, exprime et concentre selon nous, les antagonismes culturels rencontrés dans nos situations de suivi dans les domaines emblématiques de la vie familiale, des liens sociaux, et de l'expression des sentiments personnels. La question de la croyance, dans le contexte conflictuel actuel à ce propos, est à la fois singulière et multiple, rassemblant les autres. Il nous paraît donc nécessaire, pour bien la comprendre, d'en situer plus largement le cadre et tous les processus. Ceux-ci étant en grande partie liés - pour nous - à un mouvement de critique des conditions de vie hypermodernes, qui butent entre des recherches de retours aux traditions comme valeurs dans la vie actuelle - retour aux sources, mythe de l'ancêtre primordial, souci de transmission, priorité du rite sur la parole, holisme, etc - et des réponses plus radicales qui contiennent la contradiction de prôner des traditionalismes en s'inscrivant complètement dans les valeurs qui définissent l'hypermodernité : immédiateté, pragmatisme, consumérisme, priorisation de la communication, et destructivité, mythe du héros, etc.

La référence à la famille élargie est constante et pérenne dans les milieux africains de la migration dans le contexte de nos suivis. Le terme même de famille élargie étant perçu comme un non-sens puisqu'il va de soi qu'il n'y a de famille que dès lors que la parentèle y est incluse. D'où le début d'une série de malentendus dans les suivis soignants ou éducatifs, qui ne conçoivent cette parentèle que dans un ordre généalogique ou d'affinités, mais non dans sa complète déclinaison en responsabilités, attitudes et *références* dirons-nous pour faire large. En famille élargie ou lignagère, les positions parentales et éducatives sont distribuées et contrastées dans toute la parentèle, ce qui s'oppose radicalement à notre vision française actuelle conjugale ou nucléaire des liens éducatifs et d'attachements. Toute famille se définit en termes de liens de solidarités déclinés en termes de droits et devoirs entre ses membres. La mise en exercice de l'inclusion de la parentèle - a minima ascendants et descendants de 2e génération, fratrie des parents et leurs alliés ou conjoints - entraîne une déclinaison d'autant plus codée et complexe que la famille est grande, à l'opposé de la fusion, voire de la confusion, que ceux qui ne la connaissent pas en perçoivent. Dans le système de parenté Soninké (Mauritanie, Nord Sénégal, Ouest Mali), un enfant appelle papa tous les frères de son père et maman toutes les sœurs de sa mère, papa et maman étant liés au respect et à l'autorité et non à la tendresse et à la complicité. Il ira chercher cette dernière auprès des frères de sa mère ou des sœurs de son père. Il appelle par les mêmes termes tous les enfants de sa génération, non pas frères ou sœurs, mais aîné (*gida*) ou cadet (*xoxone*), tout en distinguant ceux dont il est responsable (cadets) ou à qui il doit le respect (aînés) dans sa fratrie rapprochée (germains : enfants de même père que lui), des enfants des frères de sa mère ou des sœurs de son père, avec qui il noue des relations de jeux et de plaisanterie (*kalungoraaxu*) (Razy, 2007).

En milieu kongo (Bas Congo, Congo RDC, et Nord Angola) un enfant désigne de la même façon tous les enfants de sa génération : *yaya* (grand), *leki* (petit) ; termes génériques désignant la fratrie. Mais il distingue parmi eux ceux de son lignage (*kanda*) : tous les enfants de sa mère et des sœurs de sa mère. Son père (géniteur), bien qu'étant son père, est attaché aux enfants de sa sœur, dont il partage le *kanda* (le lignage maternel), et non le sien. Ce sont les enfants de la sœur de son père, non lui, qui hériteront de son père, et même de la maison dans laquelle il vit avec sa mère, si son père en a la propriété.

Cette répartition des droits, devoirs, et engagements, est apprise aux enfants au travers des attitudes que l'on adopte à son égard où qu'on attend de lui dès sa naissance et encore aux différents âges de sa vie. Si les enfants qui grandissent en famille élargie ne savent pas toujours bien expliquer pourquoi ils appellent tel cousin leur frère et pas tel autre, ou bien qu'en les appelant de la même façon ils considèrent l'un comme de leur famille (entendu lignage par exemple) et pas l'autre, tel oncle papa, telle tante maman, et pas l'autre, ce n'est pas tant par défaut de compréhension du système de parenté dans lequel ils grandissent que parce que celui-ci est d'une telle évidence qu'il n'a pas à être expliqué. Le vivre est une chose, l'expliquer est une autre. Demander aux enfants de l'expliquer équivaut à les mettre en demeure d'être les ethnographes de la culture de leurs parents. Cette place est délicate. Elle est connue depuis longtemps pour ses effets de parentification des enfants en contexte migratoire, avec une inversion des générations (Sayad, 1991, 1999). Mais elle est souvent mal comprise. Certes un enfant qui est l'interprète de ses parents devient peu ou prou parent de ses parents, mais il trouve aussi l'occasion d'assumer deux choses essentielles et indispensables depuis sa place générationnelle d'enfant de migrant : celle de valoriser ses dons d'interlocution interculturelle - c'est-à-dire la capacité d'expliciter une conduite ou valeur selon plusieurs entrées culturelles - et celle de faire passer ces valeurs et conduites du monde de la maison à celui de la société environnante (Sayad, *ibid.)*.

Car le passage de la langue de la maison à la langue de l'école, des institutions, et d'une partie de la société au moins, est le second champ d'antagonismes illustrant l'importance - et les difficultés - du passage de la vie familiale à la vie sociale. Il n'est aucune famille au monde qui n'ait à aménager et négocier ce passage. La société n'est certainement pas le prolongement simple et naturel de la famille. L'une et l'autre sont beaucoup plus qu'il n'y paraît dans un rapport conflictuel structurel entre elles : la première orientée vers le dehors ; la seconde vers le dedans (Lévi-Strauss, 1956). Rien donc de plus délicat dans toutes les sociétés et dans toutes les familles du monde que de réussir ce passage. Nous entendons langues de l'école et de la maison au sens large.

Langue car il est remarquable de voir un grand nombre d'enfants de migrants mutiques en dehors de la maison, dans des milieux ou celle-ci est traditionnellement un lieu d'hospitalité et d'accueil, donc ouverte, mais *à l'accueil* vers l'intérieur (milieux turc et tamoul par exemple), se vivant comme paralysés dans le fonctionnement de cet accueil, ces maisons ayant du mal à assurer cette fonction d'interface avec la société environnante, pour de multiples raisons que nous ne pouvons pas développer ici, finissant parfois par se cloisonner. *Langue* au sens large car il ne s'agit pas seulement d'expression verbale, mais de codes sociaux.

Les jeunes garçons Soninké ayant grandi en France dans les années quatre-vingt-dix, par exemple, ont beaucoup souffert de l'éloignement du lignage maternel sans lequel la globalité des attitudes de parenté ne pouvait s'équilibrer.

Grandissant dans le milieu migratoire de leur père rejoignant souvent des frères, ils ont grandi dans le milieu paternel en devoir de transmission des valeurs exclusives de respect et d'autorité, sans aucune autre relation d'autres types ; notamment celles d'accompagnement et de jeux habituellement vécues dans le reste de la parentèle. L'importance des liens entre les mères et leurs sœurs ou leur propre mère a été de la même façon ignorée, la grande majorité des professionnels médico-sociaux ne se centrant que sur la conjugalité des couples parentaux. Les termes « mère isolée » sont encore appliqués aujourd'hui pour des mères sans conjoints qui éduquent leurs enfants dans leur parentèle et sont parfois beaucoup moins isolées que des mères vivant avec leurs époux. Il en a été et il en est encore de même en milieu kongo, matrilinéaire, vis-à-vis des oncles maternels, portant la responsabilité du lignage, et soupçonnés par certains travailleurs sociaux ou soignants d'être les pères géniteurs des enfants de leurs *prétendues sœurs célibataires* dès lors qu'ils s'engagent dans leurs responsabilités familiales auprès de leurs neveux utérins, en agissant donc bien comme frères vis-à-vis de leurs sœurs et oncles vis-à-vis de leurs neveux. Il est impossible de comprendre et d'accompagner ces enfants en ignorant cette composante avunculaire (relation aux oncles maternels) de l'éducation. Les résultantes de ces transpositions familiales hors de leurs milieux sociaux habituels ont été entre autres que les filles aînées se sont très souvent parentifiées dans ces contextes migratoires, prenant en charge toute leur fratrie, mais sans aucun des relais traditionnels (tantes, cousines), et plus interdites par les travailleurs sociaux que valorisées, comme auraient pu le faire leurs aînées au pays (grand-mères). De même un grand nombre de fils aînés se sont trouvés divisés entre les impératifs contradictoires d'assumer leur charge d'aîné, sans soutien ni reconnaissance dans la parentèle, et celui d'être autonomes selon nos principes éducatifs. Il s'est construit un véritable *double bind* (Bateson, 1956, 1969) entre une société demandant à des familles ancrées dans des valeurs holistes (une éducation valorisant prioritairement les liens de solidarité intra groupes par rapport à la réussite individuelle stricto sensu), d'amener leurs enfants vers l'autonomie, et ces mêmes familles en attente d'une socialisation de leurs enfants selon des structures sociales auxquelles leurs enfants étaient préparés (conjugalité/filiation - aîné/cadet - sociétés genrées avec des codes complexes dans les répartitions de rôles et statuts selon hommes et femmes, etc.) : *sois autonome dans ton groupe, sois solidaire dans ta réussite individuelle, ne te contredis pas dans ces modèles contradictoires.*

Un autre facteur vient encore se surajouter, selon nos observations, à ces difficultés d'intercompréhension, renforçant encore l'opposition de ces impératifs contradictoires : l'intrication de la forme et du contenu, dirons-nous. La communication interculturelle ne serait pas si complexe si ses contenus ne passaient pas eux-mêmes par leurs cadres culturels respectifs. Comment faire état du vécu de ces contradictions dès lors que les vécus individuels et les vécus du groupe ont chacun leur forme d'expression, et de surcroît leurs antagonismes dans leurs formes mêmes d'expression.

Il est important de dire ou de rappeler que toutes les sociétés ont leurs codes vis-à-vis de l'expression subjective des sentiments ou vécus individuels, et que ceux-ci s'inscrivent à la fois au dedans et au dehors des individus, dans le corps, les gestes, les objets, les espaces (Hall, 1966). C'est un malentendu aussi grand de considérer qu'il est plus facile de partager ses vécus, sentiments, et émotions dans une société orientée vers le groupe, que de croire que la communication est plus facile dans les sociétés individualistes parce qu'elles valorisent la subjectivité du sujet autonome et facilitent les techniques de communication. Nous n'avons plus besoin de le démontrer aujourd'hui pour les secondes.

Quant aux ensembles culturels qui sont actuellement présents en France en milieu d'immigration, ceux-ci se caractérisent tous en grande majorité plutôt par une grande pudeur et des précautions importantes à l'égard de l'expression des sentiments, plutôt que par l'extraversion qu'un regard exotique pourrait y voir. L'expression des sentiments personnels y est toujours strictement encadrée par un encodage socioculturel présent dès les relations précoces (Rabain, 2003, Rabain et *al*, 2006) en conflit avec la valorisation de l'expression des sentiments personnels attendue et valorisée en milieu soignant ou éducatif. Chaque position statutaire, en famille comme en société, est sous-tendue d'attitudes largement prédéfinies : respect des parents se traduisant par le geste de baisser les yeux et se taire, pris systématiquement comme un signe de maltraitance par des professionnels qui en ignorent ces conventions alors qu'il est d'abord le témoignage de l'inclusion dans les générations (qui se traduit par le terme *doronde*, craindre, respecter en Soninké) ; relations d'évitements avec un certain type de parents (les parents de son conjoint en général) ; relation à plaisanterie bien connue en Afrique (*kallungoraaxu* en Soninké) (Razy, 2007) qui paraît libre mais qui est également très codée tant dans ses contenus que dans son adresse et qui n'est pas tant là pour se rapprocher que pour situer une alliance virtuelle ou potentielle ; toutes ces conduites faisant partie d'un *tout* moral (*pulaku* par exemple en langue pular) qui engage l'honneur, c'est-à-dire non pas seulement un individu, mais tout son groupe d'appartenance ; respect ou honte qui s'ensuivent (*ntsony* en Kikongo) ; interdits, transgressions s'y rapportant (*cibindi*, *kusala* en culture Baluba). Les contextes ou les personnes présentes, ou même seulement évoquées, peuvent interdire que l'on parle d'elles ou devant elles, et susciter honte et déshonneur de le faire. Autant dire que les questions qui paraissent simples à un professionnel de l'éducation ou de la santé, visant la qualité des relations entre une personne et un proche parent - Votre mère était affectueuse ? Votre père était présent ? Il vous aimait ? Ils s'entendaient bien ? Comment avez-vous rencontré votre époux ? - évoquent souvent de prime abord l'interdit (*ntsony*), et suscitent immédiatement la honte (*cibindi*, *kusala*). Si forme et contenu s'intriquent dans les sociétés traditionnelles, ou plus justement comme le formulait Louis Dumont (Dumont, 1983), selon le pôle traditionnel des sociétés en général, ce n'est pas tant en termes d'accordages entre émotions et sentiments évoqués, mais en tant que la nature des sentiments évoqués est indissociable de la mémoire collective, mémoire à la fois héritée et vivante, qui peut être retenue comme principe de toute tradition, et comme fondement des sociétés dites traditionnelles.

Il faut, pour mieux comprendre le champ religieux des antagonismes culturels vécus dans la migration en France, redéfinir ce que l'on entend habituellement comme religieux. Comme le faisait déjà remarquer Danièle Hervieu-Léger il y a plus de vingt ans (Hervieu-Léger, 1993), les nouveaux mouvements religieux (NMR) naissant dans le contexte de la modernité, se caractérisent tous par une référence réinventée à une tradition les affranchissant de toute ascendance aux générations qui les précèdent, et portent des messages de fin du monde qui enlèvent tout intérêt d'inscription dans une filiation : elles ont des patriarches sans lignée et des temps mythiques anhistoriques ; des paradis et des fins du monde immédiats. Et c'est bien l'immédiateté (Augé, 1992), l'émiettement de la mémoire collective en pluralités de mémoires spécialisées (Nora, 1984), voire la guerre que se mènent les unes et les autres (Stora, 2011), qui les caractérisent. À l'inverse, les religions conventionnelles, quelles qu'elles soient, sont mémorielles, historiques, affiliatives, et centrées sur la transmission d'un héritage. D'où la surprise et l'incompréhension de toute une génération de parents qui voient leurs enfants se définir comme *traditionnalistes*, en complète ignorance de l'histoire et en rupture avec leur héritage. Il y a au moins deux problématiques à comprendre et à différencier au travers de l'attachement à la *religion* manifesté en France dans certains milieux de la migration. La première est celle qui est liée à la rencontre de deux modèles de sociétés, l'un attaché à la rationalité et valorisant l'autonomie subjective, édifié en Europe au cours des derniers siècles et aujourd'hui mondialisé, ne rejetant pas forcément l'expérience du croire, mais intégrant celle-ci dans des religions devenues *métaphoriques* comme l'entend Séguy (Séguy, 1989), qui voisine à côté de la rationalité mais ne la dénie pas. Mais plus exactement encore, la société moderne s'est tournée à un moment de son histoire vers l'homme en tant qu'*homo faber*, l'homme qui fait, réalise, et produit, comme le souligne Hanna Arendt (Arendt, 1958) : au risque de *perdre le monde*. Si cet *homo faber* ne se tourne plus que vers l'acte et son effet en énonçant qu'il n'y a de vérité que dans les causes à l'origine de ces actes, il se ferme à la dialectique originaire de la pensée philosophique qui depuis Platon, renonce au « connais-toi toi-même » socratique pour penser le monde, et réduit la métaphysique à la psychologie introspective, allant non pas vers la recherche du sens du monde, mais rentrant en lui-même. Pour plusieurs générations de migrants vivant dans la société française et venant de sociétés non sécularisées, l'expérience du croire, vécue comme unificatrice des recherches de sens de la condition humaine (Desroche, 1973, Champion et *al*, 1990), placée dans une tradition qui est par essence mémorielle, est une voie sans équivalent d'unification de l'expérience vécue de morcellement des valeurs et des relations humaines. Ces *appuis sur une tradition*, sous des formes infiniment variées, ne relient pas seulement des hommes et des dieux, ou les hommes tournés ensemble vers un/le Dieu, mais relient plutôt pour un grand nombre, l'homme à une mémoire, et au travers de cette mémoire et de cette expérience, l'homme lui-même au sens qu'il contient et incarne (Yinger, 1957, Berger, 1971). C'est une réponse unificatrice pour nombres de personnes plongées en une génération dans les effets d'une modernité vécue comme une effraction dans la destinée humaine, et profondément morcelante (De Certeau, 1974).

La seconde problématique, qu'il nous faut absolument comprendre aujourd'hui est celle qui est soulevée par les courants dits *fondamentalistes*, caractérisés avant tout par des tactiques de guerre. Elle est à différencier absolument de la précédente. Elle appelle un modèle de société sans mémoire, sans héritage, sans filiation, sans autre lendemain que la mort de l'homme moderne, qu'elle condamne définitivement pour ses injustices. Et ce dernier mot est bien à entendre, car il est le premier message adressé aux adolescents au travers des sites de l'organisation terroriste *Daesh*, dite « État Islamique » (EI)[67]. Le second étant celui de la prolifération de la corruption dans un monde conditionné. Le troisième celui de la contamination des familles. Trois messages qui touchent au cœur de la problématique vécue : les liens affectifs premiers de la famille perdent leur sacralité puisqu'au contraire de porter vers une société à laquelle elle vous ouvre, c'est une société corrompue qui la pénètre ; la conscience est dangereuse puisqu'elle est manipulée par des forces qui la dépassent ; et la justice ne reconnaît plus aucune institution dans le monde injuste et seulement la figure du héros, à entendre celui qui se fond dans sa cause et combat jusqu'à la mort. Nous voyons bien que tout s'oppose, dans ce projet, à l'idée de mémoire, de filiation, de processus de mise en sens, et de transmission, ce qui est essentiel à comprendre pour le distinguer de certaines problématiques vécues dans une migration mondialisée, et dont il cherche à se nourrir.

Références bibliographiques

Arendt, H. (1958). *La condition de l'homme moderne.* Paris, France : Calmann-Lévy.

Augé, M. (1992). *Non-Lieux. Introduction à une anthropologie de la surmodernité.* Paris, France : Seuil.

Bateson, G., Don Jackson, D., Haley, J. & Weakland, J. (1956). Vers une théorie de la Schizophrénie. Dans G. Bateson (Ed.), *Vers une écologie de l'esprit, II* (traduit par F. Drosso & L. Lot). Paris, France : Seuil.

Bateson, G. (1969). La double contrainte. Dans G. Bateson (Ed). *Vers une écologie de l'esprit II.* Paris, France : Seuil.

Berger, P. (1967). *La religion dans la conscience moderne.* Paris, France : Le Centurion.

Camilléri, C., Kastersztein, J., Lipiansky, E-M., Malewska-Peyre, H., Taboada-Leonetti, I., Vasquez, A. (1990). *Stratégies identitaires.* Paris, France : PUF.

[67] Analysés dans le cadre de notre recherche sur la radicalisation des adolescents, UTRPP, Université Paris 13, France.

Champion, F., & Hervieu-Léger, D. (1990). *De l'émotion en religion. Renouveaux et traditions.* Paris, France : Le Centurion.

Coyer, G. (2014). Médiation interculturelle : Une mutuelle interprétation. *L'Évolution psychiatrique,* 79*(1),* 142-155.

Coyer, G. (2016). Une expérience de mise en œuvre de dispositif psychothérapeutique transculturel dans un service de pédopsychiatrie. *La psychiatrie de l'enfant,* 59*(2),* 575-616.

De Certeau, M. & Domenach, J-M. (1974). *Le christianisme éclaté.* Paris, France : Seuil.

Desroche, H. (1969). Retour à Durkheim ? D'un texte peu connu à quelques thèses méconnues. *Archives de sociologie des religions,* 27, 79-88.

Desroche, H. (1974). *Les religions de contrebande.* Paris, France : Mame.

Dumont, L. (1983). Essais sur l'individualisme. *Une perspective anthropologique sur l'idéologie moderne.* Paris, France : Seuil.

Furtos, J. & Laval, C. (1998). L'individu post moderne et sa souffrance dans un contexte de précarité. Introduction à une clinique de la disparition. *Confrontations psychiatriques,* 39, 373-405.

Furtos, J. & Laval, C. (2005). *La santé mentale en actes : de la clinique au politique.* Ramonville Saint-Agne, France : Erès.

Hall, E. T. (1966). *La dimension cachée.* Paris, France : Seuil.

Hervieu-Léger, D. (1993). *La religion pour mémoire.* Paris, France : Cerf.

Lévi-Strauss, C. (1956). La famille. Dans C. Lévi-Strauss (Ed). *Le regard éloigné.* Paris, France : Plon.

Luckman, T. (1967). *The Invisible Religion. The problem of religion in modern society.* New-York, NY : MacMillan.

Nora, P. (1984). *Les lieux de mémoire.* Paris, France : Gallimard.

Rabain, J. (2003). Enfance, âge et développement chez les Wolof du Sénégal. *L'Homme,* 167-168*(3-4),* 49-65.

Rabain, J., Marcos, H. & Bernicot, J. (2006). Reprises de l'adulte et socialisation de l'enfant wolof (Sénégal). *La linguistique,* 42*(2),* 81-98.

Razy, E. (2007). *Naître et devenir. Anthropologie de la petite enfance en pays soninké (Mali).* Paris, France : Société d'anthropologie.

Sayad, A. (1991). *L'immigration ou les paradoxes de l'altérité.* Bruxelles, Belgique : De Boeck.

Sayad, A. (1999). *La double absence. Des illusions de l'émigré aux souffrances de l'immigré.* Paris, France : Seuil.

Seguy, J. (1989). Modernité religieuse, religion métaphorique et rationalité. *Archives de sciences sociales des religions*, *67(2)*, 191-210.

Stora, B. (2011). *La guerre des mémoires. La France face à son passé colonial. Entretiens avec Thierry Leclère*. Paris, France : L'Aube.

Yinger, T.M. (1957). *Religion, Society, and the Individual*. New-York, NY : MacMillan.

Chapitre 17

La persistance des différentes cultures face aux nouvelles technologies de communications

Moussa Zouaoui

Introduction

Nous vivons, aujourd'hui une nouvelle ère, celle de la société du savoir et de la communication. Aucun pays n'est resté à l'abri de l'influence des nouvelles technologies de communication et de l'information. Ceci entraîne, tant au niveau national qu'international, une sorte d'implosion et d'enchevêtrement qui nivelle tout et rétrécit la planète qui se trouve engagée, par la force des choses, dans un dangereux processus d'uniformisation et de standardisation.

Cette recherche se veut une réflexion sur l'impact des nouvelles technologies de l'information et de la communication sur les différentes cultures. Ces dernières sont touchées de plein fouet par ce phénomène auquel elles n'étaient pas préparées, et dont les conséquences sont parfois dramatiques. En réalité, ces nouvelles technologies envahissent subitement et de manière chaotique notamment les cultures dites *traditionnelles* et communautaires. L'on songe alors à ce grand pouvoir de déracinement et de bouleversement de ces nouvelles technologies de communication et de l'information sur le monde originel qui se trouve enchaîné de force vers une mondialisation sauvage et bouleversante. Les systèmes d'intégration et de prise en charge de l'individu vacillent et s'effondrent les uns après les autres. Cette perturbation induit une mutation profonde qui force ces sociétés à accomplir leurs passages des structures communautaires aux structures capitalistes et individualistes. Les moyens de communications traditionnelles basées sur la voix vive, le chant, l'art, la matérialité du corps et des sens, cèdent le pas progressivement aux nouvelles réalités. La communication orale, fondement des anciennes civilisations, avec tout ce qu'elle implique, perd du terrain au profit de l'électronique, de l'image et du virtuel. Nous tenterons de mettre en perspective cette rencontre tragique entre un monde ancien de plus en plus chancelant et un monde menaçant et envahissant. En outre, l'accès à la modernité, en dépit du lourd tribut payé, a permis de moderniser ces sociétés, d'ouvrir des nouveaux espaces de liberté, de créativité, d'épanouissements et de socialité. Les droits de l'homme, la liberté d'expression, les idées de progrès, les valeurs démocratiques, la lutte contre le pouvoir absolu, tous ces idéaux ont trouvé dans les nouveaux moyens de communication un allié de taille. Et c'est ce que s'efforce de faire cette réflexion que je propose, en exploitant différentes méthodes des sciences humaines et sociales. En effet, les sciences de la communication et de l'information, la cybernétique, la psychologie, la sociologie, et l'anthropologie, entre autres, sont largement mises à contribution pour rendre intelligibles les enjeux et la complexité de cette problématique qui constitue un véritable défi pour la connaissance.

1. L'économique et le sort des différentes cultures

La fin du vingtième siècle aura été un tournant dans les études culturelles. Désormais, le paramètre culturel est devenu incontournable dans toutes les sciences humaines et sociales. Les théories économiques s'émancipent de l'économisme et des théories tayloriennes, et s'imprègnent de plus en plus de cette nouvelle détermination qui intègre dans sa perception l'imaginaire, le symbolique et leurs représentations.

Aujourd'hui, plusieurs culturalistes ont souligné que les cultures originelles ont néanmoins contribué à un *changement des mentalités* qui se produit au tournant des siècles, à l'égal de la philosophie sensualiste, de la réhabilitation des sentiments et des passions, de la pensée politique mettant l'accent sur l'utilité des activités sociales. Il apparaît clairement aujourd'hui que la réussite de toutes les organisations dépend largement de la prise en charge de tous les éléments anthropologiques constitutifs de l'être humain qui n'est pas réductible à une machine, à une pure rationalité ni à un système. Cette dernière a du mal à s'imposer hors différentes cultures. Le postmodernisme a montré l'importance des forces aveugles qui agitent l'être humain et le propulsent vers la quête d'un monde dans lequel il s'éprouve en tant que virtualités illimitées, en tant que liberté et en tant que plénitude.

De manière plus terre à terre les organisations tendent, tout naturellement, à répondre à leur conception de management et, à travers celle-ci, aux conceptions de l'autorité, de la coopération, de la gestion des conflits, du devoir professionnel qui prévalent dans la maison mère. Ce faisant, elles se trouvent confrontées à la diversité des visions locales d'une bonne manière d'œuvrer ensemble (Iribarne, 2008a, 162-164).

J'ai tenté plusieurs expériences dans ce domaine en introduisant les différentes cultures dans un vaste programme culturel au sein d'une organisation, dans le but de réaliser les objectifs suivants :

- prendre conscience de cette traversée des imaginaires entre l'Orient et l'Occident (émergence, influences, traductions, adaptations, transformations, etc) ;

- réhabiliter l'esprit des grands récits pour fertiliser un imaginaire menacé d'éclatement, de dessèchement et de réification ;

- créer les conditions ludiques pour réaliser un rapport harmonieux, symbiotique et synergique avec l'environnement du travail ;

- promouvoir un nouvel imaginaire et un nouvel humanisme.

Après avoir énuméré une série d'objectifs à réaliser, il importe de mettre cette conception dans une vision aussi large que possible pour atteindre les fins ultimes de cette stratégie censée apporter du sang nouveau à l'entreprise de demain. Il s'agit d'un projet qui mérite d'être développé dans le cadre d'une politique culturelle à promouvoir au sein d'une entreprise, une société, ou une organisation. A travers une stratégie de réappropriation, les cultures dites traditionnelles et conservatives sont réactivées et réinvesties dans des ateliers d'animation et de formation, en tant que composante essentielle de la tradition culturelle populaire. Les cultures traditionnelles, ainsi que toutes leurs multiples variantes, sont exploitées intelligemment grâce aux différentes expressions : récits oraux, films, séries, peinture, photographie, enregistrement radiophonique, publicité, etc.

Ce travail de réactualisation de l'impact de toutes les cultures permet de créer les conditions ludiques imagologiques et téléologiques d'un ressourcement et d'un épanouissement culturels qui concilient la dimension cérébrale et intellectuelle avec le merveilleux, le fantastique et l'imaginaire inventif. On est confronté à une autre alternative, aux exigences de productivité, de rationalité et de gestion hiérarchisée et rigoureuse. Une brèche, un nouveau souffle, voire un espace de liberté, loin de toutes les contraintes. Cet ancrage culturel introduit des paramètres essentiels à la vie de l'entreprise : le mythe, surtout celui des fondateurs, les modèles, la tradition, le rituel, le symbolique, l'identitaire et le système de valeurs. Ainsi, l'entreprise a tendance à fonctionner comme un organisme vivant, comme une famille, c'est-à-dire comme un modèle réduit d'une société vivante et stratifiée.

La *culture* réédite à sa manière la problématique du pouvoir et des relations hiérarchisées, à travers les rapports de domination, de conflits et d'affrontements. L'aspect de la *culture* nous fournit une leçon magistrale d'humanisation, d'initiation, d'harmonisation et de culturation. Il montre qu'un subordonné peut devenir un héros civilisateur et qu'une éventuelle inversion des rôles demeure toujours possible. Les jeux de masque, de permutation, et de réversibilité jouent pleinement dans cette stratégie de théâtralisation qui fait que le réel et l'imaginaire s'impliquent mutuellement, se chevauchent et s'imbriquent. Entre eux, il n'y a pas de solution de continuité. Ainsi, l'identification joue un rôle déterminant dans cette nouvelle socialisation.

Le *Miracle japonais* en matière du développement économique et de gestion est l'exemple vivant de cette symbiose réalisée entre la modernité technologique et l'imprégnation culturelle traditionnelle. La célèbre devise *Chassez le culturel et il revient au galop* n'a jamais été aussi d'actualité. En effet, entrant en contact à travers des entités des liens sociaux et communautaires prédéterminés, et ensuite impliqués à travers des entités de production et de coopération en vue de la production de biens matériels, souvent sous contraintes naturelles et environnementales, les individus s'ingénient à être efficaces et productifs. Cette nécessité leur impose une méthode d'organisation, matérialisée par un style de commandement et de hiérarchisation. Dans leur effort de coopération et de production, les hommes doivent être obéissants, disciplinés et exécutants, en contrepartie de quoi ils seront gratifiés par des compensations matérielles et/ou par d'autres formes de reconnaissance plus ou moins symboliques. A défaut de quoi, ils seront sanctionnés : mises-à-pied, pas de primes, ou atteinte au rang (marginalisation). Dites ainsi, les choses semblent évidentes : méthode, discipline, ordre sont des notions tellement courantes que l'on se demande si elles ne peuvent pas être universelles, presque humaines. Ce discours revient d'ailleurs toujours dans la bouche des managers convaincus de leur bien-fondé (Zouaoui, 2004, 88). Toutefois, il arrive que le contexte managérial change et pour maintenir vivaces et opératoires les critères d'organisation (ordre, discipline, méthode), l'on ne dispose pas toujours des variables d'ajustement. Alors, on constate que les critères de gestion, malgré tous les efforts déployés par les managers, ne sont pas des recettes qu'on applique littéralement ou des formules incantatoires qu'il suffit d'invoquer pour enrayer inertie et dysfonctionnement qui apparaissent brusquement, et ce qui était considéré comme universel semble n'être que natif.

Pas plus qu'il n'existe pas de principe de gestion universel, il ne saurait exister d'homme modelable à volonté, autrement dit une espèce d'*homo-productus* que les manuels de gestion et d'organisation tendent à faire croire : les manières de vivre en société et de s'organiser se déclinent en autant de manières qu'il existe de sociétés, voire de collectivités. Par-delà les effets de mode, les contraintes, la personnalité des acteurs, les efforts d'organisation et de vivre et produire ensemble n'en demeurent pas moins stigmatisés par un fil conducteur qui traverse le temps et qui fait qu'on reconnaît que telle société est bien la même.

2. Le concept du mythe dans le management

Les destins des sociétés diffèrent, et la diversité culturelle existant parmi les peuples à l'échelle planétaire, il n'y a aucune raison d'aller vers l'unification des pensées selon une standardisation soutenue par une table rase fondée par les acquis des Lumières qui ont tenté d'abolir tout héritage ancré dans l'histoire de l'humanité en faisant une substitution du *traditionnel* par le *moderne* suivie, par la suite, de l'application des *best practices* et la domination de l'homme rationnel *homo-economicus* qui est guidé par la recherche de son intérêt personnel, selon une philosophie qui impose la main invisible du courant libéral, *laissez-faire laissez-passer* (Adam Smith, 1776/2016).

Comment expliquer, aujourd'hui le miracle asiatique (les nouveaux dragons : Japon, Corée du Sud, Hong Kong, Taiwan…) ? Comment expliquer les difficultés de l'Afrique noire à se développer malgré sa détention d'une richesse inépuisable ? Que pensons-nous de l'enracinement problématique de la démocratie en Chine ? Ou encore, comment se fait-il qu'il existe le droit de posséder des armes en Amérique comme symbole de Liberté ? Il y a sans doute un héritage d'une longue histoire, un héritage qui ne cesse d'être repris et réinterprété dans mille et une versions. Les différentes cultures, depuis plus de dix siècles, ont accumulé plusieurs récits et différentes interprétations de la légende de l'imaginaire ; les sources des conflits, le rôle caché de la femme face à la force d'un homme qui cherche à s'inscrire dans le registre du *dominant*... etc.

Pour comprendre ces effets qui prêtent attention à l'action des hommes et le sens donné de la part de chacun d'eux, pour se positionner pour échapper au péril, nous pensons face à ces questionnements que les sciences sociales sont désarmées si elles ne font pas appel à l'anthropologie, à la littérature et à toutes les sciences et notamment à celles qui ont subi une certaine transformation due aux différents aspects qui ont permis d'étudier l'*homme total*, cet homme qui, grâce à son génie, a pu inventer la légende, le symbole et a fait revivre aussi les symboles séculiers, l'image, la mise en scène et aussi a réconcilié le salut et la peur.

Aujourd'hui, l'interculturel est un terrain beaucoup plus réel que le stock théorique fondé par les sciences sociales. Dans le sillage de l'approche culturaliste menée par l'économiste et le sociologue Philippe d'Iribarne (2001) nous rappelons sa pensée : *« Il m'est apparu progressivement que, pour comprendre comment l'économie fonctionne et comment elle concerne les hommes, il fallait aller beaucoup plus loin et s'intéresser à des phénomènes dont s'occupent classiquement la sociologie, l'anthropologie ou la philosophie politique »* (*ibid*, 7). Pour être fidèle à la méthode de ce culturaliste, la résistance des différentes cultures représentent un creuset idéal.

Le chercheur cité a poussé ses recherches dans des domaines concrets et réels. Il a repris la question autrement, en s'intéressant moins à l'entrepreneur et plus à la façon dont les hommes travaillent ensemble, en renouant avec les interrogations de Montesquieu et Tocqueville sur les rapports entre les règles et les mœurs, en allant voir sur le terrain comment les manières de coopérer affectent l'efficacité obtenue.

3. Les Technologies de l'information, de la Communication et l'interculturel

D'Iribarne souligne le fait que toute action qui touche aux cultures, à leur pérennité, à la manière dont elles influencent le fonctionnement de la société, se heurte à plusieurs reprises dans le débat à une sorte de mythe fondateur des sociétés dites modernes. Et les technologies de communication et de l'information n'ont pas fait mieux, en s'imposant sur les préjugés hérités du passé. Et aujourd'hui, les nouvelles technologies informatisées sont très importantes, ce n'est pas parce qu'elles transmettent une information transparente, mais bien au contraire parce qu'elles permettent un certain type d'opacité, sans laquelle aucune information ne pourrait jamais être produite, et que cette opacité est le lien de socialisation de la culture. Jeanneret (2008, 155) a expliqué que les nouveaux dispositifs médiatiques modifient la matérialité des textes et qu'ils désignent bien l'épaisseur considérable de toute la construction sociale, historique, anthropologique.

Le monde est en train d'approcher ce moment critique de son histoire où la nécessité d'un changement qualitatif, pour surmonter la déception de soi, est cruciale. Le problème est que le monde technologique se développe à travers un schéma d'évolution linéaire qui ne sait pas se corriger lui-même. Donc, la culture doit faire contrepoids à ce processus de globalisation des technologies pour accomplir des changements qualitatifs fondamentaux.

La créativité humaine comme expression de l'évolution historique de l'homme doit réfléchir à la pluralité des cultures dont nous sommes témoins jour après jour. L'être humain n'est pas un robot parmi les robots. Il a une aptitude à la beauté et à la créativité, même un désir de beauté, une beauté qui veut *être* et non pas *avoir*, qui a une âme vitale et qui n'est jamais un simple instrument ou un moyen mais une révélation qui nous bouleverse, si on vit la beauté. Nous vivons aujourd'hui la disparition de l'âme. Avec l'astrophysique nous avons perdu le mystère des étoiles, avec les sciences naturelles nous avons perdu l'âme. L'ordre divin est imité par la technique, mais il n'est pas redécouvert. A cause de sa commercialisation dans le but mercantile - la publicité - le corps est désacralisé. Cela a des répercussions dans la sphère des sentiments. Avec l'intelligence artificielle, sur laquelle portent les recherches en biogénétique, dans le secteur militaire, on veut en finir avec le moi, les sentiments, pour tenter de transcrire le mystère de la métaphysique dans les termes des biotechnologies.

Mais l'intelligence artificielle sera limitée car elle ne sait pas ce qu'elle pense. L'imaginaire religieux a construit un Dieu qui était supérieur à ses protagonistes, mais l'imagination technique a seulement créé un Dieu qui est ingénieur et qui n'est pas supérieur à ses inventions.

4. Les nouvelles formes culturelles et transculturelles

Nous n'avons pas simplement des identités culturelles anciennes, traditionnelles mais plutôt de nouvelles formes d'identités interculturelles ou transculturelles (Jeanneret, 2008, 60). Nous vivons aujourd'hui dans un enchevêtrement culturel où tous les êtres humains participent à cette vie moderne. Et, ce qui a été autrefois étrange est transformé en une interculturalité vécue.

Aujourd'hui, le monde lui-même est médiatisé. Nous sommes appelés à travailler ensemble - sociétés au pluriel - dans le sens d'une identité interculturelle de toute la population de la planète pour se connaître plus et de remplir une mission spirituelle *« le discours sacré nous rappelle que nous sommes des peuples et des tribus différents de naissance et qu'on est dans l'obligation de se connaître »* (*ibid*, 60). En réalité la mondialisation actuelle est associée à une exponentielle de nouvelles industries culturelles et de nouvelles technologies de l'information et à l'avènement de l'économie du savoir. Avec ces moyens efficaces les expériences culturelles de l'être humain peuvent contribuer aux cultures originales. La coexistence humaine n'est concevable dans une globalisation que si l'on s'efforce d'établir la paix entre les religions et les cultures. Selon Von Barloewen et Naoumova (2008, 54), la paix ne peut s'instituer que dans un dialogue entre les différentes traditions.

Pour Von Barloewen (2003), la culture traditionnelle est essentielle à l'être humain et, elle ne doit pas être subordonnée à la technologie : *« dans une culture essentiellement archaïque, le lien entre le mythe et le sacré, le sensoriel et l'utilitaire sont coulés dans le même moule et ne menacent pas de se scinder en ouvrant un gouffre, comme cela se passe dans la culture technique. Cette situation a des effets sur tous les domaines de l'existence, sur la conception du travail, sur sa destination - le bien commun -, sur la sphère la plus privée de l'être humain, la relation entre l'homme et la femme, mais aussi sur la conscience des êtres humains, conscience qui les force à avoir les uns avec les autres des relations de plus en plus instrumentales et fonctionnelles »* (Von Barloewen, 2003 in Carlap, 2005, 52). Effectivement Von Barloewen confirme que ce qui est de la dignité humaine peut échapper au *progrès technique.*

La compréhension de la diversité des cultures et de ce qu'il en résulte dans la vie des sociétés n'est sans doute pas plus avancée, de nos jours. Que faut-il faire, pour penser l'homme dans un monde qui le dépasse ? D'Iribane après avoir analysé les différentes manières d'organisation dans les entreprises des quatre coins du monde a constaté qu'il n'y a pas une recette miraculeuse standard uniformisée, *« dès que l'on compare les manières dont les humains s'y prennent pour organiser leur vie commune sous divers cieux, on constate que leurs pratiques diffèrent. On a affaire à des traditions juridiques, des institutions politiques, des conceptions de la famille distinctes. L'existence de ces différences pose question. A-t-on affaire à des héritages d'un passé pré-moderne, voué à disparaître à plus ou moins court terme, sous les effets de la mondialisation de l'économie jointe au triomphe, sur l'ensemble de la planète, de la démocratie et des droits de l'homme ? Ou s'agit-il de quelque chose de plus pérenne ?»* (d'Iribarne, 2008, 17). Toutefois l'agression de l'uniformisation des pratiques, des pensées humaines et de la transplantation d'un imaginaire planétaire unique, véhiculé par la Mondialisation et à travers ses instruments techniques (réseaux, numérisation des savoirs, informatisations des informations…), s'est confrontée à une résistance des particularismes sur toute la planète. Cette anti-uniformisation est plus avancée que la mondialisation, qu'elle soit dans les conceptions du droit ou dans celles de la vie interne des institutions internationales (le cas de l'Union Européenne) où les traditions nationales sont défendues par un multi put de valeurs et d'identité morale, spirituelle et même mythique.

Arjun Appadurai (2001) pense que la nouvelle technologie a participé à la destruction des caractéristiques spécifiques des cultures, pour les homogénéiser : *« des médias et des techniques aux dimensions encore inconnues ouvrent des voies de communication et d'échange dans les régions les plus reculées du monde, au moment où l'on peut les atteindre en quelques heures d'avion. Ces phénomènes ne permettent plus du tout une maturation spirituelle, un tournant vers la nouvelle culture, ces régions ne les souhaitent d'ailleurs pas du tout, parce que les valeurs et représentations de valeurs ont été importées dans les cultures éloignées de l'Amérique Latine, de l'Afrique ou de l'Asie, expression hégémonique, financière et économique des nations industrielles religieuses autochtones, qui sombre dans le fanatisme que ce soit dans le monde industrialisé ou dans les pays du reste du monde, préserver une autonomie et une identité culturelle spécifique et correspondant à des traditions nées de l'histoire est devenu une nécessité existentielle »* (Appadurai, 2001, in Caralp, 2005, 52-53).

Pour que cette mondialisation puisse faire un grand pas dans l'histoire de l'humanité, qu'elle construise son grand projet à partir d'une réflexion spécifiquement humaine - au pluriel -, en tenant compte du contexte culturel de toute la population du monde et de son histoire, de sa mémoire, afin d'introduire une vision sociétale, mais pas seulement des individus qui recréent le monde, - *de l'homoeconomicus à l'homonumericus* - sans doute c'est la question centrale qui se pose aux théoriciens et aux institutions internationales dans ce début de millénaire.

5. L'homme de la culture industrielle

C'est dire que la mutation technique, scientifique et industrielle par quoi, aujourd'hui, la modernité se réalise, ne s'accomplit pas sans douleur. Bien au contraire. Inutile d'insister sur les soubresauts et les violences du passé : crises économiques, misère ouvrière, question sociale, révoltes et révolutions... Inutile d'insister non plus sur les problèmes qui assaillent nos sociétés aujourd'hui : chômage, difficultés de l'enseignement et de la formation, urbanisation mal contrôlée, atteintes à l'environnement ; et aussi bien sûr, les conséquences intellectuelles et spirituelles de tels bouleversements : absence de confiance en l'avenir, perte des repères, dissolution des solidarités, laissant l'individu seul face à un destin qu'il ne comprend plus.

Ajoutons enfin que ces mutations se poursuivent : dans les pays les plus développés, où des techniques nouvelles issues de la science ne cessent de produire de nouveaux effets ; et surtout sur le reste de la planète, auquel la modernité dans les choses s'étend peu à peu et de plus en plus vite. Seulement, dans les pays nouvellement gagnés, qui ne participent pas à la création de la culture dont est sortie la modernité et qui n'ont pas connu la longue maturation des siècles ni ce long délai de deux siècles d'industrialisation progressive, le choc peut être rude, conflictuel, et le rejet de la modernité violent.

En outre, sur le plan technique, on assiste ainsi à une véritable entreprise concertée de marchandisation du savoir, tant dans ses finalités que dans ses modes de production. En transformant le savoir, quel qu'il soit, en un simple produit marchand, inscrit dans un *registre mercantiliste* de croissance économique, les pays industrialisés évitent ainsi de voir l'ensemble des rapports sociaux de production se déséquilibrer à son détriment.

La vitesse technologique a gagné le terrain dans tous les cadres de la vie quotidienne. On peut parler d'une anonymisation de l'être humain face à une utilisation massive de toutes sortes de technologies. L'homme d'aujourd'hui a perdu sa capacité de vivre son humanité. Il s'enfonce dans une vie *'robotique'* comme un acteur téléguidé par une force mécanique. Aujourd'hui, notre vraie vie - spirituelle, divine et naturelle - est sous l'empirisme des progrès techniques.

Il est temps de prendre une autre direction, qui n'est pas du tout douteuse. Nous vivons un système mondial qui cherche à rendre la différence, une sorte d'enchaînement dans le processus de la mondialisation culturelle économique et technologique mondiale où le sentiment d'un monde composé de nombreuses différences locales ne peut être qu'un simple ingrédient dans une culture mondiale d'américanisation. Les pays en développement nous offrent un laboratoire privilégié où il y a une grande rencontre du moderne/traditionnel - rencontre des cultures -, d'ailleurs tout le monde est concerné par cette mutation provoquée par le progrès. Nous le sommes de même quand nous cherchons à créer des règles communes une forme d'ordre mondial porteur de coopération pacifique entre les nations, à édifier des ensembles supranationaux régis par des règles communes, ou même à gouverner des pays où coexistent des communautés qui n'héritent pas des mêmes traditions. Nous rencontrons alors la difficulté à gouverner des hommes qui ne divisent pas seulement leurs intérêts et leurs valeurs, mais la manière dont ils conçoivent la façon de faire vivre ensemble ceux dont les valeurs divergent. Loin de diminuer avec le progrès des idées modernes, cette difficulté ne fait que croître (d'Iribarne, 1998, 184).

Si aujourd'hui nous sommes conscients et reconnaissants que notre force ne peut être que dans notre *'différence'*, il s'agit plutôt d'une différence d'origine qui est la somme d'une grande richesse culturelle multi-origines et de différentes pensées humaines, alors que les nouvelles technologies de communication et de l'information développent plutôt un système à l'échelle planétaire où les principaux acteurs seront les différentes cultures et pensées humaines dont le dominant dans ce système sera l'enchevêtrement parfait de toutes ces formes mythiques culturelles et économiques.

6. La place de la diversité culturelle et du transculturel dans la mondialisation.

Appadurai (2001) attire l'attention sur les dimensions culturelles et présente la culture comme une partie intégrante du processus de la mondialisation. Il a également insisté sur le déplacement de l'analyse de l'économique au culturel.

Ce qui est original dans la thèse d'Appadurai, c'est de souligner que ce qui fait problème c'est que la mondialisation a été conçue en termes d'englobement de territoires. Et on n'a pas affaire à un processus dynamique, mais à une sorte de ré-imbrication d'entités dont la constitution intrinsèque ne fait pas problème. Appadurai a accentué ses critiques pour dire que la mondialisation n'est pas un simple réaménagement dans la planète, déterminé par les nouvelles avancées technologiques et une reconfiguration des rapports de production pour atteindre une rationalité capitaliste, mais ce raisonnement a oublié un point essentiel : la manière dont est vécue et pensée la mondialisation par ceux qui la subissent. Tel est bien l'enjeu d'une enquête sur la dimension culturelle du phénomène.

7. Le destin multiculturel dans la mondialisation

Après une brève lecture des travaux sur la mondialisation, on est convaincu que les particularités culturelles restent vives jusqu'à nos jours, de même que ces particularités et ces spécificités culturelles ne sont pas considérées comme de simples résidus d'un passé révolu, qui résisterait encore au sein d'une humanité unifiée dans cette mondialisation. Certes, les adeptes de la mondialisation ont tenté d'éradiquer cette diversité culturelle qui est présente dans toutes les entreprises et dans les rapports des peuples. La mondialisation de toutes les institutions du monde et leurs interactions entre elles ne peut interrompre la continuité culturelle qui marque chaque société.

On est face à un monde où les singularités des cultures politiques ont perdu leur relief, la mondialisation a unifié le monde par le fameux événement planétaire d'institutions démocratiques, l'attachement universel aux droits de l'homme, le développement de rapports égaux dans la vie économique et sociale comme dans le fonctionnement des institutions politiques, là où prévalait la soumission aux puissants. On pense que l'émancipation commune des esprits ouverts à la raison par le développement de l'instruction, par les pays les plus avancés et l'influence de leurs institutions internationales, va conduire à l'effritement progressif des conceptions habituelles de la vie en société (d'Iribarne, 2008).

Et on imagine que cette évolution va aller de pair avec un effacement des particularismes à la faveur d'une adhésion commune à des valeurs universelles ; actuellement les pays les plus avancés sur la voie de la démocratisation de leur institutions sont sur le point de conquérir le monde et de le changer selon leurs préjugés.

Il est clair que l'ordre mondial de la mondialisation, porteur de coopération pacifique entre les nations, est régi par des règles communes. Il cherche à gouverner des pays où coexistent des communautés qui n'héritent pas des mêmes traditions, mais ont des manières différentes de concevoir la façon de faire vivre ensemble ceux dont les intérêts et les valeurs divergent plus que la mondialisation.

Conclusion

Nous avons tenté d'identifier et d'exhumer les contours d'une logique d'homogénéisation des sociétés selon une modernisation à outrance par les nouvelles technologies. Une telle lecture doit, en pratique, chercher à faire ce que le modèle économique mondialisé a voulu : reconfigurer et remodeler l'espace des différentes *cultures nationales des pays en développement.*

Si aujourd'hui les organisations en général, et *l'entreprise en particulier* ne constituent certes pas des communautés, au sens d'ensemble unis par une vision unie et partagée du monde, parce qu'il n'y a pas de recettes miraculeuses, ni dans la nouvelle technologie, ni dans le culturel, les conflits sont leur lot quotidien, entre maison mère et filiale, entre fabricants et commerciaux. Face à ce phénomène des nouveaux moyens de communication et d'information - nouvelle technologie - sont désarmés, et ne font qu'amplifier un conflit *durable* entre toutes les composantes de la globalisation.

Selon d'Iribarne (2008, 7), l'existence de différences majeures entre les peuples a paru un fait d'évidence pendant longtemps. De Montaigne à Weber en passant par Montesquieu, Rousseau, Voltaire, Kant, Hegel, Michelet et tant d'autres, les notions d'*esprit des peuples* ou de *caractère national* étaient regardées comme allant de soi. Malheureusement, cette image d'un monde correctement régulé prend du relief par contraste avec les nouvelles technologies.

Peu avant sa mort, Arnold Toynbee a reconnu *« la naissance d'un monde commun qui a pris son origine dans la trame technologique de l'occident mais qui est maintenant enrichi spirituellement par des contributions de toutes les civilisations historiquement régionales »* (Von Bartoewen, 2008, 244). La globalisation actuelle est en train de donner naissance à une seule civilisation substantielle à toutes les autres civilisations, c'est un pas historique. Le monde d'aujourd'hui a créé une civilisation destructrice et armée de tous les moyens technologiques numériques et robotiques.

Nous devons nous demander jusqu'à quel point nous pouvons attendre du monde une unité dans la diversité ; je crois que seule une unicité spirituelle - ce que l'on pourrait appeler une vraie harmonie cosmique - pourrait être une réponse favorable aux *challenges* que nous devons relever, et pourrait éliminer la montée des guerres entre les civilisations historiques pour atteindre ce dialogue qui permettrait l'intégration et la consolidation nécessaire au développement d'un monde vraiment humain (*ibid*, 245). A l'ère actuelle, il y a une certaine sagesse spirituelle qui commence à occuper le haut du pavé des institutions internationales (ONU, BM, FMI, OMC…). Déjà Braudel (1979/1993) avait observé que les traditions du monde occidental n'étaient pas qu'économiques.

Références bibliographiques

Appadurai, A. (2001). *Après le colonialisme, les conséquences culturelles de la Globalisation.* Paris, France : Edition Payot.

Blondeau, O. (1999). Texte provenant de freescope : biblio du libre. En ligne : http://www.freescope.eu.org/biblio.

Caralp, E. (2005). La résistance au néolibéralisme, Revue *EMPAN*, 1 n° 57.

Cherif, M. (2004). *L'islam, L'autre et la Mondialisation.* Alger, Algérie : Edition Anep.

Braudel, F. (1979, réédition 1993). *Civilisation matérielle, économie et capitalisme, XVème-XVIIIème siècle, 3 volumes* (730, 850 et 920 pages). Paris, France : Armand colin, Le livre de poche.

Cordellier, S., Doutau, F. & al. (1997). *Mondialisation au-delà des mythes.* Alger, Algérie : Casbah.

Iribarne, Ph. d'. (1998). *Culture et mondialisation.* Paris, France : Seuil.

Iribarne, Ph. d'. (2001). Itinéraire : Philippe d'Iribane, *Revue projet n°. 265*, CERAS.

Iribarne, Ph. d'. (2002). Le destin des différences culturelles. *Revue projet n°. 202, Un seul monde, un monde pour tous.* CERAS.

Iribarne, Ph. d'. (2003). *Le tiers-monde qui réussit.* Paris, France : Odile Jacob.

Iribarne, Ph. d'. (2008a). *L'épreuve des différences.* Paris, France : Seuil

Iribarne, Ph. d'. (2008b). *Penser la diversité du monde.* Paris, France : Seuil.

Jeanneret, Y. (2008). *Y-a-t-il vraiment des technologies de l'information?* Presses universitaires du Septentrion.

Liliani, J. (2004). *Les mille et une nuits*, contes arabes, traduction d'Antoine Galland, présentation par Jean-Paul Sermain et Aboubaker Chraibi.

Plusieurs auteurs (2008). *L'homme, Revue Française d'anthropologie, l'anthropologie et le contemporain, n°spécial 185 janvier/juin 2008.*

Amirou, R. (2004). Imaginaire de la mondialisation et reconnaissance culturelle. Dans R. Rieffel (dir.). *Sociologie des médias.* Paris, France : Ellipses.

Schumpeter, J. (1990). *Capitalisme, Socialisme et Démocratie.* Paris, France : Payot.

Singly (de), F. (2003). *Les uns avec les autres, Quand l'individualisme crée du lien.* Paris, France : Hachette Littérature.

Smith, A. (1776/2016). *Recherches sur la nature et les causes de la richesse des nations.* En ligne : http://www.leconomiste.eu/decryptage-economie/218-la-main-invisible-d-adam-smith.html

Stiglitz, J. (2002). *La Grande Désillusion : échecs de la mondialisation.* Paris, France : Fayard.

Hall, S. (2007). *Identité et cultures politiques des cultures.* Paris, France : Edition Amsterdam.

Von Barloewen, C. (2003). *Anthropologie de la Mondialisation.* Paris, France : Des Syrtes.

Von Barloewen, C. & Gala Naoumova (2008). *Au risque de la vie philosophique.* Paris, France : L'autre pensée.

Zouaoui, M. (2004). Le manager algérien face au nouveau monde économique. *Revue des Sciences humaines, Université de Constantine.*
Internet : www.francophonie.durable.org/atelier-a3.

Chapitre 18

Des représentations culturelles dans l'enseignement-apprentissage de français : la langue comme signe d'altérité dans le programme BRAFITEC

Joice Armani Galli

Introduction

Il y a quelques années, l'internationalisation a débuté son processus dans les pays émergents, à l'instar du Brésil dans l'Amérique du Sud. Cela veut dire que tout un système est mis en route pour l'accomplir selon des buts économiques tournés vers la mondialisation. C'est dans ce contexte que les programmes professionnels sont devenus de plus en plus une demande institutionnelle. Situé dans ce cadre, ce chapitre parlera de la mobilité internationale des étudiants des universités brésiliennes. La perspective de départ est celle de concevoir les programmes des mobilités universitaires comme une affaire de politique publique linguistique, car son caractère réflexif porte sur l'enseignement supérieur. Il ne s'agit plus d'une simple préparation linguistique, mais d'une formation culturelle et académique au niveau de la recherche scientifique.

Étant donné que le statut du français s'avère sur les questions d'abord politiques puis économiques, la nouvelle demande a donné de la place en l'occurrence à une nouvelle démarche, à savoir celle du FOS - Français sur Objectif Spécifique. Il s'agit d'une modalité du FLE - Français Langue Étrangère, dont le contenu est, comme son nom l'indique, plus spécifique. La démarche FOS implique l'élaboration de cours ciblés sur des objectifs à atteindre dans une période courte et avec un public captif.

Située, donc, dans l'axe des *nouvelles formes de communication et interculturalité*, cette proposition inscrit de telles notions dans l'enseignement du français en tant que méthodologie pour la préparation des étudiants allophones qui souhaitent partir en France. Dans le cadre de l'internationalisation des études universitaires au Brésil, le programme BRAFITEC (BRAsil France Ingénieurs TEChnologie) a été mis en place depuis 2003, mais sa répercussion a effectivement pris force à l'Université Fédérale de Pernambuco (UFPE) à partir du programme gouvernemental, celui-ci linguistique, à savoir le Français sans Frontières (FsF).

Un rôle important dans la conception des programmes de FOS et, en particulier, pour les formations universitaires tant sur le plan comportemental que langagier est celui de l'interculturel. C'est dans cette prémisse qu'est née, à partir de 2010, la réalisation du projet BRAFITEC au sein de l'UFPE. Pour mieux saisir cette réalité face à une formation tellement pointue, nous proposons d'appuyer notre communication au présent sur trois axes : un survol historique à propos du programme et ses implications politiques ; le cadre théorique choisi pour intervenir de façon à garder les principes de lettrisme en langues étrangères (LE) et l'expérience vécue lors de la sixième édition du projet à la fédérale de Pernambuco.

En effet c'est, pour nous enseignants-chercheurs, une occasion pour mieux réfléchir sur l'enseignement-apprentissage et les représentations évoquées face à une nouvelle démarche de formation linguistico-culturelle. Ce projet ouvre également un espace à la méthodologie pour la recherche en LE au Brésil, portée au niveau des études supérieures.

Panorama politique

À nos jours, nous nous trouvons dans le récit d'une situation nouvelle concernant le cosmopolitisme face aux flux migratoires et à la globalisation. Cependant, nous nous pencherons ici plus sur les effets de ce contexte dans la conception d'un programme de formation linguistique que sur les circonstances sociales proprement dites. De toute façon, ce qui importe pour le travail c'est de comprendre que les frontières et les échanges sont redimensionnés lors de ce nouveau scénario. Ainsi il y a un rapport avec les frontières qu'il faut bien observer pour mieux comprendre d'où ces politiques émergent. C'est le cas du projet FOS/FOU-BRAFITEC, qui est inscrit dans un contexte précis à l'échelle nationale.

À ce titre, la dernière décennie a été marquée par des changements importants dans le domaine des langues et de leur enseignement, en raison des bouleversements d'ordre social et politique. Au début du XXIème siècle, le gouvernement brésilien a lancé le programme CsF - Sciences sans Frontières et en 2011, il met en place la création d'un programme linguistique expérimental pour la langue anglaise, qui est directement rattaché aux CsF. À partir de l'année suivante, au profit du sigle IsF - du portugais *inglês* le 'i' devient *idiomes* sans Frontières, le Ministère brésilien de l'Éducation associe d'autres langues à ce projet, telles que l'espagnol et l'italien. À son tour, le français ne voit le jour qu'en décembre 2013 et à partir de cette date, l'UFPE devient membre engagé dans les discussions auprès du MEC (Ministère d'Éducation et Culture). Il s'agit de la consolidation d'un programme linguistique inédit dans l'histoire politique des LE au Brésil.

Ceci dit, on peut affirmer que, si une politique linguistique peut être formulée à l'issue de situations comme celle-ci, le passage à l'acte, c'est-à-dire, la planification linguistique se trouve dans un autre niveau et engage un pouvoir politique et institutionnel. Dans ces circonstances, un rapport transitif aux situations doit être envisagé et se fera à partir des propositions de travail tournées de plus en plus vers ce nouveau contexte global. La réalisation de ces actions revient, en partie, aux professeurs de LE, qui deviennent à leur tour de véritables chercheurs dans le domaine des sciences du langage, en portant à la fois les casquettes d'enseignant et de chercheur.

De ce fait, le projet nommé FOS/FOU - BRAFITEC voit le jour à partir de 2010 à l'UFPE, soit bien avant même la consolidation du programme FsF. Et pour son développement, nous nous sommes appuyés sur les principes de l'interactionnisme et du lettrisme en LE comme on peut le vérifier dans le chapitre suivant. Toutefois, dans cet article, on n'abordera que l'aspect interculturel pour illustrer l'importance d'une formation au-delà du décodage linguistique.

Cadre théorique : quelques remarques

D'après Bakhtine (1984), il faut réfléchir sur la notion capitale de l'interaction pour le développement des recherches dans le domaine du langage. Si, pour les sciences exactes dites dures, il y a un objet qui sera expliqué, nous observons dans les sciences humaines, dites molles, plutôt un phénomène qui doit être compris, ce qui nous conduit à la question suivante : un bon chercheur serait celui qui procède techniquement ou celui qui procède de façon participative aux recherches ?

Les résultats de la sixième année du projet FOS/FOU-BRAFITEC nous permettent d'affirmer que nous avons développé de manière participative un projet dans le domaine des sciences du langage. Dans les travaux menés par le laboratoire d'études LENUFLE (LEttrisme NUmérique du Français Langue Étrangère)[68], nous concevons les recherches plutôt dans le domaine de l'interaction que dans celui de la conception de la langue comme objet. Ainsi, il est clair que notre projet s'inscrit dans les courants de la Linguistique Appliquée, tournée vers la valeur sociale de la langue, comme phénomène à comprendre dans les énoncés du discours, puisque le savoir linguistique n'est pas un garant de savoir-faire langagier, notion importante pour la conception du programme FOS. Selon Bakhtine, *« la langue pénètre dans la vie à travers des énoncés concrets (qui la réalisent), et c'est encore à travers des énoncés concrets que la vie pénètre dans la langue »* (1984, 268).

De plus, nous adoptons ici le concept de lettrisme en LE selon Galli (2015) pour qui la langue ayant par principe les interactions possibles dans une structure, font l'association incontournable à la culture et à l'interaction vers l'autre. Le lettrisme dans LE permet le passage d'un savoir à l'autre comme on pourra le vérifier tout au long de ce matériel, car la langue n'existe que dans l'interaction du discours, signale l'auteur russe. D'où le choix de l'aspect interculturel qui permet de mieux exploiter le processus initial de la formation des candidats au programme BRAFITEC.

---

[68] Les derniers travaux réalisés par ce laboratoire ont été publiés sous forme d'article dans la revue pédagogique Le Français Dans Le Monde, dont la référence complète est disponible à la fin de ce travail.

À ce propos, le recours aux nouvelles technologies met en évidence l'actualité des cours de langues face à l'emploi de la toile. À l'ère du numérique, les TICES (Technologies de l'information et de la communication pour l'enseignement) en font le contemporain didactique parmi tous les domaines, mais on les souligne dans la proposition de projets dans les sciences du langage. De ce fait, plus qu'un recours, il faut les intégrer à la réalité des projets au profit du FOS/FOU.

D'après Mangiante et Parpette (2004, 47), une formation universitaire confronte le concepteur à des domaines qui, le plus souvent, ne lui sont pas familiers, d'où la nécessité de se livrer à un travail d'enquête sur le terrain. Cette analyse de besoins nous a donné une piste essentielle pour l'élaboration du projet, à savoir celle de l'interculturel et des représentations qui lui sont associées.

Dans l'ensemble des études portées par le laboratoire LENUFLE, nous nous sommes rendus compte que le problème de prendre les recettes pour la mise en place d'une formation FOS/FOU demeurait improductive, en particulier dans le fait que les procédés discursifs d'un cours magistral (désormais CM) par exemple, s'imposaient aux apprenants allophones sans propositions d'activités interculturelles. C'est-à-dire, sans les mettre dans l'interaction avec l'autre, d'où la proposition de travailler d'abord les éléments culturels prévus pour un séjour d'études en France.

La dimension interculturelle joue un rôle remarquable en particulier dû au fait que l'organisation dans les études supérieures en France est située dans une démarche didactique non connue des étudiants brésiliens, à l'instar de la prise de notes lors de la réalisation des CM en amphithéâtre, dont la méconnaissance de ce type de discours peut apporter de grandes difficultés. Concernant ce nouveau paysage pour les études du FLE, nous ajoutons la citation suivante :

« Ce type de discours, d'une manière générale, ne fait guère partie des habitudes des enseignants de langue. Pourtant, pour préparer des étudiants à suivre des cours dans une université française, il semble important que ces discours soient intégrés dans les formations, du fait justement des différences qu'ils présentent avec les documents habituellement utilisés (Mangiante & Parpette, 2004, 88).

Cette réflexion porte aussi sur la pertinence de la méthodologie dans un programme FOS, car le *quoi* enseigner est plus au moins envisageable dans un domaine précis, mais le *comment* le faire en demeure le défi. *« La classe est l'aboutissement de toute la démarche de réflexion sur les besoins, de recherche d'informations sur le domaine, de collecte des données et de constitution de documents pédagogiques »* (*op. cit.* 79).

Pour ce faire, nous proposons que la dernière partie de cette publication soit présentée sous deux grands titres, le premier offre une approche globale du projet. Le titre suivant sert à illustrer une séquence pédagogique au fond interculturel.

Le Projet FOS/FOU : visée générale

Face à la complexité de la tâche, c'est dans le contexte d'échanges internationaux France-Brésil, soutenus par le programme BRAFITEC, que nous proposons de porter la réflexion sur le rôle de la langue en tant que composante culturelle dans le processus d'enseignement-apprentissage. Tout en sachant que, être mobile veut dire être à l'intérieur de son propre pays et partir vers l'internationalisation des connaissances, ledit programme permet aux écoles françaises d'ingénieurs et aux universités brésiliennes d'établir des accords de collaboration scientifiques d'échanges d'étudiants et d'enseignants dans le domaine de l'ingénierie. Ce programme est financé par la *Conférence des directeurs des écoles françaises d'ingénieurs* (CDEFI) et par la *Comissão de Aperfeiçoamento de Pessoal do Nível Superior* (CAPES[69]), qui est un organisme de financement de projets d'enseignement supérieur au Brésil.

Depuis 2010, l'UFPE via le Centre de Technologie et Géosciences (CTG) propose divers projets BRAFITEC en collaboration avec de nombreuses institutions françaises. Compte tenu du fait que la maîtrise de la langue française est l'une des conditions nécessaires pour réussir son insertion en France en tant que candidat du programme d'échange BRAFITEC, le Centre de Communications et Arts (CAC) intervient en collaborant dans le cadre de formation spécifique du binôme langue-culture françaises. Depuis six ans, le CAC à travers le groupe de recherche présenté auparavant prépare une formation linguistique générale en langue française et, petit à petit, le choix des contenus a pris la démarche de programme FOS. De même, durant ces dernières années, la préparation des étudiants à l'intégration au sein de l'école a surgi parallèlement aux besoins linguistiques, d'où la demande de proposer aux apprenants sélectionnés un cours tourné vers les besoins académiques, le FOU, avant leur départ, et ceci se déroule dans le cadre de la formation FOS.

Concernant le public, nous visons les étudiants ingénieurs entre la troisième et la cinquième année de formation, dont les spécialités sont les Génies Naval, Mécanique, Matériaux et Énergie. Les étudiants sont majoritairement des hommes entre 19 et 25 ans en moyenne, sélectionnés par les responsables de projets dans les domaines respectifs, pendant la période qui précède le début de la formation. Il faut souligner que le projet démarre toujours sur la répartition de l'année scolaire française. La diffusion sur la postulation des candidatures débute en septembre différemment de l'emploi du temps scolaire brésilien qui correspond au calendrier civil.

D'un point de vue linguistique, les apprenants sont principalement débutants et l'objectif est de leur fournir une formation pour qu'ils obtiennent des

[69] Voici un constant interculturel curieux. Différemment du sigle français C.A.P.E.S - Certificat d'aptitude au professorat de l'enseignement du second degré - qui correspond ainsi à l'obtention d'un diplôme professionnel, au Brésil ce sigle équivaut à l'organisme de financement aux études supérieures.

compétences du niveau A2, du *Cadre Européen Commun de Référence pour les Langues* (2005), critère requis officiellement par la CAPES pour participer au programme de mobilité. Les cours de français se déroulent à raison de 4h par semaine pendant cinq mois, suivis d´un mois et demi de formation FOU (24h), également de 4 heures par semaine. Néanmoins, ce projet compte sur la durée de neuf mois, c'est-à-dire, toutes les années, au mois de septembre, le CTG lance son appel d'offre pour les étudiants qui veulent postuler par leur candidature à travers les projets de l'équipe de chercheurs. Pendant le mois qui suit, à partir de la sélection réalisée par les enseignants en génie, commence le projet FOS/FOU-BRAFITEC.

La formation totalise 180 heures (96h FOS+24h FOU), 120 heures auxquelles s'ajoutent 30 heures de préparation du matériel didactique et de corrections des examens, plus 30 heures de réunions pédagogiques, soit entre les enseignants de la langue française, soit avec les responsables de chaque projet BRAFITEC. En général, nous distribuons les étudiants en trois groupes, de 15 à 20 étudiants au maximum afin de rendre possible l'exercice des cinq compétences, à savoir : la compréhension orale et écrite - CO/CE et la production ou expression orale et écrite EO/EE, auxquelles on doit ajouter la compétence interculturelle, au cœur de notre projet.

À cet égard, nous partageons l'avis de De Carlo (1998) concernant une conceptualisation sur l'interculturel. D'après ses réflexions, on pourrait dire qu'une compétence interculturelle se fait dans l'exercice permettant de développer, chez l'apprenant, la capacité à établir des rapports entre sa culture et celle qui est en train d'être étudiée.

Entrée privilégiée de la langue, la mise en route d'une approche interculturelle doit faire attention à sa rigueur méthodologique. Dans cette perspective, nous présentons le projet en lignes générales pour ensuite proposer une séquence pédagogique ancrée dans ces principes.

À partir de modules organisés sur 24 heures de cours, la préparation FOU est ainsi distribuée :

FOS/FOU - BRAFITEC - UFPE

3 Séquences de 8h chacune	4 Séances de 2h chacune	Durée totale 24
1 - Á la Découverte	Avant le départ - Un nouveau monde	8h
2 - Le Voyage	Avant le départ - La demande de VISA	8h
3 - Á l'Arrivée	Au début du séjour - Les contacts	8h

Les trois séquences de 8 heures chacune préconisent des notions sur l'interculturel comme l'indiquent ses titres, à savoir : A la Découverte (Un nouveau monde) et Le Voyage (La demande de VISA), toutes les deux prévoient des actions qui doivent être mises en place avant leur départ, et la troisième : À l'Arrivée (Les contacts), qui prépare l'étudiant au début de son séjour. Chaque séquence ayant 4 séances de 2 heures chacune, nous resterons sur une partie de la troisième séance de la première partie pour mieux illustrer ce travail. Voyons donc l'entrée spécifique sur l'interculturel proposée à partir de la navigation d'une page web, au titre *'Faire connaissance de l'école partenaire'*.

Le Projet FOS/FOU : entrée spécifique sur l'interculturel

Étant donné que la formation en FOS n'était pas suffisante, le LENUFLE se posait la question de comment faire pour améliorer les acquis de langue et culture dans un métier précis, à savoir celui des ingénieries et pour intégrer ainsi les étudiants dans la vie universitaire future. Ayant au départ le témoignage des anciens boursiers, on a commencé à préparer des documents spécifiques relatifs à la vie sur le *campus*, étant ainsi une approche académique plus précise. En comprenant que la découverte d'un nouveau monde se dévoilait, nous avons proposé dans la première séquence les informations générales synthétisées dans le tableau suivant :

FOU - L'Élaboration Didactique du Premier Module

SÉQUENCE 1 - A LA DÉCOUVERTE - Un nouveau monde			
Séance 1	Séance 2	Séance 3	Séance 4
Connaître le système éducatif français	Être présenté à la carte française	Faire connaissance de l'école partenaire	Connaître une activité culturelle de l'ENSTA/Bretagne
2h	2h	2h	2h

Cette première séquence leur a permis, d'une part, de connaître le système éducatif français, l'école partenaire et sa région, ainsi que quelques notions interculturelles nécessaires à leur voyage. D'autre part, cette formation leur a donné les éléments pour communiquer de manière adéquate dans les différentes situations de communication liées à leur vie étudiante. En outre, la formation offre aux étudiants des outils pragmatiques pour optimiser leur intégration et leur apprentissage universitaire.

Pour le déroulement de la séance, la démarche des activités a été faite sur le partage de tâches en groupe et à l'aide de la fiche A et de la fiche B, mais nous n'exploiterons ici que la première partie, en nous servant de la fiche A. Le premier groupe - X - devait naviguer sur le lien internet indiqué et produire à l'oral ses réponses. Le deuxième groupe - Y - sans avoir accès aux informations qu'à travers la description du premier groupe, s'occupait d'écrire ces réponses sur la fiche. À la fin, on les a regroupés afin de vérifier leurs hypothèses. Dans un deuxième moment et à l'aide de la fiche B, on a proposé l'alternance des groupes à travers l'exploitation d'un nouveau lien sur cette école.

Voyons la proposition de cette séance qui répond à une école particulière l'ENSTA/Bretagne (École Nationale Supérieure de Techniques Avancées) à travers les objectifs de connaître sa future école et de comprendre le partenariat international. Nous présentons ci-dessous la Fiche A et le corrigé fourni par les étudiants concernant la première activité.

Activité 1 : Répondez aux questions proposées (travail collectif en groupe classe/consignes à l'oral/durée totale 50 mn) :

FICHE A - L'ENSTA et le programme de mobilité, sous la rubrique International

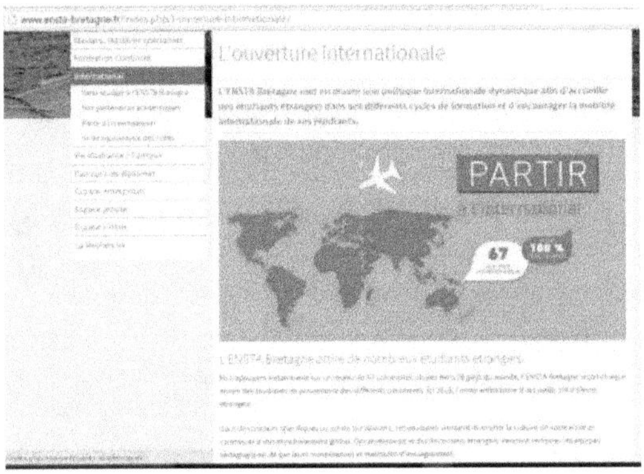

Source : http://www.ensta-bretagne.fr/index.php/l-ouverture-internationale/

a) Quelle image est utilisée dans la présentation de cette page de l'ENSTA/Bretagne ? Précisez sa description.

Réponse : Il s'agit de la mappemonde, présentant la couleur verte au fond et les continents en rouge, un avion est placé au-dessus. Sur les pays, il y a de petits points blancs qui correspondent peut-être aux régions. Et quelques données écrites : *Partir à l'international, 67 accords internationaux, pour 100% des étudiants.*

b) Eh bien, ces points blancs signalent les régions ou même les villes avec lesquelles l'ENSTA possède des accords. Y en aurait-il dans la région du Pernambuco ?

Réponse : Oui (X) Non ( )

c) Dites combien et indiquez quelles régions brésiliennes sont aussi marquées sur la mappemonde ?

Réponse : Il y a 8 à 10 régions : 2 au nord-est, aucune au nord, 3 au centre, quatre ou cinq entre le sud et le sud-est.

d) Dans cette page, il y a deux grands titres, pourriez-vous les lire à vos collègues : **Réponse :** L'ouverture internationale et L'ENSTA Bretagne attire de nombreux étudiants étrangers.

e) Nous avons donc dans cette rubrique, le titre, un petit texte d'introduction, désigné par le nom de *'chapeau'* en français, l'image et un deuxième titre. Pourriez-vous lire ce chapeau aux collègues du groupe X ?

Réponse : L'ENSTA Bretagne met en œuvre une politique internationale dynamique afin d'accueillir des étudiants étrangers dans ses différents cycles de formation et d'encourager la mobilité internationale de ses étudiants.

f) Dites quels sont les chiffres indiqués dans le texte au-dessous de la mappemonde.

Réponse : 67 universités, 26 pays, 2016 et ¼ d'élèves étrangers.

g) Dans le paragraphe *'Issus de concours spécifiques ou admis sur dossiers, ces étudiants viennent diversifier la culture de notre école et contribuer à son enrichissement global'* Vous avez participé à quelle sorte de sélection à l'UFPE ?

Réponse : Mon dossier a été sélectionné / J'ai été sélectionné par mon tuteur.

h) Le Brésil est parmi les partenaires académiques internationaux ; dites combien et quelles sont les universités brésiliennes qui en font partie.

Réponse : Il y a 10 universités brésiliennes, 9 publiques : 8 fédérales et une de l'état. PUC est la seule privée à figurer dans cette liste.

i) Ces données confirment ou ne confirment pas l'exploitation que nous avons faite de la mappemonde ? Vérifiez votre réponse en organisant les universités brésiliennes par leur région correspondante.

Réponse : Oui, ces données confirment la lecture que nous avons faite de la mappemonde, parce qu'il y a exactement 2 universités au nord-est (UFPE et UFBA), 3 au centre (UnB, UFU, UFTM), 3 au sud-est (PUC, USP et UFRJ) et 2 dans la région sud (UFRGS et UFPR).

Activité 2 : Préparez des questions (2-4) à être posées lors de la venue des anciens boursiers du programme d'échange BRAFITEC. Vous devez travailler par deux, l'un rédige les questions et l'autre prépare les réponses. N'oubliez pas qu'on emploie toujours 'vous' par politesse dans la langue française (Travail par deux - 20 min)

Les activités proposées sont ancrées sur l'interaction soit au niveau des étudiants eux-mêmes, soit au niveau du recours au TICE ce qui élargit le lettrisme en LE à travers la conception didactique et interculturelle du projet.

Concernant la première activité, la consigne était de diviser le groupe en deux pour l'accomplissement de la tâche, et on a relevé de l'interaction et du lettrisme en LE. L'étape de vérification des hypothèses a été le point fort de la séance, car on mettait en échange les différents groupes, ce qui est en conformité à la méthodologie d'une formation pointue. Voici l'une des distinctions entre un cours généraliste de FLE et un cours de FOU.

L'activité finale sera consacrée encore à une interaction face à face, vu que ce travail sur la langue impose la plongée dans l'océan culturel qui la révèle. Cette façon de travailler sur un contenu précis permet aux étudiants de développer l'altérité linguistique envisagée par la méthodologie FOS/FOU.

Par ailleurs, la prise en compte de la dimension culturelle et institutionnelle dans l'enseignement de la langue aux étudiants allophones conduit à déplacer le concept de *formation linguistique* vers celui de *formation aux compétences universitaires*, ce qui réduit l'écart entre les approches pédagogiques réservées aux étudiants allophones et celles mises en place pour les étudiants français. Les réflexions sur les moyens d'améliorer la réception des cours, la maîtrise de l'écrit, et l'efficacité des méthodes de travail concernent aussi bien les étudiants français que les allophones. Cette réalité devrait favoriser un certain rapprochement entre les disciplines universitaires et le champ du FLE (Mangiante & Parpette, 2011, 235)

Pour conclure, nous avons proposé la rédaction des questions et des réponses pouvant avoir lieu lors de la venue des anciens boursiers BRAFITEC. L'objectif est celui de réfléchir aux acquis langagiers tout comme aux culturels et de renforcer l'esprit d'équipe, dans une ambiance conviviale et universitaire. L'un des binômes étant choisi par hasard pour se présenter au grand groupe, les résultats ont été positifs, parce qu'il y avait à la fin du module FOU une véritable intégration entre les étudiants.

Conclusion

La promotion des activités axées sur le culturel dans l'enseignement-apprentissage de langues est un travail essentiel pour l'élaboration de programmes de mobilité internationale. Dans ce sens, l'équipe du laboratoire LENUFLE propose des activités spécifiques dans le cadre des actions du FsF à l'UFPE.

Pour ce qui est de la préparation FOS/FOU-BRAFITEC, nous avons vu que l'analyse des besoins amène à placer l'interculturel comme l'un des objectifs prioritaires. De plus, nous avons remarqué que la découverte de l'organisation discursive des cours est capitale pour ces étudiants et qu'elle démarre dès la lecture de documents authentiques sélectionnés à partir du recours aux TICES. Les circonstances de préparation ici sont claires, vu que l'objectif d'apprentissage se confond avec le projet d'un séjour universitaire en France.

Ceci dit, nous avons cherché à promouvoir des exercices interactifs puisque ce type d'activité gère une véritable communication au sein du groupe. Nous sommes donc sur le terrain de l'altérité et du lettrisme en LE. La manière dont s'enchaînent les énoncés est explicite même au niveau d'une page d'information sur internet. L'interculturel porte donc sur une prise de conscience pour la communication et c'est dans ce terrain que nous travaillons la sensibilisation au niveau des représentations de la langue. Ce travail entraîne également l'organisation discursive française dans la préparation pour participer aux CM dans les universités en France.

Prendre l'interculturel comme tremplin permet de s'ouvrir à la diversité, de viser la reconnaissance de la variété de langues, des différents modes de vie et de l'altérité. La langue est un véhicule de valeurs, il ne s'agit absolument pas d'un outil tout simplement. Vision du monde particulière, la langue doit être au centre d'un projet de formation linguistique dans les universités brésiliennes.

Nous comprenons ainsi que le projet FOS/FOU-BRAFITEC est toujours en train de se construire, soit dans sa systématisation à la précision des objectifs, soit dans l'urgence de cette formation à court terme. La centration sur certaines situations et compétences ciblées, la connaissance de contenus nouveaux, c'est-à-dire non maîtrisés par l'enseignant, des contacts avec les acteurs du milieu étudié et du matériel didactique à élaborer font le scénario de cette nouvelle forme de communication et d'interculturalité dans l'enseignement du français au Brésil.

Le BRAFITEC en tant que projet FOS/FOU dans sa dimension interculturelle touche un sujet complexe car on dégage l'autre et son altérité à travers des situations communicatives précises. Situé donc dans ce contexte et centré sur les besoins universitaires, l'interculturel joue un rôle non négligeable pour la réussite des étudiants allophones. Finalement, l'efficacité des politiques linguistiques peut être accomplie par le lettrisme appliqué au programme et à son projet didactique. Celui-ci doit faire attention aux atouts culturels afin d'assurer l'internationalisation et l'interculturalisation du français dans l'enseignement supérieur brésilien.

Références bibliographiques

Aubin, S. & Galli, J. (2015). Motiver à l'enseignement du français au Brésil. Dans *Le Français Dans Le Monde, Numéro 397/Janvier-Février,* 34-35. Paris, France : CLE International.

Bakhtine, M. (1984). *Esthétique de la création verbale.* Paris, France : Gallimard.

Conseil de la Coopération Culturelle - Comité de l'Éducation. (2005). *Un cadre européen commun de références pour les langues : apprendre, enseigner, évaluer.* Strasbourg, France : Didier.

De Carlo, M. (1998) *L'interculturel. Didactiques des langues étrangères.* Paris, France : CLE International.

Galli, J.A. (2015). A noção de intercultural e o ensino-aprendizagem de línguas estrangeiras no Brasil: representações e realidades do FLE. *Revista EntreLínguas, volume 1, número 1.*

En ligne : http://seer.fclar.unesp.br/entrelinguas/article/view/8055, consulté le 29 septembre 2016.

Mangiante, J.-M. & Parpette, C. (2004) *Le français sur objectif spécifique : de l'analyse de besoins à l'élaboration d'un cours*. Paris, France : Hachette.

Document collectif (2011). *Le français sur objectif universitaire*. Grenoble, France : PUG.

Sitographie :

http://www.ensta-bretagne.fr/index.php/l-ouverture-internationale/

Chapitre 19

Le statut des langues étrangères et son interface dans les politiques publiques du plurilinguisme au Brésil

Dario Pagel

Introduction

La place de la langue française au Brésil est signée par l'histoire d'une nation, qui depuis des siècles a tissé des liens politiques, culturels et sociaux très divers avec ce pays. Elle a marqué de ses empreintes la pensée des personnalités de toutes les régions de ce pays, aussi bien dans le domaine de la politique - aidant à l'ancrage des idées de liberté et d'indépendance - que dans celui des lettres, des arts et des sciences. Le long des siècles, les élites nationales ont contribué à bâtir autour de la France un prestige qui reste présent dans la société brésilienne cultivée.

La langue française, inévitablement associée à cette présence, jouissait d'un statut favorable, mais elle était rattachée plutôt au monde des belles lettres, du raffinement et des arts en général (Martinez, 2004). Pendant le XIXe siècle, la participation anglo-américaine croissante dans l'économie du pays et l'essor du commerce, des sciences et des techniques, ont placé progressivement l'anglais au centre des intérêts prioritaires dans le domaine de l'apprentissage des langues étrangères (LE) dans le système éducatif, ce qui a été définitivement acquis au cours du XXe siècle. Une sorte de frontière s'est par conséquent établie : le monde du commerce et des techniques privilégiant l'anglais et celui des sciences humaines et des arts, le français.

Cette situation a considérablement changé en ce début du XXIe siècle avec la Loi n° 11.161, du 05 août 2005, qui a rendu l'espagnol obligatoire dans le système éducatif brésilien public et privé, en fonction des accords établis auprès du MERCOSUR, né en 1991, avec la signature du traité d'Asunción par le Brésil, l'Argentine, le Paraguay et l'Uruguay. C'est le troisième marché intégré au monde, après l'Union européenne et l'Accord de libre-échange nord-américain - ALÉNA. Son enseignement est obligatoire au lycée, mais facultatif au collège. Bien qu'il existe des signes évidents de l'intérêt social pour la langue française, ce qui résulterait d'une percée plus marquée de la technologie et du savoir-faire français (et aussi belge et québécois notamment) dans le pays, on observe une disparition progressive de son enseignement dans les écoles en raison de l'ENEM (Examen national de l'enseignement moyen) où la langue française n'est plus présente. Cette réalité exerce actuellement une influence non négligeable dans le choix des LE.

Ainsi, l'histoire des langues au Brésil montre que leur enseignement dans les écoles secondaires a été le plus souvent déterminé par la politique de l'éducation et le contexte socio-politique. Les études réalisées sur le sujet ont montré que la maîtrise des LE a toujours été le fait de l'élite et de la classe dominante.

Si l'on analyse les documents et les textes concernant cet enseignement au Brésil, de ces 40 dernières années, on constate que la question est toujours d'actualité. Ce qui veut dire en d'autres termes que l'on a beaucoup parlé et écrit sur le sujet, mais peu progressé sur la question dans la situation de l'enseignement de LE dans le système éducatif brésilien. La perspective de l'enseignement diversifié des langues, à savoir la capacité de l'élève à employer à bon escient plusieurs variétés linguistiques n'a pas évolué et l'inquiétude de l'enseignant est identique à il y a quatre décennies. Dans ce contexte, il est toutefois curieux d'observer que l'ouverture, la valorisation, l'inclusion et la pluralité de l'enseignement des LE au Brésil ont toujours été reconnues par les textes officiels et soutenues par les lois n° 5.692/71 et n° 7.044/82, ainsi que par diverses résolutions officielles. Un nombre non expressif d'études vise à mener la construction de réflexions et de recherches expliquant les résistances, les freins et les blocages que rencontre l'enseignement diversifié de langues dans les écoles brésiliennes, vu qu'aujourd'hui, comme le soulignent L. Porcher et V. Faro-Hanoun (2000) dans leur ouvrage, une politique linguistique n'est pas seulement constituée par l'enseignement de langues.

Il n'est pas difficile de constater que, dans les écoles de la plupart des régions brésiliennes, il existe encore un écart entre ce que préconisent les textes officiels et ce qui se vérifie dans l'application des principes préconisés par ces textes. L'école publique brésilienne est confrontée souvent :

- au peu de considération des professeurs démotivés en raison d'une rémunération très modeste ;

- à la vétusté ou manque de matériel didactique et à des programmes souvent sans rapport avec la réalité culturelle et les besoins d'apprentissage des élèves ;

- à l'indifférence institutionnelle et familiale en ce qui concerne la pluralité de l'enseignement des langues ;

- au découragement et au manque d'éveil de la part des élèves à l'enseignement de certaines LE ;

- au manque de professeurs et à l'absence d'une qualification de plusieurs d'entre eux pour répondre aux besoins du pays en ce qui concerne l'apprentissage efficace des langues dans le cadre de la diversité linguistique ;

- au besoin d'une formation continue ressenti par les enseignants pour la réflexion et la construction de leur action pédagogique (Pagel et *al*, 1997).

Tenant compte de ces aspects, nous pouvons considérer que la condition actuelle des LE au Brésil continue d'être préoccupante car la loi n° 9.394 signée en 1996, de l'enseignement national brésilien - *Lei de Diretrizes e Bases da Educação Nacional*, ne définit pas clairement la nécessité d'un enseignement plurilingue pour un pays à une riche vocation commerciale et culturelle.

Si l'on regarde un peu l'histoire de la vie associative des professeurs de langues, on peut observer que les enseignants ont souvent eu la tendance à rendre la responsabilité de la situation de cet enseignement aux autorités éducatives. Ne serait-il pas opportun de penser que ce n'est que de nous, les spécialistes de l'enseignement, que peuvent venir les innovations, les propositions de solutions à ces problèmes ? Nous pourrions nous demander si l'une des causes des problèmes de l'enseignement des LE ne serait pas la conséquence du manque de cohésion dans la formation universitaire des professionnels de l'enseignement des langues pour l'élaboration d'une politique linguistique. Un autre élément important à considérer est celui du manque de communication et d'information, et de l'absence des professionnels dans le processus de décision de la politique de l'éducation nationale brésilienne.

Nous considérons que l'engagement des professeurs de langues est important pour :

- permettre à l'école d'assurer le droit à l'apprentissage des LE, exercice souvent réservé aux couches les plus favorisées de la population ;

- répondre au désir et au besoin d'un enseignement de LE de plus en plus efficace à partir de l'élaboration collective d'un plan pédagogique national.

Des expériences où le compromis des enseignants avec une politique de LE est reconnu, sont menées dans quelques villes brésiliennes. La réussite du projet d'une politique plurilingue qui a été développée dans l'école publique de la ville de Porto Alegre, est le témoignage de l'importance de l'interaction des professeurs et des institutions gouvernementales (Galli, 2011).

Les langues étrangères dans l'école brésilienne d'aujourd'hui ?

La loi n° 9.394 de l'Éducation Nationale signée fin 1996 définit que l'éducation de base comprend deux niveaux d'enseignement :

- celui qualifié de fondamental, de la 1ère à la 9ème année, d'une durée de neuf ans minimum ;

- obligatoires, qui a pour objectif la formation de base du citoyen ;

- celui qualifié de moyen, d'une durée de trois ans minimum et considéré comme l'étape finale de l'éducation de base.

D'après le paragraphe (§ 5°) de l'Art. 26, c'est dans le cadre de la partie diversifiée du cursus que l'enseignement obligatoire d'au moins une LE moderne est inclus à partir de la 6ème année de l'enseignement fondamental. Le choix de cette langue revient à la communauté scolaire en fonction des possibilités de l'institution, du moins c'est ce qui est prévu dans le texte officiel, qui est toutefois négligé par les autorités éducatives.

Pour le niveau d'enseignement moyen, l'Art. 36 prévoit l'inclusion d'une LE obligatoire, choisie par la communauté scolaire et d'une deuxième langue à caractère optatif en fonction des disponibilités de l'institution. Nous nous trouvons à nouveau devant de bonnes intentions du texte officiel, mais aussi devant une absence quasi totale d'actions dans ce sens auprès des écoles en raison du manque d'une politique éducative et d'une équipe de spécialistes en LE dans la structure administrative pour s'en occuper.

La loi de 1996 rend l'enseignement obligatoire d'au moins une LE à partir de la 6ème année, ce qui permettrait l'enseignement d'autres langues. Mais c'est au niveau de l'enseignement moyen que la nouvelle loi ouvre la possibilité d'un enseignement plurilingue : une LE étant obligatoire et une seconde à titre optatif. Cependant, le texte ne précise pas si l'option est faite par l'élève ou par l'école. L'ambiguïté autorise les enseignants à considérer que le choix est fait par l'élève alors que l'administration pourra considérer qu'il est fait par l'école (Pagel, 1997). Néanmoins, d'après les textes officiels, le choix de la langue optative est effectivement fait par l'école en fonction de ses disponibilités. L'école offrira comme deuxième LE à titre optatif celle qu'elle sera en mesure d'enseigner, c'est-à-dire, si par exemple la première langue est l'anglais, l'école pourra offrir le français, l'allemand, l'espagnol ou tout autre langue, comme deuxième langue, s'il y a des enseignants formés dans l'établissement.

Il faut souligner que les *Propositions des programmes de langue étrangère,* pour l'enseignement fondamental et moyen, élaborées et publiées en 1998 et en 2000 respectivement par le Ministère de l'Éducation du Brésil (MEC), présentent déjà dans leur contenu la caractérisation de l'objet de l'enseignement de LE et son rôle important dans l'enseignement secondaire pour la construction de la citoyenneté, la relation du processus d'enseigner et d'apprendre une langue avec les thèmes transversaux.

A partir de l'analyse du texte, il ressort à l'évidence que les LE sont des instruments de communication indispensables dans un univers de pluralités et de diversités. Elles contribuent à ce que chaque individu puisse élargir son horizon. On observe, cependant, qu'un nombre important d'enseignants n'a pas toujours eu une formation pour travailler l'acquisition d'une compétence culturelle, afin de développer la capacité de prévenir les malentendus au sein de la communication interculturelle, dans les aspects verbaux, paraverbaux et non verbaux. Il est clair que l'élaboration de la compétence culturelle des apprenants implique que leurs enseignants leur donnent les moyens d'accéder à une prise de conscience de la relativité de leurs perceptions et des composantes du comportement des peuples dont ils apprennent la langue.

Différentes études montrent que l'enseignement des LE a privilégié et privilégie encore aujourd'hui, le développement d'une compétence principalement linguistique au détriment d'une compétence culturelle élargie (Bezerra, 1999). Dans ce contexte où une majorité d'enseignants est encore formée pour assurer des cours de langue, l'approche interculturelle est encore très peu développée car elle se fonde sur une double reconnaissance, de son identité et de celle de l'autre, et suggère une approche des cultures basée sur la compréhension plutôt que sur la description. Cependant, l'approche littéraire dans la formation des professeurs de langues peut rendre plus facile la promotion d'une ouverture sur autrui (Pinheiro-Mariz, 2014).

D'après la conception des auteurs de ce document officiel, le travail à partir de thèmes transversaux (la santé, l'environnement, la pluralité culturelle, la sexualité, etc.) en classe de LE vise à modifier cet horizon. Dans l'enseignement-apprentissage de langues, plusieurs études soulignent qu'on cherche :

- à respecter chacune des cultures, chacune des croyances, chacun des modes de vie,
- à aller vers un métissage possible sans abandon de son identité.

Apprendre une LE, c'est affirmer à la fois sa propre identité et celle de l'étranger en allant vers les conditions d'une coopération. Ce passage est très difficile pour les enseignants brésiliens qui ont un contact souvent restreint à la bibliographie et à la sitographie sans avoir eu la chance de vivre le quotidien du pays de la langue qu'ils enseignent. Sachant qu'une attitude interculturelle consiste à construire entre des cultures différentes des relations de réciprocité, c'est-à-dire de connaissance mutuelle (connaissance des lois de fonctionnement des cultures concernées), il est compréhensible que l'écart entre les textes officiels et la pratique de classe persistera encore.

Dans les textes officiels, on constate souvent que l'enseignement des langues doit préparer l'élève à lire et à valoriser la lecture comme source d'information et de plaisir, comme moyen d'accès au monde du travail et des études avancées. Cette recommandation nous conduit vers la nécessité d'initier l'apprentissage de plusieurs LE de plus en plus tôt dans la formation scolaire des élèves brésiliens, en raison de leur insertion dans le contexte de la mondialisation, des transformations scientifiques et technologiques, sans parler de leurs capacités à apprendre plusieurs langues dans leur jeune âge. Pour le succès du rôle éducationnel des LE dans le cursus de l'enseignement fondamental brésilien, plus le nombre de langues enseignées sera grand, plus riche sera l'expérience de vie des élèves (MEC/PCN-LE, 1998, 37-41). Différents auteurs montrent que le plurilinguisme modifie considérablement l'approche travaillant les compétences des élèves : le savoir-faire, même limité ou partiel, est systématiquement valorisé, comme étant un élément d'un répertoire de compétences plus ample (Goulier, 2006).

Si le texte officiel des *Propositions des programmes de langue étrangère* est riche en ce qui concerne la linguistique appliquée, on constate que l'exemplification de la relation du processus de l'enseignement/apprentissage des LE avec des thèmes transversaux (MEC/PCN-LE, 1998, 43-51), est majoritairement tournée vers l'enseignement de l'anglais, ce qui peut conduire un lecteur non informé (professionnel ou non-professionnel dans le cadre des écoles) à penser que la langue qui doit être incluse dans le cursus est l'anglais. Cette importance donnée à l'anglais par les auteurs du document peut favoriser à nouveau un enseignement unilingue, dont le système éducationnel brésilien souffre depuis plusieurs décennies dans la plus grande partie du pays. Nul ne conteste que, dans le monde d'aujourd'hui, l'apprentissage de l'anglais soit nécessaire mais conjointement avec d'autres LE, ce qui est présenté clairement dans le texte officiel pour l'enseignement moyen (MEC/PCN-LE, 2000, 25-32). Le besoin et l'inclusion de plusieurs langues dans le cursus de l'enseignement fondamental ne sont pas suffisamment développés dans les textes publiés par le Ministère de l'Éducation Nationale.

Il est important de signaler qu'en plusieurs endroits du texte officiel des *Propositions de programmes de langues étrangères*, les auteurs ont souligné l'importance du développement de la lecture de textes étrangers comme préoccupation principale pour ce niveau d'enseignement. Cette importance est justifiée par les aspects suivants :

• l'utilisation d'une LE est en général liée à la lecture d'une littérature technique ou de loisir ;

• le concours d'entrée à l'université et les examens d'admission aux études de troisième cycle requièrent la compétence d'une compréhension écrite;

• d'une part, la lecture répond aux besoins de l'éducation formelle et d'autre part, c'est la compétence dont l'élève peut se servir dans son contexte social immédiat (MEC/PCN-LE, 1998, 38-39).

Selon le document, les conditions souvent précaires dans de nombreuses écoles publiques brésiliennes (très peu d'heures de cours réservées aux langues, des enseignants qui ne maîtrisent pas la langue orale, matériel didactique se réduisant à la craie et au manuel) rendent difficile l'enseignement des approches communicative et actionnelle, voire interculturelle. C'est la raison pour laquelle l'enseignement centré sur la compétence de compréhension écrite se justifierait par la fonction sociale des LE dans le pays. On observe ici que ce document officiel présuppose un professeur idéal, c'est-à-dire celui qui maîtrise les théories linguistiques et qui serait par conséquent capable d'appliquer pédagogiquement ces propositions.

A propos de l'ENEM

Le Ministère de l'Éducation du Brésil ne retient que l'anglais et l'espagnol comme LE pour l'ENEM (Exame Nacional do Ensino Médio) à partir de 2010. Il va sans dire que cette décision a un impact négatif sur l'enseignement et la présence du français dans les écoles brésiliennes où il est (était) encore enseigné. Nous sommes profondément conscients et convaincus de l'importance de défendre et de promouvoir l'identité francophone. C'est pourquoi nous adhérons pleinement aux principes qui sont au cœur de la *Convention sur la protection et la promotion de la diversité des expressions culturelles* qui a été adoptée par l'UNESCO en décembre 2005. Cette convention ne semble pas être totalement présente dans les décisions.

À la suite de cet arrêté du ministère, la Fédération Brésilienne des Professeurs de Français (FBPF) a entrepris une ferme campagne auprès des autorités éducatives afin de permettre aux élèves brésiliens du niveau primaire et secondaire de faire un choix entre plusieurs langues incluant le français, lorsqu'ils passent l'ENEM. Avec l'appui de ses associations membres et d'autres associations partenaires, la FBPF poursuit ses efforts auprès des autorités pour la protection et la promotion de la diversité des expressions culturelles qui commandent et exigent que les jeunes de la nouvelle génération se voient offrir la possibilité de faire un choix non pas entre un moins grand nombre, mais bien entre un plus grand nombre de LE.

Il est certain que les associations de professeurs de français ont une contribution significative à donner en ce qui concerne l'inclusion du français comme deuxième ou troisième langue dans le cursus de l'enseignement moyen des écoles publiques et privées du Brésil, et surtout pour que le français soit réintroduit dans cet examen national. Il est important de lire les travaux de Galli (2015) où l'auteur présente une analyse très riche des représentations de l'enseignement-apprentissage de LE et, plus particulièrement, celles concernant la langue française.

Les textes actuels montrent que l'enseignement de la langue française au Brésil est très inégal selon la région : la région privilégiée est le Sud-Est, notamment à Rio et à Sao Paulo où se trouvent les grands noyaux populaires ; dans le Nord on pourrait croire qu'il progresse, avec l'influence évidente des échanges avec la Guyane française. Ailleurs, il n'a pas de place de première ligne car il se heurte à l'étude de l'espagnol et de l'anglais, très forts concurrents. Les recensements faits permettent d'affirmer qu'il existe un bon nombre de professionnels de la langue qui exercent leurs fonctions sur le territoire brésilien et ne sont pas intégrés au système éducatif.

Dans ses analyses de la problématique de l'enseignement du français d'il y a 20 ans, Brandão (1999) signale que la loi de l'éducation nationale « *donne indirectement le pouvoir de décision portant sur le choix de la langue étrangère optionnelle aux directeurs des établissements. Et ceux-ci donneront gain de cause, c'est sûr, à l'espagnol* » Brandão (1999, 108).

L'intervention des spécialistes de l'enseignement des LE devant les membres du Conseil d'Éducation de l'État du Brésil pour défendre la politique d'un enseignement plurilingue dans les écoles secondaires devient de nos jours incontournable. Il est nécessaire que les enfants de ce pays continent soient préparés aux échanges internationaux, non seulement avec les pays d'origine de leurs ancêtres, mais aussi avec tous ceux dont l'influence culturelle, académique et économique est importante.

Certaines régions du pays, par leur colonisation, ont une vocation plurilingue : la culture allemande et italienne, par exemple, cohabitent avec la culture nationale dans le sud ; la langue espagnole est présente dans le contexte touristique et dans celui du MERCOSUR ; la formation culturelle, littéraire, scientifique passe par le français, de même que l'anglais est présent dans le cinéma, les chansons et dans le monde de l'informatique, par exemple.

L'exclusion du français de l'ENEM est une situation intolérable face à la réalité de l'enseignement de cette langue et de cette culture, face au potentiel de nos universités et compte tenu des demandes et des possibilités francophones qui existent dans ce pays continent. Cette limitation du nombre de langues proposées à l'ENEM nous oblige à une démarche politique plus conséquente auprès de nos partenaires respectifs et des autorités établies.

La demande faite par la structure associative des enseignants de français auprès du Gouvernement brésilien concernant la reconsidération de la présence de toutes les LE enseignées dans les écoles brésiliennes, n'a toujours pas obtenu de réponse favorable. En conformité aux exigences de la loi de l'Education nationale de 1996, l'Etat a l'obligation de répondre aux besoins des apprenants et de respecter le choix de la LE faite par l'élève pendant ses années de formation dans l'enseignement secondaire. Nombreux sont ceux qui ont fait l'option du français et qui voient leur choix exclu de l'ENEM. Évidemment, cette situation - véritable affront aux pays francophones - porte atteinte aux Départements de français de l'Enseignement supérieur. Si l'on peut croire que le nombre de candidats qui se présenteraient au concours de l'ENEM est timide, il montre toutefois l'existence d'apprenants de français dans le pays.

Considérations finales

En conclusion, soulignons que le plurilinguisme est une composante actuelle de la communication, de l'information, du commerce, de l'apprentissage, de la technologie, de la recherche et de la culture et qu'il a *sa place dans une réflexion prospective* (Zarate, 2008), et qu'il n'est pas assuré au concours de l'ENEM. Par conséquent, non seulement l'enseignement du français, mais aussi celui de l'allemand, celui de l'italien, entre autres est voué à disparaître de l'école brésilienne.

Le moment est donc venu pour les autorités scolaires de cet immense pays continent de revoir la politique de l'apprentissage des LE dans l'enseignement secondaire. Le refus de l'enseignement diversifié des langues condamnerait un nombre significatif d'enfants brésiliens à une *marginalité* sociale, privés qu'ils seraient des conditions qui leur permettent de participer à une société compétitive nationale et internationale.

L'enseignement des LE à l'école secondaire au Brésil qui est important et déterminant, devra donc répondre à une demande sociale ainsi qu'à un besoin et à une volonté politique de formation du citoyen dans ce monde plurilingue et pluriculturel. Cet enseignement plurilingue qui concerne l'action principale de promotion du français, préparera les étudiants brésiliens aux rencontres et aux échanges internationaux que leur future mobilité professionnelle et sociale les obligera inévitablement à connaître.

Références bibliographiques

Bezerra, M. A. C. (1999). L'enseignement du FLE pour le citoyen du 3ème millénaire : une réflexion. *Actes du XIIIe Congrès brésilien des professeurs de français (première partie), Elos,* n° 2. 177-183.

Brandão, G. V. (1999). Peut-on continuer à croire que le français pourra être réhabilité à Maceió? *Actes du XIIIe Congrès brésilien des professeurs de français (première partie), Elos,* n° 2. 102-111.

Galli, J. A. (2015). A noção de intercultural e o ensino-aprendizagem de línguas estrangeiras no Brasil: representações e realidades do FLE. *EntreLínguas,* 1(1),111-129.

Galli, J. A. (2011). As línguas estrangeiras como política de educação pública plurilíngue. Dans J. A. Galli (dir.). *Línguas que botam a boca no mundo : reflexões sobre teorias e práticas de línguas*, 15-36. Recife, Brésil : Ed. Universitária da UFPE.

Goulier, F. (2006). *Les outils du Conseil de l'Europe en classe de langue. Cadre européen commun et Portfolios.* Paris, France : Didier.

Martinez, F. (2004). *Le français en Amérique latine : un bref regard.* Rapport de la COPALC-FIPF non publié, Fédération Internationale des Professeurs de Français, Paris.

Ministério da Educação e do Desporto (1998). *Parâmetros Curriculares Nacionais - Terceiro e Quarto Ciclos do Ensino Fundamental - Língua Estrangeira.* Brasília.

Ministério da Educação e do Desporto (2000). *Parâmetros Curriculares Nacionais - Ensino Médio.* Brasília.

Oliveira, R. S. (2001). Línguas estrangeiras e os PCNS. *Aracaju-SE, Jornal CINFORM, n° 281.*

Oliveira, R. S. (2002). Ensino e Aprendizagem de Francês-Língua Estrangeira no Estado de Sergipe, realidade e perspectiva. *Mémoire de Maîtrise* non publié. Université de São Paulo, São Paulo.

Pagel, D. F. (1997). L'enseignement des langues étrangères d'après la nouvelle loi de l'éducation nationale. *Bulletin de la FBPF*, 17/18, Fédération Brésilienne des Professeurs de Français, Florianópolis.

Pagel, D. F. et *al.* (1997). Document synthèse de la 1ère Rencontre Nationale sur la Politique de l'Enseignement de Langues Étrangères au Brésil. *Bulletin de la FBPF*, 17/18, Fédération Brésilienne des Professeurs de Français, Florianópolis.

Pinheiro-Mariz, J. (2014). O desenvolvimento da competência intercultural em aula de francês língua estrangeira? *Leitura (s) em francês língua estrangeira. Série Enjeu*, (2), 87-111.

Porcher, L. & Faro-Hanoun, V. (2000). *Politiques linguistiques.* Paris2001 : L'Harmattan.

Zarate, G. (2008). Le plurilinguisme est-il une donnée incontournable des sociétés de l'avenir ? Dans P. Martinez, D. Moore, V. Spaëth (dir.). *Plurilinguisme et enseignement. Identités en construction*, 205-208. Paris, France : Riveneuves.

Chapitre 20

Biographie langagière et rapport à la langue française d'auteurs bilingues. Contribution à la formation des professeurs de français langue étrangère.

Rosiane Xypas & Constantin Xypas

Introduction

Dans le cadre de la formation des futurs professeurs de Français Langue Étrangère (FLE), sanctionnée par la Licence de FLE à l'Université Fédérale de Pernambouc (UFPE), nous avons observé le phénomène suivant : nos étudiants expriment leur admiration pour la beauté de cette langue et montrent un tel respect pour la richesse stylistique de grands auteurs étudiés dans l'histoire de la littérature qu'ils finissent par en être démotivés. En effet, qui pourrait rivaliser avec Gide, Sartre, et autres Saint-Exupéry ? Aussi, répugnent-ils à apprendre à écrire des textes à caractère littéraire, persuadés de *ne jamais réussir à maîtriser une langue tellement subtile*, que seuls des auteurs natifs pourraient *réellement dominer.*

De telles affirmations, on s'en doute, entraînent démotivation et blocage dans l'apprentissage de l'écriture littéraire qu'en tant que professeure nous ne voulions négliger. Il nous a semblé pertinent d'aider les étudiants en Licence de Français Langue Étrangère (FLE) à prendre conscience de leurs rapports à la langue française, rapports qui sont au fond plus complexes et subtils que la simple peur exprimée. Nous espérons ainsi les conduire à prendre conscience de leurs difficultés réelles et ainsi à travailler à les dépasser. Pour ce faire, nous nous inspirons des acquis de la psychologie constructiviste, selon laquelle la meilleure manière d'aider un sujet à se remettre en cause consiste en la *prise de conscience* (Piaget, 1974) de sa manière de voir les choses.

Pour cela, dans un premier temps, nous leur proposons la lecture d'œuvres d'auteurs francophones, ayant appris le français étant adulte et pratiquant le bilinguisme littéraire. Dans un deuxième temps, nous leur demandons, en s'inspirant du rapport au français des auteurs étudiés, de rédiger leur propre *biographie langagière.*

En effet, face à la maîtrise de deux langues, l'auteur francophone d'origine étrangère est confronté à un choix : ou bien, il choisit d'écrire en français, en préférence à sa langue maternelle comme l'ont fait Beckett, Ionesco, Cioran, Kristeva, etc, ce que Cuq (2003) nomme le *monolinguisme littéraire.* Ou bien, il décide d'écrire dans les deux langues, et il s'agit alors de *bilinguisme littéraire.*

Or, nos étudiants en tant que futurs traducteurs, interprètes ou professeurs de français ont l'intention de devenir bilingues. Nous allons donc étudier avec eux des écrivains pratiquant le bilinguisme littéraire. Nous en avons retenus trois : la slovène Brina Svit (1954), la canadienne Nancy Huston (1957) et le grec Vassilis Alexakis (1943). La raison de ce choix ? Ces trois auteurs consacrent de belles pages à leurs difficultés avec le bilinguisme en général, et à la langue française en particulier, ce qui les rapproche du vécu de nos étudiants.

La lecture des auteurs bilingues doit aboutir à la construction d'un fil conducteur à partir des questions suivantes : comment s'est forgée l'identité langagière de chacun de ces auteurs bilingues ? quel est leur rapport à la langue française ? qu'ont-ils en commun et quelles en sont les différences ?

Pour répondre à ces questions, les étudiants sont guidés à chercher des éléments de *biographie langagière*, dans les textes personnels décrivant leurs difficultés linguistiques et de ces trois auteurs, à savoir : *Moreno* de Brina Svit (2003) ; *Lettres Parisiennes. Histoires d'exil* de Nancy Huston (1986) et *Paris-Athènes* de Vassilis Alexakis (1989).

L'expérience didactique étant en cours, cet article présente son fondement théorique et sa démarche méthodologique.

1. Fondement théorique constructiviste

Pour Piaget (1974a), le sujet ne se pose un problème que s'il ressent une *perturbation*. Celle-ci peut avoir trois origines, plus au moins liées :

a. le sujet peut être confronté à une contradiction au sens de la logique formelle ;

b. il peut être confronté aux données discordantes de la *réalité*, celle qui résulte de son expérience directe avec le monde extérieur ;

c. il peut enfin être confronté aux désaccords de ses pairs.

Dans le cas présent, nous souhaitons confronter les étudiants au vécu des auteurs bilingues, tel que décrit dans des textes autobiographiques, mais aussi au vécu des autres étudiants de la promotion.

Cependant, pour que le sujet éprouve un sentiment de perturbation, il existe, selon Piaget (1974a) une condition : qu'il accorde de la *valeur* au but poursuivi. Piaget évite de parler d'intérêt, le terme paraissant confus, et préfère parler de *valeur*. Dans l'expérience en cours, la *valeur* se dégage de la comparaison entre la biographie langagière de l'étudiant avec celle d'un auteur francophone bilingue.

Or, le simple fait d'être confronté à une perturbation ne suffit pas à une quelconque prise de conscience. En effet, face à une perturbation, il existe, selon Piaget (1974b), trois conduites possibles : le *refoulement cognitif* ou conduite de type alpha ; l'*équilibration majorante* ou conduite de typa bêta ; et l'*anticipation des variations possibles* ou conduite de type gamma.

Conduite de type alpha : la perturbation est niée ou négligée ou annulée par une action compensatrice. Ainsi le sujet ne se pose pas le problème. Le refoulement cognitif est une conduite universelle, aussi courante que le refoulement affectif décrit par Freud. Il apparaît aussi bien dans la vie courante que dans le cas des recherches scientifiques. Autrement dit, le sujet résiste à prendre conscience de la perturbation pour ne pas avoir à *se remettre en cause*, c'est-à-dire, à modifier ses schèmes intellectuels. Dans le cas présent, c'est ce qui arrive lorsque le professeur veut convaincre ses étudiants que *le français est une langue facile*, contrairement à leurs convictions structurées en schèmes cognitifs.

Conduite de type bêta : la perturbation est intégrée dans le système cognitif en le modifiant. En d'autres termes, le sujet modifie son raisonnement pour tenir compte de l'élément perturbateur. Elle aboutit à ce que Piaget appelle une équilibration majorante. Dans le cas d'un chercheur, il observe les irrégularités et les faits inattendus qui le conduisent à modifier son hypothèse et, le cas échéant, à les intégrer dans son plan de recherche.

Conduite de type gamma : elle *« consiste à anticiper les variations possibles, lesquelles perdent, en tant que prévisibles et déductibles, leur caractère de perturbations et viennent s'insérer dans les transformations virtuelles du système »* (Piaget, 1975, 73). Autrement dit, ce type de conduite caractérise l'expert dans la mesure où il domine son champ d'expertise.

Dans l'expérience en cours, il ne s'agit pas, bien sûr, de former des experts, mais plus modestement de donner aux étudiants le moyen de passer de la conduite alpha à la conduite bêta, du refoulement cognitif - qui constitue le principal obstacle à l'apprentissage -, à une modification de leur raisonnement intégrant les opinions et les vécus décrits par les auteurs bilingues.

Dans l'optique d'une pédagogie d'inspiration piagétienne, le professeur ne fournit pas la *bonne réponse* aux apprenants, mais les stimule à la chercher par eux-mêmes en provoquant une *perturbation* intellectuelle et en mettant à leur disposition les moyens pour y parvenir. Selon Piaget (1974), il s'agit principalement des *actions directes sur les choses* (ici, les textes des auteurs) et *l'interaction avec les pairs* sous forme de débats organisés. En un mot, il s'agit de déclencher chez l'apprenant un *conflit cognitif* qui le place en situation de questionnement ; c'est ce questionnement qui va le pousser à se lancer dans un processus d'enquête, comme John Dewey l'a établi dès 1938 (Dewey, 1938/1997).

2. Démarche méthodologique

Puisqu'il est question de biographie langagière, il nous faut commencer par en donner une définition. Voici celle qu'en donne Jean-Pierre Cuq dans son *Dictionnaire de didactique du français* (2003) :

« La biographie langagière d'une personne est l'ensemble des chemins linguistiques, plus ou moins longs et plus ou moins nombreux, qu'elle a parcourus et qui forment désormais son capital langagier ; elle est un être historique ayant traversé une ou plusieurs langues, maternelles ou étrangères, qui constituent un capital langagier sans cesse changeant. Ce sont, au total, les expériences linguistiques vécues et accumulées dans un ordre aléatoire, qui différencient chacun de chacun » (*ibid*, 36-37).

Tantôt définie comme *« chemins linguistiques »*, tantôt comme *« un être historique ayant traversé plusieurs langues »*, la définition contenue dans Cuq (2003) ne nous paraît ni rigoureuse ni précise. Aussi proposons-nous, la définition suivante :

La biographie langagière est le récit de la rencontre d'une personne avec les langues apprises et pratiquées au cours de sa vie. Elle privilégie l'aspect subjectif, le vécu raconté et les émotions qui y sont liées, mais aussi les difficultés rencontrées au cours de leur apprentissage, ainsi que l'usage qui en est fait : professionnel, littéraire ou réservé à l'espace privé. Concernant les auteurs bilingues, il convient de relever et de comparer la langue apprise par volonté propre (construction langagière décidée) et la construction langagière héritée par la famille et le contexte sociopolitique.

En fait, rédiger la biographie langagière d'un auteur s'avère un travail ardu, digne d'un mémoire de Master. Aux étudiants de Licence nous conseillons de faire une production écrite à partir de l'étude d'une œuvre d'un auteur francophone. À cette fin, nous préconisons les étapes suivantes :

a. Présenter l'auteur par une brève notice biographique donnant un premier aperçu de ses rapports aux langues pratiquées. La notice doit être brève et peut provenir d'un site sur internet, à condition de ne pas la copier, mais d'en extraire les éléments pertinents. La compléter par la liste de ses principaux écrits.

b. Indiquer les écrits les plus pertinents du point de vue de sa relation aux langues, tant maternelle que française. Identifier les extraits les plus significatifs qui nourriront le débat pendant les cours, créeront un conflit cognitif et, plus tard, aideront les étudiants à rédiger leur propre biographie langagière.

Les premiers cours seront consacrés à l'étude de Brina Svit, Nancy Huston et Vasilis Alexakis. Suivent de brèves notices biographiques de nos auteurs.

3. Brina Svit

De son vrai nom Brina Švigelj-Mérat (Mérat étant le nom de son mari), née le 31 mai 1954 à Ljubljana, en Slovénie, elle est une femme de lettres slovène, auteure bilingue écrivant en français et en slovène. Après avoir étudié la philologie française et la littérature comparée à l'Université de Ljubljana, - elle est diplômée en littérature française comparée, - elle s'établit à Paris en 1980. Ses premiers romans sont écrits en slovène. À partir de *Moreno* (2003), Brina Svit choisit d'écrire en français, justifiant le choix d'une langue qu'elle *« ne possède pas totalement »* parce qu'elle l'*« oblige à aller vers l'essentiel »* (www.Babelio.com/auteur; consultation faite le 30/05/2016).

Ses deux premiers romans sont écrits en slovène (1984 et 1998). Mais à partir de 1998, elle publie huit romans en français, à un rythme assez soutenu, à raison d'un roman tous les deux ans, tous édités chez Folio - Gallimard : *Con brio (*1998) ; *Mort d'une prima donna slovène* (2001) publié également en slovène ; *Moreno* (2003) ; *Un cœur de trop* (2006) ; *Coco Dias ou la Porte Dorée.* (2007) ; *Petit éloge de la rupture* (2009) ; *Une nuit à Reykjavík* (2011) ; *Visage slovène* (2013).

Extraits de *Moreno* (2003)

Nous encourageons les étudiants à se répartir la lecture de ces romans à la recherche d'éléments de biographie linguistique. À titre d'illustration, nous présentons trois courts extraits de *Moreno* (2003). Les voici :

[…] « *Il y a certainement des fautes, des tournures de phrases qui ne sont pas correctes… cette langue est trop distinguée pour moi.* […] *J'ai toujours été attirée et intriguée par les écrivains qui ont changé de langue.* […] *Pourquoi ? Comment ? Et surtout à quel prix ? En tout cas, je ne crois pas au bilinguisme heureux* » (19-20).

« *Le slovène et le français se complètent à merveille : une langue cérébrale, précise et codée, et une autre émotionnelle, très élastique et souple* » (20).

« *Je suis reconnaissante à mon destin de m'avoir déchirée entre deux pays et entre deux langues.* […] *car deux, c'est toujours plus qu'un* » (29).

Le premier extrait montre que même une auteure confirmée peut ne pas maîtriser parfaitement le français, mais cela ne l'empêche pas d'écrire, et même d'être publiée chez Gallimard. Dans le second, Brina Svit attribue des rôles différents aux deux langues : un rôle sentimental à sa langue maternelle et un rôle rationnel-scientifique au français. Qu'en est-il du portugais et du français, au regard des étudiants brésiliens ? Quant au troisième extrait, il parle de « *déchirure* » entre deux pays et deux langues, ce qui est grave, et en même temps, Brina Svit juge cette déchirure positive au point d'en être reconnaissante à son destin. Qu'en pensent nos étudiants ? Est-ce qu'ils s'identifient, ou est-ce qu'ils s'opposent à la vision et au vécu de Brina Svit ?

Enfin, comment expliquer le paradoxe qui fait qu'une même situation - le bilinguisme littéraire - puisse être bonne et mauvaise à la fois ? On ne peut douter que des étudiants se reconnaîtront dans ses affirmations et qu'ils entameront de vifs débats entre eux.

4. Nancy Huston

Écrivaine franco-canadienne d'expression anglaise et française, Nancy Huston est née le 16 septembre 1953 à Calgary en Alberta au Canada. Elle passe une partie de sa jeunesse à Boston, aux États-Unis. Elle arrive en France à l'âge de 20 ans, devient élève de Roland Barthes et participe un temps au Mouvement de Libération des Femmes (MLF), période pendant laquelle elle écrit des essais. Viennent ensuite les romans, avec en 1981, *Les Variations Goldberg*. Avec *Cantique des plaines*, elle revient, pour la première fois à sa langue maternelle, l'anglais, et à son pays d'origine, le Canada. Mais comme le roman est refusé par les éditeurs anglophones, elle se résigne à le traduire en français et s'aperçoit, dit-elle, que la traduction améliore l'original ! Depuis, elle utilise cette technique de double écriture (www.Babelio.com/auteur, consulté le 30/05/2016).

Sa bibliographie comporte des romans, récits, pièces de théâtre et correspondances, traductions, et ouvrages pour la jeunesse. Pour nous en tenir à ses romans, entre 1981 et 2016, leur liste contient quinze titres dont certains couronnés par les prix littéraires suivants :

Prix du Gouverneur Général [du Canada] (1993) et Prix Canada-Suisse (1995) pour le *Cantique des plaines* (1993) ; Prix Louis-Hémon pour *La Virevolte* (1994) ; Prix Goncourt des lycéens et Prix du Livre Inter pour *Instruments des ténèbres* (1996) ; Prix des libraires du Québec (1999) et Grand prix des lectrices d'*Elle* pour *L'Empreinte de l'ange* (1998) ; Prix Odyssée (2002) pour *Dolce agonia* (2001) ; Prix Femina et Prix France Télévisions pour Lignes de faille (2006). Enfin, Nancy Huston a reçu deux doctorats *Honoris Causa* : en 2000 par l'Université de Montréal (Canada), et en 2007 par l'Université de Liège (Belgique).

Nous mentionnons les prix littéraires reçus pour ses romans et les doctorats Honoris Causa attribués pour l'ensemble de son œuvre pour montrer aux étudiants qu'il est possible d'atteindre un niveau d'excellence dans la maîtrise de la langue française sans nécessairement être un locuteur natif, et même ayant appris cette langue à l'âge adulte.

Extraits des *Lettres parisiennes. Histoires d'exil* (*1986*)

Bien que son autobiographie soit une des sources principales de ses romans, - au point où ses lecteurs connaissent son enfance et son adolescence malheureuses - , ce n'est pas à un roman que nous avons recouru, car le livre qui contient le plus de confidences à propos de ses relations avec l'anglais sa langue maternelle, et le français, est un recueil épistolaire comprenant des lettres échangées avec Leïla Sebbar : *Lettres parisiennes. Histoires d'exil*, publié chez Barrault, 1985, et réédité dans J'ai Lu. Il s'agit de trente lettres écrites entre le 11 mai 1983 et le 11 décembre 1985. Voici deux extraits de la Lettre XII, écrite à Paris, le 12 octobre 1983 :

[…] « J'ai peur quand je vois s'atrophier, comme un organe trop longuement engourdi, ma langue maternelle. Mon vocabulaire s'effrite de plus en plus ; à force d'enseigner l'anglais, je ne me sers plus que des mots qui figurent dans les manuels de langue, et quand il m'arrive de lire Shakespeare, ou Joyce, ou Djuna Barnes – que dis-je, même le New York Times *– je redécouvre avec effroi des centaines de mots courts, étincelants et forts, qui ne font plus partie de mon vocabulaire anglais et dont je ne connaîtrai jamais les équivalents en français »* (76).

[…] « cette sensation de flottement entre l'anglais et le français, sans véritable ancrage dans l'un ou dans l'autre – de sorte que, au bout de dix années de vie à l'étranger, loin d'être devenue 'parfaitement bilingue', je me sens doublement mi-lingue, ce qui n'est pas très loin d'analphabète » (77).

Le premier extrait interpelle tout professeur de langue étrangère, qu'il enseigne sa langue maternelle à des étrangers, comme c'est le cas de Nancy, ou une langue étrangère à ses compatriotes, - le français dans le cas de nos étudiants qui se destinent à son enseignement. Quel que soit le cas, il est difficile de suivre l'évolution linguistique (néologismes, nouvelles expressions, nouvel usage de mots anciens) dans deux langues à la fois.

À travers le second extrait, nos étudiants peuvent reconnaître leur propre peur à la fois de ne jamais parvenir à maîtriser le français et, pire, de 'perdre' leur langue maternelle. Si, en effet, Nancy Huston, auteur reconnue par ses quinze romans, tant en France qu'au Canada, constate que sa langue maternelle s'atrophie et s'engourdit, que son vocabulaire s'effrite, et regrette la sensation de flottement entre deux langues, sans ancrage et - horreur ! - la peur de devenir doublement « *mi-lingue* », pratiquement « *analphabète* », quel étudiant ne serait-il pas amené à se poser les mêmes questions ?

5. Alexis Alexakis

Né le 25 décembre 1943 à Athènes, Vassilis Alexakis est un écrivain franco-grec, au sens où il écrit à la fois en français et en grec, sa langue maternelle. À l'âge de 17 ans, en 1968, il reçoit une bourse et vient en France pour étudier le journalisme. Diplômé de l'École Supérieure de Journalisme (ESJ) de Lille, Alexakis a collaboré comme journaliste, dessinateur humoristique et chroniqueur à plusieurs journaux et radios, dont *Le Monde*, *La Croix*, *La Quinzaine littéraire* et *France Culture*. Il a travaillé au *Monde des livres* durant quinze ans et a également écrit des pièces radiophoniques.

Sa bibliographie comprend des romans, récits, nouvelles et même des dessins humoristiques. Entre 1974 et 2015 il publie quinze romans dont la majorité se répartit entre deux axes. Le premier concerne son rapport à son pays d'origine et à son pays d'adoption, la Grèce et la France, notamment dans *Contrôle d'identité* (1985), *Paris-Athènes* (1989), *Avant* (1992), *Ap. J.-C.* (2007), *L'Enfant grec* (2012) ; le second, son rapport aux deux langues, comme dans *La Langue maternelle* (1995), *Les Mots étrangers* (2002), *Le Premier Mot* (2010).

Alexakis a reçu de nombreux prix littéraires, notamment le Prix Albert-Camus, en 1993, pour *Avant (1992) ;* le Prix Médicis, en 1995, pour *La Langue maternelle* (1995) ; le Grand prix du roman de l'Académie française, en 2007, pour *Ap. J.-C.*, publié la même année. Enfin, son dernier roman, *La Clarinette* (2015) a été récompensé la même année par le prix Casanova, le prix Scam et le prix François Billetdoux.

Extrait de *Paris-Athènes* (1989)

Bien que l'on encourage les étudiants à se répartir la lecture de différents romans afin de chercher des éléments de biographie langagière, nous ne présenterons, ici, qu'un extrait pioché dans les 289 pages de *Paris-Athènes* (1989), où l'auteur se remémore sa connaissance du français et son premier contact avec la littérature française, lorsqu'à 17 ans il quitte sa famille pour s'inscrire en première année de l'École de journalisme de Lille :

« *Je connaissais suffisamment le français pour écrire des rédactions de deux ou trois pages, bien maladroites sans doute, mais qui suscitaient le même genre de commentaires que mes rédactions en grec. Déjà, à l'époque, je n'avais pas l'impression que le français me trahissait. Je suis arrivé à Lille sans trop de complexes : j'étais convaincu que l'écriture est avant tout affaire d'imagination. Ma connaissance de la langue ne me permettait pas toutefois de lire un roman comme* Les Faux-Monnayeurs *de Gide, que j'avais commencé et abandonné au bout de quelques pages. Ce n'est qu'à la veille de mon départ que je lus, pour la première fois, un texte français en entier : ce fut* La Cantatrice chauve. *J'ai ouvert le livre qu'on venait d'envoyer à mon père, sans grande conviction, et ne l'ai plus lâché. Je ne soupçonnais pas que la langue française pouvait me faire rire* » (163).

« *Il me serait très douloureux d'écrire en français si j'avais dû renoncer au grec. Je peux faire l'éloge de l'étude des langues, pas celui de leur oubli* » (163).

Des passages comme celui-là suscitent, on s'en doute, des débats amusés, les étudiants pouvant s'identifier aisément avec la tendre ironie avec laquelle Alexakis parle de lui-même.

6. Le paradoxe de la construction identitaire bilingue

Les biographies langagières de nos trois auteurs montrent que se construire comme auteur bilingue se fait par un effort soutenu de tous les jours, au prix d'un coût psychique élevé qui se manifeste par une série de paradoxes, par rapport à la langue maternelle, au français et même à leur identité nationale :

a. alors qu'ils affirment adorer leurs langues maternelles respectives, ils écrivent préférentiellement en français,

b. alors qu'ils se plaignent de maîtriser insuffisamment le français, ils sont couverts de prix littéraires prestigieux (Huston et Alexakis) ou, du moins, édité par un éditeur de renom : Gallimard (Svit),

c. leur identité tant littéraire que nationale est également placée sous le signe de l'ambiguïté : ils se présentent comme auteur slovène, canadienne et grec, alors que les Beckett, Ionesco, Cioran, Kristeva… pratiquant le monolinguisme littéraire se disent auteurs Français d'origine étrangère.

Pour comprendre les paradoxes de la construction identitaire bilingue, nous partons de la distinction classique faite par Landry & Rousselle (2003) entre les deux composantes de *la disposition cognitivo-affective d'un individu envers les langues et les communautés où il évolue* : *« la volonté d'apprendre et d'utiliser une langue »* et *« le désir d'intégrer une communauté linguistique »* (cité par Gauvin, 2009, 97). On peut par exemple chercher à apprendre une langue, sans nécessairement vouloir intégrer la communauté linguistique où cette langue est pratiquée. Celui, en revanche, qui ressent le désir d'intégrer une communauté linguistique va bien au-delà du simple apprentissage d'une langue seconde. La distinction binaire de Landry & Rousselle (2003) est bien adaptée à ceux qui apprennent une langue étrangère, mais ne correspond nullement à des auteurs confirmés qui, par définition, font partie de la communauté linguistique de langue française.

Nous proposons, quant aux auteurs francophones d'origine étrangère, une autre distinction : entre le désir *d'intégrer une communauté linguistique* et celui *d'intégrer une communauté nationale.*

En effet, à la lecture de l'autobiographie langagière de Svit, Alexakis et Huston, si le désir d'intégrer la communauté linguistique française ne fait aucun doute, aucun des trois ne se déclare Français, par opposition à Beckett, Ionesco, Cioran, et autres Kristeva qui se disent Français d'origine étrangère.

Le lieu de résidence peut constituer un indice de la relation d'un auteur à l'espace culturel et linguistique. Comme on a bien compris, Nancy Huston n'est pas née en France, mais au Canada et sa correspondance avec Leila Sebbar s'intitule *Lettres parisiennes. Histoires d'exil* (1985). Il s'agit bien sûr d'un exil intérieur, l'auteure se sentant en exil quel que soit son lieu de résidence. Portant son exil en soi, elle n'est chez elle nulle part. Le cas d'Alexakis est différent, lui qui réside à Paris et à Athènes en alternance. Il n'a pas besoin de choisir entre les deux villes, Paris et Athènes, les deux pays, la France et la Grèce et *in fine* les deux langues. Il se sent chez lui ici et là-bas. Il n'est pas assis *entre deux chaises*, mais alternativement sur l'une et l'autre. Le cas de Brina Svit est encore autre, elle qui vit en France, mais dont plusieurs romans se déroulent dans des pays lointains, comme si elle n'était bien ni ici, ni là-bas, mais ailleurs.

Au-delà de leurs différences, les auteurs pratiquant le bilinguisme littéraire ont un point en commun : une forme de balancement entre deux lieux liés à l'histoire personnelle et une ambivalence foncière envers la langue maternelle. Pourquoi une telle ambivalence ? Ce n'est peut-être pas un hasard si nos trois auteurs expriment une ambivalence affective envers leurs mères qui, probablement, se répercute sur leurs rapports à leurs langues maternelles respectives, puis, sur leurs pays d'origine et les pousse à chercher une langue d'adoption.

Sur les relations de Nancy Huston à sa mère et le récit de son enfance, il est éclairant de lire *Bad Girl* (2016), roman autobiographique au titre évocateur, où l'auteure raconte comment sa mère, afin de poursuivre des études, a quitté ses trois enfants pour ne plus jamais demander à les revoir. Des passages exprimant des reproches à la mère se retrouvent également chez Brina Svit, alors qu'Alexis Alexakis ne lui reproche que d'être envahissante. Sur ce point, il serait nécessaire d'élargir l'enquête sur d'autres auteurs pratiquant le bilinguisme littéraire, ce qui sera le sujet d'une autre recherche.

Propos conclusifs

Le présent article constitue une partie d'une expérience en cours, dans laquelle nous découvrons l'intérêt pour les étudiants brésiliens se destinant à devenir professeurs de FLE où traducteurs bilingues,

a. à étudier des auteurs francophones bilingues ayant appris le français étant déjà adultes, car ils dévoilent leurs fragilités, leurs doutes, leur combat quotidien pour s'exprimer en français et ils y arrivent ;

b. à élaborer la biographie langagière d'au moins un des auteurs en question ;

c. à élaborer leur propre biographie langagière afin de mettre en perspective l'origine de leur désir d'apprendre le français et les enjeux émotionnels de celui-ci ;

d. de se déterminer par rapport à leur désir : d'apprendre et d'utiliser une *langue ;* d'intégrer une communauté linguistique ; d'intégrer une communauté nationale (français, suisse, belge, québécoise, autre) ;

e. de prendre conscience de leurs représentations de la langue française et de l'impact de non francophone natif dans le renouvellement de sa littérature.

On espère ainsi faire évoluer nos étudiants de FLE dans le sens de lever les inhibitions qui freinent l'apprentissage de l'écrit littéraire.

Références bibliographiques

Alexakis, V. (1985). *Contrôle d'identité.* Paris, France : Seuil.

Alexakis, V. (1989). *Paris-Athènes.* Paris, France : Seuil. Réédité : Folio Gallimard, 2006.

Alexakis, V. (1992). *Avant.* Paris, France : Seuil.

Alexakis, V. (1995). *La Langue maternelle.* Paris, France : Gallimard.

Alexakis, V. (1997). *Paris-Athènes.* Paris, France : Folio Gallimard.

Alexakis, V. (2002). *Les Mots étrangers.* Paris, France : Stock.

Alexakis, V. (2005). *Je t'oublierai tous les jours.* Paris, France : Stock.

Alexakis, V. (2007). *Ap. J.-C.* Paris, France : Stock.

Alexakis, V. (2010). *Le Premier Mot.* Paris, France : Stock.

Alexakis, V. (2012). *L'Enfant grec.* Paris, France : Stock.

Alexakis, V. (2015). *La Clarinette.* Paris, France : Seuil.

Cuc, J-P. (2003). *Dictionnaire du français langue étrangère et seconde.* Paris, France : CLE International.

Dewey, J. (1938/1993). *Logique. La théorie de l'enquête.* Paris, France : PUF.

Gauvin, L. (2009). La construction langagière, identitaire et culturelle : un cadre conceptuel pour l'école francophone en milieu minoritaire. *Cahiers franco-canadiens de l'Ouest, vol. 21, n° 1-2, 2009,* 87-126.

Huston, N. & Sebbar, L. (1985/1994). *Lettres parisiennes - Histoires d'exil.* Paris, France : J'ai Lu.

Huston, N. (1981). *Les Variations Goldberg.* Paris, France : Seuil

Huston, N. (1993). *Cantique des plaines.* Arles, France : Actes Sud

Huston, N. (1994). *La Virevolte.* Arles, France : Actes Sud

Huston, N. (1996). *Instruments des ténèbres.* Arles, France : Actes Sud

Huston, N. (1998). *L'Empreinte de l'ange.* Arles, France : Actes Sud

Huston, N. (2001). *Dolce agonia.* Arles, France : Actes Sud

Huston, N. (2016). *Bad girl.* Arles, France : Actes Sud

Landry, R. & Rousselle, S. (2003). *Éducation et droits collectifs.* Moncton, Nouveau-Brunswick : Éditions de la francophonie.

Piaget, J. (1974a). *La prise de conscience.* Paris, France : PUF.

Piaget, J. (1974b). *Réussir et comprendre.* Paris, France : PUF.

Piaget, J. (1975). *L'équilibration des structures cognitives : problème central du développement.* Paris, France : PUF, coll. Études d'épistémologie génétique, n°33.

Svit, B. (1998). *Con brio.* Paris, France : Gallimard-Folio.

Svit, B. (2001). *Mort d'une prima donna slovène.* Paris, France : Gallimard-Folio.

Svit, B. (2003). *Moreno.* Paris, France : Gallimard-Folio.

Svit, B. (2006). *Un Cœur de trop.* Paris, France : Gallimard-Folio.

Svit, B. (2007). *Coco Dias ou la Porte Dorée.* Paris, France : Gallimard-Folio.

Svit, B. (2009). *Petit éloge de la rupture.* Paris, France : Gallimard-Folio.

Svit, B. (2011). *Une nuit à Reykjavik.* Paris, France : Gallimard-Folio.

Svit, B. (2013). *Visage slovène.* Paris, France : Gallimard-Folio.

Chapitre 21

Incidences de la Diversité Socioculturelle sur l'alphabétisation post-constructiviste dans les écoles publiques brésiliennes

Candy Estelle Marques Laurendon
& Nair Cristina da Silva Tuboiti

La société brésilienne comme l'ensemble des sociétés modernes complexes actuelles est marquée par une diversité culturelle, produit d'une importante miscégénation ethnique de la population entre Indiens, Noirs et Européens. A l'école, institution représentative de la société, cette diversité sociale et culturelle est mise en scène dans la salle de classe à partir de l'interaction entre professeur et élèves, marqués par leurs différences ethnico-raciales, socio-économiques, religieuses… Ces différences peuvent alors entraîner quelques difficultés dans le processus d'enseignement-apprentissage.

Au Brésil, le taux encore élevé d'analphabétisme[70] des élèves à la fin des trois premières années de l'enseignement primaire - seulement 44% des élèves de ce niveau scolaire savent lire et écrire un texte simple compréhensible[71]- favorise l'émergence de politiques publiques du Gouvernement pour tenter de renverser ce cadre, en privilégiant comme l'une de ses principales actions l'amélioration de la formation des professeurs d'écoles.

En effet, de nombreux chercheurs en éducation critiquent la qualité de la formation professionnelle enseignante, qui influe sur l'enseignement proposé aux enfants des périphéries urbaines, basé sur un modèle traditionnel (Becker, 2012 ; Nóvoa, 1999). De plus, le phénomène *pathologiste* de l'éducation est encore très présent au Brésil, permettant d'attribuer les causes des non-apprentissages et de l'échec scolaire des élèves de classe populaire à de possibles maladies ou aux conditions socio-psychologiques de ces élèves et leur famille (Moysés, 2008 ; Patto, 2008 ; Alves-Mazzotti, 2008). Les enseignants expriment alors des

---

[70] Le taux d'analphabétisme actuel au Brésil représente 8,3% de la population totale soit plus de 13 millions de personnes de plus de 15 ans analphabètes (IBGE, 2014).

[71] Les résultats de 2014 de l'Evaluation Nationale de l'Alphabétisation (ANA) révèlent que, à la fin de la 3ème année de l'enseignement fondamental, 56% des élèves au Brésil réalisent la lecture de mots simples et localisent les informations dans la première ligne de petits textes, alors que 44% trouvent des informations simples tout au long du texte. Concernant l'écriture, 34% des élèves n'écrivent pas et ceux, qui le font écrivent des textes illisibles, insignifiants ou inadéquats. 66% des élèves écrivent des textes allant de courts avec des inadéquations, à des textes adéquats avec peu de déviance dans l'écriture (BRASIL, 2015).

difficultés à se confronter aux différentes situations familiales, socioculturelles et économiques de leurs élèves (Grossi, Grando & Oliveira, 2015).

La formation professionnelle enseignante semble encore précaire, sans de possible prise en compte de la diversité culturelle au niveau théorique et/ou pratique et sans une proposition didactique destinée à l'alphabétisation des élèves, en particulier, de classe populaire. A cet effet, la méthodologie didactique post-constructiviste créée par le GEEMPA[72] constitue une avancée, en considérant le processus d'enseignement-apprentissage à partir des relations socioculturelles, grâce à une pratique pédagogique innovatrice axée sur la maxime selon laquelle *tous peuvent apprendre*.

La recherche présentée dans cet article a pour objectif d'étudier comment la diversité socioculturelle présente dans la classe peut être prise en compte par l'institutrice post-constructiviste pour influencer le processus d'enseignement-apprentissage de l'alphabétisation d'élèves de classe sociale populaire. Dans un premier temps, nous caractérisons la diversité socioculturelle dans la salle de classe brésilienne et la proposition didactique post-constructiviste du GEEMPA. L'analyse d'entretiens non directifs réalisés avec quatre enseignants post-constructivistes permet ensuite de questionner l'éventuelle construction d'une troisième culture, résultante de l'interaction entre les différents acteurs de la scène de classe, favorisant de nouveaux apprentissages pour tous.

Diversité socioculturelle dans les écoles publiques brésiliennes

Les salles de classe brésiliennes sont constituées par des groupes d'acteurs professeur-élèves, résultant du métissage culturel caractéristique de la propre société, marqués par leurs différences sociales, économiques, religieuses, etc. Etudier ces groupes sociaux oblige alors à la prise en compte de la diversité culturelle définie comme la « *coprésence d'une pluralité ou d'une multiplicité de cultures dans un lieu, dans un temps* » (Demorgon, 1999, 16).

En effet, l'espace de la salle de classe est le résultat des « *interactions - et, bien souvent, confrontations - d'identités, suivant des découpages multiples et fluctuants : enseignant/élèves, mais aussi selon le sexe, les origines nationales et culturelles, les aptitudes au travail scolaire et toute autre catégorisation* » émergente (Ogay, Leanza, Dasen & Changkakoti, 2002, 40-41). Ce contact interpersonnel entre enseignant et élèves est donc toujours interculturel dans les salles de classe et peut favoriser le dialogue et la découverte des expériences, des pensées et des pratiques de chacun (Vieira, 2013) si le professeur considère « *la question de la diversité culturelle* [qui] *intègre toutes les formes de l'altérité, proche ou lointaine, culturelle ou ethnique, sociale, nationale, 'générationnelle', professionnelle... ou sexuelle* » (Abdallah-Pretceille, 1997, 124).

---

72 La méthodologie post-constructiviste a été élaborée au long des dernières 45 années, par l'Organisation Non Gouvernementale nommée le Groupe d'Etudes sur l'Education, la Méthodologie de la Recherche et l'Action (G.E.E.M.P.A.), la Dr. Esther Pillar Grossi étant la précurseure de ce processus de recherche qui continue d'être affiliée à une communauté scientifique internationale (Geempa, 2000).

Dans les écoles publiques brésiliennes, la propre diversité sociale est mise en exergue dans l'interaction entre enseignant et élèves : d'un côté les professeurs appartenant à une classe sociale moyenne et lettrée, et d'un autre les élèves de classe populaire – cette dernière est caractérisée comme un ensemble spécifique de personnes en situation de pauvreté ou de précarité (Soares, 2002 ; Charlot 2000) représentant le groupe des dominés -issues d'une famille en majorité analphabète.

Malheureusement, pour l'enseignant, « *la diversité culturelle des élèves n'est pas* [toujours] *entendue comme une richesse culturelle mais comme hétérogénéité qui fait obstacle à la réussite* » (Chartier, 1996, 75), privilégiant alors une pédagogie basée sur un modèle traditionnel de transmission de connaissances de type empiriste (Becker, 2012). « *Or, pour vivre ensemble à l'école* [...] *on ne saurait congédier la diversité culturelle* » (Belkaïd, 2002, 211). Il est alors essentiel que l'enseignant repense sa pratique professionnelle, en considérant autant les questions subjectives qu'historiques et culturelles lors des activités didactiques proposées afin de favoriser une alphabétisation effective de ces élèves. C'est à cet effet que la méthodologie post-constructiviste d'alphabétisation tente de répondre.

Proposition post-constructiviste d'alphabétisation

Dépassant la conception piagétienne, la perspective post-constructiviste considère d'autres dimensions essentielles du sujet comme la dimension sociale et subjective pour comprendre le processus d'enseignement-apprentissage. Selon Freitag (2011), la méthodologie du GEEMPA permet dans la pratique de donner un sens didactique aux élaborations théoriques de Ferreiro et Teberosky (1988).

A partir de l'articulation théorique des idées de Piaget (1964), de Wallon (1941) qui affirme que nous sommes des êtres génétiquement sociaux, de Vygostky (1997) qui considère l'apprentissage grâce aux relations inter et intrapersonnelles du sujet apprenant, de Vergnaud (1990) à partir des situations par l'intermédiaire des représentations symboliques et de Pain (1999) pour prendre en compte l'aspect logique et l'aspect subjectif des apprentissages, et grâce aux contributions de la psychanalyse, de la médecine, de l'anthropologie, de la sociologie et de la philosophie, le post-constructivisme tente de rompre avec un ensemble de préconcepts, enracinés dans le milieu scolaire, en démontrant que tous peuvent apprendre (Grossi, 2011).

Le parcours de formation post-constructiviste[73] tente de favoriser chez l'enseignant une prise de conscience des différents aspects du processus d'enseignement-apprentissage (subjectifs, historiques, socioculturels, politiques)

---

[73] La formation post-constructiviste des professeurs est ainsi composée d'un cursus initial de cinq jours, qui articule connaissances théoriques et pratiques sur la didactique de l'alphabétisation. S'ensuivent les groupes d'études hebdomadaires qui constituent un espace de réflexion sur les apprentissages des élèves et de l'enseignant. Et lors des sessions de tutorat, rencontres bimestrielles, l'objectif est d'analyser le processus d'apprentissage des élèves et renverser les non-apprentissages par des situations didactiques et pédagogiques bien orientées.

afin d'arriver à alphabétiser tous ses élèves. A cette fin, la proposition didactique post-constructiviste est constituée de différents éléments : la classe-entrevue, l'organisation de la salle de classe en groupes de classe, les situations didactiques qui considèrent le niveau psychogénétique des élèves, les jeux, etc.

La classe-entrevue correspond à une rencontre individuelle entre l'enseignant et l'élève afin de diagnostiquer la zone d'apprentissage de la lecture et de l'écriture de ce dernier[74], et de découvrir un peu de son univers socioculturel et subjectif (Geempa, 2013). Les connaissances issues de cette rencontre peuvent être utilisées par l'enseignant pour offrir aux élèves des activités didactiques pertinentes et significatives qui provoquent les apprentissages (Vergnaud, 1990), en prenant en compte la psychogenèse de la lecture et de l'écriture (Ferreiro & Teberosky, 1988). La classe d'alphabétisation est ainsi constituée à partir d'un noyau commun de connaissances (Perret-Clermont, 1979) et d'un objectif commun des élèves, celui d'apprendre à lire et à écrire. Un autre principe didactique indispensable est l'organisation de la salle en petits groupes de classe, à partir d'un processus d'élection des leaders de groupes qui considère que l'apprentissage s'effectue en interaction avec celui qui sait, autant celui qui sait plus que celui qui sait moins (Tuboiti, 2012).

Parmi les différentes situations didactiques proposées aux élèves, le jeu apparaît comme un élément moteur de l'interaction entre les élèves, en instaurant rythme et harmonie et en rendant significatif l'apprentissage de la gestion des pertes et des gains. De cette façon, la méthodologie post-constructiviste tente de rompre avec une logique d'enseignement traditionnel centrée sur le professeur, pour valoriser l'apprentissage grâce aux interactions entre pairs et à la diversité socioculturelle considérée comme une richesse essentielle pour rendre l'action didactique significative.

Méthodologie employée

Afin d'étudier comment l'enseignante post-constructiviste utilise cette diversité socioculturelle au profit de l'apprentissage des élèves de classe populaire, nous avons adopté une méthodologie qualitative de type ethnographique (Geertz, 1978) composée d'entretiens non directifs sur l'histoire de vie de quatre professeures d'alphabétisation post-constructivistes[75] et de quelques observations réalisées dans leurs classes de première année de l'enseignement fondamental des écoles publiques de la périphérie de Brasília. Ces enseignantes

---

[74] La classe-entrevue permet un diagnostic concernant l'apprentissage de la lecture et de l'écriture du propre nom, des lettres, des mots, des textes et des unités linguistiques (Geempa, 2013).

[75] A partir du Terme de Consentement Libre et Clarifié, les noms des enseignantes sont fictifs, choisis par elles-mêmes pour leur apport significatif. Les entretiens constituent une étude exploratoire de la recherche actuelle de doctorat de Nair Cristina Da Silva Tuboiti sur le processus d'apprentissage des institutrices en contexte post-constructiviste, réalisé à l'Université Catholique de Brasília. Au-delà des entretiens, le travail de recherche inclut l'observation en salle de classe, l'observation des réunions des groupes d'études et une analyse documentaire afin d'obtenir une description complète du phénomène.

emploient la méthodologie didactique post-constructiviste d'alphabétisation depuis plus de trois ans. Femmes blanches, chrétiennes et âgées entre 35 et 45 ans, deux d'entre elles ont un niveau Master tandis que les deux autres ont un niveau spécialisation[76].

En articulant les questions individuelles au contexte social et culturel de la personne, l'entretien narratif (Bertaux, 1997 ; Dominicé, 1990) permet au chercheur de connaître les représentations, les croyances et les valeurs construites par l'enseignante et de tenter de comprendre comment ces différents éléments peuvent affecter sa pratique didactique et pédagogique.

Les entretiens filmés d'une durée moyenne d'une heure et demie ont été réalisés dans un lieu choisi par chacune : dans leur résidence, celle du chercheur[77] ou à l'école. En début d'entretien, le chercheur présentait l'objectif de la recherche et demandait à l'enseignante de raconter son histoire de vie, en sollicitant des détails lorsque cela s'avérait nécessaire en cours d'entretien.

Suite à la retranscription des entretiens, les discours sont analysés à partir de la théorie interprétative de Geertz (1978), selon les différents facteurs de la diversité socioculturelle évoqués par les enseignantes, pour penser l'influence de celle-ci dans le processus d'enseignement-apprentissage.

Résultats et discussion

Au cours des entretiens, les institutrices évoquent plusieurs caractéristiques de la diversité socioculturelle présente dans leur salle de classe comme la réalité socio-économique de leurs élèves, les configurations familiales et les différences religieuses, qu'elles tentent de gérer au mieux. Un élément commun apparaît dans les trajectoires des quatre enseignantes, celui de la militance sociale, que ce soit à un niveau politique ou religieux, en luttant pour garantir les droits des plus défavorisés. Dans les entretiens, les institutrices expriment leurs difficultés à se décentrer de leur propre culture afin de comprendre celle de l'élève, mais toutes révèlent l'importance de la formation post-constructiviste afin de prendre conscience de ces difficultés et d'apprendre à accueillir la diversité culturelle.

Des réalités socio-économiques différentes?

Les entretiens révèlent que deux enseignantes interrogées sont originaires d'une classe sociale moyenne et lettrée et exercent le même métier que leur mère, alors que les deux autres semblent avoir vécu quelques difficultés financières.

---

[76] Parmi les professeurs interviewées, le choix d'être enseignante s'est justifié par des raisons financières (car elle est considérée comme une profession essentiellement féminine), mais aussi pour des raisons familiales, en répondant aux souhaits des parents.

[77] Le chercheur qui a réalisé les entretiens est Nair Cristina Da Silva Tuboiti, en constituant une étude exploratoire de sa recherche de doctorat. Ces enseignantes appartiennent au Noyau d'Etudes Geempiennes du District Fédéral, coordonné par le chercheur en question, qui assume cette fonction professionnelle depuis plus de 8 ans.

Néanmoins, toutes affirment avoir connu une réalité socioéconomique similaire à celle de leurs élèves, comme le raconte Isabelle dans l'extrait suivant :

« Je viens d'un foyer, économiquement parlant, bien difficile. Mon père était le seul de la maison qui travaillait afin de nourrir la famille. Je suis dans un espace où j'ai les mêmes difficultés que mes élèves, même s'ils ont une vision différente de la prof, qui arrive à l'école en voiture » (Prof Isabelle).

Isabelle confirme ainsi ce que ces anthropologues affirment à propos des enseignants du primaire, en distinguant deux groupes : « *...un premier composé par des institutrices issues de classes populaires, avec des biographies familiales proches de celles de leurs élèves, mais qui se voient différentes d'eux, par le simple fait d'avoir changé de place dans la hiérarchie sociale, en "ayant étudié". [...] L'autre groupe est celui d'enseignantes plus éloignées de la condition de classe et des biographies de leurs élèves, pour être issues de classes moyennes avec des valeurs plus individualistes* » (Grossi, Grando & Oliveira, 2015, 79).

Contrairement à cette affirmation, Isabelle se distingue du premier groupe d'enseignantes, en continuant à s'identifier à la réalité socio-économique de ses élèves malgré une différence de revenus aujourd'hui. De même, Irina se perçoit comme originaire de classe pauvre, mais reconnaît aujourd'hui la différence de réalité entre elle et ses élèves :

« J'ai une qualité économique de vie différente de la leur. Ils ont quelques limites. Les pères de nombreux élèves sont ramasseurs [de déchets], *même s'ils ne l'avouent pas beaucoup. Ils vivent avec peu d'argent, parfois c'est un seul salaire. C'est bien différent de ma vie »* (Prof Irina).

Au-delà de la question économique, Isabelle et Marta soulignent dans leur discours les valeurs accordées à l'éducation et à la scolarisation, en distinguant leurs familles qui attribuent une grande valeur à l'école et celles de leurs élèves :

« Je pense que ma famille a compris que c'est l'éducation qui transforme. C'est ce que je peux léguer à mes enfants. Mes parents ont eu plus de consistance en plaçant l'école comme l'objectif principal contrairement aux familles de mes élèves » (Prof Marta).

Ainsi, les enseignantes et leur famille comprennent que l'éducation est un acte politique et transformateur, termes renvoyant à la pédagogie critique de Paulo Freire selon laquelle « *L'éducation doit être [...] adaptée aux fins qu'elle poursuit : permettre à l'homme d'arriver à être sujet, se construire comme personne, transformer le monde [...] une éducation qui libère, qui n'adapte pas, ne domestique pas ou ne subjugue pas »* (Freire, 2006, 45). Dans cette perspective, l'éducation fournit les moyens aux personnes de transformer la société, en leur donnant les conditions pour devenir une personne critique, capable de penser, d'agir et de lutter pour une société meilleure.

La structure familiale

Toutes les participantes reconnaissent une différence de modèle entre ce qu'elles ont vécu et la configuration familiale de leurs élèves. Toutefois, elles expriment certaines difficultés à comprendre ces autres structures familiales, révélant ainsi des idées naturalistes sur les familles, caractéristiques de l'univers culturel de la classe dominante (Soares, 2002), mais sans pour autant parler de *familles déstructurées*, comme leurs collègues plus traditionnels (Moysés, 2008) :

« Leur contexte est très différent de ce que j'ai vécu. Je me demande comment je peux comprendre ce contexte. J'ai peu de références sur les familles sans père, sans mère, le contexte de drogues, de violence... Je sais que ma famille n'est pas si proche de ce contexte. Alors j'ai plus de difficultés à comprendre, j'ai besoin de m'informer plus, je réfléchis beaucoup à ça et je fais attention à mes attitudes » (Prof Isabelle).

« Une élève m'a dit que sa mère est partie travailler et qu'elle s'est retrouvée seule. J'ai du mal à comprendre comment elle peut laisser son enfant seul ! Je dois apprendre à écouter sans juger. [...] Même s'il sait que sa mère n'agit pas correctement, il ne veut pas qu'on lui parle mal d'elle, c'est sa mère ! [...] Moi jamais je ne laisserai un fils de quatre ans et un autre de six ans seuls à la maison, je ne vois aucune raison à cela. Mais c'est leur réalité ! Soit ils restent seuls soit ils n'ont pas de quoi manger à la maison parce que leur mère a besoin de sortir sinon elle n'a pas de quoi payer la nourriture » (Prof Helena).

La formation professionnelle des enseignantes leur permet de développer une posture différente de celle classiquement adoptée, en favorisant une décentration pour écouter la réalité de leurs élèves. Elles démontrent ainsi une avancée importante dans leur apprentissage professionnel : prendre conscience de leurs erreurs et malentendus, même si cela peut parfois être difficile.

Pour Irina, le vécu familial de ses élèves représente l'opposé de son vécu, où régnait la discipline, ce qui provoque chez elle un certain conflit en reconnaissant cette part de liberté de ses élèves, comme elle l'exprime dans l'extrait suivant :

« Mon histoire est celle d'une éducation où la discipline était très rigoureuse [...]. Travailler avec la classe populaire c'est travailler avec des élèves qui ne connaissent pas cette rigueur. [...] Les enfants sont très libres, très autonomes, ce ne sont pas ces enfants innocents, si l'on peut dire, qui ont des parents... Non, parfois ils restent seuls, ils s'occupent de leurs frères et sœurs, ils restent dans la rue, alors c'est bien différent [...] C'est un peu conflictuel pour moi, même si je vois qu'ils ont cette liberté, celle que je n'ai pas eue, et qui des fois me bloque » (Prof Irina).

La question de la violence et du manque de discipline

La littérature révèle une conception courante véhiculée dans le monde de l'éducation selon laquelle l'appartenance à la classe populaire entraînerait des problèmes de violence dus à une éducation familiale et à des valeurs différentes de celles d'autres classes sociales. Cette question de la violence évoquée par les élèves comme quelque chose de normal et de naturel peut parfois choquer l'enseignante, comme le montre Helena dans l'exemple suivant :

« Ce que je perçois vraiment comme un univers très différent c'est la question de la culture de la violence, les parents qui se disputent et qui s'agressent [...] la mère qui arrive avec un œil au beurre noir [...] – Que vous est-il arrivé madame? – Je me suis disputée hier avec mon mari et j'ai fini par me blesser [...] Le frère est en prison parce qu'il vend de la drogue. Tout ceci est

très naturel, il n'y a pas de surprise. [...] J'ai cette difficulté, des choses qui arrivent dans leur communauté et que je trouve graves et lourdes, pour eux c'est normal ! » (Prof Helena)

Contrairement à sa collègue, Irina avoue ressentir moins de difficultés à comprendre cet aspect pour avoir vécu quelque chose de similaire dans son histoire de vie :

« J'ai une élève dont le père a été assassiné et elle était avec lui sur la moto. [...] J'ai grandi avec un père alcoolique, j'ai assisté à plusieurs situations de violence, mon père qui voulait tuer ma mère... [...] Je pense que ça apparaît dans leurs histoires de vie et dans la mienne, ce qui nous fait un point commun » (Prof Irina).

Les enseignantes associent le problème de l'indiscipline de certains élèves dans la salle de classe à la violence qu'ils vivent dans leur contexte quotidien familial. Par exemple, pour Marta, l'indiscipline et l'agressivité des élèves sont le reflet d'un manque de fermeté des parents envers leurs enfants :

« Peut-être que la relation parents et enfants actuellement a laissé passer ceci. La discipline que moi j'ai eue, je ne la vois pas chez mes élèves, cette présence ferme des parents dans l'éducation [...]. Vous voyez alors le besoin d'avoir une famille pour avoir un minimum de discipline » (Prof Marta).

Contrairement à cette dernière, sa collègue Irina démontre une prise de conscience de ce type de pensée *traditionnel* et cherche alors à *revoir son action :*

« Dans mon éducation, c'était inadmissible. [...] Ici ils parlent, ils répondent, ils se lèvent, ils crient [...] Je n'exige pas ça d'eux, mais je cherche à garder un minimum nécessaire de liberté, nous avons un espace d'apprentissage, je cherche à sortir un peu de l'ordre limité de l'école [...] Je peux leur enseigner de façon respectueuse » (Prof Irina).

La violence et l'indiscipline sont très souvent comprises à l'école comme des caractéristiques propres à la classe populaire, des « *évidences* » que « *la réalité sociale se charge de fournir* » (Sebastião, 2013, 24). Ces comportements constituent cependant un vrai problème pour les institutrices post-constructivistes qui tentent de le surmonter pour favoriser les apprentissages des élèves.

La différence de religion

La diversité dans la salle de classe est également représentée par la différence de religion entre enseignante et élèves, pouvant parfois entraîner des conflits. L'extrait suivant montre comment cette question se manifeste dans la salle de classe et est gérée par l'enseignante Helena :

« J'ai une élève par exemple, qui parle souvent de sa religion d'umbanda[78] dans la classe. [...] Son père a un terrain de culte[79], ce qui pour moi est très compliqué car je suis évangélique, alors

[78] L'umbanda est une religion afro-brésilienne proche du candomblé. Elle est également apparentée à d'autres religions afro-brésiliennes, telles que Batuque, Quimbanda, Xambá, Egungun, Ifá, Irmandade, Confraria, Xangô do Nordeste et Tambor de Mina, mais possède cependant sa propre identité.

[79] Terrain de culte de la religion d'umbanda.

c'est une chose très difficile. [...] J'écoute ce qu'elle veut me dire, même si pour moi c'est compliqué, j'écoute et je ne juge pas [...] Je tente réellement de faire ce travail de bien séparer les choses » (Prof Helena).

Une nouvelle fois, le discours de l'enseignante démontre la tentative d'adopter une posture pédagogique différente de celle traditionnellement adoptée dans la salle de classe afin de s'immerger dans l'univers culturel de ses élèves, grâce à une domestication de son écoute et la déconstruction de ses préjugés. La « *capacité à se décentrer par rapport à son propre système de références*, […] capacité à remettre en cause ses perceptions, ses représentations, ses acquis », même si elle peut parfois s'avérer difficile pour ces enseignantes, est « *une des conditions de la rencontre d'autrui, comprendre l'autre* » (Abdallah-Pretceille, 1997, 127).

D'autres éléments de la diversité

La diversité peut donc apparaître sous différentes formes dans la salle de classe, par exemple, en accueillant des enfants en situation de handicap[80]. Helena décrit la remise en question de ses préjugés qui ont émergé en accueillant une élève en situation de handicap dans sa salle de classe :

« Ma classe a été réduite car j'ai une élève en fauteuil roulant, en situation de handicap. Au début, j'ai perçu chez moi un grand préjugé lié à mon vécu avec des élèves avec ces caractéristiques et combien cela allait être complexe. Je me suis dit : je n'arriverai pas à 100%[81] à nouveau à cause de cette élève. Du coup, pour rompre tout de suite avec ce préjugé, j'ai décidé de faire la classe-entrevue avec elle. J'ai été très déçue de moi-même car j'ai compris combien cette élève était indépendante, avec du potentiel et qu'elle ne baissait pas les bras à cause de sa limitation physique » (Prof Helena).

Pour les enseignantes post-constructivistes, la classe-entrevue apparaît donc comme un instrument médiateur et riche qui permet de connaître l'univers socioculturel de leurs élèves afin de rompre avec leurs préjugés et leurs valeurs traditionnelles, en transformant leur pratique pédagogique. Cet instrument didactique fournit alors de nouveaux éléments aux enseignantes afin de proposer des situations pédagogiques significatives pour leurs élèves. C'est le cas d'Irina qui a découvert grâce à la classe-entrevue qu'une de ses élèves se sentait différente de ses camarades de classe car sans mère, elle vivait uniquement avec son père et sa sœur. Outre cette élève, l'enseignante a perçu combien d'autres élèves se sentaient différents eu égard à leurs conditions socio-économiques et/ou à leur couleur (élèves noirs). Irina a alors choisi de travailler cette question de la différence à partir d'un conte littéraire du *'Dognauta, le blanc'* pour favoriser une discussion et une réflexion sur ce thème dans la salle de classe grâce à différentes situations didactiques. Une troisième culture peut ainsi être créée à partir des nouvelles situations didactiques mais également grâce à une nouvelle organisation de la salle de classe. En effet, l'organisation des petits groupes de classe permet

[80] Les enfants en situation de handicap sont appelés, au Brésil, enfants avec des nécessités spéciales ou spécifiques.

[81] Objectif d'alphabétiser tous ses élèves.

de rompre avec la logique traditionnelle des élèves enfilés les uns derrière les autres et de favoriser une nouvelle orientation pédagogique.

Comme Marta l'exprime dans l'extrait suivant, l'attitude traditionnelle du professeur et de l'école en général vis-à-vis de ces élèves de classe populaire est l'exclusion :

« Parce que nous voyons, par rapport à la classe populaire, que l'école a un modèle fermé de conduites et de valeurs… ces élèves qui ne s'adaptent pas, ils sont exclus de différentes façons, à cause de syndromes, de déficits ou d'évasion » (Prof Marta).

L'enseignante caractérise la diversité présente dans la salle de classe de la façon suivante :

« La diversité dans la salle de classe c'est ça : diversité de cultures, diversité sociale, diversité morale, diversité de tout ordre... et alors, comment le professeur d'une salle de classe aussi diverse gère ça ? » (Prof Marta).

Les narrations des enseignantes soulignent l'importance d'une attitude de décentration qu'elles adoptent vis-à-vis de leurs élèves, à travers l'emploi d'expressions comme "*prise de conscience* ", "*faire attention à ses attitudes* " ou " *ne pas juger avec ses propres valeurs* ". Marta explique alors que le premier pas pour gérer cette diversité présente dans la salle de classe est de rompre avec les préjugés qu'on porte sur ses élèves :

« A certains moments, vous vous rendez compte de votre moralisation et vous voulez le minimum dit dans la " normalité " de ce qui est acceptable. Alors comme professionnelle qui comprend cette diversité, vous devez réfléchir à des stratégies pour la gérer, ce qui est complexe et c'est une exigence forte de la profession enseignante [...] C'est seulement en étudiant vraiment, en tentant de comprendre, en tentant de déconstruire... En tentant d'analyser sa propre histoire et celle de ses élèves concernant cette diversité que vous arriverez à vous rapprocher et à rompre avec vos modèles [...] Vous allez devoir laisser vos croyances de côté, analyser de façon générale, penser d'une autre façon pour arriver à enseigner, parce que le principal but du professeur doit être l'enseignement » (Prof Marta).

Remarques conclusives

Les entretiens réalisés avec quatre enseignantes post-constructivistes ont permis de comprendre leur gestion de la diversité socioculturelle présente dans la salle de classe pour constituer une richesse plutôt qu'un obstacle dans le processus d'enseignement-apprentissage. En adoptant des attitudes de décentration et de relativisme, les enseignantes interrogées se démarquent des professeurs traditionnels, en s'appuyant sur cette diversité culturelle pour créer des situations didactiques qui soient significatives pour leurs élèves afin de favoriser le dialogue et l'apprentissage.

Cette action pédagogique et didactique participe à la création d'une troisième culture dans la salle de classe, résultante de la confluence entre les différents apports culturels de tous les acteurs (élèves et professeur), à partir du dialogue instauré dans l'interaction avec les autres. Toutefois, *« la reconnaissance des différences ne doit pas conduire à l'abandon du principe d'universalité, d'où la recherche permanente d'un équilibre entre ces deux pôles. L'éthique de l'altérité se situe dans une tension entre la singularité des situations et l'universalité des valeurs »* (Abdallah-Pretceille, 1997, 129).

L'approche interculturelle de l'enseignant post-constructiviste consiste alors à valoriser cette diversité socioculturelle, non pas pour souligner les différences de façon discriminative, mais afin d'agréger c'est-à-dire de constituer un véritable groupe de classe réuni autour d'un objectif commun : l'apprentissage de la lecture et de l'écriture à partir de la richesse des différences, base des activités pédagogiques et didactiques proposées. En endossant « *le rôle de médiateur culturel* », « *le professeur peut exploiter la diversité des contextes pour construire des pratiques pédagogiques interculturelles* » (Vieira, 2013, 119) qui proposent « *de nouveaux objets, de nouvelles didactiques* » (Abdallah-Pretceille, 1990, 216). La diversité socioculturelle devient ainsi une opportunité d'apprentissage autant pour les élèves que pour l'enseignant, en respectant la maxime selon laquelle *seul peut enseigner celui qui apprend.*

Références bibliographiques

Abdallah-Pretceille, M. (1997). Pour une éducation à l'altérité. *Revue des sciences de l'éducation*, 23(1), 123-132. DOI : 10.7202/031907ar.

Abdallah-Pretceille, M. (1990). *Vers une pédagogie interculturelle.* Paris, France : INRP.

Alves-Mazzotti, A. J. (2008). Representações sociais: aspectos teóricos e aplicações à Educação. *Múltiplas Leituras*, 1(1), 18-43. En ligne: https://www.metodista.br/revistas/revistas-ims/index.php/ML/article/viewFile/1169/1181

Becker, F. (2012). *A epistemologia do professor: o cotidiano da escola.* Rio de Janeiro, Brésil : Vozes.

Belkaïd, M. (2002). La diversité culturelle : pour une formation des enseignants en altérité. In P. R. Dasen & C. Perregaux (Eds), *Pourquoi des approches interculturelles en sciences de l'éducation* (pp.205-222). Bruxelles, Belgique : De Boeck Supérieur. En ligne : http://www.unige.ch/fapse/publications-ssed/files/5414/1572/5494/Pages_de_205_APPINT.pdf

Bertaux, D. (1997). *Les récits de vie. Perspectives ethnosociologiques.* Paris: Nathan.

Brasil. (2015). Ministério da Educação. *ANA: Avaliação Nacional da Alfabetização.* Brasília, MEC. En ligne : http://portal.mec.gov.br/index.php?option=com_docman&view=download&alias=21091-apresentacao-ana-15-pdf&Itemid=3019

Charlot, B. (2000). Práticas linguageiras e fracasso escolar. *Estilos da Clínica*, 5(9), 124-133. En ligne: http://dx.doi.org/10.11606/issn.1981-1624.v5i9p124-133

Chartier, A.-M. (1996). Pédagogie interculturelle et formation des enseignants : l'école laïque entre cultures et savoirs. In T. Dragonas, A. Frangoudaki & C. Inglessi (Eds), *De chez moi et d'ailleurs : éducation interculturelle des enseignants en Europe* (pp. 75-94). Athènes, Grèce : Nisos.

Demorgon, J. (1999). Multiculturel ou interculturel ? Un préalable à l'éducation de l'européanisation et de la mondialisation. Le travail de l'interculturel : une nouvelle perspective pour la formation. *Pratiques de formation/Analyses*, 37(38), 13-26.

Dominicé, P. (1990). *L'histoire de vie comme processus de formation.* Paris, France : L'Harmattan.

Ferreiro, E. & Teberosky, A. (1988). *Psicogênese da língua escrita.* Porto Alegre, Portugal : Artes Médicas.

Freire, P. (2006). *Pedagogia da esperança.* Rio de Janeiro, Brésil : Paz e Terra.

Freitag, B. (2011). Uma experiência bem sucedida, cientificamente embasada, politicamente engajada e duradoura. In E. P. Grossi (Ed), *Didática da alfabetização: nível pré-silábico* (pp.27-40). Rio de Janeiro, Brésil : Paz e Terra.

Geempa (2013). *Aula-entrevista: caracterização do processo rumo à leitura e escrita.* Porto Alegre, Portugal : GEEMPA.

Geempa (2000). *GEEMPA 30 anos.* Porto Alegre, Portugal : GEEMPA.

Geertz, C. (1978). *A interpretação das culturas.* Rio de Janeiro, Brésil : Guanabara.

Grossi, E. P. (2011). *Didática da Alfabetização: níveis pré-silábicos, silábico e alfabético.* Rio de Janeiro, Brésil : Paz e Terra.

Grossi, M., Grando, B.S. & Oliveira, M. (2015). Aula-entrevista: contribuições da antropologia. *Revista GEEMPA - Pesquisa, formação e ação*, 11, 77-91.

Instituto Brasileiro de Geografia e Estatística - IBGE (2014). *Taxa de Analfabetismo de pessoas com mais de 15 anos.* Rio de Janeiro, IBGE. http://brasilemsintese.ibge.gov.br/educacao/taxa-de-analfabetismo-das-pessoas-de-15-anos-ou-mais.html

Moysés, M.A.A. (2008). *A institucionalização invisível: crianças que não-aprendem-na-escola.* São Paulo, Brésil : Mercado das Letras.

Nóvoa, A. (2009). *Professores: Imagens do futuro presente.* Lisboa, Portugal : Educa.

Ogay, T., Leanza, Y, Dasen, P.R. & Changkakoti, N. (2002). Pluralité culturelle à l'école : les apports de la psychologie interculturelle. *Ville-Ecole-Intégration Enjeux*, 129, 36-64. En ligne : http://www.doc-developpement-durable.org/file/Communications-

Relations_Interculturelles/PLURALITE%20CULTURELLE%20A%20L-ECOLE-APPORTS%20DE%20LA%20PSYCHOLOGIE%20INTERCULTURELLE.pdf

Pain, S. (1999). *A função da ignorância.* Porto Alegre, Portugal : Artmed.

Patto, M. H. S. (2008). *A produção do fracasso escolar: histórias de submissão e rebeldia.* São Paulo, Brésil : Casa do Psicólogo.

Perret-Clermont, A.-N. (1979). *La construction de l'intelligence dans l'interaction sociale.* Berne, Suisse : Peter Lang.

Piaget, J. (1964). *Six études de psychologie.* Genève, Suisse : Gonthier.

Sebastião, J. *(2013*). Violência na escola, processos de socialização e formas de regulação. *Sociologia, Problemas e Práticas, 71, 23-37.* DOI: 10.7458/SPP2013712328

Soares, M. (2002). *Linguagem e escola: uma perspectiva social.* São Paulo, Brésil : Ática.

Tuboiti, N. C. S. (2012). *Grupos áulicos: da organização do cotidiano da sala de aula ao direito à aprendizagem.* Dissertation de Master. Programme de Post-graduation de Psychologie, Université Catholique de Brasília : District Fédéral.

Vieira, R. (2013). Etnobiografias e descoberta de si: uma proposta da Antropologia da Educação para a formação de professores para a diversidade cultural. *Pro-Posições,* v.24, 2(71),109-123. En ligne: http://www.scielo.br/pdf/pp/v24n2/v24n2a09.pdf

Vergnaud, G. (1990). La théorie des champs conceptuels. *Recherches en didactique des mathématiques.* 10, (2/3), 133-170.

Vygotsky, L. S. (1997). *Pensée et langage.* Paris, France : Ed. La Dispute.

Wallon, H. (1941). *L'évolution psychologique de l'enfant.* Rééd. 2002. Paris, France : Armand Colin.

Chapitre 22

Nouvelles technologies et pratiques en santé mentale. Workshop par visioconférence entre Paris Diderot et l'Unifesp

Rosana Alves Costa, Dartiu Xavier Da Silveira, Christian Hoffmann, Hassan Rahioui & Eric Toubiana

Ce travail a pour objectif la présentation d'un cycle de séminaires par visioconférence, entre l'Université Fédérale de São Paulo et l'Université Paris Diderot. Cette rencontre s'inscrit dans une approche interculturelle et pluridisciplinaire intégrant les Sciences du Vivant et les Sciences Humaines, qui partagent une réflexion commune dans ce domaine de recherche.

Ce projet s'insère dans le cadre d'un accord de coopération spécifique entre Paris Diderot et l'UNIFESP, qui prévoit différents échanges scientifiques entre la France et le Brésil.

Pour la première séance, c'est la thématique de l'addiction, des nouvelles postures théoriques et cliniques entre psychiatres, psychologues, psychanalystes, anthropologues, professeurs en neurosciences entre les deux universités, qui a été retenue. Le débat s'est tenu, malgré l'Atlantique qui nous sépare, le décalage horaire et la saison.

Cette expérience de travail est assez novatrice, grâce aux nouvelles technologies, et bien sûr, très économique, et respectueuse de l'environnement. Elle permet l'utilisation d'un nouvel outil de travail et par conséquent, des discussions entre deux universités, avec leurs scientifiques, enseignants, praticiens, la recherche et les enjeux cliniques de cette question majeure de santé publique : l'addiction. Analyser comment le sujet est considéré par la médecine et la psychiatrie ; débattre la question de l'usage et de la dépendance entre les deux pays et leurs cultures respectives. Ainsi, se développent les réseaux universitaires pour l'échange de savoirs.

Côté UNIFESP, c'est le travail clinique dans le PROAD, service qui appartient au département de psychiatrie, qui a été exposé. Inspiré de l'expérience française dans ce lieu de référence qu'est l'hôpital Marmottan, le PROAD assiste notamment la Mairie de São Paulo pour le projet Braços Abertos (Bras ouverts), auprès de la population vulnérable de la Cracolândia dans le cadre d'une approche pluridisciplinaire.

Le PROAD - Programme d'Orientation et de Soins aux Toxicomanes - est coordonné depuis 1987 par le Pr. Dartiu Da Silveira, avec des activités de recherche, prévention et enseignement de la toxicomanie, ainsi qu'un service de prise en charge de toxicomanes.

Inspiré du modèle de soins de l'hôpital Marmottan à Paris, le programme a pu compter avec la collaboration et la supervision du Professeur Claude Olievenstein. Ce dernier, qui est venu au Brésil de 1986 à 1997, a participé activement à la construction de ce projet. Le partenariat avec Marmottan a permis de penser de nouveaux modèles de soins.

Un partenariat avec l'Université Paris-Diderot, d'une part, et l'Université Fédérale de São Paulo, de l'autre, permettra de reprendre cette collaboration entre les deux pays. Réactualiser ce partenariat avec des institutions françaises nous permettra de proposer des journées scientifiques et d'opérer un rapprochement entre chercheurs brésiliens et français, ainsi que la mobilité internationale d'étudiants et médecins internes, ce qui permettra d'établir une collaboration systématique également sur le terrain.

Actuellement, au Brésil, le débat sur l'usage du crack (cocaïne fumée) est au cœur de l'actualité pour apporter des réponses publiques en matière de lutte contre les vulnérabilités sociales.

Plusieurs actions et initiatives du PROAD sont actuellement mises en pratique sur le terrain comme, par exemple, celle du projet *Braços Abertos*, un programme conduit par la Mairie de São Paulo depuis juin 2013. Il s'agit d'un projet qui compte sur la participation de plusieurs Secrétariats d'Etat et qui a été conçu pour travailler avec une population des rues faisant un usage important de crack.

Ce qui est révolutionnaire dans cette expérience, c'est le fait que le programme privilégie une approche pluridisciplinaire, ayant pour but des actions sur les vulnérabilités de la population *sans domicile fixe* (SDF)[82] de la ville de São Paulo.

Avant ce programme, pour faire face à la consommation de drogues de cette population, il n'y avait que des propositions bâties dans une approche exclusivement médicale (ayant comme référence *Guerre aux Drogues* d'inspiration américaine). Résultat : plus de 90 % des usagers de ces programmes ont rechuté juste après la période d'hospitalisation. A savoir, un échec absolu.

Pourquoi ça n'a pas marché ? Parce que ce n'est pas la toxicomanie qui a conduit ces individus à la situation de misère sociale. C'est tout le contraire : une population déjà privée de son identité, de sa citoyenneté, sans travail, sans éducation, sans accès aux dispositifs de santé. L'utilisation de la drogue était la seule forme de plaisir. Plus que le plaisir en soi, la drogue était le seul moyen de soulager leur énorme souffrance.

[82] Sans domicile fixe

La drogue n'était pas la raison de leur misère, mais la seule façon disponible pour qu'ils puissent échapper à cette condition de mise à l'écart social et de marginalisation. Elle n'était que le symptôme de quelque chose qui ne marchait pas bien dans le tissu social. Mais si d'un côté cette approche de la mairie de São Paulo est absolument révolutionnaire au Brésil, elle a déjà été menée ailleurs, avec des résultats considérables : aux États-Unis, au Canada et en Europe, y compris en France.

Dartiu da Silvieira souligne qu'à Paris l'expérience nommée *Espoir Goutte d'Or* (EGO) a donné des résultats satisfaisants, née un soir de 1985, lors d'une fête de quartier dans le 18ᵉ arrondissement de Paris, lorsque plusieurs habitants sont questionnés sur comment résoudre les problèmes liés à la consommation du crack dans le quartier. Ils décident alors de créer *EGO*. L'association réunit des professionnels de la santé et de l'assistance sociale, des habitants de la Goutte d'Or et des usagers de drogues.

Le but était d'améliorer les conditions de vie des usagers de crack, réduire les risques liés à la consommation de la drogue, et essayer de faire cohabiter usagers et habitants du quartier. Tous se rencontrent au sein de l'association, lors de visites spontanées ou de réunions programmées. Pour Lia Cavalcanti, une brésilienne, à l'époque directrice générale d'EGO, c'est le premier pas pour sortir de la routine liée au crack. Elle disait : " *On discute, on prend un café, on s'investit... autant de premiers pas vers une réinsertion* ".

Le personnel de l'association n'y est certainement pas étranger : ouverture et disponibilité semblent être les qualités les mieux partagées au sein d'EGO ! " *Il faut établir un lien social positif et durable* ", soulignait Lia. Et l'alchimie semble se produire, car les usagers sont nombreux à revenir. Le succès de ce genre de proposition thérapeutique réside justement dans l'abandon d'une perspective trop médicalisée de la souffrance. Le grand défi, c'est la possibilité de repositionner le rôle de la drogue dans la vie des usagers, et pas simplement de qualifier ce rapport avec la drogue comme pathologique. Si, d'un côté, on sait bien que la plupart des usagers de drogues ne sont pas des toxicomanes, d'un autre côté, on a du mal à reconnaître que la drogue n'est qu'un symptôme, surtout quand il s'agit de l'utilisation de drogues par des populations vivant dans la précarité.

C'est précisément la visibilité de cette misère qui gêne... S'ils n'étaient que des usagers de drogues anonymes, enfermés dans leurs belles maisons dans des quartiers riches, on pourrait dire que *c'est leur problème*. Mais si, au contraire, ils nous imposent leur misère de façon visible et scandaleuse, dans la rue, comme c'est le cas dans les *scènes ouvertes de consommation* on ne tolère pas cette vision obscène qui dénonce l'échec de l'organisation des espaces, des privilèges et de distribution de l'argent dans notre société. Il s'agit de la *géopolitique du mal-être*, si on associe Freud et Foucault. Mais qu'est-ce qui se passe dans notre terrain d'expertise, les toxicomanies, à ce moment-là ?

D'une part, la *Guerre aux Drogues*, le grand échec de la fin du XXème siècle qui nous apporte encore des conséquences dévastatrices. L'âge de la diabolisation de la drogue. La drogue, un objet inerte, qui est devenue le dépositaire de tout ce qui est intolérable dans notre société.

D'un autre côté, la psychiatrie qui devient de plus en plus aseptisée, médicalisée, au risque de perdre ses liens avec les autres sciences, notamment la psychologie.

Il faut se poser les questions :

- Qu'est-ce que c'est aujourd'hui être psychiatre, psychanalyste, psychologue…

- Que signifie être en charge de quelqu'un en état de souffrance psychique ?

Au premier abord, il faut distinguer ce qui est normal de ce qui est pathologique. C'est ce que nous enseignent la médecine et la psychologie. Mais, comment le faire ?

Le DSM[83] est la norme de classification des troubles psychiatriques utilisée par les professionnels de la santé mentale. Elaboré en 1952 par l'Association Américaine de Psychiatrie, en plus de fournir une description détaillée des critères de pathologie, le DSM est également un outil nécessaire pour la collecte et pour la communication de statistiques précises de santé publique sur les troubles psychiatriques dans le monde entier.

Cet outil offre plus de fiabilité dans la démarche diagnostique. C'est évidemment un avantage considérable : permettre à la psychiatrie mondiale d'avoir un langage commun. Mais malheureusement, son usage n'est plus limité aux études épidémiologiques, comme on l'avait prévu lors de sa création. Le manuel a dépassé le domaine de la recherche, des enquêtes, pour être utilisé dans le contexte clinique. Ce qui est devenu un véritable problème.

La façon dont on l'utilise et sa popularité, ont réduit l'expérience du patient à une sorte de liste de contrôle, au lieu de permettre une vraie expérience relationnelle et d'accueil de la souffrance psychique. Il y a 2500 ans, Hippocrate mentionnait : *Il est plus important de connaître la personne souffrant d'une maladie, que de connaître la maladie dont est atteinte la personne* ; ces propos ont inspiré les travaux de Canguilhem et Foucault, ainsi que d'autres théoriciens et chercheurs.

A contrario, le DSM a réduit le modèle biopsychosocial. L'un de ses plus grands défauts, et l'un de ses effets les plus dévastateurs pour la psychiatrie psychodynamique, c'est qu'il favorise une vision assez limitée du sujet. Pour établir ses critères de diagnostic, il se limite à des listes de symptômes, voire à des

---

[83] Manuel de diagnostic et statistique des troubles mentaux

effets secondaires. Au niveau culturel, on est devenu plus attentif aux symptômes et moins à la configuration psychopathologique sous-jacente.

Allen Frances, qui a participé à la révision de la 4ème édition du DSM en 1994, critique ce système de classification en général et notamment lors de la révision de la 5ème édition, sortie en 2013. Il souligne l'inflation de nouvelles entités pathologiques et l'extension de la médicalisation à des troubles qui semblent *plus ou moins inventés.*

Quelques problèmes dans la 5ème version du DSM

Le premier DSM recensait 60 maladies, contre 355 aujourd'hui au DSM 5. '*Sommes-nous tous des malades mentaux ?*', s'interroge Frances (2013) dans le titre de son livre. Il est devenu presque impossible de faire la distinction entre *le normal et le pathologique.*

Ce manuel présente d'autres problèmes, comme la pathologisation du deuil. Une personne en deuil se plaignant au bout de deux semaines de troubles du sommeil, de l'appétit, et de déprime, pourra recevoir le diagnostic *d'épisode dépressif majeur.* Ou bien un trouble de dérégulation dit *d'humeur explosive* sera recherché chez les enfants piquant plus de trois colères par semaine pendant trois mois ; ou encore le *trouble mineur de la cognition*, comme la perte de mémoire physiologique avec l'âge va devenir une pathologie au nom de la prévention de la maladie d'Alzheimer. Un *dysfonctionnement neurocognitif mineur* sera détecté chez les distraits qui oublient souvent quelques objets du quotidien. De nombreux sujets vont se voir prescrire des tests inutiles et coûteux avec des médicaments dont l'efficacité n'est pas validée et dont les effets à long terme restent encore inconnus. *C'est la pathologisation de toutes les émotions de la vie quotidienne, on invente de nouvelles maladies qui finalement n'ont aucune validité scientifique*, dénoncent quelques experts sur le sujet. Et qui dit 'nouvelle maladie' dit 'nouveau médicament', et donc des 'nouvelles prescriptions'.

Dans certains services de pédopsychiatrie, les diagnostics d'autisme chez les enfants ont été multipliés par vingt, et les troubles bipolaires par quarante ! Un enfant sur dix, voire un sur cinq dans certains Etats américains, est traité pour un trouble du déficit de l'attention associée à l'hyperactivité (TDAH) avec un psychostimulant proche d'une amphétamine. Malheureusement, cette pratique est en train de s'étendre partout dans le monde contemporain, et le Brésil n'est pas épargné.

Il ne s'agit pas d'être contre les médicaments, mais d'être prudent sur la prescription généralisée dont les patients (surtout les enfants, en voie de développement physique et psychique) sont victimes actuellement.

Le DSM-5 ouvre un boulevard au sur-diagnostic et à la sur-médication, alerte Landman (2015) : *Les gens ne supportent plus le moindre accident de la vie, alors on leur donne des réponses médicamenteuses. On " protocolise " tout, il n'y a plus de place pour le sujet, son histoire, son environnement, même si on sait que le psychisme n'est pas réductible au cerveau lui-même.*

Comment la psychanalyse et la psychiatrie psychodynamique pourraient-elles s'adapter au monde dominé par le DSM ?

Selon Landman (*ibid*) : *C'est le triomphe du symptôme, la mort du sujet avec son histoire personnelle et singulière. En France, dans les universités de médecine, c'est la seule grille nosographique qui est enseignée. C'est elle qui façonne, c'est elle qui décide.* Au Brésil, comme dans la plupart des pays, on peut faire le même constat. Il est inacceptable d'assister à cette fragmentation de la vision clinique, à l'élimination de l'histoire de vie du patient, et à la dévaluation des aspects étiologiques.

Depuis la fin du XVIIIe siècle, un diagnostic en médecine ne peut jamais être établi de manière exclusivement classificatoire. Il devrait s'établir à partir de la mise en œuvre d'une conception étiologique appliquée à chaque individu, au cas par cas.

Par rapport aux neurosciences

A partir du remarquable développement des neurosciences depuis la fin du siècle dernier, la psychiatrie adopte une attitude chaque fois plus médicale par rapport au psychisme. Si d'un côté les nouvelles découvertes neuroscientifiques nous apportent effectivement un matériel précieux pour la compréhension de la vie mentale, d'un autre côté il y a le risque de réduction de l'univers psychique au cerveau en soi. Il s'agit d'une sorte de réification de l'espace mental.

Il est certain que la psychiatrie souffrait depuis presque une centaine d'années d'une déqualification par rapport à la médecine en général. Dans le domaine du corps, le cerveau n'était pas suffisamment connu, mais pourtant la connaissance du psychisme a été rendue possible grâce à l'observation phénoménologique qui a abouti à une théorique considérable : ce que nous appelons *la psychopathologie.*

De plus, la psychologie a pu enrichir la psychopathologie phénoménologique en y ajoutant des éléments de la compréhension psychodynamique de l'être humain. L'œuvre de Freud nous a ouvert les portes de l'inconscient et nous a donné les outils pour interagir avec ces contenus inouïs de notre essence. Cette connaissance a été approfondie ensuite par plusieurs autres, comme par exemple Winnicot, Lacan et Jung.

Dartiu da Silveira souligne qu'à ce moment, on est entré dans l'âge de la psychologie profonde, c'est-à-dire en tenant compte de l'existence de l'inconscient. A partir de là, il n'y avait plus de retour : comme nous le montre le mythe du serpent au paradis, rien ne sera plus comme avant.

A partir de la révolution freudienne, le plus important n'est pas la maîtrise de la technique psychanalytique en soi. Pour lui c'est qu'à partir de la découverte de l'inconscient, on a changé la façon dont on fait l'interprétation de tout ce qui se passe autour de nous, et par conséquent on a changé radicalement notre rapport avec les autres et aussi avec nous-mêmes.

Dans la psychanalyse, où la formation de l'identité demeure basée sur le mythe d'Œdipe, qui a été construit sur la référence familiale d'une société victorienne, patriarcale, vers la fin du XIXème ou le début du XXème siècle, on peut se demander :

Est-ce que ce modèle est toujours valable dans les sociétés contemporaines ?

Que dire des nouvelles organisations de la famille ? Comme les familles pluri-parentales, ou celles où les deux parents sont du même sexe, des enfants dans des institutions, des enfants dans la rue ?

Comment s'opèrent ces modèles identificatoires à notre époque ?

On peut avoir toujours une réponse rapide : on peut parler de *père* et de *mère* en tant que fonction, en tant que symbole... mais, est-ce que ça ne serait qu'une faible et fragile adaptation d'une théorie qui ne s'applique plus à ce qui se passe aujourd'hui autour de nous ?

Carl Jung a probablement été le premier à refuser le postulat d'universalité du complexe d'Œdipe. On peut remarquer qu'il utilise un vocabulaire largement désexualisé dans sa description de l'inconscient individuel et, encore plus, de l'inconscient collectif. Dans l'aspect clinique, Jung préfère privilégier les représentations inconscientes des individus qui forment l'entourage (père, mère, fratrie, grands-parents, etc.).

L'universalité du complexe d'Œdipe suscite toujours des controverses. Plusieurs anthropologues et sociologues ont souligné la diversité des structures familiales et sociales en fonction des diverses cultures. Ainsi, ils ont considéré que plus qu'un phénomène universel, le complexe d'Œdipe se met en place dans le contexte de la société occidentale du XXème siècle...

Ces ethnographes exagèrent-ils ? Si l'ethnographie ne soutient pas le postulat d'universalité du complexe d'Œdipe, c'est une possibilité... Mais, est-ce que, aujourd'hui, notre travail clinique peut soutenir ce postulat ? Même si on considère que ce postulat a ses limites, puisqu'il a été bâti dans le cadre de la société viennoise de la fin du XIXe siècle, il faut qu'on se souvienne de l'apport de Claude Lévi-Strauss, en remarquant que dans les structures élémentaires de la parenté, quelle que soit la diversité des formes sociales et familiales, la prohibition de l'inceste en constitue la donnée de base universelle. Alors, si l'Œdipe peut être circonscrit à une région ou même à une époque, l'interdiction de l'inceste demeure le phénomène universel sous-jacent...

La question qui s'impose, ce n'est pas de déconstruire la psychanalyse, mais de la revisiter à partir d'un autre point de vue. On ne peut plus s'accrocher aux postulats psychanalytiques comme s'ils étaient des dogmes religieux fondamentalistes qui ne peuvent pas être touchés.

Et la psychiatrie ?

Aujourd'hui, on sait beaucoup de choses sur le cerveau et son fonctionnement. Les tomographies, nous montrent le fonctionnement des structures cérébrales en même temps que le patient réalise des épreuves neuropsychologiques.

Que se passe-t-il dans le cerveau lorsqu'on se rappelle des images humaines ? Quelles sont les structures du cerveau qui *s'allument*, lorsqu'on commence à réaliser des calculs mathématiques ? Quelles sont les images tomographiques concernées à l'occasion d'une séance de vidéos pornos ?

Encore, en ce qui concerne les neurosciences, et pour revenir à notre thématique de l'addiction : la découverte des récepteurs du cannabis (CB1 et CB2) nous a ouvert des possibilités inouïes en ce qui concerne non seulement les effets du hachich mais aussi la découverte de l'existence d'un système complexe de cannabis endogène jamais soupçonné avant : ce sont les endocannabinoïdes.

Notre cerveau fabrique son propre cannabis ! Maintenant on le sait !

Mais, par contre, pourquoi l'expérience d'intoxication par le cannabis est-elle tellement unique et individuelle ? Comme la singularité d'un rapport sexuel.

Si on donne du cannabis à un groupe d'individus, chacun d'eux aura une expérience unique, tout à fait personnelle, à partir de cette rencontre avec le produit.

Quelle en est la raison ?

Parce que chaque individu a son histoire, sa personnalité, ses phantasmes, ses rêves, son entourage, et c'est ce qui sera décisif en tant que modulateur de l'expérience avec les drogues. L'altération de conscience induite par un produit, la drogue, est le résultat non seulement du cerveau de l'usager, mais de tout ce qui constitue son existence, y compris : son histoire, ses peurs, ses amours, le milieu où il vit. L'être humain est beaucoup plus que son corps, que sa corporalité.

La psychiatrie contemporaine est devenue trop fascinée par les récentes découvertes scientifiques sur le fonctionnement du cerveau. D'une façon presque maniaque, elle essaye de tout expliquer à travers ces références biologiques récemment acquises.

C'est comme si, juste après un concert de violon, quelqu'un essaie naïvement de chercher dans le violon la musique qu'il vient d'écouter… Le cerveau n'est que l'instrument. Certes, l'instrument est très important pour la qualité de la musique, mais la musique, c'est beaucoup plus que ça. On sait que la musique n'est pas là, dans l'instrument ; l'âme, elle non plus, ne peut pas être dans le cerveau.

Dartiu da Silveira conclut en soulignant que la qualité du vécu soit d'une expérience lysergique, soit d'une extase religieuse, soit d'une passion amoureuse, ne sera jamais révélée dans une image tomographique du cerveau.

Côté Paris Diderot, une intervention a permis d'aborder la question de l'adolescent et du jeune adulte face à l'addiction, cette période de développement et de réorganisation rendant l'exposition aux substances psychoactives plus risquée, plus dangereuse, et entraînant parfois une instabilité psychique.

L'adolescence est une étape complexe, caractérisée par de nombreux changements à la fois biologiques, psychologiques, cognitifs et sociologiques. On sait que cette période transitionnelle peut se prolonger chez certains sujets au-delà de l'âge arbitrairement situé dans nos pays occidentaux vers 18 ans. Afin de passer ce cap difficile, de nombreux adolescents ont recours à des produits addictifs avec une forte appétence pour le cannabis, comme on peut le constater en Europe et en France.

A la lumière des nouvelles connaissances acquises dans le cadre des neurosciences, il s'avère que cette période de développement et de réorganisation, rend l'exposition aux substances psychoactives plus risquée et dangereuse, entraînant *parfois* d'autres problèmes d'ordre psychiatrique.

Comment déterminer alors la gravité de la consommation et le moment où il faut intervenir ?

Quelles sont les prises en charge proposées dans le service de psychiatrie destiné aux adultes, en fonction des types de problèmes rencontrés chez des sujets âgés de plus de 16 ans ?

Durant le workshop l'équipe de Paris Diderot, avec le Dr Hassan Rahioui, chef de pôle du secteur de psychiatrie et de psycho-addictologie, a brossé un panorama de l'activité permettant d'avoir une idée globale sur le travail dans le domaine de la psycho-addictologie.

A été détaillé le travail effectué dans le service de psychiatrie et de psycho-addictologie du 7ème arrondissement à Paris, rattaché à l'hôpital Sainte-Anne dans le 14ème arrondissement, une consultation destinée à l'adolescent et au jeune sujet. Cette unité fait intervenir une équipe pluridisciplinaire composée de psychiatre, psychologue, psychomotricienne, ergothérapeute et éducateur spécialisé. Les soins proposés visent une prise en charge globale du sujet ainsi que de son addiction.

Le Dr. Rahioui affirme que les approches psychanalytiques avaient tendance à s'intéresser au sujet et refusaient de regarder ce qui se passait du côté du produit. A l'inverse, selon lui, les thérapies brèves agissaient dans le sens opposé, c'est-à-dire qu'elles donnaient la primauté au symptôme au détriment du sujet, et que l'une et l'autre de ces approches ont échoué dans ce domaine.

La Thérapie Interpersonnelle proposée par son service cherche à éviter cet écueil, dans la mesure où il s'agit d'une approche qui est psychodynamique dans sa manière d'aborder l'individu dans sa subjectivité et sa particularité, mais également dans sa façon de se focaliser sur l'addiction comme un phénomène complexe. Ainsi, l'addiction est considérée comme un phénomène à appréhender de façon biopsychosociale avec des déterminants et des interactions avec l'environnement familial et social. Le lien avec le sujet se fait par l'intermédiaire de la régulation émotionnelle interpersonnelle qui se trouve à l'interface entre l'individu et l'usage du produit. L'intégration de la théorie de l'attachement dans cette thérapie permet de comprendre la psychopathologie de cet attelage sujet-addiction et donne des perspectives thérapeutiques permettant d'interroger les représentations de soi et des autres, qui constituent le moteur interpersonnel de chaque individu. L'introduction d'une fonction réflexive à ce niveau est le levier thérapeutique sur lequel l'équipe s'appuie pour accompagner le sujet dans son choix de réduction ou d'arrêt de la prise de toxiques.

Schizophrénie et cannabis

La fréquence des comorbidités psychiatriques impose d'être vigilant quant à leur recherche. Comme on le sait maintenant, sur la base des recherches et des dernières évidences, le cannabis constitue un facteur de risque mais pas une cause de la schizophrénie. A savoir que tous les schizophrènes ne sont pas des usagers de cannabis et tous les consommateurs de cannabis ne deviennent pas schizophrènes. La prévalence de la schizophrénie reste stable. Ce facteur de risque se retrouve chez des jeunes porteurs de vulnérabilités probablement génétiques, ayant consommé de fortes doses de THC et à un âge très jeune. Donc, dès lors que nous ne pouvons pas déterminer avec précision ces vulnérabilités, il est de notre devoir d'informer et de recommander au moins un accompagnement, un soutien, pour ces jeunes, en leur conseillant de retarder les expérimentations de cannabis et limiter leurs consommations. D'où la nécessité de messages de prévention et d'informations clairs, honnêtes et sans démagogie ni idéologie.

Ainsi, plus la consommation serait précoce, plus l'adolescent serait vulnérable. C'est l'usage important et précoce du cannabis qui jouerait un rôle causal dans l'émergence d'une schizophrénie chez les sujets vulnérables.

D'autre part, il est nécessaire de comprendre que la consommation pourrait être comme une automédication pour apaiser certains symptômes psychotiques ou pour atténuer les effets indésirables des neuroleptiques. La consommation peut même être considérée comme un moyen de socialisation pour certains patients souffrant de schizophrénie. Car il est fréquent que ces sujets se trouvent isolés par défaut d'une vie sociale.

La psychiatrie a souvent fait une résistance face à la toxicomanie. Aujourd'hui les liens se rétablissent en raison des comorbidités, mais il faut revoir la façon de travailler et adapter le rapport entre praticiens et patients. Il est nécessaire de donner une formation adéquate à l'équipe de soins.

Discussions sur les interventions

Plusieurs interrogations sont venues lors de la discussion de cette question majeure de santé publique, pendant les exposés des panoramas des activités dans le domaine de la psycho-addictologie. La discussion a été féconde, soulevant des questions essentielles comme : la consommation précoce, la fréquence de prise, l'intensité des consommations, la légalisation, le diagnostic et les divergences entre les différentes approches thérapeutiques ; quelle est la place du sujet ? Autre question abordée : l'insertion sociale et l'instabilité psychique, l'observance du traitement, l'imposition de l'abstinence dans le traitement, la clinique, la relation médecin-patient et les nouvelles connaissances acquises dans le cadre des neurosciences.

Tous les participants aux discussions sont convenus que ce n'est donc pas une simple application classique des neurosciences, mais une avancée permettant de rendre au sujet toute son identité propre, en permettant au patient d'être considéré, par le soignant, comme un sujet à part entière.

L'acte médical doit considérer l'histoire de vie du sujet pour ne pas fragmenter la vision clinique, intégrant un accompagnement pluridisciplinaire dans le soin. On est bien loin d'une application mécanique, classificatoire, diagnostique du DSM !

La discussion a porté également sur les bénéfices cliniques du cannabis, un sujet controversé et qui incite à une résistance de la part de la société et des politiques. En France, l'Etat reconnaît que la réduction de risque est nécessaire, et met en place plusieurs dispositifs. Au Brésil, cette manœuvre ne convainc ni les professionnels ni les usagers, et de fait on laisse faire, aggravant ainsi les risques liés aux différents modes de consommation, en mettant en péril la qualité de vie des usagers, et même leur survie !

Nous avons discuté également du fait que les recherches autour de l'addiction ont subi des dommages/ préjudices. Alors, comment les chercheurs devraient-ils fonder leurs travaux pour avoir plus de visibilité et de résultats ? C'est une vraie question.

Par rapport aux bénéfices cliniques du cannabis, les composants, comme c'est le cas du THC ou canabidiol, peuvent interagir pour aider à soulager certains symptômes, douleurs ou maladies. Cela donne lieu à un long débat au Brésil, notamment dans le cas d'enfants atteints d'une maladie rare, avec des symptômes épileptiques très importants et handicapants pour leur développement et leur qualité de vie.

Cette résistance est en rapport avec la législation actuelle. Ainsi, l'usage est soumis à un contexte prohibitionniste et de guerre contre la drogue. La politique de prohibition alimente le crime organisé. Par ailleurs, au Brésil, il y a eu un emprisonnement démesuré à partir de la nouvelle loi 11.343 de 2006 (Boiteux,

2013), ce qui démontre à notre avis l'échec de cette politique répressive et cette pratique déshumanisée. Un Projet de Loi 7663/2010, pour réglementer la politique nationale sur la drogue est actuellement en préparation ; celui-ci, encore plus répressif, vise à criminaliser et hospitaliser de force l'usager, soit une pratique d'altérité menaçante vis-à-vis de l'individu et qu'actuellement les professionnels de santé contestent formellement.

Cette guerre aux drogues est partielle, les plus vulnérables en sont les victimes, car le jeune Noir, habitant dans une *favela*, appartenant à une famille de classe défavorisée, est la première cible de ce commerce et il paye souvent de sa vie. L'espérance de vie de ces jeunes est très basse. Comme on peut le constater, la discussion porte également sur un sujet politique. Oui, économie, politique et addictions sont indissociables.

Plus que jamais les professionnels et chercheurs sur la thématique de l'addiction réfléchissent à propos de la légalisation supposée être un régulateur de ce problème complexe, à savoir qu'avec la légalisation comme moyen de protéger les usagers et la société, la régulation visant à maintenir les dealers et trafiquants en dehors du schéma de la production et distribution de la drogue. D'un autre côté, c'est l'interdit qui crée le désir.

Il reste une question majeure :

Comment déterminer la gravité de la consommation et le moment de l'intervention ? Comment accompagner le sujet toxicomane ? Plusieurs questions ont amené la discussion sur l'idée qu'il valait mieux organiser un modèle de prévention de soins spécifique à ce domaine, intégrant également les facteurs sociaux, économiques, familiaux et éducationnels : une prévention visant une réduction de risque pour les populations en situation de précarité et exposées à la toxicomanie.

La promotion de la santé mentale étant indissociable de la réinsertion sociale, il faut prendre en considération le sujet et sa subjectivité. Le *focus* doit être mis sur un travail de terrain, visant la promotion de la santé mentale et la réinsertion sociale, dans la continuité de la réforme psychiatrique, qui au Brésil, est inspirée par les travaux de Franco Basaglia, celle qui va vers les usagers, développant les réseaux existants au profit des soins et prône comme priorité le sujet et non la drogue.

La promotion de la santé c'est la solution. Nous savons aujourd'hui qu'il n'existe pas de bon ou de mauvais produit, drogue légale *vs* illégale. Il faut combattre la guerre aux drogues, ne pas préconiser l'abstinence comme départ du traitement. Cette question de santé publique est notre responsabilité. Il faut informer sur le rôle de la drogue pour l'économie psychique du sujet. Freud avait qualifié la drogue de *briseur de soucis*.

Actuellement nous vivons une culture de l'intensité, de l'excès et de l'accès rapide à l'objet du désir, qui pourrait expliquer la tendance actuelle de l'usage de la drogue comme une *automédication* pour aider à supporter tout cela.

Malgré la complexité de la thématique et la pluridisciplinarité des intervenants, il a été possible d'échanger durant trois heures au sein d'un public de chercheurs, professeurs et étudiants de part et d'autre de l'Atlantique, qu'il n'aurait pas été possible de déplacer au Brésil ou en France. La visioconférence permet également la continuité du travail puisqu'elle permet de réaliser, à moindre coût, du fait de la limitation des frais de mobilité internationale, un cycle régulier de débats, dans l'objectif d'apporter des solutions à cette question majeure de santé publique, les expériences brésiliennes et françaises se nourrissant mutuellement.

Le débat a été très riche et a permis de développer un travail consistant de coopération interculturelle. Les résultats obtenus ont montré des similitudes d'analyse et de pratique dans la recherche de solutions.

Par la suite, plusieurs échanges académiques, et d'autres travaux associant des doctorants et enseignants des deux universités, portant par exemple sur les terrains français et brésilien, ont pu se faire et assurer une continuité à ce travail. D'autres projets sont prévus afin de conforter cette coopération.

On termine en rappelant les propos de Claude Olievenstein pour qui *l'addiction est la rencontre entre le sujet, le produit et l'environnement.*

Références bibliographiques

Boiteaux, L. & Pádua, J-P. (2013). *A desproporcionalidade da lei de drogas: Os custos humanos e econômicos da atual politica do Brasil*, LADIH Laboratório de direitos Humanos/UFR

Canguilhem, G. (2006). *Le normal et le pathologique*, 10 édition. Paris, France : PUF.

DSM-5 (2015). *Manuel Diagnostique et Statistique des troubles Mentaux*. Issy-les-Moulineaux, France : Elsevier Masson.

Frances, A. (2013). *Sommes-nous tous des malades mentaux? Le normal et le pathologique.* Paris, France : Odile Jacob.

Freud, S. (1929/2010). *Malaise dans la civilization.* Paris, France : Seuil.

Gori, R. & Del Volgo, M-J. (2009). *La santé totalitaire- essai sur la médicalisation de l'existence.* Barcelone, España : Flammarion.

Landman, P. (2015). *Tous hyperactifs? L'incroyable épidémie de troubles de l'attention.* Paris, France : Albin Michel.

Toubiana, E. (2015). *Addictologie Clinique.* Paris, France : PUF

Unites Nations Office on Drugs and Crime. (2013). *World Drug Report.* Malta : Unites Nations Publication.

Postface

Métastabilités

Toulouse, le 13/12/2016, ouverture de Google. Je saisis trois mots. Mobilité : 42 700 000 réponses - Réseau : 162 000 000 réponses - Interculturalité : 737 000 réponses. Même ville, le 17/12/2016, je me demande si je trouverai le même nombre de résultats en interrogeant à nouveau Google. Mobilité : 42 800 000 réponses - Réseau : inchangé - Interculturalité : 739 000 réponses. Le 21/12/2016, mêmes préoccupations. Mobilité : 43 500 000 réponses - Réseau : 188 000 000 - Interculturalité : 767 000 réponses.

Le changement ostensible du nombre de références proposées par l'algorithme en l'espace de quelques jours apparaît comme un miroir du sens qui traverse l'ouvrage que vous tenez entre les mains. L'attendu ne se produit pas et, en tout lieu, s'actualise l'instabilité. Si toute culture a toujours été prise dans des mobilités (plus ou moins fortes), et a toujours tendu vers des réseaux de stabilités, il n'en demeure pas moins que la rapidité actuelle de la transformation des systèmes culturels atteint des vitesses folles, et génère des pluri et des interculturalités aussi foisonnantes que disruptives. Simples sillages ? Sillons temporaires ? Futures ornières ? Nul ne le sait vraiment, et l'importance réside sûrement plus dans les questions posées par les différents chapitres, que dans les réponses définitives que nous serions tentés d'y apporter. Les auteurs permettent de comprendre combien la mobilité, le réseau et l'interculturalité constituent le substrat de nombreuses dynamiques culturelles actuelles. A leur lecture, je n'ai pu m'empêcher de penser au concept de métastabilité, entendu dans l'idée que toute entité dispose de ressources internes rendant possible la réorganisation et l'auto-actualisation dans le contact avec l'hétérogène. Mais qu'ont à voir ces métastabilités avec la mobilité, les réseaux et l'interculturalité ?

La mobilité d'abord. Comme l'ont illustré les chapitres qui y sont consacrés, elle a de multiples visages : mondialisation, exil, diaspora, migration choisie, changement de profession, exposition à des communautés pérennes ou à des subcultures éphémères… La liste est aussi longue que les propensions qu'elle implique. Il est aisé d'en conclure que la grande majorité des individus, qu'ils soient autochtones ou migrants, appartiennent parallèlement et alternativement à plusieurs mondes culturels, et s'affrontent à des logiques référentielles hétérogènes. Toutes ces mobilités amorcent de l'entre-deux, de l'entre-trois... Elles ouvrent des espaces de tensions. Elles provoquent des réactions psychiques qui mobilisent le rapport à l'altérité, combinant ouvertures (adaptabilité souhaitée, attrait de l'exotisme…), et fermetures (défense identitaire, repli sur un originel fantasmé…).

Comme le laisse entendre Charles Romain Mbele, nul n'est épargné par ce que ces mobilités physiques, culturelles et psychiques engendrent. Être mobile n'est pas seulement une mode culturelle survalorisée, c'est aussi un besoin psychique pour affronter les environnements culturels inconstants au contact desquels nous nous interculturons. Pris dans la *dunamis* de la multiplicité identitaire, le sujet postmoderne décrit par Patrick Denoux, ne ressemble-t-il pas à l'avatar de Protée ? Autrement dit, les différentes mobilités que nous expérimentons, nous condamnent-elles à des métastabilités ontologiques perpétuelles ?

Quant à eux, les réseaux, véritables *pharmaka*, portent autant d'espoir que d'inquiétudes, et parfois même les deux simultanément. Réseau mondial, réseau informatique, réseau terroriste, réseau de connaissance, réseau de transport, réseau social virtuel ou réseau de réseaux… Cette omniprésence du réticulaire est un écho de ce à quoi l'expérience de la mobilité nous enjoint : articuler, assembler, mettre en relation les éléments culturels nouveaux et ceux déjà engrammés, mais aussi les valeurs et les croyances, les pratiques de soin dites traditionnelles et celles dites occidentales… Relier pour se repérer, pour tendre vers la fusion, vers le resserrement du commun et de la communauté, vers l'unification du sens, comme le précise Jacques Demorgon.

Cependant, à la question de savoir si un réseau humain peut perdurer dans sa forme initiale, nul ne peut nier qu'il sera difficile de contacter des adorateurs du Dieu Aššur[84], des cercles de pythagoriciens, ou même des membres actifs de la communauté *myspace*[85]… Aussi, si les visées stabilisantes et uniformisantes sont caractéristiques du réseau, elles ne doivent pas faire écran à une représentation plus ambivalente de leurs logiques. Structurellement, un réseau n'en devient un que dans la mesure où il est en capacité de s'adapter et d'absorber des éléments extérieurs, et donc d'accueillir de possibles disparités. Sans cesse, de nouvelles personnes intègrent le réseau, de nouvelles pensées, de nouveaux embranchements, de nouvelles informations, de nouveaux outils techniques qui, potentiellement, interculturent les contours et les fonctionnements… Invariablement, le développement d'un réseau engendre une métastabilité, autrement dit, une propension au redéploiement et au dépassement du réseau initial (conduisant potentiellement à sa disparition). Aussi nous nous demanderons : tout réseau n'est-il pas un entrelacement stabilisé mais poreux, toujours déjà pris dans un mouvement - souvent lent, et invisible - d'adaptation aux infiltrations de l'extériorité ?

Enfin, l'interculturalité, qui même si elle bénéficie d'une partie indépendante, constitue la thématique dominante de l'ouvrage. L'interculturalité n'est ni l'interculturation, ni l'interculturel, ni même la pluriculturalité[86]. Elle se révèle

---

[84] Dieu de l'ancienne Mésopotamie dont le culte a perduré entre 3000 av JC jusqu'au 6ème siècle après JC.

[85] Réseau social phare de plus de 250 millions d'utilisateurs entre 2004 et 2008, devenu depuis un quasi désert virtuel.

[86] C'est utile de le rappeler tant elle apparaît galvaudée par la doxa.

comme un état de fait relativement complexe. Etat de fait, car elle ne fait rien d'autre qu'advenir. Elle ne porte pas en elle de valence négative ou positive, sinon au travers du sens subjectif dont nous l'investissons. Le terme d'interculturalité a ceci de précieux qu'il révèle le moment du dépassement de la juxtaposition culturelle par la création interculturelle. Il traduit la cristallisation fragile d'une inter-culture, qui, si elle se stabilise de trop dans la durée, deviendra culture, puis soumise aux contacts culturels, potentiellement inter-culture, dans une récursivité inexorable parce que constitutive. Chaque chapitre illustre cette dynamique métastable, précaire et subtile : création d'inter-langues, fertilité des écarts entre cultures institutionnelles et cultures familiales, effractions de repères technologiques nouveaux et émergences progressives de nouveaux rapports à soi…

Chacun de ces exemples permet d'illustrer combien la notion d'interculturalité est une ressource formidable, qui quand elle n'est pas galvaudée, permet de dire les mutations à l'œuvre dans le présent, comme peu d'autres mots de notre langue. En effet, une difficulté considérable pour tous ceux qui investiguent les procès interculturels, semble résider dans l'outil que nous utilisons pour y parvenir : la langue française. A titre d'exemple, si chaque signifiant est un artefact culturel, alors nous constaterons que notre verbe *être* est plus à même d'exprimer du statique - ou au mieux les étapes d'un changement - plutôt que l'effervescence du mouvement en lui-même. A considérer la transition d'une culture estudiantine vers une culture professionnelle[87], untel dira : *Je suis étudiant*, puis immédiatement après ses études, s'il a la chance de trouver un emploi : *Je suis professionnel*, mais qu'*est*-il entre les deux ? Le cheminement ontologique du *je suis professionnel* et le processus d'interculturation ne débuterait-il qu'une fois les études terminées ? Evidemment pas.

Pour décrire cet entre-culture, le chercheur francophone n'a à sa disposition, ni le double verbe *être* de la langue espagnole (dont l'un signifie la stabilité et l'autre l'avènement), ni le sens du *« jì »* et des soixante-quatre termes progressifs qui expriment la transition dans la langue chinoise, ni non plus les possibilités du présent continu de la langue Pirahãs… Certes, aucune langue ne permet de dire pleinement le réel. Certes, le français autorise la capacité d'abstraction à penser le processuel (sinon à quoi bon). Cependant la disposition d'une langue autant axée sur *l'être* s'avère nécessairement piégeuse, car elle incline aux préoccupations identitaires de la mêmeté. Il y a certainement là une raison pour laquelle beaucoup vivent l'interculturation comme une vocation qui devrait être exclusivement portée par l'antérieur. N'y lisez pas une accusation, car pris dans ces processus qui est vraiment à l'abri du regret de la perte de l'avant ?

En résumé, je dirai que l'interculturalité est la quintessence du métastable, de l'ispéité[88] et ainsi de tout ce qui se tisse entre l'originel, l'actuel et ce qui pourra

---

[87] Ou subcultures estudiantine et professionnelle.

[88] Par contraste avec la mêmeté.

être. Il nous appartient de défendre le sens de cet outil mental, si utile pour la pensée et pour l'action.

Enfin, les sciences humaines se sont toujours intéressées à ce qui ne rencontre pas l'attendu, et aux conséquences de ce qui vient faire rupture. C'est peu dire que le début du 21ème siècle est fertile en ruptures. Tout chercheur s'intéressant de près à l'interculturation et au métastable sait que l'étude des processus ne peut se faire qu'au travers d'une investigation patiente et attentive. Plus clairement, je dirai que le processuel ne s'attrape pas sans les mailles d'un filet longitudinal. Aussi, j'utilise cette postface pour émettre un vœu pieux : puissent les études longitudinales devenir la norme chez les interculturalistes ! En cédant au dictat de la célérité, nous ne rendons que rarement service à nos sciences. Si nous-mêmes ne jouons pas le jeu abscons de l'investigation au fil de la diachronie, à quoi bon nous évertuer à dire que nos sciences interculturelles sont des armes théoriques taillées pour comprendre le processuel, pour agir au cœur de l'entropie, pour accompagner les personnes en souffrance et pour favoriser la néguentropie et les interculturations positives ? Bien sûr aucune méthodologie parfaite n'existe, mais quand le photographe Etienne Jules Marey a voulu décomposer les étapes d'un mouvement, il a multiplié les prises de vues, et créé la chronophotographie. Déjà, arrêtons-nous raisonnablement à cette étape, plus tard, le kinographe et le cinéma suivront peut-être…

Toulouse, le 27/12/2016. Mobilité : 37 200 000 réponses - Réseau : 163 000 000 réponses - Interculturalité : 743 000 réponses…

Julien Teyssier

Déjà parus dans la collection Espaces interculturels

Maksat SHOTAYEV, Jean RETSCHITZKI, *Composition de togyzkumalak,* 2017.

Élisabeth REGNAULT et Elaine COSTA-FERNANDEZ (dir.), *L'interculturel aujourd'hui, Perspectives et enjeux*, 2016.

Kostanca CUKO, *La classe d'accueil*, 2016.

Rifat HAXHIJAJ, *Les jeunes d'origine kosovare à Genève. Les enjeux de leur période de transition vers la vie d'adulte*, 2015.

Sous la direction de Nabil Hadjji et Odette Lescarret, *Les mouvements sociaux à l'épreuve de l'interculturel,* 2015.

Sous la direction de Abhijit Karkun et Elaine Costa-Fernandez, *Développement social et interculturalité : Un regard croisé,* 2014.

Martine BEAUVAIS-AZZARO, *La posture éthique en formation des adultes*, 2014.

Brigitte BALDELLI, *Comprendre l'illettrisme des jeunes. Rapport au savoir et interactions sociales*, 2014.

M. VATZ LAAROUSSI, É.-H RIARD, C. GÉLINAS et E. JOVELIN (éd.), *Les défis de la diversité, 2013*

Sous la direction de Elaine COSTA-FERNANDEZ et Odette LESCARRET, *De la diversité linguistique aux pratiques interculturelles,* 2012.

Yolande Aline HELM, *Roland Brival, Une pensée métisse et une écriture transversale*, 2011.

Mourad KAHLOULA, *La Circoncision en Algérie*, 2011.

A. GOHARD-RADENKOVIC et D. ACKLIN-MUJI (dir.), *Entre médias et médiations : les « mises en scène » du rapport à l'altérité*, 2010.

G. THESEE, N. CARIGNAN, P. CARR, *Les faces cachées de l'interculturel*, 2010,

Anne-Marie RICALDI-COQUELIN, *Visages d'exclusion dans la société malgache contemporaine*, 2010.

Aline Gohard-Radenkovic, Lilyane Rachédi (dir.), *Récits de vie, récits de langues et mobilités*, 2009.

Mohamed BOUSNANE, Abdoul BA, Fatima SKANARI (dir.), *Le vieillissement dans l'immigration. L'oubli d'une génération silencieuse*, 2009.

Anne-Françoise DEQUIRÉ, *La sélection des professeurs des écoles. Regard sociologique sur une pratique*, 2008.

Régis PIERRET, *Les filles et fils de harkis. Entre double rejet et triple appartenance*, 2008.

Immigration et Interculturel aux éditions L'Harmattan

Dernières parutions

L'APPORT DE L'AUTRE
Dépasser la peur des migrants
Sous la coordination de Altay Manço, Saïd Ouled El Bey et Spyros Amoranitis
Ce ouvrage se veut être un outil pédagogique pour tout lecteur qui souhaiterait approfondir la question de l'apport socio-économique, culturel et politique, des migrations en Belgique et en Europe. Il est construit de manière à lire les migrations par différents prismes (logement, emploi, enseignement, démographie, vivre-ensemble, histoire, religion, criminalité...). La migration serait donc un outil mal exploité par certaines politiques publiques, mal travaillé, et la question nouvelle serait de savoir comment notre société peut permettre à tout un chacun, migrant ou non, de valoriser ses potentialités.
(Coll. Compétences interculturelles, 23.00 euros, 214 p.)
ISBN : 978-2-343-11632-7, ISBN EBOOK : 978-2-14-003382-7

LE DROIT DE VOTE DES ÉTRANGERS
Une histoire de quarante ans
Bernard Delemotte
L'auteur retrace les événements qui ont jalonné la demande de droit de vote des étrangers depuis quarante ans en France. Il s'est intéressé tant aux diverses initiatives qu'aux programmes, propositions et blocages. Son écriture fait vivre, avec les acteurs de ces questions, leurs espoirs, réussites et déceptions. Il invite à comprendre comment cette revendication a été défendue au fil des années avec des objectifs qui ont évolué avec notre société.
(Licorne, Coll. Villes Plurielles, 17.00 euros, 192 p.)
ISBN : 978-2-296-12096-9, ISBN EBOOK : 978-2-14-003484-8

COLONIALISME ET RÉSISTANCE
Anthropologie africaine et littérature afro-américaine
Benarab Abdelkader
Cet essai s'attache à montrer les différentes luttes et résistances des pays africains et noirs américains pour s'affranchir du joug colonial imposé par l'Europe et l'Amérique. Comment les intellectuels du tiers monde ont combattu ces injustices et en même temps essayé de se redéfinir par rapport à la nécessité de leur culture d'origine, tout en assimilant la modernité ? C'est peut-être là un des premiers essais d'un intellectuel algérien qui a tenté d'étudier dans le même élan la littérature afro-américaine et les mouvements d'émancipation africains liés organiquement par le même idéal.
(15.00 euros, 130 p.)
ISBN : 978-2-343-11144-5, ISBN EBOOK : 978-2-14-003498-5

INTERCULTUREL AUJOURD'HUI
Perspectives et enjeux
Sous la direction de Elaine Costa-Fernandez et Elisabeth Regnault
Préface de Patrick Denoux - Postface de Charles Romain Mbele
L'interculturel : un concept, si polémique, qui n'a pas fini de montrer ses divers visages et sa complexité dans un monde de plus en plus cosmopolite et mobile. Cet ouvrage, coordonné par deux enseignantes-chercheures de l'ARIC (Association Internationale pour la Recherche

Interculturelle) a réuni ici des textes venus des quatre coins du monde pour nourrir la curiosité du lecteur et élargir son regard sur autrui.
(Coll. Espaces interculturels, 39.00 euros, 398 p.)
ISBN : 978-2-343-09973-6, ISBN EBOOK : 978-2-14-002146-6

IMAGINAIRE RACIAL ET OPPOSITIONS IDENTITAIRES
(aire anglophone)
Sous la direction de Michel Prum
Les races humaines n'existant pas, c'est bien d'imaginaire racial qu'il sera question dans cette étude couvrant l'aire anglophone. De l'Afrique australe à l'Australie, en passant par l'Inde, de la Grande-Bretagne aux États-Unis, sur une période couvrant les trois derniers siècles, les treize articles de ce volume analysent les rapports identitaires complexes qui opposent les groupes humains. Divers matériaux sont utilisés pour rendre compte des enjeux : cinéma sud-africain, cartes postales coloniales, littérature, poésie victorienne... (Articles en français et en anglais.)
(Coll. Racisme et eugénisme, 30.00 euros, 304 p.)
ISBN : 978-2-343-10505-5, ISBN EBOOK : 978-2-14-002289-0

DYNAMIQUES FAMILIALES, SOCIO-JURIDIQUES ET CITOYENNES DANS LA MIGRATION
Regard entrelacés «Nord-Sud» sur les réseaux transnationaux
Sous la direction de Michèle Vatz Laaroussi
Cet ouvrage collectif s'intéresse aux réseaux transnationaux dans la migration en articulant les reconfigurations familiales, les contextes juridico-légaux et les processus identitaires différenciés selon les situations et les parcours des acteurs. Il aborde des thématiques variées : les divorces, les séparations familiales involontaires, le travail temporaire, la citoyenneté sociale, la vie aux frontières, la traite, les déplacements forcés... Un ouvrage conçu pour faire entendre les diverses voix de migrants.
(Coll. Compétences interculturelles, 37.50 euros, 372 p.)
ISBN : 978-2-343-08769-6, ISBN EBOOK : 978-2-14-000712-5

ENFANTS ISOLÉS ÉTRANGERS
Une vie et un parcours faits d'obstacles
Kobanda Ngbenza Dieudonné
Depuis la fin des années 1990 on assiste à l'arrivée d'un nombre de plus en plus élevé d'enfants isolés étrangers sur le territoire français. Ils viennent seuls, de tous les continents, et personne ne semble détenir sur eux une quelconque autorité parentale. À partir de cas précis, cet ouvrage analyse le parcours de ces jeunes migrants, les atouts et les écueils de leur prise en charge dans une société dite d'accueil en pleine mutation législative, institutionnelle et sociétale.
(Coll. Logiques sociales, 26.00 euros, 246 p.)
ISBN : 978-2-343-08875-4, ISBN EBOOK : 978-2-14-000592-3

VISAGES DE L'ÉMIGRATION PORTUGAISE
Tenreira Martins Joaquim - Préface de Maria Aguiar
L'écoute, le regard, la tendresse, la poignée de main affectueuse, la parole partagée, l'émotion ressentie, les vies en ton mineur... À travers une diversité de textes inspirés par son expérience dans le domaine social, Joaquim Tenreira Martins a écrit sur lui-même et sur le travail qu'il a réalisé à l'Ambassade du Portugal à Bruxelles : «Je me considère comme un sculpteur de visages que je remodèle pour leur donner une autre image, une autre vie».
(18.00 euros, 178 p.)
ISBN : 978-2-343-08913-3, ISBN EBOOK : 978-2-14-000605-0

LA SURVIVANTE
Du Kurdistan irakien aux ports du Pas-de-Calais (Récit)
Rijbroek Dominique - Deuxième édition augmentée d'une préface actualisée
Dila évoque ici son enfance au Kurdistan irakien au sein d'une famille de communistes en lutte contre le pouvoir en place, la vie quotidienne dans un Kurdistan ravagé. Le drame la précipite

dans un dangereux périple clandestin à travers l'Europe et nous entraîne à sa suite dans l'univers glauque et menaçant des passeurs. C'est lors de sa deuxième traversée de l'Europe, sur les côtes du Pas-de-Calais, que le pire va se produire...
(18.00 euros, 178 p.)
ISBN : 978-2-343-08699-6, ISBN EBOOK : 978-2-14-000291-5

LA CLASSE D'ACCUEIL : UN DISPOSITIF AU CARREFOUR DE LOGIQUES COMPLEXES
Quand dessins réflexifs et entretiens biographiques de divers acteurs d'écoles primaires à Montréal révèlent cette complexité...
Cuko Kostanca
Kostanca Cuko adopte ici une posture doublement réflexive pour aborder la question de «l'intégration» des immigrants au Québec, en postulant la classe d'accueil comme un «dispositif pluridimensionnel», caractérisé par des problématiques à la fois linguistiques, éducatives, sociales et identitaires.
(Coll. Espaces interculturels, 33.00 euros, 304 p.)
ISBN : 978-2-343-08725-2, ISBN EBOOK : 978-2-14-000703-3

ÉTAT SOCIO-SANITAIRE DES PERSONNES ÂGÉES IMMIGRÉES
Sous la direction de Mohamed El Moubaraki et Émile-Henri Riard
Il n'y a, à la base, aucune différence, sur le plan épidémiologique entre les migrants et les autochtones. Les écarts au niveau des indicateurs de santé, entre ces deux catégories de population, sont dus au parcours migratoire, à ses conséquences socio-économiques et politiques. Le processus d'exil, les conditions de vie (travail, logement, accès aux droits et au système de soins), aggravées par les situations de fragilité et d'exclusion, sont les facteurs générateurs de la détérioration précoce de la santé physique et mentale des migrants...
(39.00 euros, 416 p.)
ISBN : 978-2-343-08441-1, ISBN EBOOK : 978-2-14-000374-5

MIGRANTS ET MIGRATIONS DANS LES MANUELS SCOLAIRES EN MÉDITERRANÉE
Sous la direction de Bruno Maurer, Michèle Verdelhan et Amandine Denimal
Comment le phénomène migratoire est-il traité dans les manuels scolaires ? C'est à cette question très actuelle que répondent les auteurs de ce livre dans cette étude portant sur l'Albanie, l'Algérie, la France, l'Italie et le Maroc. Ils mettent en évidence des positionnements qui sont aussi bien le fruit d'histoires nationales, de traditions disciplinaires, que de liens entre le discours des manuels scolaires et l'ensemble des discours sociaux avec lesquels ils entrent en résonance.
(Coll. Manuels scolaires et sociétés, 33.50 euros, 334 p., Illustré en N&B)
ISBN : 978-2-343-07420-7, ISBN EBOOK : 978-2-14-000365-3

LE REGARD DE L'ÉTRANGER : ALTÉRITÉ, MINORITÉS ET DEVENIR RÉVOLUTIONNAIRE
Baccouche Nasser
Confronté à des expériences limites, déterritorialisé, le regard de l'étranger est désormais porté par une subjectivité révolutionnaire qui vient bouleverser les points de repère habituels, donnant lieu à un véritable combat pour l'être d'individualités exceptionnelles. L'invention de soi est au cœur d'un tel parcours animé par une liberté essentielle, caractérisé par l'altérité et où toutes les modalités du voir se trouvent bouleversées au point de faire face à l'impensable et au jamais vu.
(Coll. Questions contemporaines, 34.00 euros, 330 p.)
ISBN : 978-2-343-08001-7, ISBN EBOOK : 978-2-14-000429-2

QUARANTE ANS D'INTERCULTUREL EN FRANCE
Hommage à Louis Porcher
Revue française d'éducation comparée 14 – Groux Dominique, Barthélémy Fabrice
Ce volume aborde l'interculturel sous toutes ses formes et interroge ce concept dans le temps et dans l'espace, en France et dans le monde. Il invite le lecteur à une approche pluriréférentielle en

circulant à travers les cultures, les langues et les écoles. Le concept d'interculturel s'est finalement imposé, non seulement dans l'institution scolaire, mais aussi dans de nombreux autres domaines, comme l'entreprise et les médias.
(27.50 euros, 280 p.)
ISBN : 978-2-343-08702-3, ISBN EBOOK : 978-2-14-000485-8

LA PAROLE EST AUX MIGRANTS
Geai Olivier - Photographies de Laurence Geai
En effet, nombreux sont ceux qui parlent, jugent ou condamnent les migrants. On ne compte plus les débats sur ce sujet à la télévision ou même chez chacun d'entre nous. Il n'est pas rare d'entendre, notamment, les dirigeants des différents partis politiques s'exprimer sur ceux qui fuient les guerres ou la pauvreté. Pourtant, tout ne se déroule pas forcément comme dans le ressenti de chacun. Entre les mots et la réalité, il y a bien souvent une sacrée distance. Parallèlement à ces discussions, on ne donne que trop rarement la parole aux victimes. Car oui, les migrants sont avant tout victimes de ce monde.
(17.50 euros, 150 p.)
ISBN : 978-2-343-07615-7, ISBN EBOOK : 978-2-336-39552-4

LES FAMILLES AFRICAINES ET LE MYTHE DE L'OCCIDENT
Destins migratoires singuliers
Sous la direction de Joseph Gatugu - Préface d'Altay Manço
Pour les Africains subsahariens qui n'ont jamais foulé le sol occidental, l'Occident représente un ailleurs merveilleux, un paradis sur terre, le lieu de la « vraie » vie… Cependant, la réalité de l'Occident est tout autre. Cet ouvrage rapporte les expériences singulières de familles africaines résidantes. Dans ce nouvel espace de vie, des difficultés de valorisation identitaire et culturelle, de cohésion conjugale, d'éducation des enfants, d'insertion socioprofessionnelle, etc., sont à affronter.
(Coll. Compétences interculturelles, 25.00 euros, 250 p.)
ISBN : 978-2-343-05417-9, ISBN EBOOK : 978-2-336-39414-5

LES MOUVEMENTS SOCIAUX À L'ÉPREUVE DE L'INTERCULTUREL
Sous la direction de Nabil Hajji et Odette Lescarret
Cet ouvrage interroge et analyse les enjeux des mouvements sociaux à l'œuvre durant ce XXIe siècle. Il propose à travers des contributions pluridisciplinaires provenant des cinq continents des perspectives de progrès inter-, voire transculturelles. De même, la construction des nouveaux savoirs qui tiennent compte des complexités des contextes et des situations locales.
(Coll. Espaces interculturels, 27.50 euros, 272 p.)
ISBN : 978-2-343-07170-1, ISBN EBOOK : 978-2-336-39272-1

MINEURS OU JEUNES ADULTES MIGRANTS ?
MINORI O GIOVANI ADULTI MIGRANTI ?
Nouveaux dispositifs cliniques entre logiques institutionnelles et culturelles
Nuovi dispositivi clinici tra logiche istituzionali e culturali
Sous la direction de Rita Finco et Marie-Rose Moro
La France comme l'Italie sont confrontées depuis 25 ans à une immigration particulière : désignés selon les termes de la loi sous le nom de « mineurs isolés étrangers » (MIE), ou mineurs étrangers non accompagnés », ce sont des enfants de moins de 18 ans qui se trouvent hors de leur pays d'origine et séparés de leurs parents ou tuteurs légaux. Cet ouvrage est l'occasion d'exposer les problématiques rencontrées par les institutionnels face à cette jeune population et les différents modes d'accompagnement.
(Harmattan Italia, Coll. Harmattan Italia, 26.50 euros, 188 p.)
ISBN : 978-2-336-30744-2, ISBN EBOOK : 978-2-336-39548-7

Structures éditoriales du groupe L'Harmattan

L'Harmattan Italie
Via degli Artisti, 15
10124 Torino
harmattan.italia@gmail.com

L'Harmattan Hongrie
Kossuth l. u. 14-16.
1053 Budapest
harmattan@harmattan.hu

L'Harmattan Sénégal
10 VDN en face Mermoz
BP 45034 Dakar-Fann
senharmattan@gmail.com

L'Harmattan Cameroun
TSINGA/FECAFOOT
BP 11486 Yaoundé
inkoukam@gmail.com

L'Harmattan Burkina Faso
Achille Somé – tengnule@hotmail.fr

L'Harmattan Guinée
Almamya, rue KA 028 OKB Agency
BP 3470 Conakry
harmattanguinee@yahoo.fr

L'Harmattan RDC
185, avenue Nyangwe
Commune de Lingwala – Kinshasa
matangilamusadila@yahoo.fr

L'Harmattan Congo
67, boulevard Denis-Sassou-N'Guesso
BP 2874 Brazzaville
harmattan.congo@yahoo.fr

L'Harmattan Mali
Sirakoro-Meguetana V31
Bamako
syllaka@yahoo.fr

L'Harmattan Togo
Djidjole – Lomé
Maison Amela
face EPP BATOME
ddamela@aol.com

L'Harmattan Côte d'Ivoire
Résidence Karl – Cité des Arts
Abidjan-Cocody
03 BP 1588 Abidjan
espace_harmattan.ci@hotmail.fr

L'Harmattan Algérie
22, rue Moulay-Mohamed
31000 Oran
info2@harmattan-algerie.com

L'Harmattan Maroc
5, rue Ferrane-Kouicha, Talaâ-Elkbira
Chrableyine, Fès-Médine
30000 Fès
harmattan.maroc@gmail.com

Nos librairies en France

Librairie internationale
16, rue des Écoles – 75005 Paris
librairie.internationale@harmattan.fr
01 40 46 79 11
www.librairieharmattan.com

Lib. sciences humaines & histoire
21, rue des Écoles – 75005 Paris
librairie.sh@harmattan.fr
01 46 34 13 71
www.librairieharmattansh.com

Librairie l'Espace Harmattan
21 bis, rue des Écoles – 75005 Paris
librairie.espace@harmattan.fr
01 43 29 49 42

Lib. Méditerranée & Moyen-Orient
7, rue des Carmes – 75005 Paris
librairie.mediterranee@harmattan.fr
01 43 29 71 15

Librairie Le Lucernaire
53, rue Notre-Dame-des-Champs – 75006 Paris
librairie@lucernaire.fr
01 42 22 67 13

www.ingramcontent.com/pod-product-compliance
Lightning Source LLC
LaVergne TN
LVHW011447061026
849535LV00004BA/990